致敬中国纺织人物

纪念改革开放 40 周年

ZHIJING ZHONGGUO FANGZHI RENWU

JINIAN GAIGE KAIFANG 40 ZHOUNIAN

《中国纺织》杂志
中国纺织工业企业管理协会 ◎ 组织编写

中国纺织出版社有限公司

内 容 提 要

为全面回顾40年来波澜壮阔的伟大历史进程，多层次记录纺织工业改革开放40年来的巨大变化。经中国纺织工业联合会同意，《中国纺织》杂志与中国纺织工业企业管理协会编辑出版《致敬中国纺织人物——纪念改革开放40周年》。

本书汇集了66位纺织人（书中按姓氏笔画排序）在改革开放40年间的经历与故事，他们中既有党中央表彰的100位为改革开放作出杰出贡献的个人，也有中国纺织工业联合会公布的改革开放40周年纺织行业突出贡献人物，正是他们这些坚持实业报国、奋发进取、担当责任、追求卓越的优秀纺织人的努力与贡献，中国纺织工业才成为具有实力和潜力率先跨入纺织强国的先导行业。

图书在版编目（CIP）数据

致敬中国纺织人物：纪念改革开放40周年/《中国纺织》杂志，中国纺织工业企业管理协会组织编写. --北京：中国纺织出版社有限公司，2019.7

ISBN 978-7-5180-6331-4

Ⅰ.①致… Ⅱ.①中… ②中… Ⅲ.①纺织工业—先进工作者—先进事迹—中国 Ⅳ.①K826.16

中国版本图书馆CIP数据核字（2019）第126650号

策划编辑：孔会云　　特约编辑：郭兆荣　　责任校对：楼旭红
责任印制：何　建

中国纺织出版社有限公司出版发行
地址：北京市朝阳区百子湾东里A407号楼　邮政编码：100124
销售电话：010—87155894　传真：010—87155801
http://www.c-textilep.com
E-mail: faxing@c-textilep.com
中国纺织出版社天猫旗舰店
官方微博 http://weibo.com/2119887771
北京华联印刷有限公司印刷　各地新华书店经销
2019年7月第1版第1次印刷
开本：710×1000　1/16　印张：22.5
字数：354千字　定价：200.00元

凡购本书，如有缺页、倒页、脱页，由本社图书营销中心调换

编委会

总顾问 杜钰洲 王天凯 许坤元

顾　问 高　勇 孙瑞哲 杨纪朝 夏令敏 陈伟康
　　　　　王久新 徐迎新 陈大鹏 李陵申 端小平
　　　　　杨兆华 孙淮滨

主　编 杨　峻 徐　红 居新宇

副主编 李　芫 徐　峰 刘　萍 梁莉萍

编　委 谢立仁 张震晓 高华斌 易　芳 牛　方
　　　　　梁　龙 董　正 盖　佳 史向一 蒲少平

目 录

在改革路上与时代同行 / 1
　　中国纺织工业联合会原会长　杜钰洲

"红棉"花开　立足世界 / 16
　　——广州红棉国际时装城总经理　卜晓强

上善若水　潜心变革 / 21
　　——华纺股份有限公司党委书记、董事长　王力民

筑梦标志服装百年品牌 / 26
　　——山东省标志服装股份有限公司董事长　王庆龙

与羊绒的一生之缘 / 31
　　——鄂尔多斯集团总裁　王林祥

青春军旅走出的商界奇才 / 36
　　——新郎努尔希集团股份有限公司党委书记、董事长　王桂波

坚守家纺三十四载的"中式情怀" / 41
　　——广州源志诚家纺有限公司董事长、总经理　邓源津

一位优秀企业家的光荣与梦想 / 46
　　——吉林化纤集团原党委书记、董事长兼总经理　付万才

筚路蓝缕新征程 / 52
　　——新疆富丽达纤维有限公司总经理　冯文军

见证开放变革　践行装备责任 / 57
　　——中国纺织机械（集团）有限公司总经理　叶茂新

擘画大健康产业"画卷" / 62
　　——山东愉悦家纺有限公司董事长　刘曰兴

世界一流　百年鲁泰 / 67
　　——鲁泰纺织股份有限公司党委书记、董事长　刘石祯

1

"箭鹿梦"的缔造者 /73
  ——江苏箭鹿集团党委书记、名誉董事长　刘庆年

发扬"拓荒牛"精神　开拓新时代之路 /78
  ——咸阳市新兴纺织工业园管委会主任　刘毅

棉纺大咖的攻守智慧 /83
  ——安徽华茂集团原董事长兼总经理　华冠雄

逐日求新　玉汝于成 /89
  ——孚日集团董事长　孙日贵

纺织时尚的领军者与探路者 /94
  ——华孚时尚股份有限公司董事长　孙伟挺

博世纪梦　扬民族魂 /100
  ——宁波博洋控股集团有限公司党委书记、董事长兼总经理　戎巨川

践行职责　谋求发展 /105
  ——东方国际（集团）有限公司总裁　朱勇

专注尼龙新材料的新时代追梦人 /110
  ——福建永荣控股集团董事长、总裁　吴华新

开辟工业化个性定制服装新路径 /115
  ——青岛酷特智能股份有限公司董事长　张代理

石狮纺织服装发展的亲历者与见证者 /120
  ——福建省石狮市副市长　张永安

"华锦之美"缔造魏桥传奇 /125
  ——山东魏桥创业集团有限公司党委书记、总经理　张红霞

我与百年雪达有个约定 /130
  ——青岛雪达集团董事长　张世安

圆梦碳纤维"中国造" / 136
　　——连云港鹰游纺机集团有限公司董事长
　　　中复神鹰碳纤维有限公司董事长　张国良

榜单背后的"真实荣盛" / 141
　　——浙江荣盛控股股份有限公司董事长　李水荣

与改革开放同行　铸梦世界级的时尚王国 / 146
　　——雅戈尔集团董事长　李如成

三元·美丽之源的缔造者 / 151
　　——三元控股集团董事长　李成新

针线"绣"就云龙势 / 157
　　——山东云龙集团公司董事长　李国贤

一群人　一件事　一辈子 / 162
　　——大连大杨集团董事长　李桂莲

从创业者到"达济天下"的人生之路 / 167
　　——真维斯国际（香港）有限公司董事长　杨勋

致知力行　新姿开启溢达改革开放新时代 / 172
　　——溢达集团董事长　杨敏德

城市集体企业改革的先行者 / 177
　　——原海盐衬衫总厂厂长　步鑫生

大道致简　专心专注 / 180
　　——湖北天门纺织机械股份有限公司董事长　沈方勇

勇逐梦想　智行天下 / 185
　　——浙江华新实业集团有限公司董事长　沈建华

沧海横流　与潮共舞　／ 189
　　——浙江海宁马桥街道原党委书记　沈顺年

丝路跋涉　引领丝绸复兴　／ 194
　　——万事利集团创始人　沈爱琴

发展"三枪"永不满足！　／ 199
　　——上海三枪（集团）有限公司原董事长　苏寿南

十年筑梦　再创辉煌　／ 204
　　——德州恒丰集团理事长　苏建军

纺织情与凌云志　／ 209
　　——河北宁纺集团有限责任公司董事长　苏瑞广

从一根羊毛到时尚帝国的嬗变　／ 214
　　——如意控股集团董事局主席　邱亚夫

书写夏布千年传奇　／ 220
　　——江西恩达麻世纪科技股份有限公司董事长　邱新海

会当凌绝顶　博览众山长　／ 225
　　——山东康平纳集团有限公司董事长　陈队范

"中国巴斯夫"的进化之路　／ 230
　　——福建恒申控股集团有限公司董事长　陈建龙

家国情怀　实业兴邦　／ 235
　　——恒力集团有限公司董事长、总裁　陈建华

高速度成就大国　高质量创建强国　／ 241
　　——无锡一棉纺织集团有限公司董事长　周晔珺

解码达利跨界融合　／ 246
　　——达利丝绸（浙江）有限公司董事长　林平

用 30 年匠心做好"服装"一件事 / 251
　　——九牧王股份有限公司董事长　林聪颖

从服装业到新能源产业龙头 / 255
　　——杉杉控股有限公司董事局主席　郑永刚

光环加冕的明星企业掌门人 / 261
　　——福建金纶高纤股份有限公司董事长　郑宝佑

创造美丽生活　匠心智造百年 / 265
　　——安莉芳集团创始人　郑敏泰

永无止境的纺织情怀 / 270
　　——中国工程院院士　姚穆

一生求是　心系桑麻 / 275
　　——香港兴业国际集团、查氏纺织集团暨国外企业董事会主席　查济民

拳拳赤子心　心怀天下志 / 280
　　——富润控股集团党委书记、董事局主席　赵林中

在新丝绸之路上放飞梦想 / 285
　　——山东岱银纺织服装集团董事长　赵焕臣

追求"生物质石墨烯+纺织"的万千可能 / 290
　　——济南圣泉集团股份有限公司总裁　唐地源

圆梦路上初心不忘 / 295
　　——梦兰集团董事长　钱月宝

一生倥偬为女装 / 299
　　——汉帛国际集团创始人　高志伟

以品牌成就民族梦想 / 304
　　——波司登国际控股有限公司董事局主席　高德康

为西装注入中国服装魂 / 310
　　——罗蒙集团股份有限公司总裁　盛静生

生命因理想而升华 / 316
　　——浙江金鹰股份有限公司董事长　傅国定

倾力支持国家改革开放的香港著名企业家 / 321
　　——金利来集团有限公司董事局主席　曾宪梓

勇立潮头不止步　毛织产业再起航 / 324
　　——广东省东莞市大朗镇党委书记　谢锦波

把握时代机遇　练就服装名城 / 329
　　——虎门服装服饰产业管委会主任　谭志强

凤凰于飞　突破自我 / 334
　　——青岛凤凰印染有限公司董事长　戴守华

"招商能手"的纺织情怀 / 339
　　——江苏沭阳经济技术开发区投资促进局局长　魏伟

推进新野纺织走高质量发展之路 / 344
　　——河南新野纺织股份有限公司董事长　魏学柱

后记 / 348

在改革路上与时代同行

中国纺织工业联合会原会长 杜钰洲

在40年前,党的十一届三中全会,重新确立了马克思主义的实事求是思想路线,作出了把党和国家工作中心转移到经济建设上来、实行改革开放的历史性决策,实现了新中国成立以来党的历史上具有深远意义的伟大转折,开辟了一条建设有中国特色的社会主义道路。全会公报指出:实现四个现代化,要求大幅度提高生产力,也就必然要求多方面地改变同生产力发展不适应的生产关系和上层建筑,改变一切不适应的管理方式、活动方式和思想方式,因而是一场广泛、深刻的革命。

杜钰洲

改革开放40年来,我们党团结带领全国各族人民沿着这条道路不懈奋斗,取得了举世瞩目的成就,我国社会主义社会的生产力、国家的综合国力、人民的生活水平,实现了前所未有的发展变化。纺织工业也发生了翻天覆地的变化,不仅走出长期囿于凭票供应的短缺困境,而且在20世纪末就一跃变成世界最大的纺织生产国、消费国和出口国,如今正在加快建设纺织强国,迎接全面建设社会主义的新时代。纺织工业的发展巨变是中国改革开放40年伟大成就的历史见证。

改革开放作为中国特色社会主义的本质特征,必将贯穿在现代化建设的全过程,纺织工业将不断从中获得新的生机和活力,为中华民族的伟大复兴作出新的历史贡献。

一、没有改革开放 就没有纺织工业的今天

新中国诞生和社会主义制度的建立,结束了中国在半封建半殖民地时代一百多年灾难深重的历史,是我国历史上最深刻、最伟大的社会变革。从 1949~1978 年这30年中,在中国共产党的领导下,全国人民艰苦创业、独立自主、自力更

生，开展了社会主义革命和大规模社会主义建设，取得了伟大成就，同时这也是探索社会主义建设规律、不断战胜困难和挫折，曲折发展的30年。这30年，纺织工业经济建设过程是全国社会主义建设的缩影。

新中国成立前，中国是一个一穷二白的落后农业国，1949年中国工业总产值只占工农业生产总值的30%，纺织工业占工业总产值的36.74%，而当时的纺织工业仅有500万锭处于20世纪30年代落后技术的棉纺加工能力，布的总产量还不到19亿米，全国人民过着缺衣少被的生活。发展纺织工业对于百废待兴的新中国意义十分重大，不仅涉及占世界1/5人口的温饱问题，而且它一直是国民经济的重要支柱产业。

1949年10月19日，党中央和中央人民政府选派钱之光任纺织工业部党组书记和主持常务工作的副部长（曾山同志任部长，但从未到任），领导全行业广大干部、技术人员、工人，以当家做主的社会主义高昂热情，在极其困难的条件下，迎难而上，制定了一系列重大战略决策，实现了纺织工业生产大幅增长；建成了一大批新兴纺织基地，改善了全国纺织战略布局；在国家优先发展重工业的条件下，及早地创建了纺织装备制造体系以及确立天然纤维和化学纤维并举这两大发展战略。终于在新中国成立后30年，基本建成了新中国的纺织工业体系，为纺织工业长远发展奠定了深厚的基础。到1978年，全国棉纺锭达到1561.9万锭，棉纱产量是1950年的5.45倍，布产量是1950年的4.38倍；化纤产量几乎是从无到有，发展到28.5万吨，丝织品产量增长了10.7倍，毛织物产量增长了17.2倍，苎麻、亚麻织物产量增长了50倍，纺织机械制造从1949年全国仅有7个以修配厂，到1978年增加到153个，产值从420万元扩大到8.27亿元。在70年代经毛泽东、周恩来亲自批准，为缓解纺织原料极其短缺的困境，决定引进技术，兴建总产量可达35万吨的上海、辽阳、天津、四川等四大化纤厂（分别在80年代投产）。经过30年艰苦创业，1978年，全国衣着类商品零售总额278.5亿元，比1952年增长4.48倍，人民缺衣少被的状况得到重大改善。同时，1978年纤维制品出口创汇24.31亿美元，占全国商品出口总额的29.1%，有效缓解了20世纪70年代中期以来全国进出口贸易持续逆差的压力。

纺织工业在这30年中，第一个五年计划提前一年胜利完成以后，从1957年开始到1966年，这十年中，经历三年经济困难，第二个五年计划期间平均每年以3.65%的速度负增长，1962年棉花产量还不到1955年的一半，布产量25.3亿米，只相当于1950年的水平，大跃进过后，大批纺织企业关停。在中央采取正确方针后，到1965年，棉纱、棉布产量才恢复到1959年的水平。1966年布产量73.10亿米，这十年全国人均布产量从8.04米增加到9.80米，年均每人增长17.6厘米布。从1966年到1976年，这十年全国布产量扩大到88.40亿米，增长20.93%，但人口同期增长25.72%，人均布产量减少了0.37米。

1978年9月，邓小平在东北三省视察期间说："社会主义要表现出它的优越性，哪能像现在这样，搞了20多年还这么穷，那要社会主义干什么？"（《邓小平文选》第二卷130页）后来又说："我们干革命几十年，搞社会主义三十多年，截至1978年，工人的月平均工资只有四五十元，农村的大多数地区仍处于贫困状态。这叫什么社会主义优越性？因此，我强调提出，要迅速地坚决地把工作重点转移到经济建设上来。"（《邓小平文选》第三卷10页）"二十年的经验尤其是'文化大革命'的教训告诉我们，不改革不行，不制定新的政治的、经济的、社会的政策不行。十一届三中全会制定了这样的一系列方针政策，走上了新的道路。这些政策概括起来，就是改革和开放。"（《邓小平文选》第三卷266页）

改革开放40年，中国社会主义事业创造了奇迹，中国的经济总量（名义GDP）由1978年的3679亿元迅速跃升至2017年的827122亿元，扩大了225倍，从一度濒于崩溃的边缘发展到总量跃至全球第二大经济体；人均GDP从155美元跃升至2017年超过8800美元，跨入上中等收入国家行列。中国目前是世界第一大工业国、第一大货物贸易国、第一大外汇储备国。

改革开放40年，中国纺织工业的纤维加工总量从1978年的276万吨，跃升到2016年的5420万吨，扩大了19.6倍，占世界比重从10%上升到53.4%，从不能满足对国内人民敞开供应的短缺产业，跃升为世界最大的纺织生产国、消费国、出口国；中国每年人均纤维消费量从2.9公斤（占世界平均水平的38%）上升到20公斤（已接近中等发达国家水平）；纺织服装出口额从24.31亿美元扩大到2017年的2745亿美元，扩大了127.4倍，2016年出口的服装总量相当于全世界人口每人4件；此外，中国纺织工业已从生活消费品生产扩展到产业用纺织品生产，从传统制造技术迈入建设数字化、信息化、智能化现代制造体系的时代，向世界纺织强国迈进。

实践充分证明，没有改革开放，就没有纺织工业的今天。不坚持改革开放，就没有纺织工业的未来。

二、摸着石头过河　引领纺织工业走上强国之路

马克思说过："一步实际运动胜于一打纲领。"(《致威·布拉克的信》)"摸着石头过河"，正是马克思主义中国化的形象表述，反映了以邓小平为核心的党的第二代领导集体在没有先例可循的情况下，奋力开创改革开放新征程的光辉思想。陈云在1980年12月16日中央工作会议上说："我们要改革，但是步子要稳。因为我们的改革，问题复杂，不能要求过急。改革固然要靠一定的理论研究、经济统计和经济预测，更重要的还是要从试点着手，随时总结经验，也就是要'摸着石头过河'。开始时步子要小，缓缓而行。"(《陈云文选》第三卷279页)在12月25日的闭幕会上，邓小平表示完全同意陈云的讲话，他说："陈云同志的这个讲话在一系列问题上正确地总结了我国31年来经济工作的经验教训，是我们今后长期的指导方针。"

40年改革历程，就是沿着"摸着石头过河"这一重要指导方针，既先行先试、先易后难，又统筹兼顾、协调推进，一步一步逐步走来，每一步改革都伴随着更深一层的思想解放，更大胆的体制性突破。

(一) 改革在农村起步，城市改革试验并行

1978年，中国农村人口7.9亿，在总人口中的占比为82%，该年农民人均纯收入只有133.6元。邓小平说："这一次改革首先是从农村开始的。占全国人口百分之八十的农民连温饱都没有保障，怎么能体现社会主义的优越性呢？"(《邓小平文选》第三卷255页)1978年12月，安徽凤阳县小岗村18个农民穷则思变，冒着被打成"复辟资本主义"的危险，搞了"分田到户、联产承包"的生死状，这引发了一场席卷全国的农村改革运动。在1978年底，中央制定了这个方针，几年工夫就见效了。农村改革成功给纺织工业带来三大重要影响。一是，极大地调动了亿万农民的积极性，棉花产量以年均23.2%的速度增长，1984年产量达625.8万吨，是六七十年代最高年产量的2.44倍；二是，大规模农村富余劳动力走出土地，从此农民工逐渐成为中国纺织工业的主力军；三是，农村发展商品生产。邓小平说："我们完全没有预料到的最大收获，就是乡镇企业发展起来了，突然冒出搞多种行业，搞商品经济，搞各种小型企业，异军突起。每年都有百分之二十几的增长率，解决了占农村剩余劳动力百分之五十的人出路问题。农民不往城里跑而是建设大批小型新型乡镇。"(《邓小平文选》第三卷238页)打破了国有经济长期一统天下的局面，纺织服装业成为乡镇工业十五大产业

之一，其产值在"七五"末已达全国纺织工业总产值的30%。

在农村改革同时进行城市改革试验。一是，对外开放试验。邓小平说："对外经济开放，这不是短期的政策，是个长期的政策，最少五十年到七十年不会变。即使是变，也只能变得更加开放。"（《邓小平文选》第三卷79页）陆续兴建深圳、珠海、汕头、厦门4个经济特区和确定14个开放城市。纺织工业在深圳组建华联纺织联合公司，成为中国纺织工业直接对外开放的最大窗口。补偿贸易的热潮风涌大地。1982年，由中信公司在日本发行100亿日元债券，将其募集资金的80%投资"仪征化纤"工程（占30%股份），使工程得以顺利开工，开启了借外债建设国家重点工程的先河。二是，国有企业简政放权试验。扩大国有企业经营管理自主权，采取"松绑""放权让利""投资拨改贷""解决企业社会负担过重""利改税"等政策。

国务院在1983年底宣布取消布票制度，市场完全放开。从此，中国告别了人民群众衣被供应短缺的历史。

（二）城市改革全面展开

1982年，党的十二大宣布我们党总结长期历史经验得出的基本结论：建设有中国特色的社会主义。

1984年，党的十二届三中全会通过了《中共中央关于经济体制改革的决定》（以下简称《决定》），从此城市改革迈出石破天惊的第一步。首先突破了社会主义不能搞商品经济的禁区，认定社会主义经济是"公有制基础上的有计划的商品经济"；第二，突破把全民所有同国家机构直接经营企业混为一谈的传统观念。以搞活国有企业为中心环节，实行两权分离，要使企业真正成为相对独立的社会主义商品生产者和经营者，成为具有一定权利和义务的法人。邓小平评价这个《决定》"是马克思主义基本原理和中国社会主义实践相结合的政治经济学"。（《邓小平文选》第三卷83页）"这次经济体制改革的文件好，就是解释了什么是社会主义，有些是老祖宗没有说过的话，有些新话。我看讲清楚了。过去我们不可能写出这样的文件，没有前几年的实践不可能写出这样的文件。写出来，也很不容易通过，会被看作'异端'。"（《邓小平文选》第三卷91页）

1987年党的十三大确立了党在社会主义初级阶段的基本路线。改革继续突破，例如，推行厂长负责制、生产资料正式成为商品、国企可以发行股票上市、国有企业可依法破产、改革所有制结构，集体、个体经济、外资经济、乡镇企业大发展、宏观经济以间接管理为目标，对价格、财税、金融、计划以及流通体制等进行改革，大幅度缩小指令性计划；开放沿海14个港口城市，开辟了一批经济开放区。落实轻纺优先政策和促进纺织企业技术改造，以及纺织品外贸体制改革，批准成立一些工贸公司等。

1984~1992年，纺织服装出口额年均增长27.23%，贸易顺差增长5.7倍。中国占世界纺织服装出口比重从6.4%上升到10.2%；纺织促使全国扭转了从1984年以来贸易持续逆差的局面。

（三）社会主义市场经济体制框架初步建立

1992年，党的十四大宣布我国经济体制改革的目标是社会主义市场经济。1993年在党的十四届三中全会通过《关于建立社会主义市场经济体制若干问题的决定》，正式确立了市场化改革的方向和基本内容。

改革迈出新的一步，1994年提出对财政、税收、金融、外汇、计划和投融资体制进行系统改革的方案。1997年，党的十五大确立了公有制为主体、多种所有制经济共同发展的基本经济制度，按照建立现代企业制度，积极推进国有企业改革和国有经济布局的结构调整。在市场体系方面，取消了生产资料价格双轨制，要素市场逐步形成。在社会保障方面迈出重大步子。

纺织工业在20世纪90年代中后期，许多国有企业在长期僵化体制下积累了沉重的包袱，连年亏损，甚至资不抵债。1997年，党的十五届一中全会决定，"用三年时间使大多数大中型国有企业走出困境"，并在1997年12月中央经济工作会议上正式确定"以纺织行业为突破口，推进国有企业改革"。要求纺织全行业从1998~2000年淘汰1000万落后棉纺锭，一批国有纺织企业重组建立现代企业制度，一批国有纺织企业退出。中央动员各级政府制定并落实120万纺织职工下岗再就业政策和有关国有纺织企业战略调整的政策。到2000年终于完成了中央部署。纺织国企与1997年相比，户数减少了23%，销售额增长44.59%，亏损企业数下降1/3，增加值增长61.34%，全行业扭转连续6年亏损，转盈69亿元。全行业在2000年出口额已达530.4亿美元，比1998年增长23.7%。

1979~2000年，我国改革开放经历了十二大、十三大、十四大、十五大总共四次党代会，施行了第六、第七、第八、第九个五年规划建设。纺织工业的改革发展发生了翻天覆地的变化，2000年，中国纤维加工总量占世界24.7%，纺织服装出口占世界14.8%，已经建成世界纺织大国。改革使纺织工业资本结构发生了巨大变化，2000年，全国国有及年销售收入500万元及以上的非国有企业，全部实收资本中国家资本下降到24.67%，法人资本占18.91%，私人资本占

12.15%，港澳台资本占17.45%，外商资本占12.00%。在服装行业中，国家资本只占7.98%。纺织工业战略性结构调整，为迎接21世纪新的机遇、建设现代化纺织强国创造了重要条件。中国纺织工业在2000年底正式宣布，将在21世纪开启从世界纺织大国建成世界纺织强国新的征程。

（四）加入WTO，改革开放与全球化接轨

2001年11月10日，中国正式加入世界贸易组织（WTO），标志着中国以社会主义市场经济体制为目标的改革进入到与全球化接轨的全新的阶段。邓小平说："总结历史经验，中国长期处于停滞和落后状态的一个重要原因是闭关自守。"（《邓小平文选》第三卷78页）因此，这是摸着石头过河的重要一步。

加入WTO是中国现代化建设的客观需要。一是，获得国际竞争平等权利，有利于维护我国合法权利，实现国际资源优化配置。二是，有利于改革开放进入快车道，打破体制束缚，纺织企业如鱼得水，真正成为国内外市场主体，缩短在技术和管理方面与发达国家的差距。三是，我国比较优势充分释放，2000年世界纺织服装出口总额中，出口到美国和欧盟的比重是62%；而在中国，出口到美国和欧盟的比重只占22.6%，2015年中国对美国、欧盟纺织服装出口额比2000年提高8.46倍，出口额占世界比重从2000年的14.8%上升到38%。

WTO需要中国，世界看好中国的开放政策，看好中国是世界规模最大潜力最大的市场，看好中国的劳动力资源优势和完整的产业体系优势。中国加入WTO后，大量资金、品牌商、技术和人才投向中国。国际投资获得巨额回报，中国获得快速发展，有效缓解了就业压力，实现了中外共赢。

与中国加入WTO同时，中国经济管理体制改革与世界接轨，撤销了工业行业行政部门。中国纺织工业联合会（以下简称中纺联）作为纺织行业自我服务与自律的社团法人，从站在全球化市场的第一天起，就致力于在行业内开展大规模调查研究、促进升级、开拓两个市场谋发展；对政府部门发挥桥梁纽带作用；在国际舞台运用国际话语权，协助政府开展民间外交，化解在中国入世初期由美欧等国掀起的中国纺织服装"威胁论"，参与多种国际性活动，组织大型国际论坛、宣传中国政策、促进贸易与合作，参与国际标准制定。由中纺联贸促会举办的国际性专业展会从2000年的13.34万平方米，到2016年扩大到104.56万平方米，参展商从543户扩大到1.5万余户，吸引世界各国大批采购商云集展会。

（五）完善社会主义市场经济体制

2002年，党的第十六次全国代表大会决定，根据十五大提出的"到2010

年、建党一百年和新中国成立一百年的发展目标，我们要在21世纪头20年，集中力量，全面建设惠及十几亿人口的更高水平的小康社会"。为完成党在21世纪新阶段全面建设小康社会的目标，要求全党发展要有新思路，改革要有新突破，开放要有新局面，各项工作要有新举措。十六届三中全会对建设完善的社会主义市场经济体制做出全面部署，党中央做出贯彻科学发展观和构建社会主义和谐社会的重大战略构想，自此，我国改革进入完善社会主义市场经济体制的新阶段。

2008年，十七届三中全会研究了新形势下推进农村改革发展的若干重大问题，把解决好农业、农村、农民问题作为全党工作重中之重，决定进一步加快推进社会主义新农村建设，大力推动城乡统筹发展，不断解放和发展农村社会生产力，推动农村经济社会全面发展。

（六）"五位一体"全面深化改革

2012年，党的十八大召开以来，面对世界经济复苏乏力、局部冲突和动荡频发、全球性问题加剧的外部环境，面对我国经济发展进入新常态等一系列深刻变化，统筹推进"五位一体"总体布局、协调推进"四个全面"战略布局，提出新发展理念"创新、协调、绿色、开放、共享"，着力增强改革系统性、整体性、协同性，拓展改革广度和深度，重要领域和关键环节改革取得突破性进展，主要领域改革主体框架基本确立。中国特色社会主义制度更加完善，国家治理体系和治理能力现代化水平明显提高，全社会发展活力和创新活力明显增强。2013年11月12日，中国共产党第十八届三中全会所作出的《中共中央关于全面深化改革若干问题的决定》紧紧围绕使市场在资源配置中起决定性作用，处理好政府和市场的关系，发挥好政府作用，提出建设统一开放、竞争有序的市场体系，加快形成企业自主经营、公平竞争，消费者自由选择、自主消费，商品和要素自由流动、平等交换的现代市场体系，着力清除市场壁垒，提高资源配置效率和公平性，推动供给侧结构性改革。

（七）开启全面建设社会主义现代化国家新征程

2017年10月8日党的十九大召开，这是在到2020年全面建成小康社会的决胜期和"两个一百年"奋斗目标的历史交汇期召开的一次具有划时代意义的重要会议。这次会议动员全党，既要全面建成小康社会、实现第一个百年奋斗目标，又要乘势而上，开启全面建设社会主义现代化国家新征程，向第二个百年奋斗目标进军。宣布中国特色社会主义进入新时代，我国社会主要矛盾已经转化为人民日益增长的美好生活需要和不平衡、不充分的发展之间的矛盾。实现中华民族伟大复兴的伟大梦想,全党必须准备付出更为艰巨、更为艰苦的努力。围绕从理论和实践相结合上回答"新时代坚持和发展什么样的中国特色社会主义、怎样坚持和发展中国特色社会主义"这个重大时代课题,发扬党"把马克思主义的普遍真理同中国的具体实际结合起来,走自己的道路(《邓小平文选》第三卷3页)"的优良传统,形成了习近平新时代中国特色社会主义思想,这是马克思主义中国化的最新成果和中国特色社会主义理论体系的最新发展。十九大号召全党要深刻领会新时代中国特色社会主义思想的精神实质和丰富内涵,在各项工作中全面准确贯彻落实。

(八) 建设纺织强国

40年改革开放,纺织工业在20世纪最后20年完成了从一个落后并短缺的产业向世界纺织大国的转变,从21世纪第一年就开启了由大变强的新的征程。在中国全面建设小康社会的新时期,党先后召开了十六大、十七大、十八大、十九大共四次党代会,实施了"十五""十一五""十二五""十三五"共四个五年规划。全面建设小康社会既为建设纺织强国提出客观需要,也创造了有利的条件,为应对世界新一轮技术革命和产业革命的机遇和挑战,于2012年5月制定了《建设纺织强国纲要(2011~2020)》,聚焦四大主攻目标,全力推进"纺织科技强国、纺织品牌强国、纺织可持续发展强国、纺织人才强国"建设。国务院于2015年5月公布的《中国制造2025》规划,为纺织强国建设提供了强有力的引导和鼓舞。

1. 加快第一生产力升级,建设纺织科技强国

纺织行业把第一生产力升级作为纺织由大变强的基石。从2004年开始,接连在三个五年规划制定《纺织科技发展纲要》,在"十一五"组织实施十项先进成套机电一体化技术装备,二十八类涉及纤维材料、先进工艺、服装纺织品创新、环境工程、信息化以及基础性研究攻关项目。在"十二五"加大纺织全流程自动化、智能化以及绿色化的开发,组织50项重点攻关和266个项目产业化,推广110项。在"十三五"按"创新、协调、绿色、开放、共享"发展理念,组织突破六大类30项共性关键技术(245个子项),推广100项先进技术。

"十二五"期间,纺织行业授权专利达14.56万项,其中授权发明专利3.48万项。产生了一些国内外知名的纺织装备制造跨国公司;发展了战略性高性能、高功能纤维材料和自动化、智能化纺纱织造、染整及服装技术、绿色制造技术,建成一批全流程数字化、智能化或部分智能化棉纺织厂、针织厂、印染厂、无纺制造厂、服装厂；产业用纺织品行业异军突起，高技术纺织品生产进入国家战略性新兴产业和高新技术产业；广泛应用互联网+、大数据，使现代高新技术的应用逐步成为纺织各行业的主导生产力。全要素生产率持续提高。

2. 实施名牌战略，建设纺织品牌强国

邓小平曾指出，我们应该有自己的拳头产品，创造出我们自己的名牌，否则就要受人欺负。纺织工业实施名牌战略，重点在全行业倡导四位一体的品牌价值理念，即以"质量"为生命、"创新"为灵魂、"快速反应"为活力、"快速反应"为社会公德的价值体系，从"十一五"开始倡导提高科技和品牌两个贡献率，倡导营造品牌文化生态，推动产业升级，根本改变以往处在国际供应链底端的落后状态。到 2015 年，纺织服装行业拥有注册商标数量为 21300 件，是 2010年的 3.1 倍，其中占企业总数 19% 的大中型企业拥有的注册商标数占 86.3%，是行业品牌建设的主力军。在 2016 年，由国家工业和信息化部与中国纺织工业联合会联合调查 130 个品牌样本企业，平均利润率 11.07%，比全行业平均利润率 5.46% 高出一倍。一些拥有较高价值的品牌企业在许多国家获得专利保护，许多中国著名纺织、服装、纺机、化纤品牌企业以拥有自主品牌为吸引力走出去，上市、购并、投资兴建控股合资企业、引入国际创新资源。

3. 发展绿色纺织，建设纺织可持续发展强国

节约能源、节约资源、发展清洁生产和循环经济，是中国纺织工业建设纺织强国的战略性任务。特别是"十一五"规划以来，发展绿色纺织一直是不同阶段强国建设的重要攻关项目。仅在 2010~2015 年，纺织工业单位增加值能耗降低 20%，工业二氧化碳排放强度降低 20%，用水量降低 30%，主要污染物排放下降 10%。预计到 2020 年，能耗再下降 18%，用水量再下降 23%，主要污染物排放再下降 10%。再利用纤维比重已从 2010 年的 9.6%（约 400 万吨）达到 2015 年的 11.3%（约 600 万吨）。

4. 坚持以人为本，建设纺织人才强国

马克思说过："批判的武器当然不能代替武器的批判，物质力量只能用物质力量来摧毁；但是理论一经掌握群众也会变成物质力量。理论只要说服'人'，就能掌握群众；而理论只要彻底，就能说服'人'。所谓彻底，就是抓住事物的根本。但人的根本就是人本身。"（《黑格尔法哲学批判导言》，《马克思恩格斯全集》第一卷 460 页）

邓小平于 1977 年发表了两个重要观点：一是，科学技术是生产力；二是，

中国的知识分子已经成为工人阶级的一部分（《邓小平文选》第三卷107页）。这成为解放知识分子的春风，让人们看到了改革的希望。没有人的解放，社会主义现代化就只能是一句空话。纺织工业走上强国之路，主要依靠不断发展壮大的四支队伍，即科技队伍、教育队伍、经营管理队伍、技能职工队伍。

纺织科学技术人才无论在生产开发第一线、还是前沿攻关实验室，无论是数以十万计的小微企业，还是特大型跨国公司，无不把人才作为发展之本。技术领军人才、科研骨干、创新能手、遍布生产第一线的技能人才，已经是一只庞大的技术队伍。

一百年前，中国民族纺织工业的先驱张謇有句名言，"父教育，母实业"，他在1902年创办大批纺织企业和多所纺织学校的时候，中国正处在半殖民地半封建时代，他的理想无法实现。直到新中国成立，中国纺织工业和纺织教育才真正大规模发展起来。现在已具备一大批学科带头人、教授和科研骨干队伍。2015年，全国约有200多所大学设置了纺织服装类学科，在校生大约有78万人。各种成人教育、中高技能教育蓬勃发展，含纺织服装类专业的高等职业学校约300所。高校不仅源源不断地向行业输送本科和研究生人才，而且源源不断地输送科学研究成果。

经营管理是生产力。管理绩效在于提高生产力所有要素的使用质量和系统的整体效益，它在全要素生产率中的地位日益提高。创新驱动的新动能、高质量发展的新要求、互联网时代的新的生产方式，激发了广大企事业单位管理人才的成长。中国纺织工业融入全球化进程之快，是与拥有一大批具有全球化视野、社会责任感强、管理经验丰富、善于学习、勤于思考、爱国敬业的高素质企业家和领军人才队伍分不开的。

中国纺织产业大军不仅发扬特别能吃苦、特别能战斗、爱国敬业的优良传统，又具有与时俱进的新时期产业工人的"四有"风采。现代制造技术融入纺织工业，促进从传统操作向创造劳动转变，工匠精神得到发扬。纺织工业持续开展表彰劳动模范（五年一次），表彰优秀工程师，开展职工技能大赛等活动，推动了职工群众的创造力。纺织工业规模以上企业人数从2008年1172.08万人开始逐年下降，到2015年已下降到972.60万人，人均年营业额从2008年的29.23万元/（年·人），上升到72.58万元/（年·人），其中化纤制造业为154.47万元/（年·人）。

依靠广大企业捐助发展起来的"纺织之光科技教育基金会"，对推动行业科技教育进步发挥着重大作用。"纺织之光科技教育基金会"从1998~2016年净资产已达11269.58万元,表彰了科技成果1185项(其中22项获国家奖),奖励师生1289人。由香港著名爱国爱港实业家查济民先生捐资建立的"香港桑麻基金会",从于1992年成立,到2017年已奖励青年科技人员314人、优秀教师691人、优秀学生6266人。2011年以来,中国纺织工业联合会在行业内持续开展了对纺织学术带头人、科技领军人才及优秀学术成果、行业重要专利等的奖励。

中国纺织工业继承发扬重视思想政治工作的好传统。在新形势下积极倡导加强企业基层党组织建设,总结推广先进经验,倡导先进企业文化和品牌文化。

5. 结构调整持续推进

数字化、信息化、智能化纺织制造技术已具备世界最大的产业规模。

2017年全国棉纺锭已达到1.18亿锭总规模,其中"十二五"以来逐步实现全流程数字化、信息化、自动化或部分智能化的生产线的总规模已达500万锭,万锭用工15~20人,目前成为世界同行业规模最大的先进生产能力。全行业棉纺生产万锭用工早已从21世纪初300人左右,下降到60人左右。另外,针织行业已有全流程智能化,夜间生产无人值守的工厂;印染行业无水、清洁工艺正处在产业化进程;化纤行业、无纺布行业的自动化、数字化、智能化技术都在发展之中。

(1) 产业集群和专业市场发展迅速。

我国市场化改革和新技术革命推动中国纺织工业的生产、交换、消费方式持续地改变。纺织工业生产社会化的发展,一方面形成一批大型、特大型跨国企业、企业集团,它们以其资本、品牌、技术和管理优势,不断增强对两个市场的控制力;另一方面改变着无数小企业的生存方式和生命活力,它们以其新技术带来的精准、高效、高质量,不断增强对两个市场的应变能力。一些流程工艺适宜大规模生产,而一些离散型工艺适宜小型化、个性化生产。在激烈的市场竞争中,大、中、小、微企业,无不在价值规律驱使下,既相互竞争,又彼此合作,形成大大小小的集群经济。产业集群作为新型社会化生产方式,与纺织专业市场成为孪生姊妹,构成现代纺织工业的生产方式。

截至2016年底,与中纺联建立公共服务试点联系的纺织产业集群达199个。分布在全国20个省区,以长江三角洲、珠江三角洲、海西地区和环渤海三角洲为主,其中地级区域11个,县级区域92个,镇级区域96个。有44个集群在中西部地区。试点集群内纺织服装企业总户数为195400户,工业总产值42618.2

亿元。截至2016年底，全国一万平方米以上的纺织服装专业市场894家，经营面积达到7052万平方米，商户111.52万个，年交易额2.11万亿元。其中参与中国纺织工业联合会流通分会试点市场升级的专业市场共410家。目前专业市场的电子商务总额已达9780亿元，占市场总交易额的46.35%。专业市场正在金融、物流、信用、知识产权保护、标准、发布市场指数、法律等第三方服务等方面稳步升级。专业市场已成为国际采购商云集的重要场所。

（2）多种经济成分充分发展。

2015年，纺织工业规模以上企业39105户，实收资本中，国家资本比重已从2000年24.67%下降到2.28%，集体资本占1.11%，法人资本占34.24%，私人资本占38.22%，港、澳、台及外商资本占24.14%。从2000年到2016年，全国纺织工业规模以上企业固定资产投资完成额扩大了41.5倍，年均增长26.2%，东部10省年均增长24.8%，中部6省年均增长31.4%，西部12省年均增长27.1%，东北三省年均增长17.5%。

2015年，纺织工业规模以上企业出口交货值约1454亿美元，占全行业出口总额的49.93%，规模以下小企业出口交货值超过规模以上企业。

2000~2015年，世界纤维产量增长了71.93%，中国同期纤维加工量增长了289.7%，这15年世界纤维总产量增长了3967万吨，而同期中国增加了3940万吨，占世界总增量的99.3%；其中世界合成纤维总量增长了3249万吨，中国增产了3587.3万吨，即中国之外的国家的合成纤维总产量减少了338.3万吨。

中国纺织服装出口额占世界的比重，2001年为14.83%、2005年为23.94%、2010年为34.11%、2015年已达38%。"十五"期间，纺织服装贸易顺差3351.62亿美元，是全国贸易顺差总额的1.58倍；"十一五"期间，纺织服装贸易顺差8029.8亿美元，是全国贸易顺差总额的71.9%；"十二五"期间，纺织服装贸易顺差12774.6亿美元，是全国贸易顺差总额的78.8%。

三、面向新时代　改革开放永远在路上

习近平在十九大报告中指出：中国特色社会主义进入新时代，意味着近代以来久经磨难的中华民族迎来了从站起来、富起来到强起来的伟大飞跃，迎来了实现中华民族伟大复兴的光明前景。我国在2010年国内生产总值就已从32年前占世界的比重1.89%追赶到9.5%，成为世界第二大经济体，在2017年这一比重又改写成15.5%。这是党在40年前开辟中国特色社会主义道路的真理性检验。

中国纺织工业从新中国成立发展到今天，作为国民经济支柱产业、重要的民生产业和国际竞争优势明显的产业，为现代化建设做出功不可没的贡献，是中华民族和平崛起的有力见证。在新时代，纺织工业仍将与人民群众对美好生活的向往息息相关，与整个工业经济各相关产业相互渗透，交叉发展，与中国工业化、信息化、城镇化、农业现代化、国防现代化进程的内在联系越来越紧密，决定了它的历史地位将更加巩固。然而，行百里者半九十。完成新时代的使命，绝不是轻轻松松就能实现的，必须准备付出更为艰巨、更为艰苦的努力。

中国尽管已成为世界第二大经济体，但按人均国内生产总值来判断，仍处在社会主义初级阶段，仍是一个发展中国家。1978~2017年，中国名义GDP总量与美国之比，从9.08%上升到63.19%，人均名义GDP与美国之比，从2.09%追赶到14.86%，还有很长的路要走。而中美两国人均名义GDP绝对值之差，是从10363美元扩大到50636美元，扩大了4.88倍，中国的追赶只是实现了绝对值之差的增加率逐步缩小，其中1978~1990年平均扩大7.08%，1990~2000年平均扩大4.18%，2000~2010年平均扩大2.15%，2010~2017年平均扩大2.07%。从中看得出，虽然我国已到了决胜全面建成小康社会的阶段，但距离建成社会主义现代化国家，仍有很长的奋斗历程。

在新一轮技术革命和产业革命浪潮中，发达国家凭借技术和先进生产力优势纷纷实施"再工业化"战略，重塑制造业竞争优势，引发全球产业竞争格局重大调整。一些发展中国家也在迅速谋划和布局，参与全球产业再分工。我国的现代化建设面临发达国家和其他发展中国家"双向挤压"的严峻挑战。

人均GDP既反映我国生产力发展水平，又反映我国人民群众生活水平，我国在2016年国内生产总值中，最终消费支出占53.6%，其中居民消费支出占39.2%，而衣着消费支出占居民消费支出的7.03%（在城市居民人均消费支出中衣着占7.54%，1739元；农村居民人均消费支出中，衣着占5.68%，575.4元）。城乡消费差别之大，既是中国生产力发展不充分、不平衡的重要表现，又是中国内需潜力巨大的根源，按2016年的状况，城镇化每增加一个百分点，全国衣着消费总额就增加0.94%。

面向新时代，要实现新中国成立一百年宏伟目标，仍需付出更加艰巨、更加艰苦的努力。必须继续把发展和解放社会生产力放在中心位置，用高新技术改造纺织工业的历史任务十分艰巨，必须把实现四个现代化这场深刻的伟大革命长期深入下去。纺织行业在党的十九大精神指引下，全面贯彻党的十九大提出的具有全局性、战略性、前瞻性的行动纲领和各项大政方针，落实新发展理念，应对国内外各种风险和考验，实现纺织工业由大变强，为实现"两个一百年"奋斗目标，决胜全面建成小康社会，建成社会主义现代化强国，而继续奋勇前进。

恩格斯在马克思墓前的讲话中曾说过："正像达尔文发现有机界的发展规律一样，马克思发现了人类历史的发展规律，即历来为繁茂芜杂的意识形态所掩盖着的一个简单事实：人们首先必须吃、喝、住、穿，然后才能从事政治、科学、艺术、宗教等。所以，直接的物质生活资料的生产，是一个民族或一个时代的一定的经济发展阶段，便构成为基础；人们的国家制度，法的观点，艺术以至宗教观念，就是从这个基础上发展起来的。因而，也必须由这个基础来解释，而不是像过去那样做得相反。"今天的中国纺织工业，不仅以其巨大的发展、升级和贡献，一再地证明着中国人民物质文化生活的进步，一再地显示着中华民族伟大复兴的进程；而且正如人民群众对美好生活的向往永无止境，中国纺织工业的改革开放、结构调整和产业升级也永无止境。

"红棉"花开 立足世界

——广州红棉国际时装城总经理 卜晓强

在服装界和专业市场平台中，卜晓强的名字几乎无人不知。全国闻名的广州红棉国际时装城在他的运作下，成为服装专业市场走国际化、时尚化发展道路的杰出代表。他不仅是广州红棉国际时装城的总经理、经济师，还是广州市越秀区人大代表和广东省服装服饰行业协会会长，名片上的十多个头衔也佐证了这是一位名副其实的实干主义者。

卜晓强

卜晓强出身于军人家庭，是革命烈士后代，兄弟四人也相继投身军旅。曾经，他是一名军人，上过前线，立过军功。尽管投身商业及流通领域三十多年，军人的超强意志力、执行力、团队协作能力以及集体荣誉感和敢于创新挑战的精神，依然深深地影响着他。

红棉国际时装城在他带领下不断汲取国际时尚经验，从车水马龙的批发市场变身国内外业界高度赞誉的明星级专业市场。卜晓强收获了众多荣誉，也肩负起诸多重任，他竭诚为中国时尚产业奔走疾呼，发光发热。

引进来推进转型升级

精神饱满、平易近人、有魄力、有活力、高瞻远瞩、大胆创新……无论是商界、政界还是时尚圈，认识卜晓强的人，都如此形容他。而读懂卜晓强的最佳方法，必然是回溯他在广州红棉国际时装城的无数创举。读懂了红棉，也就读懂了这句话："红棉的十年，也是卜晓强的十年。"

2007年，卜晓强反其道而行之，将红棉场内的2000多家商户大刀阔斧地"砍掉"几百家，红棉从此踏上十年的转型升级之路。2009年，卜晓强只做了两件事，却再一次引起轩然大波。那一年，红棉率先引进了韩国服装品牌，并启动了首届红棉国际时装周。

"当时大家对引进韩国商户都比较紧张，实际上，我们最终的目的是要在有竞争的前提下，学会更好地生存发展。通过引进韩国、意大利的品牌和年轻、优秀的设计师，商户更加重视铺面的装修、布局以及商品陈列，现在红棉国际时装城已经做到了千店千面的格局，大家都做出了各自的特色，体现了时尚的氛围。"卜晓强说。

事实证明，卜晓强是正确的。那几年，在他的引领下，红棉率先携手韩国东大门品牌服装批发商，全部品牌货源均由韩国批发商直接供应；与此同时，红棉国际时装周的持续举办，推动了场内企业的时尚觉醒，揭开了红棉"国际化、时尚化、品牌化"发展的新纪元。

韩国管理方式的大获成功，又促使红棉聘请意大利人安德利为欧洲品牌服饰渠道运营总监，拓展欧洲渠道。卜晓强打出的这一系列创新营销"组合拳"，使红棉在金融危机下成功突围，并在行业及流花商圈名声大振，被业界惊呼为"红棉现象"。

2013年，在国家行业协会的大力支持下，卜晓强积极推动素有"世界时尚之都"美誉的米兰国际时装周首次进入中国、首次走进广州流花商圈。从2013年流花国际服装节开始，红棉连续四年携手国际时尚趋势研究专家、米兰国际时装周的艺术总监奥瑞塔，率领意大利知名设计师和品牌在红棉举行多场专场发布会，开创了中国服装专业市场的先河。

对于红棉为何一定要与米兰国际时尚组织合作，卜晓强认为，就是要推动服装产业从产品到品牌、从品牌到时尚、从时尚到艺术方向的发展，缩短红棉与国际流行趋势的距离，擦亮红棉"国际牌"和"时尚牌"。连续几年良好的合作，卜晓强的高瞻远瞩和全力以赴，让意大利时装专家以及意大利全国时尚协会等机构深受震撼，也让广东省相关机构看到了时尚产业的前景与潜力，最终顺利促成了"广东国际时尚艺术研究院"的落成，及时研究发布流行指数，为服装企业提供设计研发服务。

Showroom打开新商业模式大门

工作繁忙的卜晓强，多次行走于广州与米兰之间，为红棉的成长型品牌寻找新的商业模式，打通新的转型升级通道。多次考察之后，在米兰业已成熟的Showroom业态进入到卜晓强的视野中。

作为从事了几十年商贸流通工作的"老商业",卜晓强敏锐地感知到,国内消费品市场已经开始快速进入到从大众化消费向个性化、批量化、细分化消费转型的阶段,商场、传统店铺等业态已经不再具有打动人心的魅力,消费者迫切需要与众不同的新鲜潮流注入,而新锐设计师群体的崛起就证明了这一点。

围绕Showroom背后因需定产的新产业逻辑,卜晓强带领红棉进行了新的探索,做了两件事情:集纳二十余个意大利原产地服装品牌的集合店"意品"在红棉诞生,开启了在中国市场的征途;与意大利权威时尚机构共同发力,中意双方共同缔造了HIVE-Showroom。

卜晓强表示,近几年,随着奢侈品和快时尚品牌大量进入中国,一二线城市的消费者品味开始迅速成熟,2016年也成为买手店集中开张的一年。但是,目前国内的大多数设计师品牌并不具备自建Showroom的能力,买手机制也亟待塑造和完善。而国外Showroom业已发展成熟,引入之后对国内都有很好的带动作用。这也是HIVE-Showroom广受关注的原因。

历经3年的运营,HIVE-Showroom已经成为目前国内首屈一指的Showroom,除却吸纳了一批高品质的意大利设计师品牌,也开始着手扶持国内优质新锐设计师品牌,打造针对国内设计师品牌的HIVE-Showroom,为国内外的年轻设计师搭建展示和销售平台,顺应国内服装市场小批量、定制化、个性化的需求。

肩担广东服装产业重任

2015年,卜晓强的头衔又多了一个。因长期致力于推动纺织服装行业创新发展作出卓越贡献,并得到政府部门、服装业界的认可,2015年12月,卜晓强被一致推选为广东省服装服饰行业协会第六届会长。

十年间,卜晓强多次荣获中国纺织服装行业领军人物、中国纺织服装行业创新人物、广东省优秀企业家等荣誉,每一份荣誉都被他视为责任与督促。在广东服装产业人眼中,十多年来,卜晓强一直把推动广东服装行业发展视为己任。他坦言,接到提名通知时,心有忐忑。肩担责任之重,唯恐精力所限,辜负企业和行业的信赖。最终,怀揣着内心对纺织服装行业的一腔热情和情怀,卜晓强毅然参选。

"在商业流通领域工作了30多年,接下来的工作时间有限。尽管如此,我热爱服装事业,热爱时尚产业,我希望能为行业做更多的实事。"卜晓强说。顺利当选后,如何平衡身上的商业角色与社会职务,如何保持广东服装的领先地位,如何推动行业的颠覆创新等，都是他的肩上重负，"这个职务是行业对我的信任，也是行业赋予我的责任，我必须全力以赴，才能不负所托。"

除了对行业的满腔热忱，"创新到底"的性格也让他极为珍惜这个推动行业转型的机会。卜晓强自称"年纪虽大但勇于创新"，在他看来，"行业要跳出原有框架，也必须要创新。"

2016年广东时装周（春季）是卜晓强上任后交出的第一份成绩单。"真正迈入国际，是广东时装周的平台价值与文化价值所在。广东时装周应该、也完全有这个实力做到。"在他和协会同仁的努力下，广东时装周进一步将广东本土设计优势与国际时尚资源充分融合；通过多元化的时尚活动促使更多的国内实力品牌与国际时尚品牌相互交流与对接；举办的一系列如"中意时尚高峰论坛——互联网时代的中意时尚产业合作"等重要会议，在全国服装行业影响深远。

在他的主动开拓和积极引进下，广东时装周、红棉国际时装周、流花服装节、广东国际时尚艺术研究院构建起一个中意时尚文化交流合作的生态系统，为广东服装产业输送强劲的国际力量。2017年，他再次勇挑重担，全身心投入到首届2017广东服装博览会暨男装女装展的筹备、举办工作当中，为广东省服装产业链再添关键一环。

如果说，细水长流可以形容一种情感，也可以形容一种处事态度，那么卜晓强就是这样一个细水长流的人，细水长流地为中国时尚产业默默付出。

以初心明志　将梦想照进现实

2018年7月，在米兰Palazzo Giureconsulti国会大厅，在授奖者与观众的共同见证下，卜晓强获意大利至高国家荣誉"意大利金顶奖"，成为第一位获此荣誉的外籍人士。卜晓强的提名获得了世界时尚界泰斗、意大利全国时尚协会原主席、现任名誉主席Mario Boselli的强烈认可和支持，他在提名函中写道：卜晓强先生是一位睿智、勇敢的企业家，在中国纺织服装行业具有深远的影响力。多次到红棉考察的Mario Boselli表示，卜晓强所服务的广州红棉国际时装城和广东国际时尚艺术研究院为中意时尚交流合作做出了突出贡献。

卜晓强带领红棉和广东服装行业在国际化、时尚化、品牌化的道路上坚定前行，接受着一路鲜花与荆棘。总结卜晓强在行业内所做出的贡献和所取得的成就是个大工程，恐怕再怎么细致入微的人也无法做到毫无遗漏。正如卜晓强在获奖致辞中所说："这份荣誉归于行业"。他只是中国时尚产业里所有深深热爱、默默奉献的产业人其中的一员。

卜晓强常说，服装产业跟其他产业不一样，永远不可以简单地把服装当作生意，服装业是时尚产业、美的产业、艺术的产业。"从 1984 年进入商业工作及专业市场行业，我就不是为某个特定的品牌服务，而是为整个产业服务。"那句他并没有真正说出口的"企业家的社会责任感"，却透过他讲的每一个字，得到了最精准的呈现。

在红棉，流传着一句俏皮话：红棉的企业文化就是"三心二意"。三心，即"良心""责任心"和"感恩的心"；二意，即"一心一意""全心全意"。而这"三心二意"，与其说是红棉的企业文化内涵，不如说是卜晓强其人的最真实写照。

十年间，卜晓强心心念念都是行业。三千六百多个日日夜夜中，他从无休息日、节假日；十年来，只要没有因公外出，每一个除夕、中秋等象征着团聚的传统佳节，他都会伴随红棉的值班人员一起度过；翻开他的全年日程记录，会惊讶地发现密集的日程安排具体到了每一天，且日复一日，日日如此。

卜晓强不仅是一位出色的管理者、有智慧的长辈，更是一位有强烈社会责任感的企业家；作为中国时尚产业的一个梦想家、理想家，他每每全力以赴，将梦想照进现实，赢得了行业的瞩目与尊敬。

上善若水　潜心变革

——华纺股份有限公司党委书记、董事长　王力民

今年 55 岁的王力民现任华纺股份有限公司党委书记、董事长，几十年来，他在改革开放的大潮中倾心躬耕，奋力开拓，以扎实的态度、创新的思维、稳健的作风，优良的业绩，在纺织印染界建树起较高声誉，引领华纺从一个传统的国有企业沿革发展成为具有鲜明现代管理特征和持续创新活力的企业。

华纺股份成立于 1976 年，2001 年 9 月在上交所挂牌上市，是中国纺织印染行业的龙头骨干企业。目前，公司产业领域涉及纺织、印染、家纺成品、服装、热电、金融和信息服务。

王力民

经过多年的积累，品牌与技术创新已经成为公司的核心竞争优势。公司建有工程技术研究院、博士后工作站、"智慧纺织"实验室，是"中国印染产品开发基地"；拥有自己的品牌运营团队、设计研发团队，公司品牌商标已在中国内地、中国香港、美国、欧盟等地区注册成功，被山东省名牌战略推进委员会、山东省质量技术监督局授予"山东名牌"称号。

匠心如璞　建树卓群不凡的业绩

王力民自 1979 年参加工作就进入纺织印染领域，在这个被视为"夕阳产业"的行业坚守奉献近四十载春秋，从一个默默无闻的一线印染工人做起，逐步成为综合素质优、专业水平高的专家型人才。

"我刚参加工作是在一线生产操作岗位当印染挡车工，后来担任轮班长。1984 年 7 月，公司通过公开考试选派出我们 35 人脱产上学，这三年的系统学习对我自身丰富起到了非常大的作用。"说起 34 年前外出脱产学习的经历，王力民的话语间充满了感恩之情。三年后归来，他从此走上了专业技术岗位，并且一直执拗地坚守下来。那个时期，他为包样、订工艺、做实验不辞辛苦，有时为了打好一个样子，他要反复多次去试样，直到拿出完全满意的样子为止。

正是有着这种不气馁、不服输的劲头，这位公司历史上首批劳动模范中的典型代表，成长为技术队伍当中的翘楚。参加工作近四十年来，他先后在国家专业核心期刊发表论文40多篇，荣获市科技进步奖17项，省部级科技进步奖11项，国家科技进步奖1项，取得授权发明专利21项。其中，"棉冷轧堆染色关键技术的研究与产业化"成果，成为对印染生产节能减排带来巨大效益和效应的技术，在全国同行业无偿推广，并荣获了国家科技进步二等奖，他于2012年2月14日在人民大会堂举行的科学奖励大会上受到党和国家领导人的接见。

在搭建技术平台和培育专业人才方面，王力民殚精竭虑地思考谋划，为平台建设和人才成长做出了特殊贡献。1997年8月，王力民升任公司科技处处长，在他的精心筹划和组织下，公司建立了技术中心。这一中心快速发展，成为企业技术成果孵化、转化基地；在"省级技术中心"的基础上，于2013年成为"国家认定企业技术中心"。作为一个具有远见卓识的科技创新带头人和企业家，王力民深信"人才兴企、科技强企"的道理。连续十多年来，他都会把全公司每年第一个重要的会议定位为"科技人才大会"，表彰优秀的专业人才与成果，聘任公司初、中、高层次专业人才。公司通过综合绩效考核，每年对实用型人才进行动态化考评，评聘技师、初级技工、中级技工、高级技工等操作型技能人才589人。

2010年，王力民在公司确立起"求学、求知、求真、求实"的学术作风，他在带领企业稳健发展的同时，自身也成为不懈进取的先进代表。2015年以来，随着华纺工程技术研究院、博士后工作站、华纺-东华智慧纺织实验室以及智能印染和缝制生产线等一系列重点项目相继建成和投入运行，加快了公司转型升级和新旧动能转换步伐，人才成长平台更大，空间更广，人才建设水平提升到了新的高度。华纺相继跻身"山东省专利明星企业""中国纺织行业人才建设示范单位"等行列。

不懈创新　激发企业转型升级活力

王力民一直保持创业初心，他强调华纺以市场为出发点，做自主设计的优质产品和品牌，打造"质量华纺"。他坚定地认为，纺织产品只有质优，没有价廉。追求低价，就没有品质可言，纺织企业就没有发展的命脉。除了对于行业困境与发展的反思，王力民更倾心于企业的管理提升，助力企业行稳致远。

2009年6月，王力民针对企业发展需要，主持导入"实施控制低质量成本"管理模式，并把"持续深化精益生产"确定为企业长期坚持的管理主线，也由此开启了华纺以质量为核心的"管理革命"。2010年，他领导企业进行了组织架构重塑和流程再造，使公司在集团化框架下建立起扁平化、矩阵式管理模式。这一改革举措，形成了市场拓展的开发、产品创新的研发、生产运营的体系等保障措施和体系与产业链条之间的协同发展、品牌运营与主流市场的协同发展、运营主体与管理主体的协同发展、主营业务与适度多元的协同发展、当前利益与长远发展的协同发展。

有企业管理专家分析认为，王力民带领华纺多年来保持持续稳健发展，其中重要一条应该归功于他对企业组织架构、管理流程的塑造，企业内部组织架构形成了面向市场的二十一个分子公司作为责任主体和清晰的八大管理体系以及相对完善的系统与流程，使企业管理真正从粗放式管理走向了精细化、系统化、标准化管理，既实现了面对市场的快速反应、积极应对，又理性系统的管理局面。从2009年6月确立精益生产管理主线至今，对企业思维转换、管理风格形成以及文化品位提升，都起到了十分有效的作用。

自2013年以来，王力民在思考、调研成熟之后，制定设计出公司历史上第一个"三年规划"，实施了"一体两翼"发展战略（"一体"即以工匠精神专注纺织印染产业；"两翼"即以创新思维推进互联网信息技术、金融资本市场发展），以超常速度完成了公司科技产业园的建设，全面实施品牌战略、创新战略、引领战略，开展国际产能布局，提升整体创新能力，引领高品质纺织品制造与发展，为纺织印染行业的创新与发展提供了可资借鉴的经验，为市场与客户提供了产业范围内的全功能优质服务，为传统的纺织印染行业探索了安全、环保、创新和可持续的发展路径。

王力民致力于信息化方面的研究与谋划，主导信息化系统的研究与引进，促进了企业的改造升级。企业由最初的"财务核算系统"到"数字华纺"，再引入"智慧纺织"的概念，到今天全面解读"工业4.0"，创造了一个全面跃升的实践示范。2015年，在原有技术支撑基础上，华纺HFCPS中心启动运行，通过互联网、大数据、人工智能等先进技术，在用户消费层和商务平台层以及智能信息层的基础上打造出了全产业链开放型智能平台。公司还被国家科技部列为"全流程印染过程数字化控制技术研究与示范"项目研发指定企业。目前，华创科技公司、O2O、B2B、微商城等新的电子商务模式在华纺落地，为传统制造业插上了互联网的翅膀。同时，公司以定向增发、项目贷款、投资银行板块等资本运作为一翼，为公司持续发展提供更广阔的空间，"走出去"战略正在稳步推进。

华纺全面实施"一体两翼"发展战略，转型升级和新旧动能转换步伐不断加快，这给华纺带来了更深层变化，企业发生全新蜕变的同时，王力民对传统纺织印染产业的改造成效引起广泛关注，"再造一个新华纺"的目标得以实现，市场领域不断拓展，企业综合竞争优势不断巩固，创造出令人惊奇的"滨州速度"。华纺借助黄河三角洲经济区、山东半岛蓝色经济区和环渤海经济圈、济南省会城市群经济圈"两区两圈"叠加优势，以滨州为产品研发、成果孵化、生产基地，以亚洲、非洲等目标国家为生产输出基地，以美国、欧洲为国际研发中心、品牌创新中心，抢抓"一带一路"发展机遇，实施"走出去"战略。

视野向远　增强社会责任的力量

华纺作为立足传统产业的企业不断追求创新与突破，为传统企业创新发展探索了可资借鉴的路径，特别是在智慧企业建设、人文关爱建设等方面的经验，有很多值得总结的经验，并打造出富有自身人文特色的华纺"家文化"，推动企业实现跨越式发展。华纺在推进未来发展中继续不懈创新与提升，在为广大职工创造更多福祉的同时，为区域经济发展和民族工业振兴也做出更大了贡献。

在王力民的推动下，华纺形成了自身的文化品格与文化系统，以"上善若水、厚德载物"为理念，以"高品质纺织品缔造者、健康时尚生活倡导者"为使命，以打造"人文华纺、绿色华纺、质量华纺、数字华纺、国际华纺、百年华纺"为愿景，不懈推进"家文化"建设，执着践行社会责任。公司先后向汶川、玉树、鲁甸等地震灾区捐赠款物达千万元；主动参加和组织扶贫助残、慈心一日捐、捐助慈善事业和"希望工程"等活动。

这些年来，华纺在节能减排等技术改造方面持续投入，先后建有国内领先的印染废水处理设施、绝热技术、预热余压回用技术、棉纺织冷轧堆染色、棉织物低温漂白技术等技改项目，使得华纺成为国家首批印染准入企业、中国印染行业节能减排示范企业，废水100%达标排放，中水回用达到60%，年节约新鲜用水300万吨；华纺拥有多项国际先进印染、后整理生产设备及自动化在线监控技术，实现网络在线管控。"印染废水深度处理及回用技术"和"CFM自动净化处理"等新技术、新工艺，节能减排效果明显。

近年来，华纺在王力民领导下，先后获得"全国五一劳动奖状""中国纺织服装行业社会责任信息披露示范奖""中国纺织行业劳动关系和谐企业""全国五一巾帼标兵岗"等荣誉称号。王力民本人先后获得"全国纺织行业劳动模范""第四届山东省十大杰出工程师""全国纺织科技创新领军人才""感动齐鲁杰出企业领军人物（第四届）"等荣誉称号。

展望未来，王力民心里还有面向海外的更大布局。想在全世界顶级发达的商业中心，拥有自己的仓储，卖华纺的产品，让全球认可，将华纺的产品创出国际品牌，这是一个宏伟的目标，也是中国几代纺织人的品牌梦想。随着华纺人的不断努力和奋力拼搏，随着中国纺织从大国向强国迈进步伐的加快，王力民实现纺织强国梦的愿景越来越清晰。

筑梦标志服装百年品牌

——山东省标志服装股份有限公司董事长　王庆龙

乘着改革的春风，凭借山东人固有的执着与坚韧，敢打敢拼的他硬是凭着一股子闯劲儿将一个濒临倒闭的小作坊成功转型为一个"销售收入、利税总额双百强"的现代化服装集团；他锐意改革，发力创新，精益品质，擦亮了传统产业"科技、时尚、绿色"的新标签；他以人为本，文化为魂，始终责任未来，不忘初心，在有着五千年文明史的莒国故址上写就了新时代民营企业家的创新创业的传奇。他就是全国劳动模范，山东省第九届、十届人大代表——山东省标志服装股份有限公司董事长王庆龙。

王庆龙

不尽狂澜走沧海，一拳天与压潮头。今天的辉煌是昨天艰辛历程的延续，翻开标志服装的创业史，它记载着王庆龙艰难创业的一串串闪光足迹……

危难受命　背水战闯出一片天

那是1988年，王庆龙被任命为一个仅能生产墨水、粉笔等文化用品小厂的厂长。与其说是个工厂，不如说是个小作坊，而且由于经营不善，已资不抵债，濒临破产，职工长期发不出工资，人称当时的境况是"三口大锅两只缸，五间草房一片荒"。王庆龙就是在这种内外交困、山穷水尽的境况下，出任了该厂的厂长。可任凭他怎么苦心经营，依旧独木难撑。

"身为厂长，我总不能坐以待毙，眼瞅着20多位职工下岗，断了活路。"富有洞察力的王庆龙此刻敏锐地发现，日益走俏的标志服前景可观，而且全省没有一个生产厂家。于是，敢想敢干的王庆龙，毅然下定决心，决定调行转舵，改上标志服装。

可是在无资金、无技术、无人才、无厂房设备等困难条件下，两手空空搞转产，难度可想而知。王庆龙凭借一股明知山有虎、偏向虎山行的拼劲、干劲，为筹集资金、纳人才，他四处奔波，八方求助，白天黑夜连轴转，跑遍了大半个中国。半年多的时间，他几乎没有睡过一个囫囵觉，人都瘦了10多公斤。终于，功夫不负苦心人，他硬是在一穷二白的基础上，建起了山东省第一家标志服装厂。转产后的第一年，公司就实现产值810万元，利税98万元，一跃成为莒县乡镇企业的排头兵。

然而，就在王庆龙春风得意的时候，1991年，国家有关部门下达了清理统一着装的通知，标志服装市场骤然冷落，全国不少厂家纷纷倒闭、转产。面对这突如其来的打击，王庆龙镇定自若，表现出了一个企业家的精明和胆识，它不仅没有改行易辙，还大胆地做出了一个出人意料的决定，那就是继续加大投入干下去。

"当时可以说是背水一战，关门大吉肯定是行不通的。只有硬着头皮继续加大投入，引进先进设备，扩大生产规模，企业才能有转机。"原来，王庆龙早就对标志服装市场了然于胸，富有洞察力的他坚信：市场缩小不等于没有市场，只有壮大自身实力，提高产品档次，才能增强企业抗风浪的能力。

于是，他举债筹集资金8000多万元，引进先进设备800多台，实施精细化管理和技术创新，顺利完成了产品的更新换代，迎来新的转机。从此，市场越做越大，效益年年递增。

如今，昔日濒临倒闭的小厂已发展成为现有员工3000余人，总资产2.3亿元，机器设备2016台（套），大型服装生产线30条，年生产服装能力430万套（件），成为集产品开发、生产于一体，销售、服务一条龙的现代化大型服装企业，并且连续6年蝉联全国服装行业"销售收入、利税总额双百强"，先后荣获AAA级信用企业、省级重合同守信用企业和全国纺织出口先进企业等荣誉称号。

发力科技　创新锻造国际领先

"企业少了科技支撑，就等于种地不施肥没有后劲。特别是服装产业，如果没有技术优势，就没有创新能力。"王庆龙深知，科技是第一生产力。所以创业伊始，他便紧盯国际上最先进的工艺和设备，不惜巨资投入为企业转型升级注入活力。

1994年以来，在王庆龙的带领下，企业通过国际公开招标的形式，先后投资近1.2亿元，引进美国柏格公司CAD/CAM系统、日本高速平缝机、德国杜克普公司电脑控制全自动专业化缝纫设备、意大利迈公司电脑控制全自动立体蒸汽定型机等国际高新技术设备，一下子使企业生产能力达到了国内引领，国际一流的水平，提前实现了中国纺织总会提出的"设计电脑化、裁剪自动化、缝纫设备专用化、运输吊挂化、定型立体化"五化目标。

不仅如此，他还注重对引进设备技术的消化吸收和二次开发，不断培育企业自主创新能力。在他的督导下，公司成立了"CAD/CAM技术应用项目课题小组"，并自任小组长，经过无数次科学攻关后，终于解决了样片推挡、排版等一系列关键技术难题，实现了各种服装生产的设计、排版、放缩、裁剪自动化，材料利用率达到了98%以上，在降低企业生产成本的同时，大大提升了产品附加值和市场竞争力。

"企业的竞争，实际上就是人才的竞争，企业靠产品，产品靠创新，创新靠钻研，钻研靠人才，人才开发的程度，决定着产品开发的深度，决定着企业的兴衰。"在加强技改和自主创新的同时，王庆龙始终不忘人才培养。他大胆启用，是才必举，任人唯贤，从高等院校招收了一大批大中专毕业生。

此外，他还非常重视员工的素质教育，曾多次邀请中央美院、中服集团等科研院所的专家学者来厂举办各种专业知识讲座，使全员培训覆盖率达到100%。同时，每年派技术人员外出接受高层次培训，仅1998年一年就派出3批60多人次到日本驻京佐田雷蒙公司交流学习。他还力排众议，不惜重金，先后从中央美院、总后服装研究所、三五零三被服厂聘请了4名专家教授以及渡边和吉等资深服装设计师担任企业常年技术顾问，并成立企业专家委员会、技术委员会和技术创新中心，使企业形成了一套完整的研发体系和创新力，成为全省首批"技术创新师范企业"之一。

先进的技术设备，雄厚的技术人才，给企业带来发展和无尽活力，产品不仅销往全国各地，更出口亚欧美的十几个国家和地区，先后被公安部、最高人民法院、最高人民检察院、国家工商局、铁道部、邮电管理总局等11个部级单位定为全国系统内标志服装定点生产厂。

精益管理　质量成就品牌百年

"一个企业就像军队一样，既需要有严明的纪律来约束，也要有良好的团队精神来激励。"作为一个企业的领头人，王庆龙十分注重企业的精益管理和品质提升。在他的主导下，公司先后对财务、劳动人事、工资分配、质量管理等制度进行了大胆改革，通过采用电视调控系统和 MIS 系统辅助企业管理等先进手段，使企业逐步建立起管理科学、激励与约束相结合的现代企业管理制度，形成了"优质、高效、敬业、创新"的特色企业文化，有力地推动了企业的高质量发展。

在强化管理中，王庆龙尤其注重产品质量，视质量为第一生命。为培养员工的质量意识和精品意识，他响亮地提出了"产品百分之百优质，用户百分之百满意"的口号，并采用 ISO 9002 标准，导入卓越绩效评价准则，建立健全了质量保证体系，切合企业实际制定了确保产品质量万无一失的"自检、互检、巡检、全检、抽检和出厂总检"六检制度，有效提升了产品质量。

"创名牌先抓质量，一切为产品质量让路"，这是王庆龙的口头禅。他是这样说的，更是这样做的。一次，为公安部制作一批标志服，预定第二天交货，这时却发现有一套上衣与下衣的型号配错了。员工们此时加班改造忙了大半夜，都已疲惫不堪，有位中层干部提出干脆让公安部门发放时自行调换完事。谁知，和员工们一块加班，同样是累得腰酸背痛的王庆龙，二话没说就与员工重新打开包装箱，一件件核对起来。为了这套标志服，他们一直忙到凌晨 3 点多。事后，王庆龙语重心长地告诫大家："为了企业的信誉和质量，咱们宁愿自己麻烦千遍万遍，也决不能让客户一时作难啊。"

求真务实的领导作风，必定换来企业可靠的质量和信誉，获得可观的市场回报。2001 年，公司制作的检察官服装，以做工精细、合体率高，受到最高人民检察院的通报表彰，省检察院为此专门送来"视质量如生命，以信誉为根本"的锦旗予以表扬。

品质就是信誉。正是在王庆龙的坚持和坚守下，山东标志的各类产品赢得了业内人士的广泛认可和高度赞誉，并吸引了国际顶尖名牌——皮尔·卡丹的青睐。2000 年 3 月 20 日，王庆龙与法国皮尔·卡丹公司签约，成为国内（包括香港、澳门）皮尔·卡丹女装唯一生产、销售和鉴定机构，这不仅使公司产品质量接轨世界，更为企业日后时尚发展掀开了新的篇章，一个服装时尚帝国日渐成形。

不忘初心　责任引领未来

作为一个普通农民出身的乡镇企业家、省人大代表，王庆龙时刻想到的是如何尽快带领乡亲们共同致富，为家乡人民谋福利。在企业发展的十几年历程中，员工由最初的 28 人发展到现在的 3000 多人，新增员工 70% 以上是农村户口青年，解决了本地大量农村剩余劳动力的就业问题。同时，自1998年以来，该公司还先后接受下岗职工再就业人员近200名，安置复员军人上百名，安置社会闲散人员、接收大中专毕业生300多人，有力地维护了稳定。并通过强化管理，提高经济效益，使员工们的工资收入也一年比一年增加。

"成由勤俭败由奢。"企业虽然富了，但王庆龙依然保持着艰苦创业的本色。到外地出差，能连夜赶回来的，他决不在外面住宿，用他的话说："这样既不花冤枉钱，还能节省时间。"1996年企业进行省级重点技术改造，引进设备在济南进行国际公开招标。参加投标的十几家客商都住在三星级以上的宾馆，而他作为一个大型企业的老总，则坚持住在40元以下的房间。不仅如此，就连有关部门多年给予他的奖金重奖，他都分文未拿，全部交给了企业。

对自己的生活过于苛刻，对员工们却关怀备至，他始终把大家的冷暖挂在心上。公司有位员工，小孩患有先天性心脏病，去北京看病需要花费数万元，王庆龙不仅积极组织全公司捐款，而且自己第一个带头捐款。还有一位家是山区的司机，家中不慎失火，全部家当被火烧得精光，王庆龙得知后，又是第一个捐款。

不仅如此，在不断改善和增加员工福利待遇的同时，王庆龙还积极筹措资金，累计为员工建房1万多平方米，使员工的住房条件得到了很大的改善……从关爱员工到产业精准扶贫；从乐善好施到公益回报，王庆龙始终勇担社会责任，发挥企业家精神，为爱发声。

"天行健，君子以自强不息。""山东省新长征突击手""山东省优秀农民企业家""山东省优秀共产党员""山东省劳动模范""全国劳动模范"等荣誉称号，连续当选山东省第九届、十届人大代表……这是荣誉更是肯定。面对这些成绩和荣誉，王庆龙从不自满，始终不骛于虚声，不驰于空想，脚踏实地，俯首为牛，引领着山东省标志服装股份有限公司这座航母不断筑梦远航，打造品牌百年。

与羊绒的一生之缘

——鄂尔多斯集团总裁　王林祥

鄂尔多斯集团总裁王林祥，算得上与共和国同龄的一代，家庭的贫困让他从小就饱尝了生活的艰辛，却也磨炼了他吃苦耐劳、勤奋节俭的品质；也养成了他不服输的性格和笑对人生的心态；"老三届"的他离开了校园，却也培养了他爱读书、爱学习的终身习惯；在砖瓦厂背了两年砖，从此再没有吃不了的苦；绒毛厂当徒工的经历让他喜欢上了企业，也与羊绒结下了一生之缘。

王林祥认为，自己是幸运的，鄂尔多斯给了他一个实现理想的机会，一个打拼事业的平台。在这个平台上他做成了两件事情：一是把鄂尔多斯打造成了世界羊绒大王和羊绒行业标志性品牌，二是建成了棋盘井循环经济工业园区，在铁合金领域又打造出了一个世界第一。他说："这个结果令人快慰、令人自豪，但整个过程却非常艰辛，我也是苦在其中，乐在其中。"

王林祥

砸三铁改革　释放员工创造性

1978年12月，党的十一届三中全会揭开了改革开放的序幕。1979年9月，作为伊盟绒毛厂扩建项目的伊盟羊绒衫厂经国家批准立项动工，王林祥有幸成为伊盟绒毛厂抽调出来筹建羊绒衫厂的首批十三人之一，担任筹建安装副总指挥。

1981年10月1日，作为国庆献礼，羊绒衫厂正式竣工投产。产能规模为年产无毛绒500吨、羊绒纱200吨、羊绒衫30万件。这是内蒙古自治区改革开放后的第一个招商引资项目，也是通过以物易物的补偿贸易模式，用羊绒衫厂生产出来的产品抵顶日本三井公司的设备技术价款，却也成为改革开放的一大创举，羊绒衫厂由此开启了温暖全世界的远航！

1983年，王林祥被任命为羊绒衫厂厂长，32岁的他正值年轻气盛，感觉浑身都是劲，下定决心一定要干出个名堂、干成一番事业。

20世纪80年代初，中国的羊绒深加工企业仅有北京雪莲、新疆天山、上海毛纺厂和鄂尔多斯羊绒衫厂等几家。鄂尔多斯从日本全套引进的设备技术和生产管理都比较领先，尤其是作为优质羊绒主产区的原料优势相当突出。王林祥分析认为，只要很好地运作，完全可以在羊绒这个圈子里做成世界第一。当时很多人都认为这是天方夜谭，但王林祥不这么想，他认为只要把自身的工作都做好，就一定有成功的可能。接下来在他的领导下，鄂尔多斯围绕这个目标进行了一系列大刀阔斧的改革尝试，这在当时是很大胆的做法，幸运的是上级领导给了很多的支持。

首先是进行内部管理改革。在上级领导的支持下，羊绒衫厂从1984年开始了"砸三铁"改革。砸掉了固定工的"铁饭碗"，实行"见习工制"和"合同用工制"；砸掉了传统八级工资制的"铁工资"，实行计件联产全浮动效益工资制；砸掉了干部的"铁交椅"，实行干部竞聘上岗制。这三项改革发生在我国经济体制改革的前夕，在内蒙古甚至全国都是超前的，连处在改革开放最前沿的深圳也组织考察团前来学习取经，十年之后四川的类似改革还作为新闻上了央视。这三项改革取得了立竿见影的效果，全厂人均工资由38.97元增至120元以上，职工的积极性创造性空前高涨，羊绒衫厂成了城镇待业青年工作首选，红极一时。这三项制度后来经过不断完善优化成为传承至今的最根本制度。

砸三铁改革完成后，当时全国开始推行企业承包责任制。1987年，王林祥代表羊绒衫厂向上级提出经营大承包，并立下了军令状，完不成任务自动辞职。承包后的羊绒衫厂实行厂长负责制，以王林祥为代表的经营班子提出了以责权利相结合为原则的车间和部门五种内部承包方案，各级承包人和职工进行双向选择，一层层分解落实承包指标，实实在在做到了千斤重担人人挑，人人头上有指标。这个做法再一次打破了过去的大锅饭，职工利益直接和劳动成果挂钩，大幅度提升了企业管理与运营水平，最终三年下来超额1100万元完成了承包任务。

在改革创新的推动下，羊绒衫厂投产之后的几年效益一直很好，相当于每年赚回一个同等规模的羊绒衫厂。

营销创新　取代国际羊绒霸主

20世纪80年代中后期，国内外羊绒企业为争夺原料把原绒从60元/公斤炒到了360元/公斤，为了维护原料市场秩序和中国羊绒的国际声誉，由鄂尔多斯羊绒衫厂牵头，于1989年9月发起成立了内蒙古KVSS羊绒企业集团，78家成员企业覆盖了6个羊绒主产省区，在"对内大联合，对外大开放"原则的指导下，统一收购政策，协调供需市场，通过两三年的运作，引导中国羊绒原料市场走向了正轨，提升了中国羊绒业的国际话语权。

内蒙古KVSS羊绒企业集团后来演变为鄂尔多斯羊绒集团原料公司，以此为基础，在国内羊绒主产区和集散地设立了26家原料分公司，大力实施贸工牧一体化战略，进行工牧直交，优质优价收购，引导农牧民养好羊，靠劳动致富，从而彻底扭转了西方发达国家老牌羊绒企业通过代理商把控中国羊绒市场的局面。

1989年，一直完全依赖外销的羊绒制品出口严重受阻，而当时国内很少有人认识羊绒衫，国内市场一片空白。困境之下，王祥林提出了"两条腿走路"的营销新战略，决定外销走出去和内销拓荒同步展开，接连上演了一幕幕营销创新大戏。

外销方面，鄂尔多斯成功地下了六步棋，一系列创新之举直接拉动了外销业务的攀升，到2007年羊绒衫外销达到了顶峰的500多万件。在鄂尔多斯的带动下，中国羊绒工业迅速崛起，经过几轮原料大战和销售大战，美国和日本的羊绒加工企业全部退出了历史舞台，欧洲的羊绒加工日渐萎缩，鄂尔多斯取代称霸羊绒业150年之久的英国道森公司，成为名副其实的世界羊绒制品大王。

创立品牌　开启品牌营销征程

鄂尔多斯的内销拓荒是和品牌建设同步推进的。1984年王林祥在日本的一家商场的羊绒衫柜台考察时，一眼就认出这是自己厂生产的羊绒衫，就因为挂上了人家的牌子，售价就涨了几十倍甚至上百倍。震惊之余王林祥下定决心要创立自己的品牌，这才有了"鄂尔多斯"的诞生。

1985年，羊绒衫厂争取到10%的国内销售权，王林祥亲自出马带着刚刚组建起来的十几人的销售队伍，背着羊绒衫踏上了艰辛的拓荒之路。因为当时国人还不认识羊绒衫，只能拿到大城市的涉外饭店和友谊商店寄售卖给外国人。王林祥一行第一站是到北京建国饭店，好不容易见到了饭店经理，跟人家讲自己的产品怎么怎么好，可人家根本就没听说过伊克昭盟（现鄂尔多斯市），也不相信东胜还能生产高档羊绒衫。面对怀疑、犹豫中的饭店经理，王林祥提出三个条件：一是价格可以低一点，等客户认可了再说；二是卖不出去可以退货或者换货；三是以后要货的话，可以送货上门。饭店经理被真诚打动了，答应试销，后来建国饭店成了鄂尔多斯第一批十二家客户之一。

有了北京这次经历，王林祥到大连友谊商店改变了策略，希望不卖低价，随手放下4件羊绒衫，让大连友谊商店以高价试卖。结果当他们刚返回东胜，就收到大连友谊商店要求再发150件的订货电报，接着又要订15000件。随后又邀请全国12家涉外饭店和友谊商场的负责人到厂参观并举办了首届羊绒衫厂订货会，订了8万件羊绒衫，鄂尔多斯终于迈出了开拓国内市场的第一步。

之后，鄂尔多斯紧锣密鼓地打出了一套漂亮的组合拳，真正开启了品牌营销的征程。第一步，从1989年10月到1990年3月，首次在中央电视台黄金时段播出"鄂尔多斯羊绒衫温暖全世界"的广告，从此国人知道了羊绒衫，记住了鄂尔多斯，开创了行业先河。第二步，在四进北京、三下江南、两闯东北、一驻西安进行市场调查的基础上，开始在北京等大城市举办大规模的鄂尔多斯羊绒衫巡回展销会，掀起了一场被首都媒体称之为"鄂尔多斯风暴"的营销热潮。第三步，从1991年4月开始，选派200多职工在北京、上海、沈阳、青岛、西安、昆明、成都、深圳八大城市设立经销部进行直销，当时的设想只要有两三家成功就不错了，没想到全部成功。第四步，先是聘请中国国际广告公司模特队，后来组建自己的鄂尔多斯时装表演团，配合展销会和经销部巡回演出400多场，作为新生事物引起了轰动。第五步，在原来八个经销部成功示范的基础上，组建成立了几十家营销分公司，专卖店达到1500多家，羊绒衫内销量由1989年的14.2万件增长到2007年时的200多万件。

开创企业品牌命名城市先河

随着鄂尔多斯知名度的日益提高，鄂尔多斯也成就了一座城市以一个企业名称、品牌名称来命名的佳话。当时的伊克昭盟领导到其他地方考察、开会，交谈时人家问从哪里来的，大家先是说伊克昭盟，可人家根本不知道这个地方，怎么解释都听不明白，后来就说是温暖全世界的鄂尔多斯那个地方，这下人家明白了，看来伊克昭盟需要换一张名片，地区的领导们由此萌发了更名的想法。当时伊克昭盟正准备撤盟建市，几位领导多次和王林祥交流，拟命名为鄂尔多斯市，王林祥认为如果能对地区经济的发展贡献力量，这是鄂尔多斯集团的殊荣，就同意了。2001年4月1日，伊克昭盟撤盟建市，命名为鄂尔多斯市，从此鄂尔多斯集团和这座命运与共的城市拥有了一个共同的名字，也开创了一座城市以企业品牌命名的先河。

2016 年，面对新形势鄂尔多斯对品牌进行了大胆的重塑，形成顶级奢侈品牌 1436、国际化的 ERDOS、传承经典的鄂尔多斯 1980 以及时尚简约的 BLUE ERDOS 四大核心羊绒品牌家族，并在重塑后的第一年就获得了巨大成功。

品牌营销在国内大获成功的同时，2017 年，作为与国际一线奢侈品牌抗衡的鄂尔多斯 1436 品牌首选日本市场为突破口，在东京、大阪等大城市的顶级商场连开八家直营专卖店，也由此开启了鄂尔多斯走向全球市场的新一轮征程。

总结鄂尔多斯近四十年的发展经验，王林祥认为：差距往往是在逆境中拉开的，正因为鄂尔多斯人勇于在大变化的形势下捕捉和把握大进步的积极因素，善于在大危机的逆境中发现和用好大发展的重大机遇，并且对症下药进行持续不断的改革创新，使得鄂尔多斯总是能在每一次危机困境中比别人走得早一些、快一些、准一些，从而赢得了发展的先机，实现了一次次超越。而鄂尔多斯集团的成功秘诀就在于以敢为天下先的勇气，踏准时代的节拍顺势而为，在关键时期进行了一系列循序渐进的改革和创新，从而推动了企业的健康可持续发展，改革创新是企业发展壮大的最大驱动力。

如今的鄂尔多斯集团，已经踏上了建设具有国际竞争力的幸福企业新征程。"感谢这个伟大的时代，感谢伟大的改革开放！"王林祥说，为鄂尔多斯而奋斗而奉献，对王林祥来说是一种荣耀，无怨无悔！

青春军旅走出的商界奇才

——新郎努尔希集团股份有限公司党委书记、董事长 王桂波

当人们梳理世界企业管理上百年的历史时，就会惊奇地发现，对管理作出最大贡献的，并不是企业家、管理学者、商学院，而是军队。军旅背景的企业家，更是一道靓丽的风景。敢于牺牲、意志坚定、头脑敏锐、心胸宽广，这些军人特有的品质和优势，造就了企业界众多的精英和实干家。

王桂波的人生经历，就是一部军人创业史。他1987年从部队转业，由普通一兵成长为新郎希努尔集团股份有限公司党委书记、董事长，将一个名不见经传的服装小厂，发展成为拥有总资产60亿元、员工8600名的大型企业集团，创造了中国服装史上的奇迹。

王桂波

志存高远　民族品牌崛起

1987年王桂波从部队转业后，分配到山东省诸城劳动服务公司，不久，他便承包了公司下属的缝纫经营部。领导发现王桂波头脑灵活，处事果断，便破格任命他为服装厂厂长。1992年，国家出台了新的产业政策，为个人创业带来了机遇。他说服同事组建了一个缝纫设备经营公司，敏锐地看到了西装的巨大商机，赢得了事业发展的第一桶金。王桂波意识到，一个企业的崛起，首先是一个品牌的崛起。1995年，王桂波到国家工商总局成功注册了"新郎"品牌，"新郎希努尔"品牌进入中国最有价值商标500强。

1998年开始，一度红红火火的西服市场突然现出疲态，各种品牌的西装出现大量积压。王桂波当机立断，把公司所有的货从商场撤回来，自建网络，以专卖店的形式占领市场，专卖店迅速获得成功主要得益于王桂波超前的战略眼光。早在1996年，新郎公司就率先在行业内提出了"买新郎西服，终身免费干洗"

的服务措施，开创了国内外服装企业的一项具有革命性的售后服务模式。也恰恰是这一措施，吸引和培养了一大批的忠实客户，为专卖店的建立打下了坚实基础。其次，当时新郎希努尔集团签下张国立做企业的形象代言人，明星的拉动效应，让新郎品牌形象在消费者心目中根深蒂固。同时，新郎公司通过专卖店，将省下来的部分进商场的费用让利给消费者，进一步增强了产品的竞争优势。

新郎希努尔能在短短十几年的时间里成长为国内服装企业的领军品牌，是与王桂波的果敢与魄力分不开的。王桂波所依靠的不仅仅是智慧、辛劳和汗水，更多的则是他不达目标决不罢休的毅力和执着，其中不可或缺的是他作为一名军人企业家志存高远的胸怀。

企业发展起来以后，公司每年都有上亿元的利润，于是有人建议提高西装的价格，但王桂波坚决不同意，他要做普通老百姓穿得起的好衣服。就这样，凭着这种承诺和对消费者的真诚关怀，新郎希努尔从一个只有五六个人、六台机器的小厂快速发展成为中国男装界的知名品牌。

商海纵横　更显军人本色

《孙子兵法》界定了为将的五种德行：智、信、仁、勇、严。其中最为人们推崇的是军人的"信"。"治业之道在于信。体现在具体的企业行为上，就是商品质量零缺陷，把消费者的利益放在第一位。"军人出身的王桂波不仅坚信这一点，而且制定了新郎希努尔集团上下始终如一的"铁律"："如果有人违反纪律给消费者造成损失，公司一定严惩不贷！是总部的人员予以辞退，是经销商的收回经销权。"

凡是新郎希努尔集团的老员工都不会忘记这样一幕。公司成立初期，有一批西装线缝没有对整齐，本不是大问题，王桂波发现后，立即召开现场会，当着大伙的面一把火把这批西装烧了个精光。"我绝不能允许一件不合格的产品出厂。"眼看着价值50多万的西服顷刻间化为灰烬，一些员工心痛得在一旁直掉眼泪。

然而，一把火烧醒了员工们的质量意识，一把火也预示着一个在未来引领行业潮流的民族品牌已经诞生，新郎希努尔的"烧西装事件"与海尔的"砸冰箱事件"有着惊人的相似，后来的发展结果表明，中国电器行业和服装行业里的两个强势品牌一个是"砸出来"的，一个是"烧出来"的。

1999年底，新郎公司三喜临门，改制成功，专卖店数量激增，销售额创了历史新高。原来的生产线已远远不能满足市场的需求。当所有人都沉浸在成功的喜悦中时，王桂波出人意料地提出，公司应该立即建新的厂房，引进新的设备，扩大再生产能力。照王桂波的设想，建新厂区要1个亿，引进德国的设备要3000多万元，这已经远远超出了新郎当时的承受能力。在总经理办公会上，除了王桂波之外，所有人都投了反对票。这是一个非常冒险的决策，一旦有任何闪失，后果将不堪设想，公司甚至会走向破产的厄运。大家不明白王桂波为什么"放着好好的福不享"，非要冒天大的风险去折腾？看着大家脸上的坚决，王桂波急了，说这个事情你们同意要上，不同意也要上……出了问题我一个人承担。方案报到市里，市里很支持。正月初八王桂波就搞了奠基仪式。王桂波心里清楚，这项方案必须当年投产、当年达效，否则，企业将失去发展的最好良机，甚至所有的投入都将打了水漂。所以，时间就是一切。首先是资金问题，王桂波手上只有2000多万元现金，远远不能满足需要。他便想方设法在短短10天的时间里，筹齐了兴建厂房所用的资金。而设备的3000万元还没有着落，王桂波又找到德国的制造商，经过反反复复的多次谈判，最终让德国人破天荒地同意了他延后9个月支付设备款的提议。

从2000年3月份正式动工，仅用了6个月的时间，王桂波就完成了最初所有的设想。2000年10月1日，修建一新的厂房正式启用，引进的新设备开始运行，西服的生产能力和生产规模得到了大幅提升。这一年，新郎西服全线飘红，企业的产值近3个亿，在上一年的基础上翻了好几番，西服生产能力进入全国前列，此后更是逐年飙升，直至形成目前年产销300万套的全国最大规模，新郎希努尔彻底解决了企业发展的瓶颈。

制胜韬略　整合全球资源

军人企业家的成功还得益于他们强烈的民族主义思想和理想主义色彩。王桂波说，在战场上，军人的使命是捍卫国家主权的尊严，在市场上，企业家的使命是捍卫企业的市场地位。因此王桂波给新郎希努尔集团定下了明确的目标：紧跟世界先进技术，立足自己搞研发，目标占领国内市场，开拓国际市场，与国外同行抗衡。

在新郎希努尔集团庞大的生产流水线上，购自意大利、西班牙、德国等世界上最先进的数字化服装生产设备，被生产线上的员工娴熟地操作着。这些与国际知名品牌完全同步的生产设备经过消化吸收和改良，完全适合于国内市场生产的需求，为生产高档服装奠定了坚实的基础。同时，新郎希努尔研发设计中心所拥有的包括具有高学历、高职称的国内外顶级设计师在内的一大批专业技术和研发人才，成为新郎希努尔新产品开发的骨干力量，完全拥有自主产权的研发成果不断从这里诞生。这不仅是对行业困境的挑战，而且还为企业稳妥地实现了向高端品牌市场的战略转移。

新郎希努尔向高端品牌的转型，打破了中国男装市场上同质化竞争白热化的格局，以其品牌的差异化得到了市场的充分印证。不仅有了稳固的国内市场，更在国际市场上脱颖而出。目前，新郎希努尔的产品销售区域已遍布全国各地，拥有500余家特许连锁专卖店，市场占有率雄居长江以北西装市场首位。在巩固境内市场的基础上，他们不失时机地开拓境外市场，产品先后销往中国香港、韩国、日本、新加坡、英国等国家和地区。

顺利拿到国外加工订单，这对于部分国内服装企业来说是梦寐以求的，但新郎希努尔并没有盲目承接外方的订单，他们给外方提出了自己的价格低线，这个底线令多数外商难以接受，这让在中国尝尽了贴牌甜头的外商一时难以理解。这是因为新郎希努尔在国内、国际市场的开拓上有着自己的营销战略：新郎希努尔现在在国内拥有数量庞大的消费者群体，如何满足内地消费者的各种需求，如何开发出新产品并不断提升产品的品质，如何为国内消费者提供更加完善的服务是新郎希努尔目前一切经营工作的核心。开拓国际市场的前提是首先满足国内市场需求。要参与国际竞争，必须是附加值高的产品，价位由新郎希努尔自己来定，避免廉价地为外方打工。

王桂波以军人企业家的谋略和胆识让新郎希努尔站在了中国纺织企业发展领域中新的高度。2008年，能源及原材料价格上涨、劳动力价格上涨、人民币持续升值、全球经济减速像一股又一股寒流不断地袭向中国纺织服装企业，中国纺织服装企业遭遇到了前所未有的严冬，一些纯粹外向型的纺织服装企业则在生死线边缘苦苦挣扎。然而，拥有强势自主品牌、拥有创新能力、拥有国内终端销售网络的新郎希努尔集团却在这场挑战中展现出强劲的市场竞争力，非但没有受到寒流的冲击，企业各项经营指标不降反增。这异乎寻常的现象充分证明了这一点。

厚道鲁商　以价值观为本

新郎希努尔坚持以企业文化建设提升人本管理水平，以品德立业为核心，以品质创业为根本，以品位盛业为引领，以品牌兴业为支撑，凝练了具有丰富内涵的"四品文化",把企业"软实力"做成"硬实力",提升企业核心竞争力,推动了企业健康快速发展。"四品文化"正日益成为支撑公司发展壮大的灵魂,极大地凝聚了员工的智慧和力量。

王桂波实施"人本关怀"工程,建设员工文体活动中心,定期组织员工开展文艺演出、休闲娱乐活动,建设一流的普惠性幼儿园和双语小学,解决了员工子女入托和上学问题。他还提出了"质量零缺陷"的目标,从面料选取到成品出厂,制定了"一检、二验、三否、四定、五把关"的内部质量控制体系,对重点品种、重点工序采取了更高的质量检验标准,保证了产品合格率达到100%。坚持"学校"理念,提出"像办学校一样办企业"的发展理念,提倡员工工作与学习同行,鼓励员工自我学习,自我提高。王桂波以打造民族品牌为己任,坚持"高点起步、高点定位"发展战略,树立了值得信赖的企业形象。

多年来,新郎希努尔集团始终用实际行动践行着自己的社会责任。2001年,在共青团省委、山东省基金会、《齐鲁晚报》联合举办的"情系奥运、捐植绿林"活动中,为内蒙古赤峰捐植绿林500亩。2008年5月12日四川汶川发生特大地震灾害后,集团公司第一时间捐赠价值1025万元的赈灾物资,王桂波同志本人捐款31万元现金,并发动员工捐款63万多元现金。截至目前,新郎希努尔集团已先后捐献5000多万元的钱物,用于助学、扶贫、救灾。多年来,新郎希努尔集团在安置下岗工人、安排社会就业、接收大中专毕业生和退伍军人等方面,为地方经济和社会事业的发展作出了巨大的贡献。从2007年开始,集团公司每年的上缴税金就已经过亿元,2018年上缴税金达4.18亿元。

王桂波坚持把党建工作与促进企业发展有机融合,充分发挥党组织战斗堡垒作用,将党建工作渗透到生产经营的方方面面。王桂波先后荣获中国服装功勋奖章、中国纺织工业劳动模范、中国民营企业十大新闻人物、全国企业改革十大杰出人物、全国五一劳动奖章等多项省级和国家级荣誉称号,2007年开始至今,先后当选为第十一届、第十二届、第十三届全国人大代表。

坚守家纺三十四载的"中式情怀"

——广州源志诚家纺有限公司董事长、总经理 邓源津

驻足回望,曾经是大南路籍籍无名的街边小铺的源志诚,早已蜕变为足迹遍布全球的酒店工程大王。而身为源志诚创始人和当家人的邓源津,作为引领中国家纺行业从中国制造向中国创造转变的标签式人物,其成功的背后,靠的不只是平均每天工作近16个小时的勤勉,还有对家纺行业34年的专注与坚守,奉献和公心,以及对"匠心品质"的不断耕耘,与对"中式情怀"的探寻与求索。

邓源津

窗帘布艺起家 打开酒店软装市场

1986年,邓源津在其亲戚主营的沙发布的知名家纺企业担任销售员。凭借其勤勉、敏锐、出色的能力,不但为这家企业一手搭建了窗帘布艺业务模块,同期业绩更是获得了飞速增长。

1994年,踏上自主创业之路的邓源津,除了光鲜的行业履历和不多的积蓄,剩下的只有家纺行业必将走向蓬勃的坚定信念。34年后的今天,回想起当初借着一百多万高息贷出来创业的自己,邓源津至今还感叹着自己的勇气!

邓源津对商业有着敏锐的判断力,同时也是时代幸运的弄潮儿。1994年后的十年,依托行业发展的沃土,源志诚扎根成长,并逐渐利用差异化的市场策略,在B端树立了自己的口碑。

刚开始时,邓源津将主营业务瞄准了熟悉的窗帘布的批发和零售。之后便开始涉足窗帘布艺的加工和制造,并在1999年前后在终端形成了外贸、批发、工程和零售四条业务主线齐头并进的局面:外贸销售网络辐射到东南亚、中东和北美、非洲等地;零售高峰时曾在全国开设了30多家专卖店。但真正的转折点到来却是源志诚1999年起参与海南博鳌亚洲论坛黄金海岸酒店、三亚喜来登酒店

等工程项目的建设。虽然五星级酒店的软装配套工程要求高，但竞争小，附加值高。敏锐的邓源津毅然将源志诚的发展重心转向酒店工程，短短几年，就以其原创、专业、优秀的口碑在酒店业成绩斐然，成为酒店工程软装配套的头部品牌。恰逢 2008 年房地产蓬勃兴起带动酒店业崛起，源志诚以其在酒店工程领域深耕耘的经验与优良口碑更是抢先一步获得先机，为源志诚迎来了再度腾飞的十年。截至目前，源志诚服务的五星酒店数量已超过 700 家。

一直以来，源志诚均以其独特性的设计语言引领潮流，不仅重新定义了"东方美"，更成为家纺行业新中式时尚的颜值担当。每一届展会，源志诚展位总是成为新中式风格的标杆。邓源津很明白，位于酒店工程金字塔尖的设计，除了原创，更需具有自己的灵魂。但这样的设计理念却并不是一蹴而就的，游走世界的邓源津出国之初也被各种欧美设计所吸引，但慢慢熟悉了国外的工厂和产品后，邓源津发现国外的工厂也不过如此，甚至不及自己的工厂；同时也终于明白，没有地域文化支撑的设计更犹如没有灵魂的美人，是没有自己的设计核心价值的。至此，源志诚最终把自己的产品定位于"新中式"风格，再无改变。

早在 2007 年开始，源志诚就出资与广州美院合作成立了织物设计工作室，从色彩、花型、纤维、织造、工艺进行全方位的设计研发与工艺应用的探索，在确保原创的设计和工艺支撑外，同时进行专业人员的储备和培养，也正是依托专业的团队，源志诚家纺在设计上树立起其"独树一帜"的东方美，并以其产学研一条龙的专业路径既保持了自己"原创"的血统，打造了设计上的"软实力"，同时也成就了其难以超越的难度和高度。

匠心品质　打造酒店工程软装配套全产业链

想要长久地立足市场，源志诚必须要树立自己的核心竞争力。从专注酒店工程伊始，源志诚便致力于为酒店工程打造一个全产业链的服务体系，以便为酒店方提供更加专业、高效、省心的整体软装解决方案。截至目前，源志诚通过"五厂同步"，已经成功解决了软装定制从花型设计到工艺设计，从织布、染色、绣花到产品的后整理和后加工，从窗帘成品加工再到窗帘轨道、窗饰加工等一条龙服务，引领酒店软装迈入了真正的全案高定时代。

得益于早期外贸、批发、工程和零售等多方面的经验，让源志诚比其他竞品公司对终端需求有着更为敏锐的感知，也对全球各地的市场偏好有相对更深入的洞察。因此，在跟随众多五星级酒店走向全球各地的同时，源志诚最为同行所敬服的地方在于：不仅拥有国际化的前瞻设计视野，而且总是可以在国际化和本土化之间找到平衡。

邓源津透露，源志诚为酒店工程提供的软装配套服务是从装饰设计阶段开始的。通过服务前置，不仅增加了酒店后期软装配套与酒店整体风格的协调性，而且进一步凸显了源志诚的全产业链优势。对于即将落地的新酒店而言，选择源志诚作为软装方案的配套服务商，不仅意味着酒店软装的深度个性化和极致精细化，而且意味着更专业的出品，更省心的服务。

在邓源津看来，源志诚虽然定位为一个 B 端品牌，但在酒店工程领域中，酒店其实就是源志诚的 C 端，每一个酒店都是源志诚的用户。源志诚的发展速度之所以快，主要有以下几个方面的原因：第一，成功案例+口碑传输，让源志诚拥有很高的品牌知名度；第二，源志诚形成全球化售后服务网络的过程，也是源志诚成为国际化品牌的过程。

作为一个土生土长的中国品牌，同时也是一个具有浓郁东方美的品牌，邓源津对自己回过头来踏踏实实做自己，专注弘扬东方美学感到非常骄傲。提到源志诚在全球范围内的业务拓展，邓源津最欣慰的并不是能够与巨头比肩，而是源志诚希望用中式软装去传递中式的文化，并让一直坚持的"中国味道"获得世界的尊重和认可。

"从整个行业的发展趋势来看，在中国，酒店工程项目肯定不是未来持续发展的主要方向，所以我们在五年前便开始把目标投向海外市场，但我感觉海外的酒店工程市场依然缺少上升空间。"虽然源志诚已经稳坐了中国酒店工程领域的头把交椅，但是对于未来邓源津却有着清晰的预判。在邓源津看来，家纺软装行业将会逐步开启两极分化。在未来的五到十年，以全屋定制为代表的消费业态将会逐步覆盖中低端市场，并将逐步实现成品化输出。与此同时，软装高定将会主导高端家装市场，并逐步走向品牌化。

基于上述市场预判，源志诚正在布局高端个性家装市场，并希望能够将源志诚在酒店工程领域积累的产品经验与服务经验直接复制于别墅、大宅等高端私宅之中。

展望未来　因势求变方为良策

2018 年，对于整个家居行业而言，是充斥着压力与变数的一年，同时也是不乏创变与希冀的一年。作为行业的先行者，同时身为广东家纺协会会长的邓源津,不仅是家纺行业发展的亲历者,也是见证者。在他看来,在家纺行业不长不短的30余年发展历程中,主要在三个维度不断发生更迭和演变。

从20世纪80年代的棉丝绸,到90年代印花、提花兴起,再到目前印花、提花、绣花、卷帘、罗马帘等百花齐放的同步发展……邓源津认为,在产品方面,广东家纺曾引领中国20多年。不过,近十年随着江浙产业链集群的建立与蓬勃发展,广东家纺开始更专注于绣花、整装配套、窗饰几大优势版块,而作为软装行业的基础——布的生产重心则向江浙一带转移,在生产方面扮演引领角色的大多是江浙地区的企业。

在邓源津看来,客户需求的变化需从两个方面来看,一是终端消费者的需求变化,另一个是B端经销商的需求变化。从终端消费者的维度来看,家纺的需求开始从早期的强调功能性转变为后期的重装饰。而在C端需求转变的倒逼之下,B端客户对厂家的需求也在不断发生变化。20世纪90年代初形成的自行加工作坊式的窗帘店,正逐渐被成品输出和上门服务所取代,与此同时,从"前店后厂"销售模式到与装修公司配套,直至今天的深度个性化的全屋定制,市场对窗帘的需求早已不仅仅是一块布,而是承载了审美、设计、生活方式等各种元素的产品集合和配套服务。

邓源津认为,无论做低端窗帘还是高端窗帘定制,单纯依靠网络销售是否能满足客户需求,是需要思考和探讨的。但是,线上线下同步互动销售的商业模式已成为主流,随着新生代消费群体的崛起,线上作为流量入口与决策入口变得愈发重要。另外,从服务的角度来讲,未来企业必须利用信息化手段去打通生产端和服务端,才能更好地解决品质和效率问题。因此,源志诚在酒店工程领域规划的新目标便是在全球建立不同网点,再通过属地服务体系的建立,进一步完善其国际化的全产业链服务。

一方面,整装+全屋定制,将会引领大部分市场,并成为整装公司和全屋定制平台整合的对象。另一方面,高端定制将会进一步走向专业化,应用在酒店工程项目的软装高定将会慢慢辐射至别墅、大宅等高端个性家装领域。

2018年,成品窗帘的势头在整个家纺行业刮起了猛烈的旋风。在邓源津看来,其实窗帘本身交付到客户肯定是要求成品化,问题是布料的成品交付,必须要通过前期的加工以及后期的服务,这其中包括了布料生产、窗帘加工以及经销商的服务等。参照自己在国外产业考察的经验,用工业4.0的思维实现窗帘成品化,将会是大势所趋。

面对市场的两极分化以及成品化和时尚化的流行趋势，邓源津认为企业必须要从品牌、规模和服务三个层面去做好应对。无论是服务全屋定制还是高端个性定制都是需要品牌支撑的，而品牌归根结底还得通过建立完善的服务体系来关照整个客户群。同时，不论品牌大小，若想要服务全屋定制，必须要有一定的规模才能匹配满足流量型端口的大需求。此外，必须要为客户提供更便捷、性价比更高、输出更完整的一站式服务，才能真正赢得消费者，赢得市场！

依靠"专注""原创""匠心"和"情怀"，源志诚不仅在高手云集的全球高端酒店软装市场争得了一席之地，而且让世界见证了其在软装行业"从中国制造"向"中国创造"转变的过程中，所焕发出的独特魅力与无上荣光。

一位优秀企业家的光荣与梦想

——吉林化纤集团原党委书记、董事长兼总经理　付万才

从长白山天池发源的松花江,一路历经风雨流淌的第一个地级市就是吉林市,那里有一家年销售收入过百亿的纺织企业——吉林化纤集团。在改革开放的发展历程中,吉林化纤集团涌现出一位获得中共中央组织部表彰的优秀党员领导干部,他就是曾任集团公司党委书记、董事长兼总经理的付万才。如今,这位优秀企业家离开我们已经15个年头,他的故事却一直流传。在改革开放40周年的日子里,他的名字又被载入中国纺织行业改革开放40周年突出贡献人物之中。让我们打开尘封的档案,回顾一位优秀企业家的光荣与梦想。

付万才

曾几何时的"化纤现象"

吉林化纤和他的带头人付万才曾经轰动一时,那个时候,智者仁者纷纷发表高论。

吉林大学高清海教授在参观了吉林化纤之后曾在报上发文,认为"以人为本"是吉林化纤精神的精髓。他说,吉林化纤抓住了企业精神这一关键点,那就是以人为本。这里"人"的概念应理解为有独立人格和价值的人,而不只是指依靠物质利益刺激积极性的"经济人"。

东北师大教授郑德荣则认为,"化纤"的路是把我们过去好的传统和现代企业经营管理理念紧密结合起来,创造出既适应现代企业标准化管理的需要,又能充分调动起职工积极性和创造性,让职工感受到企业大家庭气氛的企业经营理念。

张屹山,这位吉林大学商学院院长则用另一种眼光看吉林化纤。他认为,吉林化纤的成功充分印证了著名经济学家约瑟夫·熊彼特的观点:经济发展的动力

是创新，企业家是创新的灵魂，从付万才的经验看，中国国有企业走出困境必须培养和造就一大批高素质的厂长、经理。他说，对于中国国企改革来说，不仅需要建立现代企业制度，更需要建设一支真正的企业家队伍。

付万才1985年走上吉林化纤主帅位置，经历了由计划经济到社会主义市场经济的转变。当时，一些企业家并没有顺潮流而动，患了"不适应症"。而付万才却以自己的实践走了出来。1999年8月11日，在大连召开的华北、东北八省区的企业工作座谈会上，付万才的发言得到了党和国家领导人的首肯。当天，中央电视台认为付万才十年十个项目十大步的滚动发展经验可推广，在次日新闻联播中作为头条新闻播出，这是吉林化纤集团在中央电视台新闻节目中第二次作为头条出现。1998年12月2日，全国集中宣传付万才的时候，《中国纺织报》记者写下一篇题为《国企优秀带头人，廉洁勤政传佳话，付万才事迹成为全国各大媒体宣传热点》的综述文章。12月2日，《人民日报》头版头条位置刊登了新华社电稿《国有企业优秀带头人付万才（上）》并配发评论员文章《学习付万才振兴国有企业》，12月3日，《人民日报》三版头条位置又刊发了《人格的魅力——国有企业优秀带头人付万才（下）》。12月2日、4日，《光明日报》分别在头版头条和倒头条以"走近吉林化纤董事长付万才"为副题，刊发了《风险就是机遇》《一身正气两袖清风》两篇通讯，并配发了《事在人为业在人创》的评论员文章。12月2日，经济日报头条以《国企"当家人"》为题刊登了付万才事迹，同日《工人日报》头条刊发了消息《付万才带出强班子硬队伍》和人物通讯《真干净，真干事》，配发了评论文章《一把手的首要素质》。12月3日、4日的中央电视台、中央人民广播电台都以一定篇幅报道了付万才的事迹，《文汇报》《解放日报》等地方重要媒体均在显著位置转发了新华社电稿《国有企业优秀带头人付万才》。

1998年12月是宣传付万才的一个高峰。而后，中组部召开学习付万才座谈会。时任国家纺织工业局党组书记、局长的杜钰洲说，付万才是全国纺织的典型，是中国纺织的骄傲。

从严治厂是他管理企业的精髓

提到治厂，说的也是企业管理。企业管理受地域、行业区别的影响，各有各的办法。然而，有一条是肯定的，那就是从严是基础。十五届四中全会通过的《中共中央关于国有企业改革和发展若干重大问题的决定》中也正是强调了这一点。从严不是付万才的发明,更不是他的专利,他管理企业正是从人们认为最简单、最基础,也最难办的从严治厂开始,不同的是他做到了坚持不懈,做到了一抓到底,也做到了严爱相济。

"制度无情,管理绝情"是付万才从严管理,使企业获得勃勃生机的关键。制度面前人人平等,无论谁违反制度都一样硬执行、严处罚。一天中午,公司一位副总领三位客人进厂,突然被门卫一个叫"陈大工匠"的喊住。吉林化纤的门卫岗有相当长的时间是用离退休的老工人。在离退休老工人中,"陈大工匠"最认真,丁是丁卯是卯。他喊道:"请站下,你厂徽呢?"副总说:"我你都不认识了。"这位副总过去曾和陈师傅同一车间。没料到陈师傅犟劲上来,拉下脸说:"我只认厂徽,不认人。"这位副总见状,只得返回。同他一起的客人说:"都说化纤厂的纪律严,这下亲眼见了。"

事后,付万才表扬了陈师傅。他说:"如果都像陈师傅这样,化纤厂还能进一步。"

严格的管理,在付万才的身上体现得最为充分。

付万才认为:一个企业能否搞好,关键在于有一个好班子。班子能不能建设好,关键在于"一把手"。一把手很重要,一把手的人格作用不可忽视。在一个企业,一把手是班子中的班长,要求这个班长要有好素质,特别是政治素质。假如当一把手的又贪又占,群众和班子其他成员就不会服,就会出现"台上你讲话,台下人讲你"的局面。一把手自身素质不过硬,管理队伍就没有底气,挺不直腰杆。正是在付万才这个素质过硬的一把手带出来的好班子的努力下,吉林化纤产品在销售价格每吨高于同类产品 2000 元的情况下仍供不应求。

发展是硬道理　担当的前提是忠诚

付万才说:"经济发展规律是马鞍型的,有高峰也有低谷,产品畅销就意味着滞销开始,反过来产品滞销也意味着畅销的到来。"农民种大葱,秋季都卖掉了;第二年种大葱人就多了,大葱过剩,农民就吃亏了,第三年没有人种了。市场需求是永恒的,谁坚持种大葱谁就赢了。付万才平时很少跑市场,但他是"秀才不出门　能知天下事"。他喜欢听销售部门做情况介绍。销售员一年四季走市场,每次回来都特地向他汇报。他问这问那,了解一手信息,要求每一个销售员写市场营销状况和发展趋势报告供他进行分析研究。他习惯每天收看新闻联播,锁定中央一套,其他频道基本上没有收看过。他从党中央的声音中寻找市场信息，分析国内国外纺织发展情况，做到未雨绸缪。

1994年夏季的一天，吉林化纤集团在三楼会议室召开公司班子成员会议。会议讨论的问题很重要，是关于企业上2600吨/年长丝项目的议案。除了付万才之外，班子成员一边倒，没有一个人同意。原因在于当时长丝市场低迷，供过于求，产品大量积压。上项目等于飞蛾扑火，这个是主要原因。而另一个原因是企业处于找米下锅状态，原料、市场双双告急，上没有原料下没有市场，这个项目怎能上呢？最重要的是缺钱，财务处长跑断了腿也没贷到款。班子会议上，连平时不言不语的纪委书记都为付万才担心，说："老付，你再考虑考虑。"付万才说："项目成功了，是班子的功劳。项目失败了，上级领导怪罪下来，我去蹲笆篱子（东北话：监狱）。"

年产2600吨长丝如期开工。项目竣工后的第二年春天，市场发生逆转，长丝产品供不应求，许多厂商持币待购。接着，吉林化纤又上几个项目，大都是在市场不景气时上马，投产开工时市场逆转。实践证明，精于分析、勇于担当、忠诚于党的事业是决策制定者成功的不二选择。

严爱相济　让职工的归属感升华

大年三十他一直在做这件事：

除夕夜是举家团圆之际，按照中国人的习惯，要包饺子、煮饺子、吃饺子。自从1985年付万才当厂长后，年三十晚上给坚持生产一线、工作岗位上的职工送饺子。

年三十饺子包好了？什么馅儿？这一直是他关心的问题。有一年听说是酸菜肉馅的，他不同意。他说，酸菜吃油，包饺子不香，换芹菜肉馅的。付万才亲自把饺子送到工人手中，一定要看到他们吃在嘴里才放心。这时的付万才更像是一位慈祥的父亲。

他在实践中积累管理经验，总结出"早晨上班看脸色、中午休息看饭盒、晚上下班看路线"的思想工作方法。人的喜怒哀乐写在脸上，如果上班脸色难看就要注意了，有可能遇上不顺心的事，进而会影响生产。中午看饭盒是因为遇上难事上火，中医讲"心开窍于舌，与小肠相表里"。上火就导致脾胃不和，吃饭不香。下班看路线是观察员工是不是不回家赌博去了。他提出，企业"说实话、办实事、在细字上下功夫"，还提出"工作要求实、作风要扎实"。这个和现在风靡全球的管理大师在讲堂上说的"细节决定一切"异曲同工。

1997年春节联欢晚会付万才没看到,因为春节前他的大腿内侧生了个疮,手术后化脓感染,有点发烧。医生建议他卧床休息。我们建议年三十的饺子由其他领导代表他发放到值班工人手中,他勉强同意。当我们按照以往的时间到达目的地时,发现他已经到了并且说,"大过年的,工人们不容易。"付万才在司机师傅的搀扶下艰难地挪动脚步,一瘸一拐地往三楼爬,中间歇了两次才到。见到此情景,一位老工人一只手握着付万才的手,另一只手擦拭着泪水模糊的双眼。

付万才历经坎坷,一直在默默地努力却并不幸运。改革开放后重用知识分子,付万才才显露出过人之处。权力交给他,责任也同样交给他,他认为,企业首要任务是发展,做大做强。吉林化纤的发展成了重中之重。正当基础建设项目如火如荼地进行时,付万才的家里出了问题。他爱人生病了,开始是咳嗽不止,咳嗽到半夜睡不着,后来咳的是黑色黏稠状痰液。付万才对爱人一直有愧疚,两个人结婚简单得不能再简单。生活一直捉襟见肘。大女儿上初中,离家3里多地。大冬天到了星期日,两个人一大早就爬起来,一个剁饺子馅儿,一个擀饺子皮。饺子包好煮好,饭盒装好,先用手巾包一层,为防止饺子凉,再套上棉手套。一个骑自行车,一个捂着饭盒坐在车后,在雪地里艰难地前行。骑不动时,一个前边拉一个后边推,到学校看着女儿把饺子吃下去,再回家做自己吃的玉米面饼。结婚20年,夫妻没有红过脸,这个病来得太突然。付万才对爱人说:"放心,天边能治好咱去天边治。"可是估计天边也治不好了,因为她患的是绝症。

除了为爱人看病,他还放心不下他的工程——基建练兵和打造团队。电视剧《亮剑》中李云龙的一句台词用在付万才身上恰如其分,他说,"军魂是在建造这个军队时候铸造的,无论何时都会传承下去,这就是这个军队无往而不胜的法宝。"

"基建三班倒,班班见领导",付万才一直喜欢现场解决问题,他说是为了少扯皮。而工人们更喜欢他在现场,心里踏实。这天,正值乍暖还寒的初春,他穿着雨靴,手握砖头模样的大哥大,刚刚到工地身边便围上来一群人。有人反映中午送的饭菜都凉了,有人说菜里面见不到肉星。他马上打电话给食堂要求买保暖桶,让参与"会战"的工人吃到肉。听到食堂管理员在电话里解释,他急了,说"保暖桶厂里报销,买肉给补贴我签字"。听罢,工人们心满意足地散去。付万才两头都忙,一方面,爱人病入膏肓的痛苦呻吟折磨付万才的心,另一方面,基建工地诸多交织在一起的问题,需要他拍板定夺。

一天华灯初上,和往常一样,他服侍爱人吃了药,穿衣服准备出门去工地。

走到门口准备关门时,他回望卧床多日的妻子,直觉不太对劲,往日吃了药,爱人会安静地闭上眼睛睡了,而今天眼睛瞪得大大的,死死盯住他,一种不祥之兆萦绕在心头。付万才索性踅回,脱掉外套,安慰她说:"不走了,今天就陪你。"听罢,爱人脸上露出笑容。正在这时,电话响了,他犹豫了一下,家里的座机一直在鸣叫,最后,他还是接起电话。这通电话是工地打来的,基建办李副主任认为设备安装图纸有问题,一批工人急等答案。付万才不去现场显然不行。他望着妻子,向床边走去。拎着暖水瓶倒了一盆热水,拿着毛巾浸泡一会儿,拧干水轻轻地给妻子擦好脸,对她说,"明天,把大姐接来照顾你。"可是他说的大姐(老伴儿的姐姐)还没有来得及接来,那天,当付万才拖着疲惫的身体回到家里,相濡以沫的妻子已然撒手人寰,永远离开了人世。

人们对付万才的认可不仅仅因为他是全国五一劳动奖章获得者、全国优秀企业家、全国劳动模范,更重要的是荣誉背后,还有他一生对事业的不断付出与孜孜不倦的追求。

筚路蓝缕新征程

——新疆富丽达纤维有限公司总经理 冯文军

这是一段不同寻常的历程，百折不挠，披荆斩棘。

这是一段催人奋进的征途，足音铿锵，卓然而立。

回望过去，中泰与富丽达结缘、兼并重组、强强联合，三年来，新疆富丽达总经理冯文军带领各族干部员工众志成城、砥砺奋进，在困境中探索，在探索中转型，在转型中蝶变，实现凤凰涅槃、浴火重生，走出了一条多产业深度融合的发展之路。

三年征程路，2018年末，新疆富丽达交给历史和人民的是一份值得书写的精彩答卷。

冯文军

活下来才能有发展

唯改革者进，唯创新者强。

时光荏苒，见证沧桑巨变。2014年，新疆中泰集团跨界重组新疆富丽达黏胶纤维，实现了烧碱—黏胶纤维有机结合，构建起了煤—电—盐—烧碱—黏胶—纱等一体化集群耦合、循环互补、协调发展新模式，开启了三年对赌14亿元筚路蓝缕的新征程。

"各大要素车间，整体停车停运，生产一度处于瘫痪状态；设备陈旧、跑冒滴漏，安全隐患触目惊心；原料和成品，无序堆放，管理紊乱；人心浮动，技术骨干严重流失……" 2015年6月，冯文军临危受命，走马上任新疆富丽达总经理。

"唯有咬紧牙关，全面治理规范，方能活起来，让企业重获新生。"冯文军在历时3个月班组蹲点摸排后，直指顽疾病症，随即展开了一系列大刀阔斧的改革与实践，新疆富丽达在风雨飘摇中前进。

"坚持规划先行、实施环保治理、淘汰落实产能、推进党建引领、提升员工待遇，奏响一曲和谐生态交响乐。"冯文军在历次党委扩大会上明确提出发展思路，坚定着各族干部员工重振新疆富丽达的信心和决心。

隆冬时节，走进新疆富丽达厂区，二硫化碳回收利用、半纤维素提取、废水综合治理等环保项目车间，伴着轰鸣的机器声，技术人员穿梭其间，呈现出一派热火朝天的忙碌景象。其中高大威武的6座脱硫塔引人注目，2017年以来，企业累计投资8亿元，先后实施7项环保项目建设，这6个锅炉、6座脱硫塔，2017年建成并投入使用；引进国内一流设施，与生产车间废水、废气紧密对接，经过絮凝、沉淀、酸碱调节、脱硝，实现了以废治废，变废为宝。

在监控室，通过操作台电脑显示屏可以看到，6台脱硫塔，闪动的一组组数字，据介绍，数字化监测系统可以及时更新废水、废气达标参数，既实现了科学精准，又提高了工作效率、减员增效；采用浆粕车间碱性废水作为脱硫剂，进行炉外脱硫技术，优于国家环保标准，在以废治废、降低成本方面，走在了同行业前列。

在新疆富丽达，循环经济也是绿色发展的有效途径，利用吸附槽活性炭工艺，日收回二硫化碳60吨，重复用于黏胶纤维再生产，最大限度实现了降低能耗、减少排放量，仅此一项年节约经费3000多万元。

"保护生态环境就是保持生产力，改善生态环境就是发展生产力，唯有加速构建绿色体系、推动绿色跨越，实现资源高效循环利用，才能让蓝天常在、让青山常在、让绿水常在。"冯文军说。

"十三五"以来，新疆富丽达着手印发了《"十三五"时期黏胶纤维环境保护规划》，出台了《关于加强生态文明建设工作的实施意见》，投资1.7亿元对生物法治理废气、生化池废气净化、污泥脱水系统无组织排放、硫氢化钠制片工序增加排风系统、碳吸附尾气入炉焚烧、纤维一二期废丝处理装置和DCS控制系统及废气站自动化等项目进行改造，彻底将无组织排放改为有组织排放，顺利通过中央环保"国考"。

一项项举措，一项项成效，让天更蓝了，山更绿了，水更清了，生态环境正悄然成为富丽达一张"绿色名片"。

大起来才能有生机

因势而谋、顺势而为，方能立于潮头。

夜幕降临，巴州金富纺纱园区，华灯初上，流光溢彩，一座璀璨的"新城"，正展现着动人的身姿。

走进巴州金富纺纱车间，一股暖意扑面而来。伴着隆隆的机声，生产部三分厂穿着工装的涡流挡车女工弓着腰，眼神专注，双手迅速地"收获"着刚刚落下的细纱管纱。

2016年，新疆中泰集团以延伸产业链条为载体，打造上下游命运共同体，新疆富丽达与巴州金富、富丽震纶、利华棉业、阿拉尔富丽达等棉花收购及其深加工企业的强强联合，打通了棉短绒—棉浆粕—黏胶纤维—纺纱产业循环产业链，形成疆内50%以上的棉花收购能力，建成年产57万吨黏胶纤维、235万锭纺纱、40万吨棉浆粕产能，巩固并扩大了疆内液碱市场格局。为此，在大起来的路上，新疆富丽达打出了一整套组合拳：

2017年4月16日，富丽达黏胶纤维一期3万吨扩能改造项目竣工后的第一包黏胶短纤维成功下线，8万吨扩能改造完成，标志着中泰集团在巴州布局40万吨黏胶纤维战略如期落地，一举成为世界单厂产能第一的黏胶纤维生产企业。

2017年8月21日，新疆富丽达控股巴州金富，投资35亿元建成200台气流纺纱机和60台涡流纺纱机，年产纱18万吨，用于针织、机织和家纺产品，目前是全国最大的气流纺生产基地。

2014年，新疆富丽达与苏州震纶共同投资巴州震纶，项目总投资40亿元，一期3个气流纺、5个涡流纺、4个环锭纺等12个生产车间已全部建成投产。公司主营30支以下气流纺、45支以下涡流纺和60支以下环锭纺，年产能规模120万锭，生产各类高品质纱线18万吨，是目前全球最大的再生纤维素纤维纱线生产基地。

"创新是引领发展的第一动力，是建设现代化经济体系的战略支撑。"传统纺织行业的改造升级至关重要，也势在必行，强强联合以来，巴州金富、富丽震纶两个纱厂采用国际先进的工艺技术和设备，把气流纺纱机与涡流纺纱机有机结合，在创新驱动、提质增效上广泛受益。

"这套设置，是引进德国特吕茨勒公司TC10优质高产梳棉机，智能落纱机器人上岗，纺纱女工再不用高强度劳累，工作也变得轻松自如！"

"通过络筒机触摸屏显示相关信息、通过梳棉机自调匀整参数、细纱机电子牵伸控制、通过精梳机触摸屏高速工艺进行产量监控、通过织布面板参数进行生产效率及质量监控。"

车间一线女工对高新设备充满感情、如数家珍。引进国际先进设备，信息化和自动化减人增效，让一线员工工作轻松快捷。

据悉，富丽震纶公司一次投资引进德国特吕茨勒公司 TC10 梳棉机，日本村田 VS870 型涡流纺机，实现年产能规模 120 万锭，生产各类高品质纱线 18 万吨，实现销售收入 35 亿元/年，一举实现了全球最大的再生纤维素纤维纱线生产基地。

从依靠资源优势发展壮大，到注入创新因子寻求脱困，新疆富丽达两大传统支柱产业，当下正掀起"二次创业"的新浪潮。

这些年，提高技术创新能力已经成为纺织企业的共识。纺织企业应通过自主创新形成新的核心竞争优势，要强化科技创新的核心作用，与信息化技术深度融合，紧密围绕市场，增强创新动力。今后，新疆富丽达将不断加大技术创新和技术推广平台建设，从技术到装备、人才、管理进行全方位提升。

强起来才能聚活力

"捆扎、包装、烫包、打码、传输……"烦琐的工序，一气呵成。

在新疆富丽达公司纺练一车间，一袋袋黏胶纤维成品，经传输带送出，随之被夹包车缓缓搬运至储备仓库。智能打包机上岗，取代传统人工包装，实现了减员增效，并提升了包装质量。

在这条年产 16 万吨的生产线上，有三项发明专利。一项是由尼龙转轮替代玻璃钢转轮，既消除了黏胶冲洗过程中的噪音，更重要的是确保了纱丝的柔韧强度。另一项是采用液压手段，对精练机水洗进行改造，利用刮酸器，挤掉黏胶多余水分，同时对废水实施循环利用，减少了后期废水处理压力。第三项是采用吹风的方式，对打包前的黏胶纤维，进行连续两次湿块分离，最大限度地清除杂物，杜绝纤维残留杂质，避免对下游纺纱造成不良后果。

科技创新，是引领发展的第一动力，是建设现代化经济体系的战略支撑。2017 年以来，新疆富丽达引进膜分离技术和新建半纤维素提取装置，解决了高浓度废碱问题并生产出附加值较高的半纤维素产品，实现了变废为宝；研发并采用金属烧结网，解决了长期困扰行业的纺丝机的烛形过滤器滤芯更换难题；对进风量工艺优化和对尾气处理塔主体结构革新，实现纺练车间环境气体浓度达标的同时加大碳吸附车间二硫化碳回收量；浆粕废水烟气脱硫新工艺通过改造试验成功，节约了原有脱硫剂和废碱液进入排水系统用酸中和量，降低了废水处理成本770 万元/年，先后推出的 76 项改技措项目，把技术创新工作一步步推向了新高潮。

在纺练二车间，以个人姓名命名的工作室——何立峰纺丝精练技能工作室，已挂牌成立了2年，26名班组骨干如雨后春笋、应运而生。工作室墙壁上挂满了制度牌、荣誉榜等各类牌匾。节能降耗，是工作室最大的成果之一。

工匠精神，既是一种坚如磐石、锲而不舍的职业追求，也是一种敢于创新、追求卓越的精神品格。如今，匠于心、精于艺，已成为公司广大干部员工共同追求的价值标尺。

2018年，新疆富丽达组织环境保护部南京环境科学研究所、新疆维吾尔自治区环境保护科学研究院及协作单位联合举办了绿色发展模式研究项目实施方案论证会，探索建设群克废水综合利用与固碳生态林示范园，通过水质改善、土壤改良、陆地及水生植被建设、动物保护等生态建设工作，改善新疆富丽达废水综合利用效果，矢志在戈壁荒漠筑起"绿色长城"。

三年探索实践，新疆富丽达结出累累硕果，公司先后获得"国家纤维素纤维及纺织品研发与生产示范基地""全国化纤行业优秀品牌贡献奖""全国五一劳动奖状""自治区就业先进企业"等诸多荣誉称号。

"新疆是浸润着富丽达人深厚感情的热土，未来我们将全力打造智能化企业、数字化车间，与信息化技术深度融合，实现标准化、数字化、智能化生产。"展望未来，新疆富丽达公司总经理冯文军胸有成竹，提高自主创新能力、核心竞争能力，朝着建成世界一流纤维素纤维生产企业，聚力而行、砥砺奋进。

见证开放变革　践行装备责任

——中国纺织机械（集团）有限公司总经理　叶茂新

中国改革开放的 40 年，是社会主义市场经济不断完善的 40 年。在这波澜壮阔的 40 年间，中国纺织工业作为对外开放的排头兵、经济体制改革的先行者、国家工业化进程的母亲行业，取得了全方位、开创性的发展，发生了深层次、根本性的变化，做出了多维度、历史性的贡献。改革开放 40 年来，中国纺织工业不断实践、不断总结、不断探索，改变原有僵化的体制，解放思想、实事求是，循序渐进，取得了巨大成就，大大提升了人民生活水平。

叶茂新

工欲善其事，必先利其器。从计划经济到市场经济改革，从经济高速腾飞到深度转型升级，伴随着中国纺织工业几十年来波澜壮阔的发展，中国纺织机械（集团）有限公司（以下简称中纺机集团或集团）肩负起装备制造的使命，"以自己的装备武装自己的工厂"，为纺织工业提供了坚实有力的装备基础，成为实现纺织强国梦的中流砥柱。

叶茂新 1983 年大学毕业即加入经纬纺机厂，从基层做起，在技术、营销、管理等多个领域工作过，中纺机集团总经理叶茂新是一名地地道道的"中纺机老兵"。

"任何一家企业，唯有创新进取，才能获得持续、健康的发展。创新包罗万象，涉及战略制定、公司治理、生产经营、产品开发、技术进步、商业模式、运营管理等诸多方面。同时也需要从基层岗位到管理岗位，从员工到各级领导的全体参与方可奏效。"在叶茂新看来，中纺机集团之所以能够一直专注于纺机产品，几十年如一日地打磨、做精纺机装备，并拥有当前的行业地位，实事求是而言，正是因为一代又一代中纺机人持之以恒的创新进取使然。

见证 40 年：助力中国纺织产业从小到大由弱变强

1949 年，新中国成立，百废待兴，第一件事就是解决全国人民的吃饭穿衣问题。按照当时不到 500 万锭的纺纱锭数，远远满足不了人民群众需求。国务院成立了纺织部，并专门对纺织机械装备的生产进行了布置和安排。"用我们自己的装备来武装自己的工厂"，这是纺机装备的初衷。

1964 年 9 月 14 日，经党中央、国务院批准，在全国一些经济行业中选择了 12 个行业试办"托拉斯"模式的工业公司，中纺机集团的前身中国纺织机械工业公司是试点单位之一。

1988 年，实行"政企分开"，纺织工业部成立技术装备司，负责纺织机械工业的行业管理职能。原来直属纺织机械企业整体转为中国纺织机械工业总公司。至此，中国纺织机械工业总公司成为独立法人的经济实体。

1997 年，中国纺织机械工业总公司更名为中国纺织机械（集团）有限公司，成为国有独资有限公司。

2003 年 12 月，中国纺机集团实现股权多元化改制，成为股权多元化的有限责任公司。

2005 年 11 月，中国纺机集团总部与母公司中国恒天集团有限公司总部合并，经营管理实行"一套人马、两块牌子"。两个总部合并以来，集团规模实力迅速增强，业务范围不断拓展，形成了纺织机械、商用汽车、纺织贸易三大主业，涵盖了纺织机械、纺织贸易、新型纤维材料、商用汽车及工程机械、金融投资、地产、文化创意、资产管理等业务单元。

2015 年 8 月，中国恒天集团以中国纺机集团为平台，组建了纺机子集团，确立了"打造具有国际竞争力的世界一流纺机企业"的奋斗目标，拉开了中国纺机集团创新奋进的新篇章。

改革开放以来，纺纱机械的技术进步也日新月异。缩短流程、减少用工、提高机械化和自动化程度，成为当时技术进步的主要发展趋势，此时从行业层面也提出了"三无一精"（即无棉卷、无接头纱、无梭布、精梳纱）的技术发展方向。据统计，在改革开放之初，一家 5 万锭规模的纺纱厂，其用工规模都以万人计算；到 21 世纪初，万锭用工规模已控制到 120 人左右。近年来，随着纺机装备智能化、自动化技术的不断进步，以及纺织工艺流程的科学缩短，加上纺机装备生产效率的持续提高，目前市场上已有企业的万锭用工仅为十余人。相信在不久的将来，纺织行业也会出现用工很少的工厂，甚至是无人工厂。

在这个过程里，叶茂新见证了中纺机的整合与新生。在叶茂新看来，中纺机集团的最大成就，就是在改革开放40年里助力了中国的纺织产业从小到大、由弱而强。

"中国现在能够成为名副其实的全球纺织业大国，与不断坚持发展自己的装备是分不开的。"叶茂新这样说。正是因为中纺机集团生产出属于自己的装备，贡献我国纺织工业超过一半的产能，为有效化解改革开放之初提出的，在纺织品领域的"人民日益增长的物质文化需要同落后的社会生产之间的矛盾"做出了巨大贡献。同时，正是依靠独立自主研发的装备，才将海外的纺机企业拉下"神坛"，尤其是海外纺机产品的价格，从当初的漫天要价到现在基本符合市场规律，有效地降低了我国纺织工业的装备成本。

海纳百川：技术与模式创新兼收并蓄

在叶茂新看来，改革开放以来，中纺机集团正是以海纳百川、兼收并蓄的胸怀，坚持技术创新和模式创新，以此推动中纺机集团的改革发展事业。

第一，中纺机集团一直以来就着力开展技术创新，从之前各流程的自动化研发到现在的全流程智能化装备，中纺机集团的棉纺装备、化纤装备、染整装备、非织造装备都有了具有代表性的全流程智能化示范线，在全国主要纺织企业已经运行或正在建设之中，而这正是中纺机集团为帮助客户建设"智慧纺织工厂"的核心工作。

第二，中纺机集团充分运用自身资源，借力资本市场和金融市场，比较好地实现了"产融结合"的双轮驱动战略，为传统制造业的发展提供了足够的金融资本支持。

第三，随着市场形势的深刻变化，仅提供纺机装备已不能完全满足客户的深度需求，基于此，中纺机集团提出了打造"制造服务型"企业的发展思路，结合中纺机集团自身的产业链优势，以此实现纺纱、化纤和非织造为原料服务；织造为纺纱、化纤服务；染整为纱线、织造、化纤、非织造服务；着力打造全业态的商业融合。

第四，以恒天集团收购AUTEFA、恒天立信为标志，有效地弥补了产业结构中染整板块的短板，强化了集团对非织造装备领域的力量，使得中纺机集团在建设世界一流纺机企业的进程中，有了更为坚实的产业基础。

▰▰ 坚守初心：打造核心竞争力　追求世界一流

"纺织机械是一种专用装备，市场需求在一个单一通道里。同时我们的竞争对手都是国际上一流的制造业国家，我们的工业基础确实还存在一定的差距。要用 30 年时间赶上发达国家上百年的发展进度，是需要付出加倍努力的。"中纺机集团在这条上下求索的路上打造出了不可替代的核心竞争力，在叶茂新看来，这种竞争力主要包括几个方面的内涵：

一是坚守纺机业务，初心不变。中纺机集团自成立之初即以满足人民群众在纺织制品中不断增长的物质文化需求为己任，由此聚集了一批有理想、有才华，甘愿为我国纺织工业发展壮大，并奉献自我的纺机人才队伍，几十年如一日地思考纺机、研究纺机、做好纺机，初心不变、孜孜以求、无怨无悔，使得中纺机集团能够不断做强做大，成为当今全球纺机行业内举足轻重的中国力量。

二是坚持风险防控，贯穿始终。古今中外，企业的目的即是盈利，而企业的根本则首先是生存。改革开放以来，纺织行业是我国最早参与全球市场竞争的行业之一，其发展的周期性特点十分明显。行业发展的潮起潮落，造就了一批业界精英，同时也淹没了不少行业巨头。如何让企业穿越行业周期的波浪起伏、兴衰迭代，确保中纺机集团历久弥新，始终坚守并不断发展，关键就是做好对风险的防范和控制，持之以恒地走符合自身特点的发展道路，不受外部利益的干扰，有所为有所不为，并坚持下来。

三是坚定创新引领，不断进步。墨守成规只能垂垂老矣，不断创新方可与时俱进。中纺机集团始终清醒地认识到创新对于发展的重要意义，在产品研发和经营模式上，始终站在市场和客户的需求上去思考中纺机集团产品和服务的发展思路，坚持创新的步伐不停歇，几十年来，得到了市场和客户的广泛认可。

四是坚信世界一流，永不懈怠。从之前的奋力追赶世界一流纺机企业，到现在的努力建设世界一流纺机企业，中纺机集团始终以全球行业的最高标准要求自己，不敢有丝毫的懈怠。正是有这一份信念的支持，使得中纺机集团能更加专业、专注、专心，以此造就了中纺机集团自成立以来，尤其在改革开放以来的茁壮成长。

▰▰ 适应变革：变革时代　以不变应万变

世界格局瞬息万变，国家对外开放的步伐正在不断加快，这给企业积极实施全球化战略提供了巨大的支持。叶茂新认为，纺机装备本身融合了诸多学科，覆盖了诸多技术领域。传统的纺机产品主要是依靠机械传动、运转即可，随着科学技术的持续进步，现在的每一台纺机产品，都必须包含机械加工、自动控制、感应传动等多个方面。放眼未来，人工智能、大数据计算与使用、移动网络等技术也必定会应用到纺机产品的生产、制造以及使用中去，这是产业进步的必然，更是时代发展的潮流，谁都无法躲避。

基于此，中纺机集团也会去思考、研究，如何将最具使用价值的、成熟的科学技术应用到纺机产品中来，以此让客户使用到更为高效、便捷、可靠的纺机产品，以帮助客户创造更多的价值。同时，不仅仅是在产品进步方面，按照中纺机集团提出的打造"制造服务型"企业的发展思路，未来集团还需要在商业模式创新、综合服务供给、全生命周期供应链建设等多个方面，加强与相关的企业、科研院所、第三方服务机构、行业组织等行业参与者开展或全方位或专业性的各类合作。

"现在全球每年人均纤维使用量仍然呈增长趋势，纤维的用途也在扩展。人类生活的方方面面都离不开纺织，功能性纤维及产业用纺织品空间也在不断拓展。"叶茂新坚信，纺织产业永不落幕，并且随着人类文明的持续进步和工业应用的不断细分，纺织工业还会绽放出更多的光彩。"当然，像原来简单依靠规模变大的粗放式发展已不可持续，行业将会进行集聚，有些企业可能会消失。而我们要做的就是永远追求创新，在这个行业里不断进取，肩负民族纺织的责任，打造国际一流纺机企业。"

站在历史的全新起点上，专注纺机、创新进取、创建世界一流是中纺机集团始终如一的企业文化和初心。叶茂新坚信，肩负装备使命，为纺织强国梦的实现永不懈怠、砥砺前行是指引中纺机集团未来不变的理念明灯。

擘画大健康产业"画卷"

——山东愉悦家纺有限公司董事长 刘曰兴

1976年,18岁的刘曰兴扛着放映设备和电影拷贝,在乡亲们的簇拥中走乡串村放映露天电影。

2018年,60岁的刘曰兴站在中国家纺经济创新人物颁奖盛典的舞台上,高票折桂,名至实归。

看似两不搭界,但在愉悦家纺有限公司董事长刘曰兴口中,却有着这样的解释——时尚。用他的话来说:"我一直都在做着一份时尚的工作。"

曾经创造了"愉悦速度"的刘曰兴,如今,正带领着愉悦人擘画着一幅"大健康产业"的美丽画卷。这位始终站在时代前沿的创业者,回顾几十年风雨历程发出这样的感慨:没有改革开放,便不会有今天的伟大成就!作为创业者的我们,在这个历程中,虽然也有许多烦恼,但更重要的是我们享受着奋斗的快乐。

刘曰兴

创出"愉悦速度" 惊艳纺织行业

在国家AAA级旅游景区——愉悦家纺居家世博馆的企业文史馆里,收藏着一份微微泛黄的《滨州日报》,报纸的刊发日期是2004年7月23日,它的头版头条的报道内容,便是创造了"当年规划、当年建设、当年投产、当年盈利"奇迹,震惊了整个中国纺织行业的"愉悦速度"。

2003年,滨州市政府开始产业结构调整工作,而滨州纺织产业一直以来呈现"上大下小"的结构,也就是纱多布多原料多,但缺乏终端产品,更没有什么品牌。政府希望将一些老厂进行重组,调整滨州纺织产业结构,愉悦家纺就是在这样的背景下建立起来的。

被人津津乐道的"愉悦速度",在刘曰兴看来,是箭在弦上,不得不发,非这样干不可。按照世贸组织的相关规定,2005年将取消纺织品出口配额限制,国外大采购商可以直接到我国进行大额采购。对于我国纺织企业来说，到时候，谁率先发展起来，谁有能力，谁就能抓住机遇。因此，加快建设速度是当时纺织行业的共识。

为了在2005年纺织品取消出口配额限制之前把企业建起来，在刘曰兴的带领下，愉悦家纺自2004年2月破土动工，经过7个多月的风餐露宿、夜以继日的奋斗，终于创造了当年立项、当年建设、当年投产、当年见效的"愉悦速度"。

对此，刘曰兴打了这么一个形象的比喻：经过十字路口会有危险，但是有危险你就可以徘徊不前吗？在这个时候，如果你能够瞅准时机，快速地穿过十字路口，那么，你也就把危险远远地甩在身后了，而迎接你的，是宽阔的大道。

这种居安思危、未雨绸缪的危机感和时不我待、只争朝夕的"愉悦速度"，在愉悦十余年的发展中体现得淋漓尽致。

十五年，愉悦建立并完善了一条从流行纺织品的研发设计、纤维原料育植与制造、纺纱织布、印染整理、成品缝制到国际贸易和自主品牌销售的业内首屈一指的完整生态纺织链。

十五年，愉悦完成了从"雷厉风行　艰苦奋斗"的创业文化，到"精诚协作　精益求精"的质量文化，再到"创新引领　匠心筑梦"的精益文化的传承与蜕变，成为全球杰出家纺用品供应商。

十五年，愉悦制造凭借诚信的经营、过硬的质量、持续的创新，赢得了国内外客户的信赖和用户的金字口碑。公司战略客户涵盖宜家、迪卡侬等为代表的国际业界大亨，以罗莱、水星、富安娜、梦洁等为代表的国内一线品牌，以网易严选、淘宝心选、米家有品、苏宁极物、京东京造、唯品会等为代表的国内电商巨头。在非洲大陆，愉悦蜡布产品持续引领黑色时尚，成为当地服装面料市场的 No.1。

十五年，刘曰兴带领愉悦人栽好了一株集成创新的"梧桐树"。四位院士、三十余位国内外知名教授加入愉悦智库，他们与愉悦科学技术协会的600余位研发技术人员共同协作，向一个个不可能发起挑战。多年的创新也让公司收获了累累硕果，多达400余项国家发明专利、上万项产品知识版权及著作权，也让愉悦成为中国纺织行业中创新成果最多的企业之一。

2016年1月8日，在人民大会堂举行的国家科学技术奖励大会上，愉悦家纺凭借自主技术创新荣获国家科学技术进步奖，项目首位完成人张国清受到党和国家领导人亲切接见。这也是该公司在2011年获得国家最高科技奖励以来的梅开二度，成为"十二五"期间中国纺织行业唯一两度荣获国家科学技术进步奖的企业。这也标志着愉悦已经站在了行业技术创新的金子塔尖。

今天当人们走进愉悦家纺居家世博馆——这个全国家纺行业唯一的国家AAA级旅游景区，各种愉悦科技创新仿佛把人们带入未来。为北京2020年冬奥会组委会定制的"暖红外"智能保暖内衣，为医院特别定制的"暖红外"放疗肿瘤医用器械，水洗100次仍然能够99.9%抗菌的家用纺织品和卫生医用纺织品，通过骨传导原理帮助睡眠不佳者改善睡眠的智能音乐枕，通过声音传感原理设计开发的智能止鼾枕，能够保健安神且实时监测睡眠质量的温灸理疗床……这些让人目不暇接、大为惊叹的"科技神器"，让人们确信美好生活就在眼前。

以人的需求为中心　　满足需求引领需求

采访中，刘曰兴指着会议室窗户上的窗帘，对记者说，你看，拿一套窗帘来说，原来消费者关注的，可能是窗帘的花色好不好看，仅仅是满足于漂不漂亮。现在，消费者对花色、外观这些东西有些审美疲劳了，可能更注重其功能性了。你像这间会议室使用的窗帘，就是我们自己研发的一款隔热控温窗帘，用上它以后，夏天就好比给房间撑起了一把遮阳伞，它能轻易地把热量和紫外线封锁在窗外，到了冬天，它又能将室内人体和物体辐射到窗帘上的绝大部分热量，反射回房间，有效阻止了热量的散发，提高了室温，成为名副其实的空调窗帘。再加上电动遥控配件，消费者还能在手机上实现窗帘的开关控制。

消费者的需求层次升级了。如果我们还是按照原来的模式搞设计、搞研发，而不去思考消费者真正的需求，那么我们的产品即使看上去非常漂亮，它也是有缺陷的。

很多人说纺织行业是个"夕阳产业"。但在刘曰兴看来，纺织服装是人类最基本的需求之一，是一个永恒的行业，是一个充满活力的"朝阳产业"，无论时代如何发展，一定会有市场需求，企业要做的，就是及时体察并满足需求甚至引领需求。

刘曰兴说，改革开放已经40年了，我们社会的各个层面都发生了巨大的变化。仅仅在人们的日常需求方面，这种巨变也是前所未有的。以前，人们可能只满足于吃饱穿暖，而现在不同了，人们更加注重生活质量的改善，吃的健康、穿的健康，成为当下及未来的消费主题。

对愉悦家纺来说，市场需求便是研发方向。在产品开发方面，愉悦家纺统筹新材料应用、材料配比优化、特殊功能开发、文化元素嵌入、流行趋势研究、组织风格设计、新工艺技术运用和绿色化学品等要素,加强新产品的设计开发,不断优化产品结构,增强企业盈利能力,引领绿色消费时尚升级需求,丰富消费空间选择。

刘曰兴说,创新才是一个企业的竞争力和生产力。一方面通过产品质量、品类以及工艺等方面的创新,可以提高产品的竞争力和市场占有率;另一方面,管理和技术的创新,可以迅速降低生产成本,同样是提升了竞争力。

从品种新、奇、特、多的特种纤维车间出发,行至经纬纵横、纺机轰鸣壮观的织布车间,穿过染料艳丽流动、数码印花翻飞的印染车间,再走进规模庞大、流水线先进的成品缝制车间,出入国家级研发检测中心,最后来到博汇古今的愉悦家纺居家世博馆。这趟"游历",让记者对刘曰兴所说的创新有了一次一目了然的切身体会,并且更加形象地感受到,创新已成为愉悦的核心竞争力。

用不了多久,在愉悦家纺的生产车间,你将又会看到另一番景象:在原料环节,中药纤维、再生纤维、生物基纤维、石墨烯纤维、暖红外纤维等上百种功能各异、多姿多彩的新纤维、新材料,将会令人目不暇接。在纺纱环节,每一根纱线都将被注入不同的基因编码,色纺、混纺、涡流纺、喷气纺、幻彩纺、愉悦色等多种纺纱方式,让不同纤维取长补短,重组再造。在织造环节,一经一纬也能变幻出千姿百态,立体织造、提花、色织、蜂巢等新式织造方式,让织物更加丰富灵动。在印染环节,精益制造与产品创新推动愉悦印染实现深层变革,不断创造崭新高度。在缝制环节,更深入的资源整合,更精益的制造模式将为全球市场提供强力保障。在全产业链条强大的创新动能支撑下,愉悦家纺将推动全品类居家用品的开发,为消费者创造舒适、健康、环保、多彩的居家生活。

擘画未来画卷　构建睡眠健康产业链

面对过去的辉煌,低调的刘曰兴不愿过多谈论,而是和记者滔滔不绝谈起了未来。

未来是什么?刘曰兴擘画了一幅美丽的画卷:以家纺产业为支撑,运用跨领域、跨专业、跨学科协同创新机制,推进产业链、创新链、资金链的有机融合,构建融设计、研发、生产、检测、验证和准入于一体的睡眠健康产业链,以睡眠健康产品开发推广和睡眠健康全链条服务延伸,提升国民健康水平。

良好的睡眠质量是保障人体健康、优质生活的首要条件,而家居用品则是保证人体睡眠质量的核心产品，它的发展水平很大程度上影响和改变着人们的睡眠及生活。

愉悦家纺深知这一点。因此，一直以来积极致力于不断开发各类新产品，以功能化技术手段赋予家居用品特殊功能，借以实现改善人体睡眠质量。这其中，包括负离子整理、红外理疗、防紫外辐射、防电磁辐射等整理系列家居系列产品，抗菌防臭防霉防虫特殊防护功能系列产品，舒适性系列家居系列产品的开发。这些产品通过蓬松、柔软、弹性、凉爽、保暖、透气性好、香味等整理技术手段处理之后，得以在消费者的睡眠中实现。刘曰兴说："从睡眠切入到健康，这绝不是头脑发热的结果，而是一个自然而然、水到渠成的过程。"

愉悦正在全力打造的"睡眠管家"健康品牌致力于为国人创造有"睡商"的健康生活。该品牌拥有健康睡眠云平台、睡眠管家APP+智能睡品、智能睡眠检测系统、健康睡品研发+定制、百城千店睡眠体验——区域中心、睡商俱乐部、《居家健康睡眠环境标准》+定制、24小时睡眠管家在线服务、睡病预防保健康复医疗、睡眠管家服务联盟等十大功能模块。全新的商业生态和运作模式让其一经亮相就成为国内大健康产业引人瞩目的"新物种"。

2018年3月，欣悦智慧健康产业园建设项目开工奠基仪式在滨州高新区举行，承载着刘曰兴"健康"梦想的欣悦智慧健康产业园经过3~5年的建设，最终会建成为集健康管理、健康产品研创、医用卫生材料及器械、康复医养、康疗旅游、健康智库论坛、产业金融、新零售等为一体的综合性"健康福地"。

刘曰兴介绍说，随着城市化发展，人们工作生活节奏越来越快，精神负担越来越重，人际关系越来越复杂。同时，现代科技在促进经济社会快速进步的同时，也给人们的健康和生活带来了不可忽视的负面影响。社交方式的巨变，使得人们的睡眠时间越来越少，睡眠质量越来越差。《"健康中国2030"规划纲要》已于2016年10月25日印发并实施。我们进入健康产业可以说恰逢其时，未来可期。

成为全球家纺行业杰出的供应商，以卓越的科技能力为全球客户提供高品质、人性化的居家用品，向健康产业转型发展，培育"睡眠管理"、"绘睡"、"映寿滙"等品牌，为提升人类的生活质量、健康水平做出贡献——愉悦人正在刘曰兴的带领下矢志不渝地以此为使命，义无反顾地前行在路上。

世界一流　百年鲁泰

——鲁泰纺织股份有限公司党委书记、董事长　刘石祯

刘石祯是鲁泰的创始人，他像一个舵手，把一家小棉纺厂打造成航空母舰，在A股、B股资本市场同时上市，中高档色织面料出口市场份额占全球市场的18%，公司员工近3万人，海外员工6000多人，成为全球最大的高档色织面料生产厂商之一。他始终高举创新大旗，让鲁泰相继获得"全国质量奖""中国工业大奖""国家科技进步一等奖"等荣誉，开启了一个令人瞩目的鲁泰时代。

刘石祯2017年去世，生前任鲁泰纺织股份有限公司党委书记、董事长，曾被授予全国五一劳动奖章，被评为中国杰出质量人、山东省劳动模范、山东省优秀共产党员、中国企业文化顶层设计与基层践行十大典范人物、中国品牌国际市场十大杰出人物、全国纺织思想文化建设功勋人物等，还曾兼任山东省人大代表、中国工业经济联合会理事、中国纺织工业联合会常务理事、中国纺织品进出口商会副会长、中国企业文化研究会副理事长等职务。

刘石祯

杜坡山见证了"鲁泰速度"

20世纪80年代，刘石祯被任命为淄川区煤炭局副局长，后来煤炭局改为煤炭公司，由于工作出色，他成为一把手。1987年，淄川区为调整产业结构，决定上一个两万纱锭的棉纺厂，刘石祯被推到了厂长的位子上。这位区煤炭公司的经理，一直与煤打交道，抓煤炭的怎能与雪白的棉线有缘分？然而，区领导偏偏看中了他，任命他为淄博第七棉纺厂（简称七棉）厂长，仍兼煤炭公司经理。两种产品，一白一黑，两副担子，一肩一个，刘石祯来到了杜坡山下。

淄博第七棉纺厂（简称七棉）投产时，正值全国各地掀起纺织热潮。技术力量薄弱、设备落后的七棉生产经营步履维艰，时刻面临着夭折。面对企业的生死存亡，必须当机立断。为此，刘石祯到处奔忙、寻找出路。1988年春，泰国总理访华，带来几十位企业家到中国寻求合作，其中，就包括泰国泰纶有限公司的棉纺项目。刘石祯从山东省有关部门得知这一消息后，敏锐地捕捉到了企业发展的战略机遇。为引进泰国投资商，刘石祯40多天33次赴京，跑坏了一辆桑塔纳，盖完243个章，最终使项目落地。

在刘石祯的领导下，公司从日本引进先进的21120锭全程纺纱设备，仅用了55天就安装完成并一次试车成功，创造了全国纺织行业进口设备安装调试的奇迹。企业设备全部更新为进口设备，产品升级为全精梳高档纱，全部销往东南亚，开始了走出国门的第一步，并确定了产品高档次、高品质的定位。

1990年，鲁泰纺织有限公司正式开业，第一年即实现销售收入2270万元，利润168万元，出口创汇449万美元。在全国纺织行业中创造了当年设备安装完毕、当年产品投产、当年出口创汇、当年获取利润的先例。由于公司当年即实现盈利，外方后来又将投资从275万美元追加到530万美元。外方被刘石祯和鲁泰人表现出的敬业和实干精神所感动，他们将公司的人、财、物及生产经营权毫无保留地全部交给中方，并表示每年按企业合同的分红全部用于鲁泰公司的扩大再生产。成立以来，经过不断融资、扩大规模，鲁泰像滚雪球一样越做越大。1993年，鲁泰改制成股份制企业，引进织布、制衣设备，开始生产色织布和衬衫。1997年，成功发行B股，融资1.5亿港元，全部用于扩大生产规模，增强竞争力，成为当时亚洲6大色织面料生产厂家之一。2000年，鲁泰作为国家首批B股增发A股试点企业，发行5000万元A股，募集资金8.9亿元，进行了COM纺、液氨整理生产线等技改升级项目，产业链再一次延伸到棉花的种植与加工，实现了拷贝一个鲁泰的发展跨越。2005年，鲁泰又投资10.5亿元，新上年产5000万米色织面料生产线及500万件衬衫生产线等项目，一跃成为全球较大的高档色织面料生产商。2008年，鲁泰增发行1.5亿A股，募集9.735亿元资金，用于进一步扩大色织面料和印染面料的产能，分别达到1.9亿米和8500万米，进一步巩固了全球色织布的领先地位。

在回顾鲁泰发展之路时，刘石祯认为，"合资、改制和上市，释放了企业发展的动力和活力，是鲁泰腾飞的关键"。

将鲁泰做成中国纺织业的"茅台"

长久以来,中国纺织产业一直处在全球价值链的低端,出口廉价的面料或贴牌生产,利润十分微薄。鲁泰的"另类"是企业品牌的价值体现,也堪称中国制造转型的样板。鲁泰从1990年投产以来,始终专注纺织,打造精品。

在国外服装品牌的专卖店里,鲁泰的一件高档面料衬衫能卖出5000元的高价,可以与日本的日清纺、意大利的Albini和Monti等品牌比肩。这种衬衫面料由纯棉300支纱制成,产品几乎突破纺织理论极限,呈现真丝的光泽和极其舒适的手感,只有鲁泰能批量生产,代表了纺织技术的最高水平。由于面料成本很高,目前只对英国、意大利和美国等高端客户供货,即便价格高昂,依然供不应求。

刘石祯对打造精品的执着,源于他一次出国考察的经历。在美国拉斯维加斯考察时,他看到一件意大利衬衣标价559美元。他问服务员,你们印错了吧?服务员说就是559美元。当时他就想,我们的产品为什么卖不出这个价格?我们也要做精品,走精品道路!鲁泰在建厂初期便确定了产品高档次、高品质的定位。比如,为提高自主纱线检测能力、保证纱线质量,鲁泰在引进国外先进生产设备的同时,引进了具有国际先进水平的乌斯特检测设备。

1990年,鲁泰生产的纱线就达到了乌斯特公报25%的水平,这代表了当时国内纺织企业的最高水平。之后,鲁泰生产的纱线质量稳步提高,部分产品更是达到乌斯特公报5%的水平,得到泰国、日本、韩国和澳大利亚等国客户的认可,并被外商赞誉为中国纺织界的"茅台酒"。

近年来,鲁泰致力于纺织服装新技术、新材料、新工艺和新装备与低碳节能技术工艺前瞻性、关键性和应用性的原创性技术研究与开发。同时,大力推进"产学研"合作,形成了跨行业、跨地区、高层次的"产学研"联合开发体系。鲁泰借鉴吸收其他国家如德国、日本、意大利等的先进技术。原来我国台湾的面料科技含量高,刘石祯就去参观学习,回来以后奋起直追,加强科技开发研制,完善生产设备,面料的整体水平很快超过了台湾。

前蜀人牛峤的《灵怪录·郭翰》一文中,书生郭翰为仙女的无缝天衣惊讶。鲁泰自主研发的无缝线衬衫将"只应天上有的仙衣"变为现实,让人感叹科技创新的力量。这种衬衣优选适合纯棉面料的环保高分子热熔黏合材料,用"焊接"技术代替缝纫,颠覆了原有的生产模式,堪称制衣史上的一次技术变革。

迈向世界价值链高端的精品战略

与此同时，刘石祯在思考：既然有这么好的面料，为什么别的企业能做成大品牌，我们自己却不能做呢？为了解决这个问题，鲁泰制定长远的品牌战略：利用外国的品牌，打出自己的品牌。鲁泰先是引进国外知名品牌"阿兰德隆"，后来又引进美国的"箭牌"。1995年，企业为面料、衬衫注册了"鲁泰·格蕾芬"，开始推广自有品牌。

2004年9月1日，在北京人民大会堂召开的"中国名牌暨质量管理先进表彰大会"上，"鲁泰·格雷芬"衬衫荣获"2004年中国名牌产品"称号。之后鲁泰的色织面料、高支高密纯棉坯布、精梳纱线产品先后荣获"中国名牌"称号，"80支、100支纯棉色织面料"产品获得"出口商品免验"资格。

中国很多传统纺织企业规模很大，但却只局限于纺织产业链的一个独立环节。刘石祯认为，这是传统计划经济下的产物，他对计划经济的循规蹈矩并不看好。他认为，必须整合全球资源为我所用。刘石祯用7个"外"字形容鲁泰的"国际化"：用外国人的钱、用外国人的设备、学外国人的技术、借鉴外国人的管理经验、产品销售到外国去、给国家赚回外汇、赚外国人的钱。

在他的引领下，鲁泰在中国、美国、意大利、印度、越南、柬埔寨、缅甸7个国家设立了12家控股子公司、2个办事处和40多个生产工厂，成为一家集研发设计、生产制造、营销服务于一体的产业链集成、综合创新型、国际化的纺织服装企业。好的产品需要好的材料，为了进一步保证产品品质，鲁泰在被誉为"中国长绒棉之乡"的新疆阿瓦提县建设了18万亩长绒棉基地。除此之外，鲁泰还使用来自美国、埃及等地的优质长绒棉。

近年来，在刘石祯的领导下，鲁泰加速国际化步伐，统筹国际、国内两种资源，采取一系列战略性举措。比如，为精准对接世界最新设计创意理念，在意大利米兰设立办事处；为准确把握国际市场最新动向，在美国建立全资子公司；为更好地适应全球经济一体化发展，响应国家"一带一路"倡议，有效应对原材料价格上涨、劳动力成本提高、新贸易壁垒频发等宏观环境变化，充分运用东南亚的区位优势，在越南、柬埔寨、缅甸等国投资建设生产工厂等。这些全球资源的优化配置，让鲁泰在面料、服装研发与设计、生产等方面走在了时尚、创新、创意的前列，为打造世界高档纺织品打下了坚实的基础。

现在，鲁泰公司每年都在纽约、巴黎、米兰等地开展新产品推介会，与英国巴宝莉（BURBERRY）、美国牛津（OXFORD）、意大利阿玛尼（ARMANI）和古驰（GUCCI）、日本优衣库、中国香港联业等知名客户建立长期战略合作关系，高档色织面料的自主品牌出口达 50% 以上，产品 70% 销往美国、欧盟、日本等 30 多个国家和地区，品牌知名度和影响力持续增强。

以人为本滋养"百年鲁泰"根基

在企业持续发展过程中，刘石祯确立了以热爱员工为主旨的人本文化，坚持尊重人、依靠人、发展人的人本思想，实现了从"善待员工"到"关爱员工"，再到"热爱员工"的转变。提出并带头践行"把职工的温暖放在干部心上，让产品质量保证于职工手上"的人本文化。

1994 年，刘石祯聘请世界格子布大王、日本专家藤原英利担任鲁泰公司高级顾问，后又陆续引进日本衬衣专家石谷雅夫、后整理技术专家远藤彰一和国际贸易专家藤原大辅来鲁泰公司长年作技术或经营指导。对于内部人才的选拔任用，重学历而不唯文凭，更看重人才的能力。对分配到公司的大中专毕业生，公司都要求他们到基层锻炼，深度融入企业文化后，再以公开招聘的方式，参加经营、管理、技术岗位人才选拔。刘石祯以身作则，严格执行公司规定，所有干部招聘过程、录取结果都公开透明，完全凭个人能力竞争上岗。

刘石祯经常说，一个真正的企业家，只有坚持以人为本，处处为员工着想，时时和员工站在一起，待人以诚，才能不断激发员工的工作热情和力量，企业才能不断实现快速发展。鲁泰公司先后建起 29 栋职工宿舍楼，盖起图书馆，配备健身房等。在精神生活上，员工也实现了更加多元化的发展。组建鲁泰纺织乐团，演职人员均是来自生产一线的纺织、服装职工。2013 年 4 月，鲁泰乐团在国家大剧院演出，成为第一个进入国家大剧院演出的工人业余乐团。同时，鲁泰还有自己的时装表演队，在中国国际纺织面料及辅料博览会上，他们与国际名模同台竞秀，展示了鲁泰人的美丽、自信和对生活的热爱。

刘石祯设立了鲁泰帮困基金、鲁泰纺织奖学基金、鲁泰纺织助学金，以资助、奖励勤勉尽责的教师和品学兼优的学生。2006～2016 年，连续 11 年个人累计捐款 1100 万元，向全区高龄老人发放慰问金。他还将各级政府奖励给他个人的 100 多万元先后捐给地方慈善机构、长江两岸受到洪水灾难的同胞和困难学子。在他的倡议下，公司向新疆阿瓦提县捐款 100 万元建设 5 所希望小学，不仅使当地的教育环境得到了改善，还带动了社会对当地教育的持续关注和支持。刘石祯倡导公司投资1亿多元建设公园（鲁泰文苑及动物园），捐资改造鲁泰体育广场，并免费对外开放。公司累计投入3亿多元用于"济困、支教、助学、敬老、社区支持、环保"等社会公益活动。

秉承"创造财富、奉献社会、衣锦四海、经纬天下"的企业使命、"世界一流、百年鲁泰"的愿景和"以人为本、严谨科学、顾客导向、诚信共赢"的价值观，刘石祯带领鲁泰走出了一条基于纺织而又超越纺织的绿色、低碳、科技、人文之路，把一家棉纺小厂发展成目前全球极具规模的高档色织面料生产商和国际一线品牌衬衫制造商。

"箭鹿梦"的缔造者

——江苏箭鹿集团党委书记、名誉董事长 刘庆年

在全国纺织行业系统，江苏箭鹿集团可以说是一个特殊的存在。建厂33年来，历经市场变幻，箭鹿始终保持国有企业的身份，从1985年创业初，企业历经"羊毛大战"、股份改造、"退二进三"等多次挑战，始终秉承"创业、创大业"的发展意识，一次又一次抓住机遇，实现弯道超越，将一个集体小厂发展成上市公司。

箭鹿能走到今天，集团党委书记、名誉董事长刘庆年付出了很多心血。在江苏省宿迁市，刘庆年是一个响当当的名字。他带领箭鹿人白手起家，一拼就是30年，把企业拉上了腾飞之路。30年间，他也先后被评为省优秀共产党员、省优秀企业家、省劳动模范、省勤政廉政好干部、省科技先进工作者，全国纺织系统优秀思想政治工作者，全国五一劳动奖章，并连续当选江苏省九届、十届人大常委会委员，十一届全国人大代表。

刘庆年

2014年，中共宿城区委、宿城区人民政府在全区开展"企业学箭鹿、企业家学刘庆年"的活动，号召企业学习箭鹿创业求变的发展意识、自我创新的企业理念、创先争优的开拓精神；企业家学习刘庆年忘我工作、锲而不舍的奉献情怀，与时俱进、追求卓越的进取精神，淡泊名利、朴实为人的优秀品质。

30年创业，30年风雨，既有奋斗的艰辛，更有收获的喜悦。站在30年的节点上，沐浴着改革开放40年的春风，就让我们一起深情回首，去再度感受箭鹿人在成长过程中用精神和信念创造的非凡业绩，去真切体会刘庆年在人生征途中用心血和汗水谱写的光辉诗篇。

白手起家 创业艰辛 30年磨一"箭"

项王故里，两河之滨，有鹿崛起，势若飞箭。时针回拨到1985年，那时的刘庆年正值壮年，受原宿迁市宿城镇政府的委派，靠500万元贷款，带领数十名年轻的创业者，在大运河畔的一片茅草地上创立了箭鹿集团的前身——宿迁市第一毛纺织厂，也就是老宿迁人称的"一毛"。从此以后，以刘庆年为首的这帮创业者，便将自己的青春梦想和辛劳汗水抛洒在这片热土上。

当时，一无技术，二无人才，三无市场，刘庆年就依靠一个字——拼。他还带领几十名创业者到上海学技术，到温州闯市场，仅用半年时间企业就正式投产，小小毛纺厂在宿迁大地上扎根发芽。

创业之路多艰辛，1989年，刚起步的箭鹿碰上"羊毛大战"。为了开拓市场，刘庆年带领销售人员半年内跑了6个省、20多个城市。在当时全国毛纺产品的主要集散地温州，通过与一位个体老板合作，并以生产速度快、产品质量好在温州打开了民品市场并站稳了脚跟。

为了能够有更稳定、更长期的市场，从1991年开始，刘庆年经过充分的市场调查和论证后，把目标转向军品、公安、铁路等制服市场，这一策略在实践中获得了巨大成功。仅1994年和1995年两年，企业制服面料生产就占整个生产量的80%，迎来了一个发展高潮。在逐步确立定位的过程中，企业规模也不断扩大，并在以"宿迁市第一毛纺织厂"为核心层的基础上，组建了箭鹿集团，成为当时江苏省淮阴地区第一家省级乡镇企业集团。

在企业不断发展壮大的过程中，刘庆年一直保持清醒的头脑并不断调整深化，他深知，要打造百年品牌，还要靠产品质量。从1996年起，箭鹿逐步加大技术改造的力度，先后实施了"引进关键设备开发高支薄型产品"和"高支薄型产品生产线配套设备配置"技术项目。

2006年，箭鹿迎来又一个快速发展的机遇，按宿迁市城市整体规划要求，从运河边搬迁至宿城开发新区占地1000亩的箭鹿工业园。刘庆年以搬迁为机遇，更新生产设备，扩大生产规模。至2008年搬迁全面完成，形成了从洗毛、制条、纺纱、织造、染整到服装加工的全产业链一条龙生产格局，企业的规模得以大幅扩张，综合竞争实力进一步增强。

2008年的全球金融危机让箭鹿再次面临严峻挑战，行业面料的竞争也逐渐进入白热化阶段。为克服搬迁和国际金融危机带来的双重不利影响，2009年，箭鹿实施"品种质量年、品牌推进年"活动,在抓产品开发同时,调整产业结构,加大品牌宣传推进力度,推动市场营销,全力打造"箭鹿"品牌。通过努力,集团销售收入、利税大幅增长并荣获"中国驰名商标"和"国家高新技术企业"。

2011年是箭鹿实现突破性跨越式发展的一年,无论是外销还是内销都取得了骄人的业绩。在全国铁路大换装工作中,箭鹿取得了占换装总量近1/3的310万米的面料订单,制衣公司还争取到了近30多万套件铁路制服业务。同时又开拓了俄罗斯市场,出口额达1.3亿元。集团首次实现销售超10亿元达到10.2亿元,利润5230万元,入库税收超5000万元,创造了箭鹿历史以来最好水平。

就在当年,政府确立箭鹿走上市发展之路,筹备上市。目标确定,刘庆年以坚韧不拔的精神,解决了一个又一个难题和障碍。2014年1月24日,箭鹿股份在新三板成功挂牌上市,进一步增强职工对企业发展的信心,增强企业在市场的竞争力。

刘庆年这一"拼"就拼了30年,使企业走上了腾飞之路。如今箭鹿已发展为员工2600名、总资产10亿元的国家大型精毛纺企业、国家高新技术企业、全国重合同守信用企业。30年累计上缴国家税收近10亿元,拥有毛条、纱线、羊毛衫、面料、服装、皮鞋分厂,具有年产精纺呢绒1000万米、毛条5000吨、纱线3000吨、羊毛衫100万件、皮鞋120万双,各种西服、制服、休闲服150万套的生产能力。并荣获全国先进基层党组织、全国五一劳动奖状、全国模范劳动关系和谐企业、全国模范职工之家、全国三八红旗集体等十多个"国"字荣誉。

淡泊名利　勇担责任　一"花"独放不是春

30年的奋斗历程,刘庆年心中始终装着的是企业发展、社会责任、员工的冷暖。创业初期,企业逐步走上正轨,但随着市场竞争加剧,当时宿城镇部分纺织企业因经营不善纷纷倒闭、破产,工人下岗、失业,给社会带来不利影响,也给政府带来很多困难。在1989~1997年八年中,箭鹿按照党委和政府要求,先后兼并收购停产、破产的五家企业,承担5000多万元银行贷款和2000多名下岗工人再就业。

1989年,当时的粗纺厂停产,政府让箭鹿兼并,刘庆年接到任务后二话没说,投入大量人财物,抽调了四名高管干部到粗纺厂,当时粗纺厂缺什么,只要箭鹿有,就直接拿过去,包括原料、资金、设备等。1990年,箭鹿走入困难时期,依然继续支援,直至粗纺厂起死回生,现已发展成为宿城区出口规模最大的企业——宿迁神龙家纺。

1992~1997年,箭鹿又迎来了一个发展高潮,成立了集团公司,并先后按照政府的要求收购了停产破产的羊毛衫厂、麻纺厂、毛巾总厂、国营二布厂等企业,承担了全部债务和下岗工人。面对任务,刘庆年没有怨言,扛起了这些沉重的包袱,将总计2000多名下岗职工全部接收,并享受同箭鹿员工一样待遇。

多年以来,在发展生产的同时,刘庆年始终坚持环保先行是企业社会责任的基本点,主动承揽企业环境保护责任,投入巨资购买升级环保设备,建立污水处理厂。企业早在2004年就通过了ISO 14001环境管理体系认证。30多年来,企业在环保上的投入资金超亿元。

自建厂以来,刘庆年一直以投身公益作为企业社会责任的坐标点,通过建立"爱心助学"班、职业技术"春蕾班"帮助贫困学生解决学习和就业困难,在修建箭鹿广场、宿城区古建筑物修复、抗洪救灾活动中等,多次为政府组织的公共卫生服务活动出人出力。30年来,箭鹿集团已累计向社会捐资捐物达3000多万元。

自箭鹿集团创建以来,刘庆年一直把人看成是企业第一要素,即便是一个普通员工,地位也会受到尊重,员工的生活也会备受呵护。为解决职工住房问题,集团投资600多万元,兴建了四栋宿舍楼,购买了6辆大巴车接送职工上下班。在箭鹿,凡是职工生病,刘庆年必定会安排相关领导去看望。

更值得一提的是,在20世纪末期的改制大潮中,刘庆年始终以企业发展和职工利益为中心,在1998年把属于集体所有制的箭鹿变为国有企业,使全体员工成为国有企业职工,进一步增强了全体员工发展好企业的信心和荣誉感。2001年,宿迁市第一毛纺织厂改制为江苏箭鹿毛纺股份有限公司,成立了以股份制为主体的发展模式,当时在众多企业利用股改把企业变成个人情况下,作为箭鹿创始人的刘庆年毅然决定把企业改制为国有股占75.9%的国有控股公司。股份制改革后,公司实行现代企业管理模式,抓管理、抓技改、抓市场,以创新的理念对企业进行一次大洗牌,使企业处处充满生机,企业发展得以不断提升。

文化引领　打造"百年箭鹿"　实现"共同富裕"

健康向上的企业文化是一个企业战无不胜的动力之源,刘庆年深得其精髓。从建厂之初开始,他就十分重视企业文化对集团发展的促进作用,矢志不渝地大力加强和全力推动箭鹿文化建设,并取得了丰硕的成果。建立女子军乐团、每年举办迎七一大合唱、举行体育运动会、拔河比赛等系列文化建设活动,不仅丰富了职工文化生活,而且教育和提升了职工的综合素质,同时箭鹿企业文化强大的号召力和凝聚力，又把众多的职工发动起来、凝聚起来，汇集成企业无比巨大的行动力量。

"岗位平凡，事业伟大，箭鹿集团是我家！织出军品壮军威，做出警服誉满华夏，誉满华夏！坚定信念，追求理想，誓把箭鹿做强做大，为了你的永远辉煌，我愿献出金色年华……"这是刘庆年亲自撰写的《箭鹿之歌》歌词。箭鹿从2004年推行"厂歌战略"，每天上班前以班组、科室为单位，集中唱一遍厂歌再开始工作。

随着企业规模的不断扩大，管理的重要性也不断凸显。在刘庆年的直接推动下，《箭鹿集团内部管理规定68条》《箭鹿人行为规范46条》等制度相继出台。在此基础上，转换经营机制，建立激励约束机制，全面实施质量管理、成本管理、现场管理，管理把企业一步步推向发展的快车道。

箭鹿集团还把党务工作当作企业文化的重要组成部分，成为推动企业快速发展的重要力量。不仅如此，刘庆年还成立了市委党校箭鹿分校，借助党校的平台，加强对党员干部的培训、培养和教育，他说："我自己再怎么能干，也比不上班子成员大家一起能干。集体的智慧和力量绝对是重要的。"他说，箭鹿30年来一步步发展壮大，成功之处不仅在于企业积累了10亿元资产，更在于拥有了一支朝气蓬勃、训练有素、技术熟练的员工队伍，特别是培养、锻炼了一支政治坚定、业务精通、管理有方的企业家队伍，他们和企业一同成长、一起成熟、兢兢业业，无私奉献，甘苦与共，共同创业，"这是我作为企业一把手和一班之长尤为感到欣慰的地方。"

30多年来，箭鹿人对刘庆年的称呼一直都是"刘书记"，即使现在他退休了，人们对他的称呼也是"老书记"。

在企业的发展过程中，刘庆年总结出了"以人为本，以质取胜，艰苦创业，无私奉献"的箭鹿精神；而在2014年他面临退休之际，他又提出了要实现"做大做强箭鹿，打造百年箭鹿，走共同富裕之路，实现人人健康幸福"的箭鹿梦。

对于箭鹿梦，刘庆年这样解读：打造百年箭鹿的目的是实现共同富裕，实现共同富裕又是打造百年箭鹿的信仰。如今，67岁的他，依然拼劲不减，坚持战斗在第一线，为打造百年箭鹿，为持续提升职工幸福指数而奋力拼搏。

发扬"拓荒牛"精神 开拓新时代之路

——咸阳市新兴纺织工业园管委会主任 刘毅

咸阳市新兴纺织工业园刚刚启动建设时，走在园区中，很难见到几个人，街上冷冷清清，现在再访工业园，街头熙熙攘攘，大大小小的商铺饭馆门前人来人往，好一副热闹的景象。新建成投用的花园小区、梦桃公园环境优美、风景如画，除了最早入住园区的咸阳纺织集团，雷丁秦星新能源汽车等高科技企业也相继入园。

几年中，咸阳市新兴纺织工业园发生了什么？记者带着疑问采访了园区"大管家"——咸阳市新兴纺织工业园管委会主任刘毅，听听这位园区发展的见证者和建设者讲述是如何以"拓荒牛"精神，将纺织工业园建设成为咸阳市经济发展的重要增长极和促进项目集聚、产业集群的主要阵地。

刘毅

全面深化改革 园区走上快车道

在党中央提出全面深化改革的指导思想、目标任务、重大原则，描绘了全面深化改革的新蓝图、新愿景、新目标时，咸阳市新兴纺织工业园也加快了园区的建设步伐。

"从2011年建园到今天，园区的每一步改变我都是亲眼见证，踏着园区的每一寸土地，看着每一栋起来的建筑和进驻的企业，真是感慨万千。"刘毅指着工业园管委会大厅的规划沙盘这样说。一直以来，新兴纺织工业园以加快园区建设发展为主线，坚持"工业强园、项目立园、科技兴园、创新活园"的发展思路，以产业聚集发展为重点，构建"纺织服装、装备制造、高新技术"三大产业体系，注重以传统纺织产业转型升级和战略性新兴装备制造产业培育引进双轮驱动，将园区全力打造成"西部功能性纺织服装生产基地、汽车整车生产和零部件制造基地及关中科技创新高地"。

在规划园区建设时，刘毅与园区团队坚持跳出"城墙思维"谋发展，科学设计园区追赶超越的路径和举措，以西安现代纺织工业园和浙江绍兴柯桥为追赶目标和先进榜样，刘毅多次赴两地对标学习找差距，制定了《追赶超越实施方案》《追赶超越季度考核点评实施方案》等制度措施，激发和调动了广大党员干部的积极性、创造性。

园区自2012年7月启动建设，并在2016年加挂咸阳市科技产业园牌匾。园区重点打造新能源汽车和纺织服装两大特色产业链条，发展纺织产业的同时，园区大力发展科技产业，以纺织产业带动科技产业，以科技产业提升纺织产业，统一谋划，统一部署，最终实现"两轮驱动"。当前，园区"两纵四横"道路骨架现已全面启动通车，水、电、气、路、暖、污水处理等"七通一平"全面到位，实现高标准配套。

提升纺织产业　推进高质量发展

借助园区新的发展契机，最早入住园区的咸阳纺织集团以技术创新为动力，实现由一般纺织品向高支高密、纯棉精梳面料、多种新型纤维、高档服装的产业技术升级。将20世纪50年代落后的老设备更新为国际国内一流顶尖水平的先进机器，设备新度系数高达0.98。纺纱设备100%实现粗细联，57%实现粗细络联，织造设备全部实现无梭化。拥有高支高密类、差异化纤类、产业用纺织品类等4条独立纺织生产线和全工艺长车等6条印染生产线，生产管理系统在行业内率先实现信息集成化。现今，园区的纺织产业从纺纱、织布、印染、成衣到科研、设计，产业链已初见雏形，纺织产业发展已具备各种要素保障，为高质量发展蓄势储能。据刘毅介绍，园区未来几年计划通过搬迁印染生产线，将园区纺织企业努力形成"纺织+印染+服装"的全产业链模式。

近年来，园区又通过一系列动作将纺织服装产业提升到了一个新阶段。

2015年3月，新兴纺织工业园内成立了西咸纺织服装创新园。创新园依托新兴纺织工业园所形成的"纺织—染整—服装家纺—商贸物流"等完整产业链，整合资源要素，重点发展产业用纺织品、功能性服装及时尚创意产业，已初步形成西北纺织服装创新集散地。

2017年，园区与国家面料馆签署合作协议，在园区建立国家纺织面料馆（陕西分馆），将国内外最新面料集中到园区，引领纺织服装流行趋势，提高园区纺织服装产业知名度。同时，通过在园区开展国际面料相关论坛和新产品发布等活动，推动产学研有机结合，形成地区服装品牌企业与面料馆优质面料、研发单位的合作，有效提升园区纺织产业品质，促进园区纺织板块发展。

以产业"高端化、智能化、智慧型"为发展目标，园区着力延伸产业链，提升价值链，2017年先后引入西安工程大学、陕西服装行业协会等创意设计机构8个，各类设计师59名，服务企业540多家。

在服务平台建设方面，园区陆续建成中国科协创新驱动科技成果转化服务中心（咸阳）、中关村天合科技成果转化促进中心（咸阳）、陕西省纤维纺织品产品质量监督检验中心（咸阳）和纺织面料检测中心、咸阳市众创空间孵化基地、中小企业孵化中心、智能制造基地。

同时，园区通过产学研战略联盟合作，助推产业发展，与西安工程大学签订了战略联盟合作框架，设立纺织服装经济管理研究院。2017年，咸阳市政府与西安工程大学签订了《关于推进咸阳纺织服装产业创新发展的战略合作协议书》，共建"咸阳时尚创意产业园""咸阳纺织服装产业技术研究院"和"咸阳纺织产业技术创新战略联盟"，开展"产、学、研"深度融合发展。

新兴纺织工业园通过提升平台服务水平，推动产业升级和协调发展，获得了高速发展，产业层次得到提升，品牌意识得以强化，塑造了西部纺织服装产业创新平台、品牌孵化基地的良好形象。

增强自主创新　抓住机遇拓新路

"目前，我们面临着难得的发展机遇。"刘毅强调，园区将抓住国家"一带一路"、"关中—天水经济区"、"大西安建设"等创新型区域和统筹科技资源改革示范基地的重大机遇，以增强企业自主创新能力。园区重点制定自主品牌发展战略，形成一批市场占有率高、辐射范围广、消费者认可的知名品牌。加大园区各类交易中心、物流仓储基地等建设力度，发展壮大产、销结合的专业市场，形成市场与产业发展的良性互动。定期组织纺织服装博览会，经常性地在园区举办或在省外参加服装、家纺自主品牌博览会、展销会，扩大自主品牌影响力。

园区精心引进一批纺织服装、装备制造、高新技术等领域的"专精特新"项目。刘毅先后带队赴上海、深圳、北京、广州等地招商100余次，对园区引进雷丁秦星新能源汽车生产基地、西部国际丝路轻纺城配套、年产60亿瓦时动力及储能锂电池派克（PACK）等项目的顺利推进起到了关键作用。

围绕"延伸纺织，做优纺织"，园区通过利用高等院校、科研院所与企业的科技资源，加快推进产学研一体化，增强园区在全国纺织产业领域竞争力打下坚实的基础。

围绕国家"一带一路"战略部署，依托陕西自贸区及园区承东启西区位优势，园区引进国内外纺织服装面料供应商、服装成衣及家纺用品贸易商等，打造集交易市场、国际服饰城、研发创意、综合商贸及仓储物流为一体的"西部丝路国际轻纺城"。按照"线上+线下+实体"三位一体的发展思路，以"互联网+工业"的模式，借助互联网大数据平台，杜克普服装公司与青岛酷特智能股份有限公司（青岛红领）合作，初步实现服装智能制造私人个性化定制。目前，正逐步在园区打造西北地区首家集个性化高级服装订制与观光旅游于一体的示范企业，以提升纺织产品品质，在园区形成立体化市场运作模式。同时，园区打造西部纺织服装电商交易中心，建设"咸阳网上轻纺城"，为园区纺织产业链生态系统奠定坚实基础。

响应"一带一路"倡议，园区实施"走出去"战略，在哈萨克斯坦搭建起一个协调促进、服务保障的平台——中哈产业园咸阳纺织工业园区。

刘毅表示，中哈产业园咸阳纺织工业园区将逐步形成一个综合性中亚示范园区，成为咸阳企业"走出去"的桥头堡，为未来咸阳实现"一带一路"境外投资、促进产业境外发展，以及为咸阳引入境外企业打造一个对接、协调、促进平台。

中亚纺纱基地是中哈产业园咸阳纺织工业区的第一个入园项目，由咸阳纺织集团负责实施。该项目计划在哈萨克斯坦建设10万纱锭的现代化智能纺纱生产线，年产紧密纺纱线15000吨。一期计划建设2.5万纱锭，采用全自动智能化的清钢联、粗细络联、自动包装系统等国内一流设备，年产纯棉30支紧密纺纱线3900吨，2019年建成运营。该项目的实施，可实现国内先进生产设备和先进生产、管理技术输出，充分利用国际产能合作解决企业棉纱需求缺口。

传承梦桃精神　扛起纺织新旗帜

除了用实际行动干事业，刘毅不忘精神文化建设，为弘扬"梦桃精神"，厚植工匠文化，精心筹建了梦桃公园及纪念馆。在赵梦桃纪念馆及梦桃公园建设期间，刘毅每天亲赴建设现场查看建设进度，多次上门与历届赵梦桃小组组长、组员及赵梦桃亲属沟通，为赵梦桃纪念馆搜集了大量翔实、丰富的实物资料。

全国劳模赵梦桃是咸阳纺织人的先进代表，被誉为"全国纺织战线红旗"。在她的影响和带动下，"人人当先进，个个争劳模"蔚然成风，所在的纺织小组也被称为"梦桃小组"。半个多世纪以来，赵梦桃小组坚持以高标准、严要求、行动快、工作实、抢困难、送方便的梦桃精神建组育人，始终保持着"全国先进班组"的称号。"梦桃精神"是赵梦桃留给后世纺织人的伟大精神遗产。

2017年7月17日，全国首个以纺织工人名字命名的公园——梦桃主题公园及纪念馆正式开园、开馆。其中，赵梦桃纪念馆总建筑面积约350平方米，通过万余文字、220余张图片、180多件珍贵实物、多部历史影像资料，翔实地记录了赵梦桃及"赵梦桃小组"的先进事迹，反映了咸阳纺织工业发展历程和纺织工业园区建设的辉煌成就。

刘毅表示，建立梦桃公园及纪念馆就是要激励每一个纺织人传承发扬"梦桃式"工匠精神，带动更多人投入到园区的建设步伐中来。

赵梦桃纪念馆开馆仅两个月就接待社会各界10000多人次参观学习。在这个充满人文气息的现代化园区里，梦桃精神始终是园区工作者坚持的崇高信念。园区职工秉持梦桃精神，踏实务实，团结奋进，为园区发展尽心尽力。梦桃精神已成为园区职工激情拼搏、建功立业的强大精神动力。

砥砺前行，奋力拼搏。这仅仅是个起点，咸阳市新兴纺织工业园的发展对于咸阳纺织产业具有里程碑的意义。工业园将项目作为提升经济总量、增强综合实力、聚集发展后劲的根本。着眼未来，工业园将走专业化发展道路，建设创新创意产业平台，引领咸阳纺织产业向高端智能化智慧化发展。

棉纺大咖的攻守智慧

——安徽华茂集团原董事长兼总经理　华冠雄

兵法讲，攻守之道，先立于不败之地而后求胜。回顾安徽华茂集团实现飞跃发展的那段历程，有很多大事件显露出第一代掌门人华冠雄的攻守智慧。

华冠雄1941年出生于上海，因工作原因在安徽省安庆市度过半生时光。他在安庆纺织厂经历了技术员、助理工程师、工程师、生产技术科科长、副厂长、厂长等岗位，直至1998年10月，出任安徽华茂纺织股份有限公司董事长兼总经理，1999年改制后任安徽华茂集团有限公司董事长，安徽华茂纺织股份有限公司董事长、总经理。此外，他还担任过安庆市纺织局副局长、安庆市副市长、安庆市人民政府顾问，安徽省第十届人大代表，国泰君安证券股份有限公司董事、宏源证券股份有限公司董事等。

华冠雄

熟悉华冠雄的人都知道，这位在棉纺行业耕耘数十载的风云人物在生活中平易近人、工作中一丝不苟，长年钻研棉纺技术和企业管理的经历使他在谈笑风生中便显露出创新的理念、活跃的思维、精明的头脑、博大的胸怀。

严守品质　君子以自强不息

安徽华茂集团的前身安庆纺织厂建立于1958年。如今，国内与其同龄的企业有很多已经消失，而华茂虽历经风雨，状况还不错。

1984年，华冠雄出任安庆纺织厂厂长。上任不久就面临企业第一批出口日本的棉纱因质量差而被退货，这深深刺痛了技术出身的华冠雄。当时，安庆纺织厂主要面向农村市场，以生产中低档产品为主。日方的退货让华冠雄惊觉：这么落后的一个厂，今后如何在国内国际站稳脚跟，国家已不可能有大量的资金投入来扶持企业，唯有靠自身的努力来改变现状，而当务之急就是把产品品质提上去。"

在华冠雄的带领下，全厂上下全力以赴提升棉纱质量，重新赢得日本客商的信赖。经过多年不懈努力，到20世纪初期，华茂出口日本的棉纱量已经占中国出口日本棉纱量的1/3强，能在东京期货市场交易的中国棉纱只有华茂一家。从因产品质量差而被退货到被日本丸红株式会社推荐为"中国出口日本棉纱的榜样"，华冠雄更加坚定了"企业要生存发展，一定要把品质搞上去"的理念。

对质量管理的坚持从那时起成为华茂的优良传统。不论春夏秋冬，每到清晨7时15分，华茂的员工已经列队在做广播体操。而比他们更早的是一把手华冠雄，他7点到厂巡视车间，在管理企业的几十年中未曾间断。在他心目中，"质量是企业的生命，是一切工作的核心"。

同时，华冠雄不断延伸对质量的认识。他说，华茂所指的质量包含五个概念：指标质量、实物质量、长期稳定质量、包装质量、服务质量。"华茂交到用户手中的产品是精品，用户用其生产出来的产品还是精品。"华冠雄说，"这才是华茂所追求的质量。"之所以能够一直以质取胜，让客户心甘情愿选择华茂的"高价棉纱"，华冠雄认为，是因为华茂能够保持长期稳定的高质量，而且时刻更新着对质量的理解。

严格的质量要求、不断创新的质量理念，来自于信念，来自于行动。早在20世纪90年代中期，华茂就制定了《质量管理奖惩条例》，被称为企业的"质量法"。在分配考核中，质量比重占50%。员工特别是中层管理人员的收入取决于质量工作完成情况，并且党、政、工都实行奖罚同等。

这种行政一把手抓质量的做法不同于总工程师或者生产厂长抓质量的传统中国企业管理方式。华冠雄笑言，自己是技术出身，抓起质量工作来得心应手。"而且总工或者生产厂长抓质量管理容易局限于技术层面，一把手来负责质量，就能把党政工、人物力、技术设备管理等领域统一起来，这样才能真正有效地把产品质量抓起来。"在华冠雄看来，只要有了好的管理，没有最高端的设备也能生产出高质量的产品来。"做企业一定要走精品之路。在现有竞争环境之下，走低档、价格竞争、规模之路一定会面临生存困境。我们认为，华茂走的路走对了，而且要坚定不移地走下去。"

华冠雄也从来不吝于分享经营管理的心得体会。在2004年举行的一次行业会议上，华冠雄表示，"精益生产是一种新的管理理念，又是一种新的生产方式，'零浪费'是精益生产的终极目标，而'零浪费'与生产流程设计和生产设备的运行能效有着密切的联系。"华冠雄提醒棉纺企业，在技术创新方面要围绕"提升新型纺织纤维原料的研发和应用水平，提高清洁生产和绿色制造产业化水平，加快纺织装备的智能化、自动化、信息化及应用进程"这三个技术进步的重点方向，来提高产业发展的质量和效益。

在华冠雄的带领下，昔日的落后企业成为全国知名标杆企业，成为竞相模仿的对象，形成"南学华茂，北学吉化"的热潮。而华冠雄从未因成功而停住脚步，坚持不懈地搞创新技术，提高企业竞争力，一方面领导企业重视引进国外先进技术，另一方面加强消化吸收，促进内涵创新，走高质量、高档次、高附加值的精品发展道路。

有胆有识　扬帆起航正当时

20世纪90年代后期，面临出口受多方"围剿"的不利形势，国内企业对"走出去"寄予厚望，纷纷跃跃欲试，然而成功的并不多。而华茂就是成功者，在海外的发展风生水起。谈到第一次"走出去"的经历，华冠雄将之形容为"好运气的冒险"。

1996年，国内纺织行业经历了连续三年亏损，很多国有棉纺企业濒临破产。在这种不利形势下，华茂仍然保持着不错的效益。看到"窝里斗"的残酷情形，华冠雄心想，一定要另辟蹊径，不能只在局促的国内市场中发展。

机会总是眷顾有准备的人。就在华冠雄期望"走出去"的时候，机会来了。当时一家香港公司在塞班设立的工厂急需转让，得知消息后，华冠雄立即奔赴当地考察。这是一个有400~500名中国员工，加上当地的工人，总共700多人的服装厂，亏损是因管理不善而导致的，工厂本身有很大的潜力。对方急于出售，愿以折扣价卖出，但是也提出了相当苛刻的条件——三天之内付清款项。这个条件足以让华冠雄整夜失眠。作为国有企业的领导，他深知如此重大的举动需要按照正常程序请示、批复，三天时间太紧张了。要是擅自做决定，也许会因此而身败名裂。华冠雄说："成功了，人们会认为理所当然，但是失败了，就是个人承担责任，也许还有人认为我把钱往自己腰包里放了，那我真是跳进黄河也洗不清了！"

但是时间不等人、机会不等人，华冠雄思来想去，决心放手一搏。他说："当时就想着能够去赚美国人的钱毕竟是一件非常有魄力的事情！"他相信自己的眼光，企业家没有一点冒险精神，永远达不到一定高度。

华茂收购塞班工厂之后,仅用两年时间就盈利 2000 多万元,收回了投资。打完这场漂亮仗后,华茂在海外其他地方投资就没有包袱了,通过以海外盈利投资海外,华茂相继在约旦、柬埔寨等地设立了自己的工厂和公司。

事情成功后,回忆起来总会觉得轻松,但是这种轻松来自过程中的不断总结经验和不断创新。华冠雄说,掌握国外市场、建立完善的财务管理制度、培养高素质海外人才队伍,是华茂在多年"走出去"实践中总结出的经验。中国企业"走出去"往往只顾发挥自己的制造优势,却没有开发培育海外市场的能力,结果仍是依赖外单,在国外挣加工费。还有一些企业任人唯亲、用人不当,没有设置严格的财务制度管理,最终造成财产流失,而华茂采取总经理和财务互相制约的体系,做到财务透明。此外,国外尤其是发达国家的法律制度十分严格,对当地人文、法制等缺乏充分了解的"海外兵团"一不留意就会惹来官司。如此种种,纺织企业"走出去"要量力而行。华冠雄认为,有能力、有基础的企业应该努力"走出去",只不过之前要做好功课,之后不忘时时总结。

资本创新　勇做时代弄潮儿

20 世纪 90 年代后期,随着国企改革的不断深入,华茂也逐步完成了股份制、公司制改造。在华冠雄的主持下,公司顺利建立了现代企业制度,完成了上市公司的规范操作。

涉足资本市场对于华冠雄这一代企业家来说,完全是个新生事物,既缺乏专业理论的支撑,又缺乏实际经验的指导,无异于一场冒险。凭借与生俱来的学习精神和分析能力,华冠雄不但啃下了这块硬骨头,还带领华茂人打了一场漂亮仗。

当时国内证券行业刚刚起步,从安庆纺织厂改制为华茂股份上市后,华冠雄经过分析研究后决定把资金投到原始股。通过出色的运作,华茂先后投资两亿余元持有广发证券、国泰君安证券、宏源证券等金融机构股权。如今,这些投资的市值达数十亿元,为华茂集团的发展提供了稳定的资金保障。

对于华冠雄来说,这只是成功的开始。后来,华茂集团多方探索,着力放大资本效应,不断为企业发展提供资金保证。华茂集团成功的资本运用成效,在实体经济和虚拟经济的两翼下收货了丰富的市场经验,为全国同行提供了样本和示范。

回报社会　授人以鱼不如授人以渔

2000年9月，国家经贸委点名华茂集团帮助远在新疆天山以南的和田棉纺厂。起初，华冠雄抱着"接受任务"的思想去和田棉纺厂考察，没想到，这一去便结下了华茂与和田的鱼水情。

和田棉纺厂是南疆地区最大的国有企业，但是华冠雄到了才知道情况有多复杂：设备管理落后、员工精神面貌差、工厂环境差，游走于破产的边缘。想到和田棉纺厂的兴衰既关系到边疆经济发展和社会稳定，又关系到3000多名少数民族同胞的生计问题，华冠雄做出了无条件帮助和田的决定，与和田棉纺厂签订了帮扶协议。

对于如何帮助和田棉纺厂，华冠雄有自己的想法。无条件是指在技术、资金、人才上的慷慨无私、无所保留，而不是全部包揽。当时，华冠雄给和田棉纺厂员工做报告时说："和田要站起来得靠自己。我们一定要帮你们培养出无可取代的核心竞争力，但是这个苦一定要你们自己来吃，汗自己来流，过程自己来经历。"

在签订帮扶协议时，华冠雄就为和田的发展制定了五年发展计划，"五年之内，和田要从一个即将破产的企业成为新疆的一面旗帜"。

五年间，华茂先后派出五批领导、专家到和田讲课、亲手示范，从和田最需要的设备修整、用棉量控制、管理整顿入手，直到员工可以自己操作为止。

和田棉纺厂也先后组织8批40多人到华茂学习。都说同行是冤家，但是华茂对和田来的"取经人"却毫无保留。无论是华茂派技术专家到和田，还是和田派人来华茂学习，相关费用都由华茂承担。此外，华茂还无偿支援和田细纱机6台，各类专件35万套。

2005年，在华茂的无私帮助和和田棉纺厂员工的努力奋斗下，棉纺厂发生了"翻天覆地"的变化：厂貌焕然一新，职工工资从月工资300元都开不出来提高到700元。华冠雄非常高兴，一是华茂的努力没有白费，二是和田棉纺厂全体员工不怕吃苦，把发展之路闯出来了。随后，华茂和和田棉纺厂签订了要求更高的技术帮扶协议，产品要走向中高端，职工月工资超过1000元。

付出不一定都要有回报，特别是有些回报很难用金钱去衡量。在华冠雄看来，在华茂的岁月里，他投入最用心、回报最大的一件事就是员工培训。

企业要运转起来，最需要的是人才。当时，由于没有多少大学生愿意到安庆来工作，企业面临人才紧缺局面，华冠雄决定自办培训班。公司从高中毕业生中选拔出苗子来组成集训班，前两年请大学老师教授基础课，后两年送到中国纺织大学（现东华大学）学习专业课。事实证明，集训班出来的毕业生既接地气又懂理论，是最派得上用场的人才，为华茂集团做出贡献。

后来，华茂集团与东华大学合办网络教育课程，设置了本科班和大专班，毕业后授予国家认可的文凭，进一步扩大了人才培训的范围。华冠雄说，"我们培养的人才有工作经验，思想十分稳定，流动率低，对企业的发展具有重要意义。"

由于在纺织业界极为突出的影响力和号召力，华冠雄2003~2008年任中国纺织企业家联合会会长，组织和带领广大纺织企业家开展多种形式的学习交流活动，共同致力于提升纺织企业管理水平。回首往昔，华冠雄带动华茂走上致富路，带动和田走上致富路，带动海外企业和客户走上致富路，带动更多纺织企业走上致富路，同时也为自己赢得了无价之宝——"全国劳动模范""全国五一劳动奖章""全国优秀经营管理者""全国企业家创业奖""2003年第二届中国企业家创业事迹奖"……荣誉承载了沉甸甸的过往，华冠雄的开拓之路越走越宽广。

逐日求新　玉汝于成

——孚日集团董事长　孙日贵

天行健，君子以自强不息。三十多年奋进路上，孙日贵引领一代代孚日创业者，逐日求新，永攀高峰，不曾有片刻的懈怠与停滞。唯其如此，一叶在1987年改革春潮中出发的扁舟，鼓足着实干兴邦的梦想之帆，驰骋在全球家纺产业的红海，闯出了一片属于行业领航者的天地，向世界亮出了中国品质、中国标准、中国创新的金字名片。

"事在人为。只要足够努力，我不相信这个世界上有干不好的事。"凭着这样一股干事创业的精气神，孙日贵和他的团队倾力构建了集研发设计、棉纺加工、家纺制造及国内外销售于一体的完整产业链，致力于向全球市场提供品质卓越、健康环保的家纺产品，在美、日、欧等国际市场确立了具有话语权的优质供应商地位，在日益繁荣的国内市场培育了"孚日"和"洁玉"两大常青树品牌。放眼中国家纺行业，乃至中国纺织行业，像孚日这样，同时经营国际国内两大市场，并且全面确立主导地位的企业，实数凤毛麟角。

孙日贵

凡是过往，皆为序章。回望孙日贵和孚日集团的不凡历程，就是一部以奋斗接力奋斗、以诚信倡导诚信、以创新叠加创新、以感动拥抱感动的创业史诗。

以奋斗接力奋斗

孚日扎根于中国高密，它的眼界却从未囿于地域的限制，从东京到巴黎，从纽约到悉尼，精细、精益、精彩的卓越产品惊艳了世界各地。孚日发轫于乡镇集体，它的作为却从未困于出身的设置，从高密毛巾厂到洁玉纺织，从孚日家纺到孚日集团，深圳证券交易所迎来了潍坊市第一家民营上市公司。孚日坚守于传统工业，它的脚步却一直执着于转型与升级，从德国到瑞士，从日本到意大利，融汇了全球纺织智慧的先进装备，在世界最大家纺基地中纵横交替。

"企业前身是从电机厂独立经营的织带厂，那时候一个月销售收入仅有3万块钱，当时就想如何能够真正做成个大企业。"创业多艰，300多平方米的工厂、33人的团队，所有这些客观条件都不妨碍当时孙日贵厂长拥有一份做大企业的目标、做强事业的梦想。从最初的下乡赶集推销毛巾，到1988年第一个出口日本订单，到1993年成为山东省外纺最大出口企业，到1994年通过合资"豪掷"112万美元全部用于购买织机扩大产能，这份做大的目标逐渐被描绘得越来越清晰、越来越生动。

"不同的时间不同的阶段，我确立一个目标，大家就围绕这个目标去追求。"随着自营进出口权的获得，在1995年度出口额700万美元的基点上，孙日贵于1996年提出了到2000年出口突破5000万美元的新目标。"很多客户，很多同行，看到我们竖着那个牌子，大家都摇头，不可能不可能，天方夜谭，结果我们提前一年实现了。"

"我提出这个目标，肯定后续有设备、品质、管理、竞争力等一系列工作去支撑它。"孙日贵当时紧接着又提出一个口号，就是2005年出口突破1.2亿美元，这次"大家只好信了"，因为"看我第一个目标，在那个条件下已经实现了，第二个目标大家最起码怀疑的不那么大了。"提前认识到中国入世给企业带来的宝贵机遇，孙日贵以非凡魄力开始了多处工地同时开工的跨越式发展，"当时经济总量很小，又要去上那么大的项目，技术的问题、人才的问题、管理的问题、一系列的问题……这些工作都要铺开，肯定是有很多的很多的工作量。"而凭借先发制人的产能优势和长期铸就的质量优势，孚日集团迅速征服了欧美市场，到2006年在深圳证券交易所成功上市时，已经发展成为全球最大的家纺企业。

以诚信倡导诚信

"孚日，从诞生之日起，就是在最充分的市场竞争中成长起来的，对市场规律、对契约精神有着延续在血脉里的敬畏。"孙日贵引领孚日集团借助中国开放型经济快速发展的历史机遇，大胆走出国门，积极参与国际竞争，从借船出海开发日本市场，到把握中国入世契机深度拓展欧美市场，逐步构筑起以日本、美国、欧盟、俄罗斯、澳大利亚和中东为主销市场的国际贸易格局，与几十家世界500强企业和著名品牌公司建立了战略合作伙伴关系，在国际化竞争中彰显出中国企业在世界家纺行业领域的地位和价值。

"孚日"是孚日集团的企业字号和产品品牌,"孚"取自《诗经》,意为"信服、诚信","日"指每一天,意喻永恒,孚日集团就是要做秉承诚信"每一天都让人信服"的企业。"孚日做到今天吧,我认为诚信是非常重要的。你不讲诚信,你就不可能发展。"孙日贵认为,诚信缺失是值得关注的社会问题。早期便开展国际合作的发展历程促进了孚日集团讲求诚信的优良传统,对客户按样品做成品、按交期发产品,对供应商按约定付货款,对银行按期限还本息,对员工按日期发工资。"我们把诚信看成一个企业的生命。"

企业创建初期,面对日本市场挑剔、苛刻的质量要求,孚日经过千锤百炼在日本市场站稳了脚跟、打开了局面,同时提高了员工的品质意识,培育了员工的工匠精神,建立起精益求精、细致严格的质量标准和管理体系。2001年中国加入世贸组织之后,在孚日进入欧美市场的产品全部按照向日本出口的标准,没有人为降低标准,所以到了欧美市场的产品几乎都是精品,在客户当中建立起良好的企业印象,使企业在2005年之后很快就占领了欧美等发达国家的庞大市场。

"连续几十年做任何事情都诚信,确实是不容易,是在考验着你。"孙日贵坦诚,有的时候诚信的代价是不菲的,他也同时指出,从长远利益来看诚信的收益是更加优厚的。"多少年的积累,做了很多事情,客户才能认可你是一个诚信的企业。在国际市场上,他会考虑你的诚信给你一个溢价,这个溢价足以涵盖你额外付出的费用和成本。"2011年棉花价格快速上涨,最高到了35000元/吨,在这种情况下,一些客户在巨大利益诱惑面前背弃协议提高了价格,但孚日没有这么做,仍然严格按照合同履约,保质保期地交付给了客户,受到国外客户的好评。长期以来,正是这种稳定的产品质量,良好的信誉,使孚日得到了国际市场的高度认可,保证了公司与客户稳定的合作关系,这也是孚日在全球激烈竞争中仍然保持订单连续性、保证满负荷生产、保证经济效益稳定增长的最有力支撑。

以创新叠加创新

作为众多国际家纺知名品牌的资深合作方和核心供应商,作为中国家纺行业新型纤维开发应用推广基地,坐拥国家级技术中心和实验室,孚日集团在家纺产品整合设计创新领域有着得天独厚的优势条件,可谓站在全球家纺智慧的肩膀上。

"我们不是要紧跟市场、紧贴市场,而是要引领市场,这是一个焦点问题。"

在孙日贵看来，紧贴市场只是模仿、跟着人家走，要在把握市场主流的前提下，把引领市场作为指导思想，才能用差异化产品应对同质化竞争，才能在市场竞争中赢得主动。近几年孚日共承担国家和省级课题几十个，先后主持参与了数十项国家和行业标准的制定，获得家纺类专利120多项，拥有一系列具有自主知识产权的核心技术，成为支撑企业从规模增长到效益增长、从中国制造到中国创造转变的重要引擎。

"我们必须与时代同步，落后就要被淘汰。"他坚持与时俱进，带领企业积极适应经济新常态，按照市场化和扁平化的思路，对企业的组织架构、运行机制进行持续变革和优化，通过精简机构设置，压缩管理层次，实施股权激励，加强人才队伍建设，最大限度地激发干部员工干事创业热情，企业整体运营效率显著提高，市场反应更加灵敏快捷，改革释放出的新活力不断迸发涌流，支撑企业长远发展的新动能更加强劲。

以感动拥抱感动

"为员工谋幸福，为社会谋发展"是孙日贵和孚日集团坚守的企业使命。多年来，孚日不断提高员工待遇，企业人均工资收入始终保持行业领先；公司通过壮大产业，开辟市场，不断为员工提供施展才华的广阔舞台，为员工提供长期稳定的就业岗位，目前直接解决就业16000人，间接解决就业2万多人；通过建设家属宿舍、集体公寓、租赁房、孚日学校、幼儿园、职工医院，以及设立困难员工帮扶救助基金，为员工提供安居乐业的家园，不断提升员工的幸福指数，形成了企业与员工共同成长、利益共享的良好格局。

孙日贵在带领企业发展经济的过程中，积极承担各方面的社会责任，不断加大回报社会的力度，有力地促进了当地经济发展和社会稳定。公司尽己所能为政府排忧解难，跨行业接收了高密市12家国有、集体困难破产企业和4000名员工，维护了社会和谐稳定；支持改善民生，出资500万元参与高密市北部六镇饮用安全水工程，解决了这些乡镇饮用高氟水的问题，提高了30万人民群众的饮用水质量；充分发挥企业带动作用，在高密市5处乡镇以及胶州、平度等地投资2亿元建设了9家加工厂，共吸收农村富余劳动力3000多名，帮助解决了农村劳动力"就业难"问题。与此同时，他还躬身参与公益事业，持之以恒参与捐资助学、抗震救灾、扶贫济困，努力与社会共赢发展。截至目前公司已累计为社会公益事业捐款捐物1.5亿多元，成为潍坊市唯一一家荣获"中华慈善突出贡献奖"的公司，不仅体现出作为一家企业的经济价值和社会价值，也体现出孚日人勇于追求企业与社会共同进步的担当和情怀。此外，公司还把推动行业发展作为重要责任，通过自身的诚信经营、技术开发、节能减排、产品创新等做法，积极维护家纺行业的健康发展，引领整个产业的不断进步。在这一过程中，孚日的影响力和美誉度得到提升，也从中获得了持续发展的动力。

三十多年来，作为创建者、开拓者、决策者和经营者，孙日贵引领孚日集团在全球家纺领域建立起综合的竞争优势和产业地位，为助推中国纺织行业高质量发展做出了应有贡献，产品出口额连续20年保持全国家纺行业第一，企业先后荣获"全国守合同重信用企业""中国工业大奖提名奖""全国纺织工业先进集体""全国精神文明建设工作先进单位""全国模范劳动关系和谐企业"等荣誉称号，孙日贵本人也先后被授予"全国劳动模范""改革开放40年纺织行业突出贡献人物""山东省优秀企业家"等荣誉称号。

一万年太久，只争朝夕。孙日贵和奋发图强的孚日，已将一以贯之的诚信经营，从家用纺织品主业，扩展到热电、地产、电机、自来水等适度多元的领域。当一座向往已久的高峰被征服在脚下，一座海拔更高的山峰已映入了眼底。孙日贵和孚日创业者们，将继往开来，砥砺奋进，因时乘势，改革创新，在赶超国际先进水平的生动实践中放飞梦想，在持续做大做强的不懈奋斗中再续华章。

纺织时尚的领军者与探路者

——华孚时尚股份有限公司董事长 孙伟挺

2018年是改革开放40周年，这一年，对于华孚时尚董事长孙伟挺来讲，也是具有重要意义的一年，其一手创办的华孚时尚迎来了25周年：4月，"网链总部"正式奠基，华孚产业互联网革命再下一城；10月，中国纺织工业联合会授予孙伟挺"改革开放40周年纺织行业突出贡献人物"；12月，越南华孚工业园开园仪式暨"浙商绿尚小镇"项目签约仪式在越南举行，成为华孚时尚2018年系列活动的收官之作。

孙伟挺

从零起步，坚持一根纱，色纺从一项技术，一个品类，到一个细分行业，再到成为一种风格，华孚为色纺新型纱线的发扬光大，做出了开创性的贡献。在政府机关的12年加上华孚的25年，孙伟挺也当之无愧地成为改革开放中的弄潮好手。

25年 打造教科书式的成长范本

回首华孚25年来的发展，可以说一步一个脚印，一年一个台阶：

1993年，华孚色纺在深圳诞生；

1994年，华孚品牌创立；

1995年，研发中心创办；

1995~2000年，完成全球营销布局；

2000年，华孚并购第一家制造企业并进行色纺改造；

2001~2005年，连续并购业内色纺优势企业；

2006年，实施产业转移战略，布局新疆板块；

2009年，华孚借壳上市，成为色纺行业首家上市公司；

2014年，华孚海外投资，越南国际板块应运而生；

2016年，启动网链战略，确立"坚持主业、共享产业"思路；

2017年，华孚色纺更名华孚时尚；

孙伟挺表示，华孚之所以创造了如此丰厚的物质财富和精神财富，离不开改革开放的天时、中国崛起的地利、万众一心的人和，而始终坚持的"造势得市、守正出奇"的经营哲学，让创新驱动和价值观驱动在华孚企业发展过程中发挥了应有的作用。

25年来，华孚时尚始终在稳与变中保持着健康良性的发展。在华孚的每一步发展中，都可谓是运筹帷幄之中，决胜千里之外。

25年来，华孚走出了一条不一样的路，做大规模定制，做个性化、柔性化。

25年来，华孚用趋势引领、创新驱动、前导营销、标准规范四个驱动力来实现时尚贯通色纺产业。

25年来，曾经在深圳文锦渡创业的1000多家纺织企业，现在只留下了华孚一家。华孚的发展路径已经成为教科书式的范本。

孙伟挺的每一次决策都有章可循、有未来可期，堪称每一个阶段的最佳规划。分析各种趋势的时候很开放，做决定的时候很慎重——"要在亢奋之后还能说服自己坚持做下去"诠释了华孚对目标的态度。无论是最早选择色纺纱并建立品牌，到初期的战略兼并，还是之后举办"华孚杯·中国"色纺时尚设计大赛，开拓新疆市场、布局越南市场、借壳上市、启动网链战略，打造浙商绿尚小镇……都是全面掌握行业大势、做足市场调研，最重要的是基于自身需求的一招招大棋。

半路出家　却走在了行业前端

企业的风格正是企业家精神的体现。曾经做了12年政府机关干部、以副区长身份下海经商的华孚董事长孙伟挺，同时身为中国纺织工业联合会特邀副会长、浙江省纺织行业协会会长，不仅对于自身企业的发展有着清醒的认识，也对行业的未来发展有着深层次的理解。他对品牌的认知和追求，对社会责任的承担，对中国纺织行业的深厚感情，都成为华孚企业发展并带动行业发展的原动力。

"华孚和别的企业有点不一样，我们既不是一个老的国有企业，也不是纯粹的乡镇企业，倒称得上是'半路出家'。"孙伟挺对自身的评价延续了其一贯低调、谨慎的风格。

企业的着力点在哪里就决定着它的未来在何方。因此，以贸易起家的华孚，从一开始就没有满足于打造单纯的买卖，而是超越了仅靠质量、规模、成本发展的纱线企业，把目光投向了更远。建立之初就定位于品牌发展的华孚，在随后的 25 载中，不断通过打造产品质量和附加值来赋予品牌内涵，成为华孚时尚能够在大浪淘沙中走出来的关键。

从 2000 年开始，华孚的并购之路一做就是十年。在此期间，华孚先后并购了 30 几家企业，分布在浙江、安徽、江西、新疆等地。用孙伟挺的话讲：华孚的"十年并购"走的是低成本发展之路。他认为，如果新建一个企业需要一个亿，并购则只需要 2000 万元。

这也是在特定的条件下华孚把握的一个机会——战略并购扩张，先通过并购买下一个企业，然后进行文化融合、管理再造、技改升级，最后融入华孚的品牌血液。

而在之后的"十二五"期间，整个纺织行业都面临了巨大的挑战。

国内方面，纺织企业在经历过棉花原料"过山车式"和"断崖式"的行情后，已经举步维艰。再加上国内生产要素和劳动成本的不断上升，纺织企业的发展更是"雪上加霜"。

国外方面，东南亚等一些国家和地区纺织产业的逐步崛起，对我国纺织市场形成了巨大的冲击力。在"内忧外患"的双重夹击下，纺织企业的转型升级迫在眉睫。

"华孚时尚的做法主要集中在三个方面，产业转移、产品升级以及企业转型。"孙伟挺说。

华孚的制造业转移，一个是我国新疆维吾尔自治区，另一个是越南。

产业的变革，强烈呼唤产业生态化。就纺织供应链来说，未来可能会高度整合以面对快速变化，而整合上游原料资源则是纺织企业贯通全产业链的基础。基于此，华孚在新疆阿克苏地区的建设又是在对的时间做出了对的选择。如今谈到华孚发展进程中的关键一环——新疆，孙伟挺认为，2018 年新疆开始重点抓经济建设，对于产业链后道到新疆发展，做产业延伸，将迎来一次机会。

在产品升级和企业转型方面，孙伟挺表示："华孚的主业始终锁定色纺纱领域，但常规产品将越来越少，而是会去发展有一定差异化的产品。除此以外，我们对接终端品牌建立供应链模式。要么并购，要么合作成立供应链，然后在我们的小镇里做新的制造布局，打通数据，按照市场化的原则，做协议化的合作。"

在孙伟挺的掌舵下，华孚已打通前端棉业，一个集棉花农场、轧花厂、花纱布交易市场、物流公司于一体的棉花前端网链体系初步形成；并不断向后延伸经营后端网链业务，积极投资绿尚小镇、时尚总部建设，向纺织服装时尚运营商升级。

混沌期　从行业到企业明确发展思路

"十三五"以来，孙伟挺不止一次提到对市场不确定因素的思考。在他看来，当前，纺织行业正在经历一个充满不确定性的"混沌期"，要掌握新的命运就必须要懂得如何更好地运用互联网这个公共资源。

"互联网到底是什么？有人说是个工具，有人说是一个渠道，有人说是技术，你理解成什么就会怎么去运用它。"在孙伟挺的规划中，未来，怎样把20多年在色纺行业里积累的一些经验，释放到整个产业里去做共享，是基于互联网大背景下企业勇敢走出去的一步路。

基于此，2016年，孙伟挺提出"网链战略""智化战略"和"带路战略"三大战略，表示要在未来十年，"从百亿理想起步去追求千亿梦想"。而公司发布的2017年业绩快报显示，"百亿理想"已经实现。

市场经济的深化改革，伴随着互联网及资本市场的勃发，"融时代"正式降临。商业资源的流动变得更自由，轻质化、共享化成为企业的生存之道。

"一个企业的发展要有驱动力，驱动力大于阻力才能发展。驱动力在不同的时代背景下是会切换的，企业发展中的驱动力也许会变成阻力，只有不断创新才能有新的驱动力来促进企业的发展。"孙伟挺说。而在未来的社会中，企业发展正要靠创新、金融和互联网来带动。

说到浙江纺织行业，孙伟挺比喻独特："浙江纺织行业要走一条精耕细作的路，要对标意大利，专注营销能力和工匠精神。浙江纺织企业无须做太阳和月亮，要力求成为一颗颗新星；不做饱腹之用的'馒头'，要做精致而小巧的'点心'。"

而对于整个纺织行业的发展，孙伟挺则认为，在现阶段，小企业要活命，中企业要成长，大企业要建立社会生态关系。也正是基于此，"产业互联网"成为孙伟挺当下的目标。

"无论哪个行业，都不可能离开互联网，商品互联网已发展到相当程度，接下来应该是产业互联网的春天。"孙伟挺认为，产业互联网，不是一个产业+互联网那么简单，大数据、云计算、物联网、5G 通信包括人工智能都能为产业互联网深度融合创造更多的可能。"接下来，我们将以时尚作牵引，作为达成共鸣的一个元素，通过数字化，探索新供应链模式、新制造模式。"这是华孚未来想做的事情。

找准方向　继续追求千亿梦想

找准方向有时比努力更重要。孙伟挺认为，一个企业的成败，没有秘诀，但肯定会有一些先决条件。

首先是对未来趋势机会的把握，要能够在趋势里面看到一个出手的机会；要有一个相应的优秀团队，一个人只能做小事情，十个人只能做中事情，一群人就能做大事情，你想做什么样的事就要有对应的人才和优秀的团队；还要有企业家的坚守和恒心，孙伟挺认为，一个成功的企业家所追求的不能仅仅停留在物质层面，更多的应该是精神层面或者自身价值的最大化，或者说是在满足社会需求的同时去实现自身追求的最大化。

"所以做企业永远没有经验。"孙伟挺强调，"这也就是为什么每个人在讲自身成败时的体会都不一样。把握机会是很关键的，我们坚持一根纱线的业务，不断地将其与社会发展的大方向结合，站在细分领域的制高点，这就是我们的战略。"

从 1993 年到 2018 年，华孚 25 年的发展史，可谓一部色纺产业的创新史——在各种变化突发的时代，其以变治变，创新发展；放眼全产业链，做好顶层设计和长远规划，确保战略平稳落地。孙伟挺 25 年的创业史，也正是中国纺织行业奋进的强劲支流，最终汇入改革开放的大潮中，奔腾向前。在此过程中，创业者与企业的每一次转身，都带着深刻的时代烙印。

从深圳这片热土走出来的华孚时尚，对于改革开放更有着与众不同的深厚感情，在孙伟挺眼里，深圳始终充满年轻的活力和创新的精神，在未来可预见的时间里，必将超越广州、香港，并在世界所向披靡。

至于华孚的未来怎样续写，孙伟挺认为，色纺的特性还没有完全被后道、终端客户理解、消化吸收，还可以继续满足我们日益增长的需要。基于此，华孚将继续从一个重资产的制造商和供应商，转型为轻重结合、以时尚为核心要素、以供应链为主导的运营商，进一步把自身对流行趋势的把握能力，对色彩的设计能力，对颜色材质工艺的复合能力释放出来，从全球最大的新型纱线供应商和制造商转型升级为全球纺织服装产业时尚运营商,并继续追求千亿梦想。

这个目标虽然看似宏大,但对于中国纺织工业来说,纺织工业必须转向时尚产业的发展方向,也只有这样,纺织工业才有真正的潜力可挖。与时尚同行,在孙伟挺掌舵下的华孚时尚,既是纺织工业历经40年改革开放、向时尚产业转变的领军者,同时也是未来的探路者。

博世纪梦　扬民族魂

——宁波博洋控股集团有限公司党委书记、董事长兼总经理　戎巨川

宁波，一座典型的江南水乡兼海港历史名城。七千年前，住在这里的先民们创造了灿烂的河姆渡文化。随着时光流逝、历史变迁，特别是改革开放以来，宁波更是显示出了巨大的经济活力和潜力，一举成为国内经济最活跃的区域之一。现任宁波博洋控股集团有限公司党委书记、董事长、总经理的戎巨川和他的博洋家纺就从这里起步。

1994年，对于家纺行业来说，是一个值得纪念的年份。这一年，戎巨川首先在国内明确提出"家纺"这一概念。1995年，企业经过改制成立了博洋控股集团，中国家纺行业第一品牌——"博洋家纺"由此诞生。"博洋"二字，取意BEYOND，即为"超越"。从那时起，博洋人便将"博世纪梦，扬民族魂"作为企业的精神追求。

戎巨川

临危担当　老布厂焕发新生机

1982年夏天，刚满21岁的戎巨川从浙江工学院宁波分院毕业分配到永丰布厂，当上了一个普通的技术员。1989年至今，戎巨川的经历既写满了艰辛又"铸造"了辉煌。这位永丰布厂有史以来的第一位大学生，在上任的几十年间，运用无穷智慧，把濒临死亡的"永丰"变成了生机勃勃的"博洋"。

戎巨川回忆，1984年，已经有二十几年建厂历史的永丰布厂还是一家很不起眼的小企业，其艰难、颓败的景象令人惊讶，发展更是如履薄冰。当时，企业全部的家当就是仅有的3000平方米破旧厂房，98台杂牌44寸狭幅布机和18台75寸布机。而这样一个企业竟然要养活近1000名职工，工人的生产条件也不忍目睹：夏天又闷又热，冬天无法取暖，定为二级危房的厂房由于资金短缺，无法

进行改造；厂里的原料和产品"两头加工在外"，不仅生产被动，而且产品档次低下……在那些日子里，企业连续换了三任厂长，均因没有回天之力的缘故，一走了之。

最终，上级领导把目光转移到了近两年已经成长为企业副厂长的戎巨川身上。年仅25岁的戎巨川受命于困境之际，成为永丰布厂历史上的第五任厂长。他用自己的雄谋、胆识和百折不挠的韧劲，带领职工踏上了艰难的企业振兴之路。他不断从企业内外压力中寻求新动力，制定了"以自己养活自己，自己解放自己，依靠职工振兴经济"的发展新思路，提出了"同心同德保生存，艰苦创业求发展"的治厂方针，使永丰走上了"改造、调整、发展"的新阶段。

通过开发新产品、开拓新渠道，老厂很快摆脱了困境，重新焕发出了生机。然而，在形势一片大好时，戎巨川却从中看到了暗藏的危机：来样加工做外贸，说到底还是为他人作嫁衣裳，而且国际贸易市场和政策变量很多，一有风吹草动，工厂就会举步维艰。意识到这些，1995年戎巨川开始带领企业迅速调整经营策略，开拓国内市场。如果说"新产品和渠道开发"是一次迫不得已的力挽狂澜，那么这一次经营策略的调整就是慧眼别具的主动出击。

时间证明了戎巨川的远见。当1997年亚洲金融危机爆发时，"博洋家纺"早已成为国人家喻户晓的名牌。随后，经过20多年的努力，戎巨川带领企业成长为拥有百亿资产、年产值近200亿元的大型纺织时尚综合集团，涵盖服饰、家纺、工业、金融、产业投资、商业、旅游等多个产业板块。

三大转折　走企业创牌之路

1989年，原材料价格大幅上涨，国内企业的低价竞争愈演愈烈，在这些因素的不断冲击下，永丰布厂面临着倒闭的危机。戎巨川意识到只有开发新产品、开拓新市场，才能使企业摆脱困难。于是，他亲自出马搞科研、找市场，仅用两个月时间就开发出了新产品——开司米童装面料，产品一投放市场，便立即引起了轰动。该项目在当年就为工厂创利100余万元，不仅使企业摆脱困境，而且还给未来发展带来了后劲。

1992年，市场再次把永丰抛入谷底。美国开始抵制中国纺织品进口。戎巨川及时调整市场方向，主动开拓日本、欧洲以及东南亚市场，凭着设计优势，风格多样的"博洋家纺"产品实现了逆市畅销。在企业还没有完全喘过气来的时候，1993年下半年，永丰纺织产品日本、欧洲的出口也受到了外贸公司的限制。

这些事情使戎巨川清楚地意识到，只有搞自营出口，才是唯一的出路。在他的推动下，时隔一年，企业便取得了自营进出口权。

接外贸单子、赚外国钞票，是宁波许多企业家认为最稳健的企业经营模式。戎巨川却果断提出要创自己的品牌，开拓巨大的国内市场。根据几年外贸积累下来的资金和技术优势，从 1995 年起，博洋有目的地兼并了宁波华丰色织厂、宁波服装一厂、宁波丝绸服装厂等企业，按产品种类形成了不同的生产基地，生产加工各类高档面料及产品，这为"博洋家纺"拓展国内市场打下了基础。1996 年底，亚洲金融危机爆发，再次影响到了我国纺织产业的出口。而博洋家纺在国内形成了卧室、厨房、卫生间、客厅、小装饰、家居六大系列产品，近千个品种，上万个款式，并成功引导了中国人的家纺概念——从博洋开始。

1996 年，博洋已发展成了拥有 9 家子公司，11 家分厂和数十家分散型分厂、分公司的多元化集团公司，核心企业总资产达 2.25 亿元，涉及家纺、服装、陶瓷、生化、机械、服务等行业，具备了规模效应，为企业真正腾飞创造了条件。

广纳贤才　创业者有了大舞台

戎巨川知人善用，不拘一格。1994 年，他拿出当时堪称巨款的 80 万元资金，引进北京服装学院毕业不久的小伙子吴惠君，创立了面向年轻人的"唐狮"品牌。即便前期亏损了几百万也依然用人不疑；2017 年，"唐狮"取得了销售收入近 40 亿元的业绩。当"唐狮"裂变出更多服饰品牌后，戎巨川还让出服饰集团董事长位置，让吴惠君充分施展才华。

目前博洋控股旗下运营着不同市场定位的品牌近 30 个，家纺和服饰为其两大核心产业板块，其中博洋、唐狮品牌持续入围"中国 500 最具价值品牌"，并先后荣获中国名牌、中国驰名商标、中国服装百强企业等荣誉。在博洋内部，小到每个员工、大到每个业务板块，都被视作创业个体。不论是一线销售员，还是设计师、办公室文员，都有机会施展自己的才华，成长为团队的领军人。博洋因此也生产出了众多销售过亿的"小而美"品牌。

比如，"果壳"家居服，来自于一位青年设计师的创业提案。该产品一经推出后，便迅速赢得了年轻消费者的喜爱，创立三年便成为家居服品类领先品牌。再如，"德玛纳"女装面临发展困境，戎巨川鼓励年轻的 85 后接手，调整风格定位，大刀阔斧开展线上经营，慢慢探索出 OFFICE 风和时尚牛仔两个系列风格品牌，大受市场青睐，从一个连年亏损品牌到利润连年翻番年销售破 10 亿级的实力品牌项目。

随着"艾维""德玛纳""涉趣""果壳"等品牌相继创牌成功，在博洋企业内部形成了"人人创业"的良好氛围，极大增强了企业的活力和竞争力。戎巨川带领博洋实现了从外贸加工厂向自主品牌经营、多品牌运作的企业集团的华丽转变，为中国传统纺织企业的转型升级提供了宝贵的实践经验。

整合资源　服装产业成为新亮点

作为纺织企业，博洋控股集团进行大规模投入和开发服装产业领域的时间并不长。严格地说，应该从 1999 年开始，但就在几年时间中，戎巨川带领服饰公司为服装之都的宁波创造了多项纪录。

戎巨川意识到博洋应该做自己擅长的事情，集中人才精英去解决好自身的核心产业——品牌营销。为此，戎巨川在大幅投入开发唐狮服饰的同时，决定将虚拟生产基地设立在休闲服产业最具管理优势的广东省。这样不仅可以提高产品质量，而且还可以大幅度降低生产成本。实践证明戎巨川的决策是正确的，价廉物美、时尚多样的休闲服很快成为市场新宠。

在确立休闲服制造资源优势后，一个更大胆的思路被戎巨川推出：利用当地专业服饰经营者优势，全面推行特许加盟制。即由公司实行统一资源、统一价格、统一形象，其他由业主自主经营的"虚拟经营"。这种模式在当时是新鲜事物。凭借唐狮服饰强大的品牌优势，特许加盟制一经推出便引起了当地销售商的浓厚兴趣。短短一年多时间，唐狮专卖店在几个省份就开了一百多家。

如今，博洋服饰集团已是体量庞大的服饰品牌孵化平台，在渠道管理、供应链整合、店铺终端营运上均可比拟国际大牌企业。在线上线下业务整合上，更是走在了行业前列，并孵化培育出 10 余个上规模品牌，服饰集团总体规模产值更是接近百亿规模。

2015 年，戎巨川搭建起省内第一家由纺织服装龙头企业发起的、整合各界资源的创业创新平台——创客 157，其为近百家小微创业团队提供了服务，实现了数千人次的创业就业，利税累计上亿元。

戎巨川认为，企业必须助力员工个人价值的实现，更重要的是让年轻人引导行业积极发展的方向，实现企业、社会等多方共赢的目的。

严于律己　赢得全体职工100%信任

由一个只有36万元资产小厂的厂长,到管理百亿资产的集团董事长,虽然戎巨川地位变了,但艰苦朴素的本色一直没有改变。

从1986年担任厂长起,公司一些老职工与戎巨川同甘共苦二十余年,目睹了他的为人。二十余年后的今天,企业的面貌发生了翻天覆地的变化,戎巨川首先想到的是改善职工的福利待遇和工作条件。他严于律己的表率无疑成为全公司学习的榜样,全体职工更是对他充满了无限信任。

1995年底,公司职工在认购股份时,一些老职工旗帜鲜明地说:"小戎在,我买;小戎不在,我不买。"2009年8月,宁波市经信委在公司员工中对现任公司领导进行了民主评议工作,戎巨川在职工中的信任率达到100%。作为企业的管理者,戎巨川说:"全心全意依靠工人办企业,管理者需要不断提高自身素质,忠于职守,廉洁奉公,只有这样的管理者才会有威信,才会有号召力。"

"桃李不言,下自成蹊",作为集团的董事长、总经理,戎巨川正是凭借他朴实、正直的一言一行,赢得了广大职工的敬意和信仰。他奋发向上、勇于开拓的精神,一直在激励着广大职工为博洋取得更深层的飞跃,更高质量的前进而不断努力、拼搏!

践行职责　谋求发展

——东方国际（集团）有限公司总裁　朱勇

东方国际（集团）有限公司总裁朱勇有着多重身份：上海市第十五届人大代表，上海时装周组委会副主任兼秘书长、上海服装行业协会会长、上海服装设计协会会长、上海国际时尚促进中心理事长、上海纺织协会副会长以及东华大学和上海工程技术大学的兼职教授、硕士生导师。曾先后获得中国纺织工业联合会"2013中国纺织品牌文化建设杰出人物""中国纺织工业企业管理协会卓越贡献人物""全国优秀纺织企业家"等多项荣誉。

朱勇

在这众多的身份和荣誉当中，"纺织"始终是朱勇割舍不断的情结。

紧随时代脚步　与时俱进

自2009年6月担任上海纺织集团总裁职务以来，朱勇从政策上积极贯彻中央、上海市委市政府和市国资委关于新一轮国资国企改革的要求，深入一线调查研究，坚持走群众路线，坚持民主集中制，坚持一张蓝图抓到底，咬定青山不放松；从经营上坚持"科技与时尚"发展理念，探索"集成优势、全国布局、海外发展"国际化发展道路，拓展业务发展空间。

作为集团总裁，朱勇坚持"一岗双责"，对集团提出要求，统一集团干部员工思想，坚持在解放思想中转变观念。结合集团改革发展观念瓶颈，他先后提出"市场化、法治化、国际化、专业化、信息化、系统化"发展理念，并把每一个字都落到实处。

2016年，朱勇牵头开展了集团企业文化建设年，重新打造了与时尚化、市场化、国际化发展相匹配的企业文化理念体系，为加速发展、持续发展奠定了扎实基础。此后，上海纺织集团规模与效益大幅提升，集团主要经济指标整体迈向了新的高度，营业收入、利润双双创出新高，并实现了从地方国企到全球性跨国集团的飞跃。2017 年，上海纺织集团营业收入达到 721.3 亿元，比 2014 年增加了 289.8 亿元，增长了 67.2%；实现利润 13.7 亿元，比 2014 年增加了 6.0 亿元，增长了 78.8%；净资产收益率达到 7.4%，比 2014 年增加了 1.7 个百分点，全面超额完成了国资委下达的各项考核目标与任务。

2017 年 8 月，上海市委、市政府决定将上海纺织集团与东方国际集团进行联合重组。朱勇组织两家集团职能部门、企业积极互动对接，以梳理归并相关管理制度、加强制度建设为抓手，开启联合办公模式；带领班子成员分条线、板块进行业务对接，先后组织了外贸、品牌、电商、物流等十多场企业之间的对接会，增进企业之间的了解，寻找合作的契合点。新的东方国际集团还成立了进博会推进办，主动对接进博局、市商务委，全面启动集团参与和服务进博会各项工作。

经过一年的筹备，2018 年 8 月，上海纺织集团与原东方国际集团联合重组为新的东方国际集团。朱勇任东方国际（集团）有限公司总裁、党委副书记，上海纺织（集团）有限公司总裁、党委副书记，在集团党委、董事会领导下，他团结经营班子成员，按照市委市政府的要求，带领广大干部职工，顺利实现了联合重组的稳定，集团各项经济指标创出历史新高。同时，朱勇进一步明确了新的东方国际集团"以时尚产业为主体，以健康产业、供应链服务为两翼，以科技实业、产业地产、金融投资为支撑，全球布局、跨国经营，努力建成有国际竞争力和品牌影响力的大型跨国综合集团"的发展战略。

目前，东方国际集团已成为中国最大的纺织服装集团和最大的纺织服装出口企业，拥有 8.2 万名员工（境外员工超过 50%），旗下有四家上市公司（东方创业、申达股份、龙头股份、香港联泰控股），名列中国企业 500 强第 175 位，中国服务业企业 500 强第 71 位，中国 100 大跨国公司第 75 位，中国对外贸易 500 强排名 25 位。

谋求持续发展　矢志不渝

遵循持续发展理念，全面落实各项发展战略，朱勇在推动企业发展进程中矢志不渝。在上海纺织集团期间，朱勇就全力推进集团实现三个方面的转型升级：一是传统纺织制造业向以产业用纺织品、功能性化纤等为主的高端纺织制造业升级；二是从传统纺织制造业向以国际贸易、品牌营销、时尚产业等为主的现代服务业转型；三是从相对封闭的地方企业向全球布局、海外发展的跨国公司转型。

在推动集团国际化战略上，朱勇也从三个方面落到实处。

积极落实推进"全国布局、境外发展"的"6+6"网络建设。在境内组建了华东、华中、南方、西南、北方、新疆六个区域性公司；在境外组建了中国香港、日本、美国、拉美、欧洲、非洲六个区域性公司。初步落实了管理机构、人员、制度和目标任务。为集团内加强协同形成整体优势提供了坚实的基础。

积极落实推进投资并购战略实施。朱勇多次带队对潜在的并购对象进行实地考察和交流，传播集团的发展理念和合作共赢的思想，使多个潜在对象产生与集团资本合作的想法，有的已经成功进行了资本合作。如2015年8月集团成功收购了香港慧联51%的股权；2017年2月成功收购了香港联泰控股74.5%的股权；2017年9月成功收购了美国IAC汽车软饰业务的70%股权。

集团还成立了上海国际棉花交易中心，并正在将其打造成为国内外纺织原料的交易中心，争取全球纺织原料的市场定价权。

通过近三年的努力，2017年底集团海外员工占比超过50%，海外企业收入占比达到25%，弥补了集团国际化的短板。

同时，在国际化战略的引领下，集团制造业通过实施投资并购实现了快速的发展，至2017年底新增45家企业，增长100%，尤其是建立了46家海外制造基地，使集团制造业占比从12%提高到30%，海外制造企业占到40%。

目前，集团拥有全球第二的汽车内饰、全球第二的时尚箱包、全球第四的毛衣以及一批为国际品牌服装制造的企业，增加了对欧美发达市场的客户、设计、渠道资源和优质制造的生产能力，弥补了集团制造业的短板。

在时尚产业发展领域，朱勇同样不遗余力。一方面全力支持龙头股份实施营销模式创新，提升品牌整体形象。朱勇利用周末和出差的机会先后去了北京、重庆、济南、青岛、济宁和上海的多处三枪新模式店现场调研，并与经营团队沟通交流，鼓励他们的同时指出需改进的问题。他将三枪品牌生活馆新模式树立为国内部分企业学习的对象，推动了老品牌持续创新发展。集团助力B2B电子商务保持高速增长，销售收入逐年提高，2017年底集团实现电商业务零售额9.5亿元，较三年前增长了6倍。另一方面全力支持上海时装周创新，提升国内外影响力。近三年来，上海时装周分别与米兰、巴黎、伦敦、东京等时装周签订了战略合作协议，在中国时尚领域率先创办与上海时装周配套的上海服装服饰展（MODE），成为亚洲最大的订货季，使上海时装周的商业化大大向前推进，成为中国时装周的标杆。

与此同时，集团总部实体化建设也是齐头并进。首先做好总部机构顶层设计。适时调整和建立了贸易与国际化、品牌与时尚、科技与制造、不动产开发经营、金融投资、大健康发展、供应链服务七大事业部和海外企业管理部等机构，集团企业化、实体化、市场化运作能力大大增强。其次做实集团投融资功能。集团融资功能有了极大的提高，2017年末总部银行融资和授信达355亿元，比2014年末增加了352亿元。集团总部直接推进并成功实施多起海外并购投资。发债实现了零的突破，顺利完成了2期短融和1期超短融的发行。建立了人民币现金池和外汇现金池，并通过外汇现金池平台实施对海外公司的境外放款。

此外朱勇大力推进集团数据一体化战略，编制集团"十三五"信息化规划，启动集团主数据项目，实施外贸信息化试点。同时积极推进集团内协同发展，促成了三枪与香港联泰控股在家居服领域产品开发生产合作，德福伦与香港联泰控股在运动休闲领域产品面料开发的合作等。

承担社会责任　坚守原则

作为国家重点企业掌舵人，朱勇对提升政治意识、大局意识、核心意识、看齐意识高度重视，严守党的政治纪律和政治规矩，全面落实从严治党主体责任和监督责任，认真贯彻执行民主集中制原则，"三重一大"事项严格履行集体决策程序，并严格按照制度规定履行审批流程，对经过集体决策的事项能认真贯彻落实。坚持"党管干部"原则，严格履行干部选拔任用程序，防止和杜绝在用人问题上的不正之风。

在廉洁纪律方面，朱勇也毫不松懈，严格按照国企领导人员廉洁从业若干规定，自觉执行，规范行为。在出差、公务、商务交往中坚持做到厉行节约、从紧控制费用，并坚持廉洁从业有关规定和集团"1+7"制度的规定。

朱勇积极倡导诚信文化，要求企业要恪守职业道德，公正坦率，正身直行；企业要诚信，要守诺并践诺，信守契约，言行如一；要用言行与业绩取信于客户、员工、股东、合作伙伴与社会；注重依法诚信经营的顶层设计，完成了集团制度体系的梳理和修订，将诚实守信列为干部考察、任用的重要条件和领导干部述职的重要内容。朱勇主持开展了集团企业文化创新和提升工程，确定了"全球视野、正直诚信、成就客户、包容共赢"的十六字企业价值观，"敬业、勤俭、守信、合作"的员工行为准则；积极倡导信诺履约、劳动关系和谐，集团多家下属企业被中国纺织工业联合会评为"劳动关系和谐"企业。

在首届中国国际进口博览会的服务工作中，朱勇按照市委市政府的统一部署，积极发挥集团外经贸领域专业进口优势，举全集团之力，全员行动、全力以赴参与服务首届中国国际进口博览会的全过程，在招展→进口展品→布展→巡展→展后服务等全方位提供专业细致的服务，确保了"零误差"。集团成为"进博会官方授权招展合作伙伴"和指定物流服务商，抽调上百精兵强将组成突击队和上千人的专业后援团队，承担上海交易团秘书处办公室职能，积极对接国内38个交易团、3000多家展商，精心编制了进口指南、"6天+365天"贸易服务指南，做好筹展、招展、参展、采购、成交工作；在上海市区率先开业两家"6天+365天"常年进口商品展示交易平台，与SMG合作创建"首发东方"平台，成为进博会服务、成交的主力军，在进博会上的企业意向成交额名列上海市前三。

集团牵头多方社会力量，组建了进博会综合贸易服务商联盟，朱勇担任理事长。联盟成立后，朱勇积极发动、组织成员单位围绕行业特点，结合各单位优势，在重大时间节点推出了一系列服务进博会的产品和举措。同时，积极开展跨联盟之间的合作交流，与大型采购商联盟、跨境电商联盟开展交流合作，努力形成联盟成员单位之间的优势互补，聚焦采购成交，形成一流的展会、一流的成交，为参展商提供更专业的服务，使更多、更优质的进口商品能快速地深入中国市场。

专注尼龙新材料的新时代追梦人

——福建永荣控股集团董事长、总裁　吴华新

尼龙——纺织行业人尽皆知的"贵族纤维",性能优异、应用面宽、售价较高是尼龙的特点。近年来围绕尼龙新材料的各种研发和应用不断创新,而在众多生产销售尼龙材料的企业中,位于福建的永荣控股集团一直以来都是行业龙头,近几年发展更是极为迅猛,成为以石化尼龙新材料为主业,集供应链、金融服务为一体的现代化大型产业集团。

永荣控股集团组建于2009年,其前身是1979年创建的一家村办纤维厂。在吴华平、吴华新两兄弟以及一代又一代永荣人的共同努力下,企业深耕细作、茁壮成长,现下辖芳烃事业、己内酰胺事业、尼龙新材料事业、供应链事业等业务板块。

吴华新,拥有超过25年石化化纤行业专业经验,被誉为"新时代商海的璀璨新星"。现任福建永荣控股集团董事长、总裁。作为企业掌舵人,在吴华新的带领下,永荣控股集团从最初生产蚊帐的作坊发展成全球最大的尼龙新材料提供商之一,拥有全资、控股企业数近30家,员工10000余人。连续多年荣膺"中国民营企业500强""中国民营企业制造业500强""中国化工企业500强"等荣誉。

永荣控股集团四十年的拼搏奋进,印证着改革开放以来中国经济的拼搏奋进。对此,吴华新感慨万千:"个人的发展、企业的发展和国家的命运紧紧捆绑,我们一路同行,共同成长。"

启蒙:亲历星火燎原　创业生根发芽

吴华新,1972年出生于福州长乐的一户贫困农民家庭。

20世纪70年代初,是物资匮乏的年代。吴华新幼年记忆中的家乡,总是尘土飞扬,道路狭窄,一家七八口人挤在20多平方米的房子里,"转个身有时都会

碰着，温饱更是大问题"。每天，母亲打开锅盖，热气之下，除了地瓜还是地瓜，只有作为老幺的他，偶尔能吃到一点儿白米饭。那时候，他就在心里种下一个念头，要让全家人都过上好日子。

1978年，以十一届三中全会为标志，中国开启了改革开放的历史征程。这一年起，高度集中的计划经济体制逐步向社会主义市场经济体制改革。这为经济和社会注入了极大的活力，也为创业提供了良好的环境。

在政策的鼓励下，长乐坊间逐渐兴起创业浪潮，吴华新的父亲也加入了创业大军。由于经验不足，父亲的首次创业颇为坎坷。虽不是成功的创业经验，但这个最初的工厂却给7岁的吴华新留下无法磨灭的印象。

20世纪80年代初，改革开放不断激发和释放社会活力。金峰镇一些农民办起了经编厂，随后犹如星星之火蔓延而开，这里成了福建乃至全国最早发展经编业的地区之一。吴华新的父亲也加入了这个风起云涌的"草根工业"行列。1983年，家里拿出2.5万元购进了一台常德303经编机，办起了经编厂，生产尼龙蚊帐、布料等产品。得益于当时社会的整体大环境，这家工厂生意红红火火。

随着订单数量的增多，企业不断扩大再生产，经编机的数量日益增加，产品也不断翻新花样，席梦思布、鞋布、窗帘布、服装布、花边布……这些产品不但获得国内各地客户的青睐，而且还远销俄罗斯以及东南亚各国。

亲历了国家政策引导下一个普通家庭脱贫致富的过程，吴华新也见证了改革开放给家乡带来的翻天覆地的变化。在时代洪流中耳濡目染父辈们拼搏创业，吴华新潜移默化学了不少生意经，并产生了极大的兴趣。不知不觉经商的种子也早已埋下，并悄然生根发芽。

起跑：魄力+胆识　成就实业加速度

1988年初秋，吴华新踏进了武汉大学的校门。1992年新一轮改革开放春潮涌动，创业成为他毕业后的不二选择。

起步总是最难的。为了摸清全国经编市场，新疆、内蒙古、黑龙江、云南、海南……全国几乎所有省份他都跑了个遍。途中最煎熬的，是长时间的跟车，躺着睡觉成了一种奢望。

在开拓国际市场时，由于公司没有进出口权，也没有授信额度，处于被动状态。最惊心动魄的一次，是在没有任何凭据的情况下，将8万美元打入客户的账户——押上了企业的老本。所幸的是，对方信守承诺，很快便有了回音，吴华新心里的石头终于落地了。

从事经编设备贸易多年后,吴华新对于整个经编产业链的发展已了然于心。正当经编加工企业在福建"野蛮生长"之时,他将目光投放在了经编产业的上游——锦纶纤维。2001年,吴华新投入所有资本创办了"创造者锦纶实业",这是福州第一家锦纶工厂。

实业难做。刚开始两年,企业基本处于半停产状态,因为缺少人才以及设备,企业一度亏损。兵来将挡水来土掩,面对是最好的解决之道。企业先是重资进口了全套德国先进设备,随后广泛招揽各类创新人才,并高薪聘请我国台湾技术人才,着力突破技术瓶颈。很快,企业生产出第一批合格的锦纶。随后几年,公司逐渐步入高速发展的通道,迅速成为锦纶行业的知名企业。

2006年,凭借在业内的技术领先地位,以技术营销为主导理念的福建锦江科技有限公司应运而生。锦江科技是一家专业从事高端尼龙纤维研发、生产与销售的高科技企业,采用的是世界最先进的纺丝技术,是亚洲最大的专业高科技尼龙化纤生产企业。众多产品经鉴定已经达到世界先进水平,获得了极好的市场反响。目前,锦江科技成了庞大业务集团中的主业和基石,拥有聚合—纺丝一体化总产能达60万吨。

当下,永荣控股集团围绕芳烯事业、己内酰胺事业、尼龙新材料事业、供应链事业等业务板块耕耘不辍,力争早日实现产值突破1000亿的目标,并致力于将集团打造成国内唯一一家实现从芳烯、CPL、聚合、PA6纤维一体化全产业链的石化尼龙新材料产业集团。

转型:立足管理 大胆整合 锐意创新 深耕细作

一年又一年,创业之路异常艰辛,但吴华新的脚步是坚定的。

伴随着经济的全球化,化纤行业的竞争愈发激烈。只有依靠创新才能在竞争中突出重围。吴华新致力于使纺织远离传统生产经营模式,不断与国际接轨,注入新的理念,做行业最高端。2008年全球经济大洗牌后,中国擎起了经济全球化大旗。就在那一年,吴华新选择重新梳理公司的产业。

吴华新的想法很干脆:精兵简政,让企业轻装前行。

该砍的毫不留情砍掉,该整合的大胆整合,该卖掉的不拖泥带水卖掉。这是改革开放带来的启示。

吴华新出重资邀请全国最好的咨询公司出谋划策,组建控股公司,将之前的几十家公司进行重组。通过出售、取消、合并等方式把这些公司重组成4家公司，分别处在石化、金融、投资（地产）和贸易行业。同时在各家公司之间设立防火墙，让它们彼此独立。

随着公司的重组和扩大，越来越多的职业经理人进入管理层。集团不断引进高端人才，大力聚集专业人才，研发具有世界领先水平的生产设备。

目前，集团拥有经理级及以上管理骨干200多人，分别来自银行系统、中石化、台塑、华为、恒大、万科、飞利浦等国内外知名企业。公司引进国际知名化工高端人才，作为科研、工艺技术管理工程的专业带头人。多年来，研发能力是企业持续发展的原动力。永荣控股集团在产品研发方面，通过引进先进设备，提升生产工艺，创新产品技术，不断推出高品质产品。在生产工艺上，仅旗下福建锦江科技有限公司就获得了近50项中国国家技术专利。

回馈：回报社会才是内心的财富

吴华新一直相信一句话：纸上财富终是虚无，回报社会才是内心富贵。从公司创建的那天起，他就一直在思考这样一个问题：除了产品和服务，还能为社会做点什么？

近年来，永荣控股集团广泛参与各种形式的社会活动，投身于慈善公益事业。截至目前，累计为公益事业捐款达亿元。永荣控股集团先后出资1000万元设立助学教育基金，资助福建教育事业发展；积极响应落实"精准扶贫"，并向长乐市见义勇为基金会、慈善总会以及中国绿化基金等20余个机构捐资捐物。

2018年经福建省民政厅批准，"永荣公益基金会"正式成立，永荣公益慈善事业进一步走上规范化、系统化道路。

未来：梦想还未结束　不忘初心奋斗前行

四十年前，吴华新还是一个懵懂少年，凝望祖国山川巨变。四十年后，回首筚路蓝缕，终在时代赋予的机遇中收获春华秋实。一路走来，吴华新感慨良多，能够获得成功，主要得益于几个因素：

要靠不懈奋斗。奋斗，是成功的底色。无论处于什么样的人生起点，都要依靠辛勤努力，创造属于自己的人生精彩。青葱岁月里，吴华新争分夺秒在跑项目、谈合作、睡车厢，艰苦环境的奋斗耕耘都为未来打下了坚实的基础。

要看发展大势。个人的命运、企业的命运与国家的发展是相依共存的。在奋斗的基础上，只有充分融入国家命运，才能长远发展。数十年创业历程中，吴华新的目光始终紧盯改革开放浪潮，紧抓机遇，顺流而为，乘势而上。没有改革开放就没有永荣的今天。永荣的每一步成长，无不与改革开放的成果息息相关，无不与祖国政策紧密相连。

要永远追求。企业就像一个生命体，保持活力的秘诀在于永不停下追求的脚步，不断地创新发展。企业要立足市场，就要创新产品；要发展壮大，就要不断创新内部管理机制、管理思路，调整发展战略。在永荣的发展历程中，正是这种永不止步的追求精神让集团事业蒸蒸日上。

要有社会责任感。企业与社会有着千丝万缕的联系，企业从社会中获利，也要承担起相应的社会责任，关爱员工，回馈社会，这样才能永续发展。一个良好地履行社会职责的企业，才能赢得社会的美誉和公众的好评，才能走得长远。

吴华新说自己时常庆幸能生活在这个前所未有的开放时代，与改革开放的大好环境相遇相知，在大浪潮里挥洒拼搏。"我的梦想还没有结束，未来我还需继续努力，不忘初心、实业报国，在新一轮改革开放的浪潮中寻求企业的新方向、新发展，力争早日完成产值1000亿的目标，并围绕将企业打造成全球领先的石化尼龙产业集团的目标而努力奋斗。"吴华新如是说。

开辟工业化个性定制服装新路径

——青岛酷特智能股份有限公司董事长 张代理

伴随着时代的发展，传统制造业正在迎来一场新的增长危机，市场复苏仍低于预期。当国内大多数企业还在为产能过剩、高库存头疼不已的时候，酷特云蓝依然不能满足漫天而来的订单。这一切都得益于青岛酷特智能股份有限公司董事长张代理依托大数据、互联网技术，开辟出的一条工业化个性定制服装新路径。

从大批量生产到个性化定制转型，历时15年时间，董事长张代理投入了数亿资金，以信息化与工业化深度融合为基础，形成了完整的物联网体系，打造了独特的核心价值，创造了全新的思想与方法，吸引了成千上万家企业前来参观学习，成为大家眼里的工业互联网"网红"企业。

张代理

目标导向　数据驱动提倡个性化定制

2014年6月，一家并不知名的企业登上了中央电视台《新闻联播》报道，而更为罕见的是，《新闻联播》报道该企业及关联信息用时将近3分钟，这家企业就是酷特云蓝（Cotte Yolan）。

美国在预测"改变未来的十大科技"中，"个性定制"被排在首位。而提到定制服装，人们往往会联想到两种模式：一是传统服装行业依靠裁缝手工完成的量体裁衣模式；二是为少数需求者提供的超出一般标准的、设计与制作更精良甚至奢侈的高级定制模式。无论哪种模式，都对人工有着很强的依赖性，而且耗时很长。高级定制更因其成本高昂，成为只有少数人才能享受到的服务。今天，酷特云蓝通过对数据的运用，做到了以工业化的手段和效率进行大批量的个性化服装生产。

张代理的酷特云蓝发展思路最初来源于早年间去国外考察的经历：奔驰、宝马可以生产定制车,但要人搬、人抬、人做,效率很低;日本一家服装厂可以激光剪裁、CAD下单,但流程上有问题……如果酷特云蓝从成衣批量制造转型个性定制,工厂直面消费者,至少可以不用看渠道脸色了。

张代理思考更深的是,消费者购买的应该是"我的衣服",而不是"你给我做的衣服",更不是渠道商、代理商卖给他的层层加价的成衣。作为制造企业酷特云蓝的源点价值应该是满足客户的个性化需求,给客户量体定制、有他们个性化设计元素的衣服,而且直接面向终端消费者的高性价比的定制产品。

回到企业,张代理就开会讲定制的好处,大家都极不理解:当时酷特云蓝已3000多人规模,产值居于全国二线,距一线品牌也不远,难道要缩回到"一间店、几个裁缝、一个月做几件"的传统定制?张代理马上解释,他是要用工业流水线做规模定制。

——董事长在做梦吧,至少是有违常识!

张代理至今记得,有一次动员会,在台上口干舌燥地讲了四个多小时后,他上了一趟卫生间落在后面了,前面一个分公司的经理说,原来都说董事长有神经病,我不信,听他讲了一下午发现真是神经病!从"神经病"到如今互联网工业领域的"网红",张代理花了十多年的时间一直在为实现他的源点价值寻找方法论。

张代理发现了数据在个性化定制中的潜在价值,开始从海量的订单中有意识地收集客户量体数据、产品的板型、款式等数据,并着手探索数据标准化,张代理在人体上找了几个关键坐标点,形成了一套三点一线坐标量体法。

以工业化的智能手段、大数据系统完成自动制版,是完成大批量个性定制服装需要攻克的一大难关。制版环节是服装设计、加工与生产中颇为关键的一步,它关乎整套服装的造型。在传统的服装定制模式中,一个老裁缝一天不休息最多打两套版,张代理召集专家开会,研究机器制版的可能,却遭到了所有专家的反对。在他的坚持下,CAD打版设备和自主研发的打版机床终于获得了成功,不仅让电脑自动制版成为可能,而且还大大提高了生产效率和精准度。

经过10余年创新探索,酷特云蓝在建立起全球领先的数据驱动智能个性化服装工厂后,张代理发现,后端的智能制造能完全满足消费者的个性化定制需求,而消费者的直接需求却无法准确直接地到达工厂。如何解决这个问题?于是,公司又提出了一个颠覆现代商业模式的全新商业生态模式。

固本清源　坚守事业初心建设 C2M 商业生态平台

当今，企业正面临着供给和需求的双重压力。从需求角度看，同质化需求的高峰已过，个性化、多样化的需求正在逐步成为主流，传统行业的供给方式无法有效满足个性化和多样化的需求；从供给角度看，行业内竞争激烈，基于预测的面向库存的产品批量生产，库存成本大，利润空间非常小，用户满意度低。

2015 年中央财经领导小组第十一次会议正式提出"供给侧结构性改革"，其核心含义是：用改革的办法推进结构调整，减少无效和低端供给，扩大有效和中高端供给，增强供给结构对需求变化的适应性和灵活性，提高全要素生产率，使供给体系更好地适应需求结构变化。酷特云蓝创新建立的 C2M 商业生态，则提供了这样一个典型的实践案例。

C2M 是英文 Customer-to-Manufactory（顾客对工厂）的缩写，酷特云蓝将其定义为消费者需求驱动工厂有效供给。这种工商一体化的商业模式，让工厂真正直面消费者，撤去中间商的端到端模式，利用 C2M 平台实现了从产品定制、交易、支付、设计、制作工艺、生产流程、后处理到物流配送、售后服务全过程的数据化驱动和网络化运作。

目前，工厂的订单主要来自两个平台：一是大众创业平台，酷特云蓝为服装行业的创业者提供供应链的全部服务；二是 Cotte Yolan，一款直接针对终端消费者的 App，它让品牌直接面对消费者，让工厂直接从平台上获取订单。

酷特云蓝的成功创新探索吸引了中央电视台、韩国 KBS、瑞士国家电视台、人民日报等媒体蜂拥而至，随之而来的是包括阿里、腾讯、华为、海尔在内的一万多家企业参访团，从这些蜂拥而至的参访人群中，董事长张代理却又陷入深深的思考，如何让酷特云蓝的探索惠及更多陷于困境的中国传统制造企业？于是产生了多方共赢共生的想法。

革故鼎新　推陈出新转变新旧动能实践

2018 年新春伊始，山东省刚刚被国家确定为新旧动能转换综合实验区，一时间，新旧动能转换成为山东全省的发力重点。

酷特云蓝在转型升级的过程中，发现传统企业对升级改造有着巨大的需求，而酷特云蓝的经验具有普适通用性。他组织参与工厂转型改造，制定了适用于传统企业转型升级的解决方案——SDE（Source Data Engineering 源点论数据工程）。

这套系统专为传统企业升级改造提供解决方案，帮助传统企业实现转型升级。

酷特云蓝的"传统企业转型升级解决方案"专门为传统制造业升级改造提供彻底的解决方案，帮助传统工业升级。BOM（物料清单系统）、MES（制造执行系统）、APS（高级生产排程系统）、OMS（订单管理系统）、WMS（仓库管理系统）、SCM（供应链管理系统）、ERP（企业资源计划）等都是酷特云蓝输出的技术体系。虽然技术并非"高"、"新"，但在高效的运用和管理逻辑下，它们发挥了最大的效能。"源点从战略上指的是愿景，从战术上指的是需求，源点论是指企业所有行为都以需求为源点，以源点需求来驱动、整合和协同价值链资源。通过最大限度地满足客户需求来实现企业目标，产生价值"。

张代理认为，现在绝大部分的企业都在做零和博弈。当谈及帮助同行进行个性化定制改造会不会担心业务流失问题时，他说，定制市场是酷特云蓝发现的一片新的需求市场，不用担心业务流失，相反还会做成全球定制的供应商品牌，为他们提供产品定制支持。

如今，酷特云蓝已经是全球个性化定制解决方案供应商，实现"零库存、高利润、低成本、高周转"的运营能力，真正实现"帮助别人、发展自己"的价值导向，已成为全球定制行业的引领者。

随着企业发展进入快车道，董事长张代理再次陷入了思考，经过改革开放快速发展的中国企业，普遍面临中国企业治理和传承的难题，如何让企业成功传承正在成为重大的命题！

平行治理　以治代管实施酷特云蓝治理体系

近年来，随着我国民营企业进入"新老交替"时期，IT、DT、智能的时代，互联网、大数据、人工智能技术的进步与应用致使传统的企业管理思想和方法越来越不合时宜。转型中的酷特云蓝早就意识到这个问题，企业的领导化、部门、科层、审批等越来越成为企业生产和管理的中间层和桎梏。在个性化服装生产完全靠数据驱动后，酷特云蓝原有的组织架构和管理方式与先进生产线的矛盾立刻显现出来了。

2017年，酷特云蓝对企业品牌进行了升级，在全新的品牌中，原先的"酷特"后面加入"云蓝"两个字，变为"酷特云蓝"，女儿的名字被加入其中，寓意新老交融。

最初，张代理并不想把企业打造成一家家族企业，先后找过两位职业经理人管理企业。张代理回忆起自己选定接班的职业经理人，颇有些痛心疾首。于是转而想到让女儿张蕴蓝回企业帮忙，做白领的女儿接到父亲的邀请后，很是犹豫。从小到大目睹了父亲做企业的操劳和艰辛，虽然不愿重复父辈的生活，但血液里流淌着家族责任的女儿最终还是同意到企业工作。

回到企业，张蕴蓝并没有将自己是董事长女儿的身份公之于众，而是以一位普通员工的心态工作，经过几百个日日夜夜在公司各"要害"部门的重重考验，2009年3月，张蕴蓝与父亲进行了交接仪式，担任起了酷特云蓝总裁，并带领业务团队不断开拓，用自己的成绩证明她不是一个躺在父辈功劳簿上的人。她凭借自己的努力通过层层面试，成为以门槛极高、选拔严格著称的马云湖畔大学的第二期学员。与此同时一个全新的命题摆在面前，如何让企业成为有益于社会文明进步的百年企业？

张代理的答案是：将"酷特云蓝"模式复制到多个行业的近百家企业之后，他找到了一直在探寻的工业中小企业转型升级的全新生存模式，带领企业开启了第二次转型之路，这次刀锋挥向颠覆现代企业管理的让"治理取代管理"的革命。

2018年酷特云蓝董事长通过对14年转型历程的总结、提炼，形成了一套体系严谨、成熟可落地的治理体系，酷特云蓝企业治理体系的核心是以治理取代管理，管理意味着命令、控制，治理要求遵循、顺应、践行自然的根本规律，根本规律既是时代、市场、社会等组织的需求和平衡，也是企业的价值源点和企业家的事业初心。

2019年，64岁的张代理再次出发，他开始超越企业、行业的界限，立志为企业、行业、社会等组织贡献具有普世价值的治理体系！

石狮纺织服装发展的亲历者与见证者

——福建省石狮市副市长　张永安

石狮享有"中国休闲服装名城""中国休闲面料商贸名城"等美誉,纺织服装是石狮的主导产业,也是石狮的名片,更是石狮的"老本行"和"看家"本领,形成了一条涵盖纺织原料、纺纱织布、漂染整理、成衣加工、辅料生产、研发设计、市场营销等各个领域的完整的纺织服装产业链。

建市30年来,石狮纺织服装与改革发展共成长,演绎了一部"地方版"纺织服装发展史。作为分管石狮市工信、科技、财政、统计、金融等工作的副市长,张永安自1988年建市起,就将人生的指针定格在了石狮,

张永安

从普通科员开始,先后历任石狮市财政局副局长、经济局副局长、财政局局长等职务。30年来,无论身处哪个岗位,张永安都与纺织服装行业形影不离,结下了"不了情"。

抓住集群发展"牛鼻子"

纺织产业集群发展工作是中国纺织工业联合会为推进纺织产业升级而开展的一项战略性工作。早在2002年,石狮就被中国纺织工业联合会确定为"首批纺织产业集群试点"地区,获得了"中国休闲服装名城"称号。

十几年来,石狮的纺织产业集群工作所带来的集群块状经济日益明显,产业和专业市场同频共振,集群内部信息交流频繁,企业创新加快,先后获得"全国纺织模范产业模范集群"和"中国服装示范产业集群"等荣誉称号。2013年,走上副市长岗位不久的张永安,带领工作人员在总结石狮面料市场优势和发展潜力的基础上,突出休闲面料和研发型贸易,最终促成石狮收获第二块"国字号"产业集群招牌——中国休闲面料商贸名城。

政府的积极作为是产业集群成功发展的关键因素。作为分管经济工作的副市长，产业集群工作倾注了张永安更多精力，在他的推动下，石狮市成立了纺织鞋服产业升级工作领导小组，并由他牵头组织制定了《关于推进产业集群集聚发展的若干意见》《关于支持纺织鞋服产业转型升级跨越发展的若干意见》《关于促进纺织鞋服产业创新转型发展若干措施》等政策，进一步抓住了石狮纺织服装产业发展的重点和核心。

石狮纺织产业集群的一大优势和特点就是专业市场带动上下游产业协调发展。2005年以来，石狮先后建成总投资17亿元的石狮服装城和总投资43.5亿元的石狮国际轻纺城。张永安在2011年至2014年分管市场商贸工作期间，积极推动1300多户商户迁至石狮服装城，促进石狮服装城空前繁荣，构成了石狮服装城、石狮国际轻纺城融合鸳鸯池布料市场、塔前服装辅料市场、洋下服装辅料面料综合市场、灵秀纺织机械市场等独具特色的石狮纺织服装商贸区和专业市场。

打响石狮区域品牌是产业集群工作的重要环节。石狮市委、市政府历来重视培育企业的市场开拓和品牌推广意识。自2009年起，石狮就构建起"政府搭台、协会服务、企业唱戏"的模式，鼓励并组织石狮的面料企业抱团参展。2013年10月，在张永安的倡导和推动下，石狮面辅料展团首次以"石狮馆"形式参加中国国际纺织面料及辅料博览会，开启了在中国国际服装服饰博览会、中国国际纺织面料及辅料博览会等专业展会上"新石狮"力量。

注入纺织服装"新动能"

石狮所在的泉州市是"中国制造2025"的地方试点城市，发展智能制造，既是石狮产业升级的需要，也是国家战略部署的要求。推进纺织服装产业实施智能制造，张永安首先从政策引导入手，2015年，他牵头组织制定了《关于加快发展智能制造十条措施》，通过实施智能制造示范工程、鼓励企业购置智能化设备等方面进行发力。

在政策的催动和发酵作用下，石狮企业永信数控加大设备技改投入，让鞋面更加立体；华联辅料自主研发注塑设备，实现"机器代工"，大大节约了人工成本。现如今，石狮大部分纺织服装企业都在生产设备、生产车间、操作系统、管理体系等方面进行了智能化改造提升，如华飞、豪宇等企业生产车间拉布、裁剪等环节均实现电脑自动化控制，订单、采购、仓库、生产、财务等全部导入ERP管理，成为服装企业智能生产标杆。除了升级生产设备外，还有不少服装企业把智能制造的着力点放在研发智能可穿戴设备上，如森科智能的 LED 柔性屏、发光面料等产品已得到市场认可。

在智能制造公共服务平台方面，张永安也是下足了功夫。2016 年以来，他先后推动引进设立厦门大学（石狮）智能制造工程中心、四川大学（石狮）先进高分子材料研究中心等 3 个高校服务平台。其中，厦门大学（石狮）智能制造工程中心为石狮的纺织鞋服、印染、五金等企业提供免费技术培训咨询服务并开展多场企业技术沙龙，成功与永信数控公司、宝翔机械公司等企业对接，围绕"电脑绣花机机架结构减重优化设计项目"等项目进行合作。

力促印染脱下"黑棉袄"

石狮完善的纺织服装产业链全国少有，印染行业是最重要的优势之一。早在 1991 年，石狮就首开全国污染集控区之先河，对印染企业实行统一集中管理。集控区内印染污水集中处理并实现集中供热全覆盖，经济与环保实现双赢。然而受原材料价格大幅上涨、淘汰落后产能和环保高压驱动等因素影响，石狮印染企业到了转型升级的风口浪尖处。2017 年，张永安曾带领经信、环保等部门及印染行业代表奔赴浙江绍兴考察学习印染行业的管理经验。

"石狮的印染行业只有加快转型升级，才能赢得第二次生存和发展机会。"绍兴飞亚印染等先进企业的工艺和经验，在张永安脑海里留下了深刻印象。为加快印染行业转型升级，2017 年底，石狮市委、市政府以"壮士断腕"的决心和力度，提出印染转型升级的工作任务。这一次的转型升级重担又一次落在了张永安的肩上，在他的组织领导下，2018 年 1 月石狮市迅速制定出台了《印染行业转型升级工作方案》，启动印染企业专项整治行动和"五大提升工程"。

专项整治行动针对全市 58 家印染企业进行地毯式检查，重点治理印染企业环境污染、安全隐患、产能落后、现场管理混乱等突出问题，对企业存在的问题要求限期整改。"五大工程"包括管理提升工程、设备和工艺改造提升工程、产品和市场拓展工程、人才培养工程、企业做大做强工程。为了更好地落实转型升级效果，张永安还主持制定了《石狮市印染企业评价办法》，将本市印染企业划分为 ABCD 四类，建立奖优罚劣机制。其中，对 A 级企业重点扶持发展，优先给予各项政策奖励及技改补助；对 D 级企业重点严查整改，逾期未整改的坚决予以关停。

打造产业发展"新高地"

公共服务平台在解决中小企业共性需求、畅通信息渠道、改善经营管理、提高发展质量、增强市场竞争力、实现创新发展等方面发挥着重要作用。目前，石狮拥有通过省级以上工信部认定的中小企业公共服务示范平台和小型微型企业创业创新示范基地，均服务于本市的主导产业——纺织服装产业。

在打造产业平台工作中，张永安注重"双管齐下"，一方面引进国家级公共服务平台、开阔产业的发展视野，另一方面培育本土公共服务平台、贴近产业的发展需求。如成立于 2010 年的中国纺织工业联合会检测中心石狮实验室是福建省最权威、综合实力最强的纺织服装专业检验检测认证机构之一，2018 年被工信部认定为国家级中小企业公共服务示范平台。

2017 年，在张永安的积极推动下，石狮市进一步加强与中国纺织工业联合会的合作，先后引入国家纺织面料馆石狮馆、中国纺织工程学会石狮服装及配饰产业研究院、中国纺织信息中心石狮分中心（"一馆一院一中心"）。其中，中国纺织工程学会石狮服装及配饰产业研究院是中国纺织工程学会依托自身资源优势在石狮建立的集产学研结合、技术创新和资源整合功能的产业研究院平台，旨在为科技工作者搭建创业和创新平台，推动石狮服装和配饰行业转型升级和创新发展。

在打造优质产业平台的同时，张永安还牵头成立了石狮纺织服装产业联盟。自成立以来，联盟利用自身信息、政企对接等优势，发挥桥梁纽带作用，服务石狮市广大纺织服装中小企业，广泛开展法律、知识产权援助、产业政策匹配、人才引进、厂房对接、订单对接、企业管理培训、质量提升行动等多种服务及活动，闲置厂房对接、外贸服务平台搭建、纺织服装法庭等特色业务亮点不断，解决了一批企业面临的共性难题，在提高企业家素质、帮助企业成长、推动产业发展等方面起到重要作用，形成"政府—产业联盟—企业"的良性互动。

创新金融供给"化风险"

石狮建市 30 年的经济历程中，多次面临危机，多次化危为机，显示出政企合作的强大生命力。2016 年，石狮再次面临着金融风险的冲击时，石狮市委、市政府通过一系列创新之举，一手帮助银行化解不良贷款，一手帮助企业渡过难关，成功打赢了防控金融风险的攻坚战。作为分管工信、金融、财政的副市长，张永安始终站在了防控和化解金融风险的工作一线。

为化解银行不良贷款，石狮组织人力物力，成立国有独资的石狮市六胜资产管理有限公司，在银行不良贷款爆发期来临前提前构建资产处置平台。公司成立后，及时与福建省闽投资产管理公司建立良好业务关系，打通不良资产的承接通道。这当中，托管模式和收储土地及房产等三大创新举措成为化解银行不良贷款的"利刃"，同时也得到了福建省、泉州市的认可，并在全省推广。

为帮助企业转贷续贷，石狮设立行业周转资金，由政府注入引导资金，鼓励各行业协会发挥协会组织的作用，设立行业企业转贷周转基金，帮助本行业企业正常续贷、生产经营。近年来，石狮先后成立了布料市场企业转贷周转基金、纺织服装企业转贷周转基金、外贸进出口企业转贷周转基金，累计为1235家企业办理转贷业务4568笔、金额436.2亿元。

30年，日新月异，华丽蜕变；30年，青春韶华，奋斗不息。一路走来，张永安参与并见证了石狮纺织服装发展的点点滴滴和华丽蜕变。回顾来到石狮工作30年的历程，他历历在目，心中感慨万千："我在石狮，我爱她！"

"华锦之美"缔造魏桥传奇

——山东魏桥创业集团有限公司党委书记、总经理 张红霞

山东魏桥创业集团有限公司是世界最大的棉纺织企业,党委书记、总经理张红霞在2017年福布斯中国最杰出商业女性排行榜中,排在第39位,名列纺织服装行业之首。

张红霞1987年进厂参加工作,30多年来,她从一名普通职工做起,走上了集团公司党委书记、总经理的岗位,带领魏桥创业集团由一个名不见经传的小型油棉加工厂,发展成为拥有2家香港上市公司、国内外11个生产基地、13万名员工、2500亿元总资产,集"纺织—染整—服装、家纺"产业链及"热电—采矿—氧化铝—原铝—铝精深加工"产业链于一体的特大型企业,成为全球最大的棉纺织企业和铝业生产企业。

张红霞

2012年以来,魏桥创业连续七年入选美国《财富》杂志"世界500强"企业排行榜,2018年位居第185位;2018年还分别位列中国企业500强第43位、中国制造业企业500强第13位、中国民营企业500强第5位,连续五年位列山东企业100强第1位。"魏桥"品牌连续15年入选《中国500最具价值品牌》排行榜,2018年以605.72亿元的品牌价值名列第62位,在全国纺织服装行业中排名第2位。

开创独具特色的创新发展之路

魏桥创业集团在三十多年的发展历程中,闯出了一条独具特色的创新发展之路,创立了一套科学的治厂方针、经营方针和战略方针。通过自觉实践这套方针,使魏桥创业形成了独特的竞争优势和成长方式,步入了持续盈利、快速增长的良性发展轨道。

1994年，担任生产技术处长的张红霞就参与运作了滨州市首家合资企业，拉开了企业产权制度改革的序幕，她还成功运作了与香港一家企业合资成立"山东魏桥染织有限公司"。自此，企业初步形成了棉花加工、棉纺、织造、染整的产业链条。

1999年，张红霞担任总经理后，围绕培植企业的持续竞争优势，张红霞积极推行集约型发展战略，加大先进技术装备和信息化技术投入，不断提升企业的技术进步水平。在纺织工序引进了清梳联合机、精梳机、紧密纺细纱机、自动络筒机、喷气织机、剑杆织机等先进设备，形成了世界最大的无结纱、精梳纱和无梭织造生产基地，高档特宽幅印染产品开发基地。

2002年，张红霞提出了"引资引智相结合"的招商思路，创办了山东鲁藤纺织有限公司、山东滨藤纺织有限公司等合资企业，直接利用外资3000万美元，拉长了纺织产业链，使企业形成了适应性更强、技术档次更高、附加值更大的产品结构，成为企业进军国际市场、参与强手竞争的有力武器。在张红霞的推动下，魏桥纺织于2003年9月在香港联合交易所主板正式挂牌交易，一举创下了H股历史上发行市盈率、自亚洲金融危机以来超额认购倍数、冻结认购资金额三个之最。

近年来，魏桥创业不断加快智能化改造，2016年投资3亿元新建12.5万纱锭的智能化纺纱车间，全部选用当今世界先进的智能纺纱设备，完全实现了生产全程自动化、控制系统智能化、在线监测信息化，万锭用工仅为10人，只占全国万锭平均用工的八分之一。

张红霞高度重视信息化建设，以信息化为手段整合人、财、物、信等各种资源，逐步实现企业信息流、资金流、实物流和工作流的协同工作。近年来，她陆续引进了世界最先进的信息化管理软件，以供应链管理系统、生产管理系统、财务管理系统为突破口，加速实施以企业资源计划管理系统为核心的一系列信息化平台建设，不断优化研发、供应、生产、营销和管理流程，从而提高了整个产业链的快速应变能力和运营效益。

张红霞始终把创新作为企业发展的原动力，不断加大技术研发投入，建立了完善的技术创新体系，连续多年研发投入占销售收入的比重超过3%，2017年占销售收入的3.69%。每年自行设计开发各类高技术含量、高档次、高附加值产品4000多个，纺织产品涵盖了十二大系列1万多个品种，棉纱最高纱支达到500支，坯布最高密度达到1800根，均处于同行业领先水平，共有200多项创新成果获得专利。"魏桥"牌纯棉本色纱线、纯棉本色坯布、纯棉牛仔布被中国棉纺织行业协会推荐为"最具影响力产品品牌"。

张红霞高度重视质量工作,公司先后通过了 ISO 9001 质量管理体系和 ISO 14001 环境管理体系认证,建立了完善的质量管理体系和环境管理体系,还积极推行全面质量管理和 5S 现场管理,经常开展群众性质量控制活动,形成了环环相扣、人人参与的全员全过程质量管理网络,确保了用户对产品质量的要求,出口产品商检合格率历年保持 100%。"魏桥"牌产品作为中国名牌产品和世界著名品牌产品,以其档次高、质量好、规格全的优势,覆盖欧、美、日、韩、东南亚等 70 多个国家和地区。

以先进的管理体系推进绿色发展

张红霞始终坚持节约发展、绿色发展,加快转型升级,不断提升企业的内部管理水平。通过全方位实行高度统一的管理体制,加强了集团总部的控制力,依靠有效的组织控制,形成了节约型的经营管理模式,探索出瞄准世界一流的绿色发展之路。

目前,魏桥创业不管是纺织,还是热电、铝业、新材料,原材料、水、电、汽等各项消耗指标在全国同行业均处于较低水平,全员劳动生产率等经济技术指标均处于全国同行业的先进水平。张红霞高度重视节能减排和环境保护,连年超额完成省政府下达的节能目标任务,公司建有五座污水处理厂,处理后的水质好于国家排放标准,各类污水始终稳定达标排放。为节约利用土地,整个公司的平均投资强度每亩超过 200 万元,提高了土地利用率,是中国大陆第一家把纺纱、织布放在三层与五层楼上的企业。为节约水资源,由原有普通纺织制冷系统改造为溴化锂制冷系统,实现了对热电厂供汽的综合利用,同时做到了水的循环使用。

张红霞始终坚持"以人为本"的人力资源管理理念,不断深化培训、考核、待遇一体化的培训机制和激励机制,打造了一支高素质人才队伍,为集团科学和谐可持续发展发挥了巨大的支撑和保障作用。对新进厂的大中专毕业生进行生产一线锻炼;坚持每年举办技术能手表彰大会,对工作中涌现出来的"产品创新领军人物""操作和设备技术能手""节能降耗岗位明星"等专业技术精英进行隆重表彰,并给其提供广阔的"舞台";坚持通过笔试、面试、民主测评等方式,公开招聘管理人员和专业技术后备人才,并严格进行年度考核科级以上干部。这一系列行之有效的举措，牢固构筑起了企业的人才高地，为提升企业的综合素质和核心竞争能力，提供了可靠的基础。集团参赛选手在全国粗纱工、穿经工、细纱工技能大赛上均取得优异成绩。

张红霞始终高度重视企业党建工作，在集团内部形成了较为科学的党组织领导体系，集团党委下设9个党总支、172个党支部，4607名党员，使党的组织和领导覆盖到了每个车间和班组。近年来，集团深入开展创先争优、群众路线教育、两学一做、三严三实、非公经济人士理想信念教育等党内重大教育实践活动，不断强化各级党组织的思想、作风和能力建设，有力地保证了政治核心和战斗堡垒作用的有效发挥。广大党员干部在生产经营、技术创新、节能减排、技能竞赛、安全生产等方面冲锋在前，模范带头，为公司科学发展注入了强劲动力。多名党员职工在全国及全省行业技能大赛上勇夺冠军，展现了新时期技术工人的良好风貌。集团1999年被评为全国精神文明建设先进单位，2006年被评为全国先进基层党组织。

将担当社会责任融入发展战略

多年来，张红霞始终坚定"为国创业，为民造福"这一信念，把抓好党建工作、推动企业发展同带动地方经济发展、构建和谐社会结合起来，推动经济社会全面发展。立足于新时代改革开放，魏桥创业将全面贯彻落实新发展理念，引领高质量发展。

魏桥创业历来严格依法诚信纳税，努力增加国家和地方财政税收，自2010年至2018年累计为国家上缴税金630多亿元。坚持以扩大农民就业推进城镇化建设，集团13万职工中95%来自农村，12万农村剩余劳动力实现了就业，自2010年以来已22次提高工资，2018年普通职工人均年收入达到6.18万元，相当于每年向农村转移70多亿元资金。建立和完善了使职工住有所居、病有所医、子有所教、老有所养的后勤保障机制，使13万名职工在城镇安家落户、安居乐业。以成本价向职工提供保障性住房，目前已建成入住5万多户，很好地解决了农民转为产业工人后留守儿童、留守老人的问题；在各工业园附近都建有门诊医院，让职工就近享受成本价简单医疗服务；为职工子女建设了10所省级规范化高标准幼儿园，并投资资助当地的中小学校建设，方便职工子女就近入托入学；让职工参加了社会保险统筹，切实解除职工后顾之忧。企业的快速发展，辐射周边二、三产业蓬勃发展，带动就业50余万人，拉动了各工业园驻地的城市建设，为新型城镇化提供了坚实的产业支撑。

张红霞热心公益事业，倾情回报社会。张红霞和公司干部职工向全国各地灾区、贫困地区、特困职工、弱势群体、兴办学校、修路筑桥、抗击"非典"等公益事业无偿捐款1.3亿元，树立了负责任的大企业形象，展现了企业共产党员的时代风貌。尤其是在四川汶川大地震后，为灾区人民捐助款物1350万元，倾情献出了魏桥创业人的大爱之心、和谐之力。同时，她还关注武装工作，把关心支持国防建设、积极开展拥军优属活动与加快企业发展有机结合起来，实现了国防建设与企业发展双赢。每逢春节、"八一"等节日，组织带队主动到驻军进行慰问，送去慰问品，并与部队官兵开展形式多样的军民共建活动，使官兵深受感动。公司历来是滨州市退伍、转业官兵"安置大户"，接收退役军人不计其数。

张红霞还兼任滨州市纺织行业协会会长、滨州市女企业家协会会长。近年来，她带领公司充分发挥龙头带动作用和孵化器作用，积极扶持上下游中小企业发展，极大地拉动了滨州高端纺织产业集群的发展。张红霞带领女企业家协会组织开展了一系列主题鲜明、内容健康向上的活动，得到了社会各界好评，也促进了女企业家间相互学习，相互交流，为会员企业的发展壮大和女企业家的成长进步提供了有益帮助，为促进滨州市经济社会发展做出了积极贡献。2016年她带领协会积极搭建银企对接平台，开展小额信贷服务，拓宽了女企业家融资渠道。她以交流学习为依托，提高女企业家综合素质，精心组织会员参加各类学习和考察活动，为会员单位企业发展注入了新的动力。

展望未来，张红霞满怀信心，正与全体员工、客户、战略合作伙伴一道，向着打造具有全球竞争力的世界一流企业、争当世界纺织先锋的宏伟目标，不忘初心，奋勇前行。

我与百年雪达有个约定

——青岛雪达集团董事长 张世安

采访青岛雪达集团董事长张世安是在盛夏七月的一个早上，八点多到达他的办公室时，看见张世安坐在椅子上不停地擦汗，脸上汗珠不住地滚落下来，看见记者进来，张世安解释，"刚从车间走回来，出了点汗。"原来，张世安每天6点多就来到车间，了解生产情况，几十年如一日，从未改变，即使现在已经62岁。张世安笑称自己除了工作外没有更多的爱好，甚至可以说所有的满足感都来自工作。

张世安

从一个濒临倒闭的乡镇企业，发展到现如今有15个子公司，年销售超过15亿的集团，董事长张世安一路陪伴雪达集团成长。凭借其笃定、果敢、激情和几十年如一日的创业精神，张世安铸就了业者耳熟能详的"雪达模式"，同时雪达也成就了张世安的斐然。

改革开放40年来，中国服装业发生了翻天覆地的变化，雪达集团作为中国民营500强企业、中国针织服装制造业十强企业，从1975年成立至今，参与和见证了40年来中国纺织行业的高速发展。

探索：获得业界肯定　做针织行业佼佼者

"那时候从一线工人做起，啥脏活累活都不怕。"雪达集团前身是青岛第九针织厂，1975年的张世安19岁，此时他是厂里第一批员工，同时这也是他毕业以后的第一份工作。血气方刚的少年张世安将此视若珍宝，从此埋下了一世的"针织情结"，这份工作一做便是一生。

对针织事业的热爱，让张世安全身心地投入到工作中，逐步走上管理岗位后，针织厂发展也进入正轨，主要产品定位在生产高中档针织内外衣。虽然处在生产原料靠国家拨款，生产成品靠国家包销的时代，但喜欢新生事物，对问题爱刨根问底，以钻研为乐趣的张世安，带领企业骨干开发新产品，主动与相关部门对接争取所需资源，前后与海军部队、国家体委和纺织品进出口总公司等单位建立了合作关系。很快，针织厂成为最时髦单品"海魂衫"的指定生产单位，不仅如此，与国家体委合作研发生产的"十佳"系列运动服，也成为各大体育赛事的专用比赛服装，曾在市面上达到一套难求的紧俏程度。

建厂40余年来，雪达集团获得的荣誉和掌声不胜枚举，青岛市高新技术企业、山东省针织服装研发生产重点骨干企业、百强科技型民营企业、山东省著名商标、改革开放30年山东省百强私营企业、产品质量国家免检单位、中国民营500强企业、中国针织服装制造业十强企业、全国创业之星等。这些肯定和鲜花的背后，正是这个山东汉子，以不屈顽强的性格为企业的健康发展铺平道路。

应对：渡过生存难关　取得国际市场通行证

工人们评价张世安是"靠得住的人"，即使是在企业面临生死关头的那些年，厂里已经开不出一个工人的工资，为了让兄弟们回家过个安心年，张世安跟所有的亲戚朋友硬着头皮借钱，甚至想着卖掉自己的模拟手提电话筹钱，即使这样凑来的钱依旧杯水车薪。想一切能想的办法，通过各种能来钱的渠道借款，整整150万元，终于在过年前一毛不差地发到每个工人兄弟手中。在还以"万元户"评定财富标准的20世纪80年代末，150万元可谓是天文数字。张世安后来说，"那笔钱半年后我就如数归还各方，到现在雪达集团再也没有过那么急的借款。"

1984年，经过多年改革，中国的经济结构已经悄然发生了重要变化，国有成分以外的多种经济成分迅速增长。国内非国有工业占比已经达到36%，有力促进了市场竞争的形成。

也是在这一年，张世安被临危受命成为针织厂的厂长。此时，国内针织服装企业大多无法与设备完善、资金充足的外资企业相抗衡，纷纷面临倒闭。雪达集团也不例外，不论PK任何方面，都显示出实力不足的缺陷。

"工人们别下岗，有活儿干，就是我那会儿最大的梦想。"怎么解决工人们的吃饭问题，成为摆在张世安面前的头等大事。张世安经过谨慎评估后，决定亲自挂帅负责招商引资，1992年，雪达集团引进香港企业，成立了本地区第一家合资企业——青岛华泉服装有限公司。张世安心里吃下了定心丸，知道这是一条能挽救雪达集团的正确道路。而后又引进了韩国、日本等企业，合资成立了青岛百利玩具有限公司、青岛华南服装有限公司、青岛华吉服装有限公司等 5 家企业。

横下一条心，通过一系列动作，雪达集团甩开了举步维艰的局面，并形成了一套以"人和、创意、勤俭、求实"为理念的内抓管理，外拓市场的科学模式，构建起支撑企业发展的牢固框架。

张世安深知，要想将自身做强做大，取得长远发展，产品必须要走出国门，通过国际质量体系认证，意味着获得国际市场准入证。1997 年 9 月，雪达集团成为即墨市第一家通过 ISO 9002 国际质量管理体系认证的企业。2007 年 6 月又顺利通过了 ISO 14001 环境管理体系认证，从此雪达集团仿佛按下了"快进键"，不断刷新自己创新的业绩。

创新：新品填行业空白　未雨绸缪解金融危机

苟日新，日日新，又日新。"十一五""十二五"期间以来，中国服装产业取得了内涵式发展的新成绩，整个产业呈现出创新发展的新态势。雪达集团更是一路坚持以产品开发和技术创新为导向，率先在行业成立了专门研制新产品和新面料的"技术中心"。

2008 年全球性的金融危机爆发，由虚拟经济向实体经济蔓延，服装行业进入新一轮洗牌期。雪达集团产品主要出口日本市场，经过分析，张世安决定根据当下的日本消费形式，调整产品结构，将原本由日本中产阶级消费的中高端产品，改为中低端产品，重点突出"中档产品"。

"雪达集团始终坚持以产品开发和技术创新为先导，坚持'人无我有、人有我优、人优我精'的经营理念。"张世安带领雪达集团研发研究团队首先针对日本面料优势和劣势都直截的特点，结合其功能性化纤面料的上乘品质，研发出多款备受市场青睐的面料，更果断与日本东洋纺、东丽等商社合作，抓住日本市场机遇。因技术含量高，不易被仿造，雪达集团成功弥补了"高档"到"中档"之间的空差。2009 年，在金融危机形势下收入不减反增，其中一个订单就达 1300 万美元，为雪达集团历史最高纪录，同时也是当年青岛市第二大出口订单。

创新需要人才，引进高新技术人才的同时，雪达集团与山东省纺织科学研究院、上海东华大学纺织学院、青岛大学、日本东丽株式会社、东洋纺工业株式会社等国内外著名的科研单位和技术先进企业建立了密切的产、学、研合作关系，为企业的技术创新提供了人才、科研保障。

目前，雪达集团设有山东省级技术中心、青岛市新型纤维应用研发专家工作站和青岛市石墨烯应用研发工程研究中心，是青岛市十大专家工作基地单位，拥有配套设备设施先进齐全的织布、染整、功能性加工、印花、刺绣、制衣生产流水线，以及配套服装辅料生产和服装检品物流服务项目的完整产业链。

雪达集团40余年来持续专业从事针织服装研发生产，在雄厚研发实力护航下，雪达集团先后问世了轻薄保暖、吸湿速干、抗菌防臭等多项功能性系列产品，这些新产品均达到国内先进水平，填补了国内行业多项空白。先后荣获27项国家专利，5项国家重点新产品，这些都是雪达集团创新实力的最佳印证。

变革：聚焦智能制造　敢于自我变革

不可否认，今天的雪达是成功的。40余年的艰苦创业，雪达跑赢了行业、跑赢了时代。但是，为了实现"百年雪达"的愿景，雪达集团还需要跑赢自己。

居安思危、未雨绸缪的张世安并没有陶醉于自己所建立的功业。在张世安的带领下，雪达时刻把握行业脉搏、洞悉科技前沿，抓住"智能制造"的时代机遇。张世安洞察全局、高屋建瓴，在雪达这一典型的传统制造业企业中植下了互联网的基因，以"互联网与针织服装产业融合发展"的思维对雪达进行了深层次、体系化的自我变革。

雪达以自身业务发展现状和针织服装产业发展趋势为基础，开创性地提出了"D2M全球化批量定制"转型升级模式。以D2M平台为核心，对外联通一切业务资源，建立起具有行业标准的经销商和供应商网络；对内衔接一切业务流程、再造各项组织流程，贯穿产品全生命周期。企业生产变"传统制造"为"智能制造"；企业运营变"订单驱动"为"数据驱动"。

D2M是"经销商到工厂"（Distributor to Manufactory）的缩写，是"衔接经销商和工厂、贯穿营销到生产全过程"的一种创新模式，是雪达集团与容商天下合作打造的雪达集团专属的互联网智能工厂模式。按照该模式，客户只需在D2M平台提出自己的相关需求，下达批量定制订单后就可在卖场坐等收货。期间的产品研发设计、打样试验、物料采购、计划排产、生产执行、仓储物流等环节全部交给雪达集团，全部交给D2M平台系统来完成。纵向贯穿业务流程，横向整合业务资源。既能满足客户的批量定制需求，又能实现规模化生产。为了使D2M

项目完全符合国家及行业有关标准要求,能够规范有效地实施运行下去,在全面整合现有两化融合资源的基础上达到预定的目标和效能,雪达集团于 2018 年 1 月开始开展了两化融合管理体系贯标认证工作,邀请工信部的有关领导和专家来集团进行两化融合管理体系有关标准的贯标培训指导工作,于 2018 年 4 月中旬完成了管理手册、程序文件和作业指导书等管理体系文件的编制发布,开始进入管理体系贯标试运行阶段。于年内正式申请认证审核。D2M 模式由雪达原创并拥有自主知识产权,目前正在打造的"雪达 D2M 全球批量化定制针织服装基地"将达到年产针织服装 5000 万件,产值 15 亿元的规模!

经历 D2M 模式的转型升级,雪达的信息化覆盖率达到 100%,产品研发设计成本降低 90% 以上,订单平均交付周期缩短 20% 以上,生产效率提升 30% 以上,产品合格率超过 99.5%,库存零积压,各业务环节间的沟通成本降低 90% 以上。

如今的雪达,早已不是一家传统制造业企业。聚焦智能制造,敢于自我变革。如今的雪达,已经成为一家互联网制造企业。她已跑赢自己,"百年雪达"的愿景就在不远的前方。

展望:产业快速升级 "一带一路"助力海外市场

党的十九大报告提出,要积极促进"一带一路"国际合作,打造国际合作新平台,增添共同发展新动力。

2015 年,雪达集团在柬埔寨建成投产了雪达东昇纺织服装有限公司,迈开了雪达集团在境外办厂的第一步。在国内原材料涨价、用工成本持续增加、客户订单逐渐向东南亚转移的严峻形势下,雪达集团提出"走出去"发展战略,2016 年就在柬埔寨招募员工近千人,2016 年产量达到 350 万件。"通过在柬埔寨投资设厂,有效降低了生产成本,提升了企业的比较优势,开拓了新兴市场,销售网络覆盖面更加广泛。"

雪达产品凭借高科技新型纤维材料,研发生产功能性针织服装的优势,在"走出去"战略的支持下,已经与多家世界 500 强企业建立了长期的合作关系,形成了覆盖国内 30 多个省市及日本、东南亚、北美、西欧等几十个国家和地区的市场网络。企业始终保持着销售收入以大于 30% 的增长率向前发展,可以看出产业升级的轨迹。

张世安在不同领域的摸索,带给了雪达集团更多思考和生机。2012 年推出自主品牌后,也一直苦于是否要迎合电商"用低价赢流量"的选择。但始终坚持以产品开发和技术创新为先导的雪达最终还是选择只做最好的产品和品牌。

2012年至今，雪达集团也有投资成立纺织服装行业以外的其他公司，有检品物流公司、小额贷款公司、汽车销售服务公司、电子商务公司等。加大雪达自主品牌建设投入的同时，又引进了泰迪珍藏和稻草人两大国际知名品牌成立了专业的品牌经营机构，不断为雪达集团丰满羽翼。

"作为企业家，只有当他真正地热爱自己的祖国，热爱他的企业，热爱他的员工时，他才能真正把企业做大做强。"张世安做了一辈子纺织人，至今仍为自己的梦想实践，每周都要值班，检查车间每处角落，和工人们聊天，仍旧打成一片。时间仿佛停留在他刚进厂的那年，张世安还是那个年富力强的小伙子，充满了干劲儿。与那时不同的是，现今的张世安可以和更多志同道合的战友，一道去实现雪达集团更辉煌的企业愿景——"树百年企业，创百年品牌"。

圆梦碳纤维"中国造"

——连云港鹰游纺机集团有限公司董事长　张国良
　　中复神鹰碳纤维有限公司董事长

在 2017 年度国家科学技术奖励大会上，一个来自连云港的项目格外吸睛。这个"干喷湿纺千吨级高强/百吨级中模碳纤维产业化关键技术及应用"项目获得了国家科技进步奖一等奖。该项目第一完成人、中复神鹰碳纤维公司董事长张国良倾注所有精力，率队攻克种种技术难关，实现了碳纤维产业化，打破了国际封锁，为我国经济发展和国家安全做出了卓越的贡献，堪称中国碳纤维产业的改革先锋。2018 年，他当选为 2018 军工榜年度十大军工风云人物，并荣获何梁何利基金科学与技术创新奖、俄罗斯国家工程院"格里什曼洛夫"最高材料金奖。

张国良

我的梦想　就是做出中国人自己的碳纤维

张国良始终坚守"为祖国争光，为民族争气"的信念，圆了国人 40 多年碳纤维"中国造"的梦想，建成了国内最大的万吨碳纤维生产企业，成功实现了碳纤维国产化和产业化，彻底打破了发达国家对国内碳纤维市场的长期垄断地位，扭转了我国碳纤维完全依赖进口的局面，为我国经济发展和国家安全做出了卓越贡献。

碳纤维进入张国良的视野是 2005 年 3 月，作为人大代表的张国良到北京参加全国两会。会议期间，他从几位材料专家那里了解到碳纤维在国内发展的现状。碳纤维是国家安全、武器装备亟须的关键战略物资，掌握这项技术的少数国家长期实行技术封锁和垄断，导致碳纤维在我国市场始终供不应求，严重影响了国家的经济建设和国防发展。

自从那次两会之后,张国良就萌生了投入碳纤维产业化之路的想法,要改变我国在这一领域受制于人的局面。张国良告诉他拜访的专家们,"我来完成碳纤维产业化。"

"碳纤维被我们搞材料的称为'新材料之王',又俗称'黑黄金',足见它的重要性。国内的碳纤维研究虽然也进行了30多年,但基本还局限于实验探索阶段,一直无法实现产业化。""你不是国内第一个提出要搞碳纤维的企业家,但到现在也没有一个成功的案例。碳纤维技术难度实在太大,有些企业几个亿砸进去了,却连碳纤维原丝的影子都没见着。""你别小看碳纤维,就这么一根细细的丝,国家投入那么多财力和时间也没搞成产业化。你一个民营企业,不要自不量力。"……在几十趟南上北下的调研中,张国良听到的全是专家们的质疑。

"作为一个企业家,要有敢于冒风险为国家分忧的责任心!哪怕倾家荡产,也要造出中国人自己的碳纤维!"就算当时没有人理解,张国良依旧如此坚决。

但重重困难摆在张国良面前:既没有设备参考,也没有相关资料,同时又面临国外的技术封锁,对于碳纤维行业几乎一无所知。他几乎查遍了有关碳纤维的所有信息,记下3000多个主要工艺数据,每天读书10几个小时,中科院山西煤炭化学研究所的贺福教授编著的专业书籍也成为最初攻关路上的指路明灯。他也几乎找遍了国内所有研究过、试验过、接触过碳纤维的人,认真调研、虚心求教。

2005年9月,张国良将自己效益颇丰的鹰游纺机集团交给职业经理人打理,带着7000多万元现金,以门外汉的身份,一心扑在了碳纤维事业上,在连云港郊外一片长满芦苇的盐碱滩上开始了产业化攻关。9月29日,碳纤维项目正式立项,张国良将此称之为"九二九工程"。碳纤维攻关的厂房建设和设备安装与调试,几乎在以超常规的速度和时间进行着赛跑。张国良白天在现场与一线的技术人员、操作工一起探讨技术问题,晚上躺在床上梳理思路,凌晨三四点钟醒来不忍心给车间的技术人员打电话,就把自己的太太叫醒,给她讲自己的思路和想法,更主要是再理一遍思路,一早上班可以与他们交流……每天都这样重复着。

在没有国内经验可以借鉴、国外技术又遭封锁的情况下,张国良及其团队完全凭借自己的摸索搭建起年产500吨碳纤维原丝生产线,并且开始试产。这是一个高分子化学反应过程,原料是易燃、易爆的物质,反应过程中如果有稍微地操作或控制不当,严重的就会出现爆炸事故。这个充满希望也充满危险的启动按钮由张国良亲自按下,没有出现想象中最坏的情况,但是试生产的过程也并不成功，问题层出不穷。张国良和技术人员、工人们一起在生产线旁连续吃住了 74 天，解决了数不清的大小问题，终于生产出了合格的原丝。

随着生产线规模不断扩大，技术成熟度不断提升，2007 年，中复神鹰成功生产出第一批碳纤维；2010 年，1000 吨 T300 级碳纤维规模生产，打破了发达国家对国内碳纤维市场的长期垄断。

永不停步　突破干喷湿纺碳纤维的核心技术难题

张国良不仅是企业发展的决策者和掌门人，更是企业技术创新的主心骨和领头羊。作为企业科技创新带头人，他带领团队致力于碳纤维的技术进步和产品创新，攻克了一个又一个世界性技术难题，最终站在了 2017 年度国家科技进步奖一等奖的领奖台上。"我们成功的关键在于创新。而在不断创新的路上，我们将永不停步！"张国良坚定地说道。

我国在湿法碳纤维技术上取得了重要的进展，国际上的碳纤维强国也没有停步放松，他们同期在全力发展干喷湿纺技术。与湿法碳纤维相比，采用干喷湿纺工艺，力学性能大幅提升、生产效率显著提高、能耗大幅较低，成为高性能碳纤维的全新技法。干喷湿纺也是当今碳纤维行业公认的难以突破的纺丝技术，仅有日本 Toray 和美国 Hexcel 两家企业掌握，其制备技术及装备一直被垄断和封锁着。

张国良敏锐地意识到，发展干喷湿纺技术是今后碳纤维的主流。他果断地吹响了向 T700 以上级碳纤维进军的号角。他深知，通用级 T300 碳纤维已难以适应航空及新兴工业对高性能碳纤维的需求，干喷湿纺工艺生产的 T700 以上级碳纤维是现代化国防之急需，是国防尖端设备制造中最重要的新材料，这种新材料在抗变形、耐温差、减轻重量等方面都发挥着至关重要的作用。上天入海、武器装备，都在等着高性能的碳纤维。

为了尽快突破这一瓶颈，张国良再度亲自挂帅出征。他在碳纤维的探索过程中，不断地学习、吸收和创新，已经把自己硬生生地变成了这个领域里名副其实的专家，对于碳纤维有了更深刻的理解。"中国的新材料要想打一场翻身仗，想在碳纤维产业化的道路上取得关键性突破，除了自主创新之外，没有别的路径可走！我们的创新是要敢于集成创新、敢于跳出书本去创新、敢于从实践中创新。"

干喷湿纺高度依赖于原液高分子量、窄分布、高均质要求，同时存在高黏度流体纺丝成型、干喷湿纺凝固聚集态控制、结构致密高倍牵伸、均质预氧化等关键技术难题，亟须突破瓶颈，构建自主的干喷湿纺碳纤维技术和装备体系。

张国良率领团队攻坚克难，勇往直前。他认为，在科学的道路上，有时候就是要打破常规，突破习惯性思维，另辟蹊径，说不定就能找到光明的前景。攻关，攻关，再攻关！自主设计、自主制造、自主安装、自主调试，张国良几乎天天跟工程师们在一起，探讨产品、探讨技术。所有的工程设计、机械设计，每一条设备的安装，每一道工艺的制订，张国良都是直接的决策者和参与者。

又经过了3年多的艰苦摸索和实验，中复神鹰立足自主创新，终于突破了干喷湿纺碳纤维的核心技术难题，取得了一系列重大科技成果。他们创新开发了大容量聚合与均质化原液制备技术，攻克了高强/中模碳纤维原丝干喷湿纺关键技术，自主研制了PAN纤维快速均质预氧化、碳化集成技术，首次构建了具有自主知识产权的干喷湿纺千吨级高强/百吨级中模碳纤维产业化生产体系。通过工艺和装备的集成创新，实现了高性能碳纤维高效生产，产品达到国际同类产品先进水平，成为我国首个、也是世界上第三个攻克干喷湿纺工艺难题的企业，填补了国内以干喷湿纺工艺为代表的高性能碳纤维生产技术的空白，打破了国外巨头在中国市场的长期垄断。

干喷湿纺T1000级碳纤维的研发从2015年启动，于2016年实现了中试技术，在此基础上，进行了工程化技术攻关，实现了从试验到百吨级规模化生产的重大突破，在关键技术和核心装备方面具有完全自主知识产权，产品将解决国家对高端材料的急需。2018年，T1000级碳纤维工程化取得突破性进展，完全自主研发的百吨级T1000碳纤维生产线实现投产且运行平稳。这标志着我国高性能碳纤维再上一个新台阶，迈入了向更高品质发展的新时代。

目前中复神鹰已系统掌握了T700级、T800级千吨级技术和T1000级、M30级、M35级百吨级技术，在国产碳纤维市场的占有率连年达到60%以上，极大促进了我国碳纤维复合材料产业的发展。张国良表示，今后要将国产化贯穿于整条生产线，真正掌握碳纤维生产核心技术，更好地服务于碳纤维及复合材料终端用户。大家使用国产碳纤维，就是对中国碳纤维行业发展的贡献。

担当使命　　创新求变一直在路上

中国国产碳纤维经历了12年的艰苦磨砺，张国良已从年富力强的壮年步入花甲之年。他说，党的十九大报告中提出"激发和保护企业家精神"，作为一个企业家他深受鼓舞。他表示，企业家精神，最重要的是要有使命感，要始终将企业的命运与国家的命运紧密相连。这一次能够荣获国家科技进步奖一等奖,证明我国的碳纤维产业已经真正进入到了一个新的历史发展阶段,但也将会有更多的难题等着去解决。

展望碳纤维产业的未来,张国良坦言,碳纤维研究还有广阔的空间,"目前的工艺,只能把碳纤维理论上的性能发挥出很小一部分,将来还能做出性能更好的碳纤维产品,潜力很大。"

同时,他还表示,现在我国碳纤维产量仍不够高,供应大约只能满足需求的五分之一。未来,首先要不失时机地扩大产量、满足需求,特别是满足国家的重大需求,在保证品质的前提下,量要跟上。

2017年5月,国产大飞机C919在浦东机场第四跑道成功起飞,标志着我国成为世界上少数可以制造大飞机的国家。据悉,C919使用的12%的复合材料主要是碳纤维复合材料。"目前,我们的碳纤维产品主要应用于航空航天、武器装备、碳芯电缆、建筑加固、压力容器、体育用品、风电叶片、汽车制造等领域。"张国良表示,随着国产大飞机等一大批国之重器成功研制,未来几十年碳纤维的使用量肯定会加大。

张国良告诉记者,不同品种、性能的碳纤维很多,应用领域广泛,民用航空是碳纤维应用的最高境界,碳纤维是材料领域皇冠上的明珠,要把碳纤维应用到民用航空上,真正把碳纤维推广到民用,这也是今后研究的重点,我们的研究工作是不会停止的。

帆欢劲风满,破浪如追奔。如今,站在行业制高点的张国良将不忘初心,牢记使命,凝心聚力踏上新征程,同时期盼着有更多的年轻人能够和他一道,扛起这一份沉甸甸的国家责任。

榜单背后的"真实荣盛"

——浙江荣盛控股股份有限公司董事长 李水荣

在2018年8月底9月初的这段时间里,各类企业百强榜单竞相公布,一番热闹景象:9月2日"2018中国企业500强"名单发布,而在化学纤维制造领域,荣盛控股领先于众多同类企业,仅次于恒力集团位列"榜眼",傲立化纤领域潮头。

值得关注的是,在这张榜单中,民营企业也同时占据半壁江山,有237家。而上榜的恒力集团和荣盛集团正是我国化学纤维生产制造领域第一梯队的重点大型企业代表,同时也是改革开放以来,化学纤维行业国退民进的典型代表。

毫无疑问,在改革开放的40年里,纺织行业民营企业的崛起成为一股时代洪流。8月29日,全国工商联发布了"2018中国民营企业500强"名单,其中浙江荣盛控股集团有限公司位列36位,在化纤制造领域里依旧傲立潮头。

在民营化纤巨头中,荣盛仿佛始终特立独行,从最初的以"纵横双向"发展战略为纲领"一意孤行"向上游走,到人工成本上升苗头初显果断进行"机器换人",再到如今投资1730亿元建设年产4000万吨舟山炼化一体化项目,荣盛的每一步走得惊险又果敢,成为傲立潮头的先锋骑士。

李水荣

闯入者:顺势而为的民营石化巨头

与以上两大榜单前后公布的还有一大榜单——"2018中国石油和化工企业500强榜单",这一榜单是由中国石油和化学工业联合会和中国化工企业管理协会联合发布的,其中与中石化、中石油、中海油"三桶油"同时上榜的还有恒力石化、荣盛控股、恒逸集团、盛虹石化等在纺织化纤领域内耳熟能详的名字。其中,荣盛控股位列第九位,是从化纤加工行业"闯入"石化炼化行业里众多企业的第一名。

化纤企业"向上游走"是近年来的大趋势。尤其以上几大行业龙头经过几十年的发展已经纷纷走上了从下游化纤生产到上游石油炼化一条龙的发展模式，而这种发展模式也在多次行业周期性波动中被实践证明更具抗风险能力，更有助于企业稳定发展。

"2015年前，中国化工业最重要的是中石化和中石油，它们有原油生产、炼化基地和庞大的加油站，"某石油央企专家曾表示，"但是2015年前后，国务院开始逐渐让荣盛石化、恒力石化等民企加入炼油化工产业，并让它们有了很大的发展机会，这在过去是不可能的。"

作为民营企业，以闯入者的姿态进入以国企、央企为主体的炼化行业，近年来荣盛备受市场关注。而令其备受瞩目的最重要原因是其浙江石化的炼化一体化项目。

浙江石化炼化一体化项目是由浙江石油化工有限公司投资兴建，而浙江石油化工有限公司是由民营企业——荣盛石化（占股51%）、省属国企——巨化集团、民营企业——桐昆股份及舟山海投共同组建的民营控股、国企参股的混合所有制企业，其投资建设的4000万吨/年炼化一体化项目，按照"炼化一体化、装置大型化、生产清洁化、产品高端化"的总体要求建设，总投资1730亿，加政府配套工程总投资超2000亿元。项目分两期建设，每期工程年加工原油2000万吨，年产芳烃520万吨、乙烯140万吨，是民营资本进入石化行业的标志性项目，远超目前国内最大炼厂中石化的镇海炼化，是目前国内最大的炼化一体化项目，在全球化工业中，也是最大的炼化一体化项目之一。

其实，之所以民营巨头会去"抢""三桶油"和地方炼油厂的生意，获取化纤产业链的上游原材料对二甲苯（PX）是重要原因之一。PX是化纤产业链上游的重要原料，由于诸多原因，国内的PX产能严重不足，PX长期处于供不应求的状态，2017年对外依存度近60%。并且由于供不应求，PX产品的毛利率要高于PTA。

目前，荣盛石化是民营化纤巨头中唯一能够生产PX的企业，其2017的年报数据显示，芳烃（包含PX）业务的毛利率12.88%要远高于PTA的3.73%。因此，炼化项目的建设不仅会深刻改变目前PX对外依存度高的现状，也可以切实提升化纤企业的业绩。

而作为一家民营企业，荣盛为何敢于涉足石化这个几乎被央企垄断的行业？

对此浙江荣盛控股股份有限公司董事长李水荣表示:"涉足石化尤其是炼化是荣盛产业链一路向上的一个战略规划,也可以说是荣盛的一个长期梦想。敢于涉足这个行业,主要基于三个方面:一是我们对自己的实力有信心。荣盛创业近30年来,通过自身的不断努力,已经形成了完整的产业链配套,在产品消化,市场波动消化方面我们是有先天优势的;此外,我们长期从事石化—化纤产业,在大型石化装置设计、建设、管理等方面已经积累了相当的经验;再一个,得益于民营企业的体制优势,我们在成本、效率、用人等方面也有一定的优势。二是我们对行业前景有信心。目前来讲,石化行业还是一个无法被完全替代的行业,不论是国内还是国外,石化及下游配套产业市场空间巨大,前景广阔。三是我们想为中国的石化产业做点事。当前来说,中国的石化产业发展水平总体不高,尤其高端石化产品有待提升,作为石化化纤行业龙头企业之一,我们觉得有责任为提升中国的石化产业发展水平做点事情。"

李水荣说:"荣盛不仅在自身理想道路上昂首迈进,而且日益承担起振兴民族产业的光荣使命。"

坚守者:追求卓越的涤纶长丝巨头

从织布小厂成长为民营石化化纤巨头,荣盛石化走过了近30年的风风雨雨,主营业务从涤纶化纤业务起家,成长为国内首家拥有"燃料油、石脑油—芳烃—PTA—聚酯—纺丝—加弹"一体化产业链的上市公司,荣盛幸运地找到了发展的方向并一路坚持。

2017年,荣盛获得了"浙江制造"认证,这是对荣盛产品品质和品牌地位的高度肯定,意义深远。而在"浙江制造"之前,荣盛已获得浙江名牌产品、中国名牌产品、国家免检产品以及浙江省著名商标、中国驰名商标等荣誉。李水荣说:"荣盛多年来不论市场如何起落,始终能够保持稳定的发展态势,除了科学的企业发展决策之外,与良好的产品品质和市场口碑也是密不可分的。浙江是制造业强省,'浙江制造'代表了强中之强,我们非常有信心一定能够赢得市场的更大信赖。"

据悉,"浙江制造"有一套非常全面、高规格的认证标准,涉及产品品质、流程管理、企业文化、创新水平、社会责任等方方面面的内容,贯彻这些标准本身对企业就是一个提升的过程,获得认证之后,企业的各项工作还会继续得以完善和提升。以荣盛为例,以"浙江制造"认证为契机,公司紧接着开展了企业文化体系再造、企业发展战略认证、企业科研平台升级等一系列管理提升工作，李水荣说："对于企业而言，获得'浙江制造'认证不是结束，而是一个新的开始。"获得"浙江制造"认证与荣盛多年来始终坚持"做好产品"有着绝大关系。

据悉，为了在涤纶长丝领域不断出好产品，企业非常重视研发工作的展开，搭建了高新技术研发中心、院士专家工作站、企业技术中心、博士后科研工作站等科技创新平台，并与浙江大学、浙江理工大学、天津工业大学等高等院校建立了合作关系。每年都有新的技术和产品问世。目前在化纤领域，荣盛先后参与制订、修订国家标准10项、行业标准15项、"浙江制造"标准2项。

荣盛的"涤纶低弹丝"在2016年8月被列入2016年第二批"浙江制造"标准制订计划以来，两年内历经"浙江制造"标准发布和认证实施细则的发布，于2017年12月通过"浙江制造"认证，标志着荣盛"涤纶低弹丝"产品达到了国内一流，国际先进水平。

李水荣表示，下阶段荣盛将秉承"浙江制造"的"好企业+好产品"的要求，力求公司的主打产品全部实现"浙江制造"标准的制订和认证。

创新者：永不止步的浙江纺织民企巨头

2018年是改革开放40周年，对于荣盛来说无疑是改革开放红利的受益者。

李水荣说："我个人的创业史和荣盛的发展史都是与改革开放的大环境分不开的，总的来说，是改革开放给了我们机遇和动力。我从最初的个体木匠转向经营木材行，就是受到改革开放环境的影响，而创办荣盛之后，我们从最初的织布，一步步向上游走，到加弹、切片纺、聚酯、PTA、芳烃直至最近的炼化，每一次产业链的延伸都是伴随着国家有关产业政策的逐步放开，以及对民营企业的日益肯定和支持。尤其是在聚酯、石化等产业，以前民营企业很难涉足，随着改革开放的深入，我们民营企业也逐渐有资格参与到这些行业当中。舟山4000万吨/年炼化一体化项目，更是在国家提倡发展新型混合所有制经济的背景下应运而生的，得到了各级政府的大力支持，如果没有国家改革开放的政策，民营企业做这样的项目几乎是不可能的。"

应该说荣盛的一路走来，既有时代的机遇更有自身的不断创新。作为浙商的优秀代表，李水荣曾说："别人恐惧，我贪婪。"而回望荣盛的发展史，其每一步的大胆创新几乎都是行业的始作俑者。而从1998年到2018年，荣盛集团实现了从1亿元总资产到1000亿元总资产的跨越,这期间荣盛走了一条"高投入、高产出"的发展之路,而高投入背后就是潜在的高风险,是谁赋予了荣盛如此胆魄?

李水荣说:"必须承认,我做实业有几分赌性,曾经做的几个重大决定都有冒险成分。100%赢是不能成的,关键是赌的时刻。"而如何把握"赌的时刻"呢?李水荣说:"要对行业有研究和懂得。我一直说,做企业一定会有风险,如果没有风险,人人都来做企业了,那是不可能的。但是对风险一定要有把控能力,不是盲目的冒险。最重要的是做好两件事:第一对外部环境要有充分的调研和判断,包括所从事的行业市场和国家的宏观政策,只有对行业有准确的判断,你才知道自己今后的发展和创新方向,我们从一开始创业就提出以销定产,就是这个道理,另外也要关注国家的宏观政策,只有符合国家的发展轨迹,企业才能长久发展,甚至抢得发展的先机。第二是对企业自身要有充分的认识和把控。弄清自己的优势在哪里,扬长避短,有多大的实力做多大的事情。此外,要坚持主业,脚踏实地,扎扎实实做好自己的品牌。"

每个行业都有引领者,而荣盛就是中国化纤产业发展的引领者,而引领者最明显的特质是什么?那就是对于创新的执着。

国家领导人在"G20杭州峰会"上用12个字对"浙江精神"进行了高度概括——干在实处,走在前列,勇立潮头。作为浙商的优秀代表,李水荣说:"这12个字对浙江精神的概况非常到位,浙商包括我们荣盛之所以能在全国企业界占据重要的一席之地,坚持实干、坚持抢先和创新是非常重要的两个因素。实干就是坚持把自己的主业做大,不是今天干这个,明天干那个;创新就是不断求突破,不断抢先机。"

从"闯入者"到"坚守者"再到"创新者",每一个都是荣盛,每一面都是荣盛取得今天成就的必备素质。当前,中国是全球最大的化纤生产国和消费国,化纤产业未来的升级发展责任已经落在肩头,我们期待并且相信在诸如荣盛这样的龙头企业的推动下,化纤强国指日可待。

与改革开放同行　铸梦世界级的时尚王国

——雅戈尔集团董事长　李如成

"我一直是一个喜欢做梦的人，即使在最艰难困苦的年代，也从未停止过梦想，改革开放解放了人们的思想，也让我敢于做梦，并有了实现的土壤。"雅戈尔集团董事长李如成这样表达改革开放之于自己人生的重大意义。

中国500强企业、中国男装领军品牌雅戈尔，便是李如成执着逐梦的产物。而让中国人穿上自己国家生产的好服装，则是逐梦的动机。与改革开放发展同步，雅戈尔如今也恰逢创立40周年，因成长轨迹中的每一步都得益于改革开放，其不失为成为改革开放40年的缩影，记录了改革开放发展进程的鲜活点滴，同时，也凝练着李如成的人生蜕变。

李如成

梦开始的地方：集体经济小作坊初露锋芒

因家庭条件艰苦，李如成自幼就挑起家庭的重担。1979年，在结束了15年的插队知青生涯后，李如成进了以2万元知青安置费创办的企业——青春服装厂。1982年，由于业务断档，该厂面临解散的生死关头。偶然听闻东北一厂家有大批库存面料，正在寻找合作伙伴的李如成主动请缨，最终成功拿下了这笔订单，并因订单完成出色而建立了业务往来，使工厂摆脱了困境。

经此事后，李如成被推举为青春服装厂的厂长。"那正是改革开放以来最大的社会进步。打破了职业和所谓'出身'等诸般限制，给有志者、奋斗者以平等竞争，改变命运，实现梦想的机会。"李如成将此视为突破了重重禁锢的时代机遇，而他也不负这样的机遇——由工人向厂长的职业身份的转变所激发的使命感与责任感，促使其由此将梦做得更大。

梦想进行时：破旧立新　大胆变革

如果说北上争取订单扭转工厂的命运，只是李如成的锋芒初露，那么跟随改革开放的思路，一路破旧立新，则充分显示了李如成性格中敢于先行、把握时局的特质。青春服装厂在其大刀阔斧的变革实践中，迎来了发展历程中的一系列关键转折。

首先是打破大锅饭，在宁波地区率先推出按劳付酬的计件工资制，并顶住舆论压力精减人员，从而彻底激活了员工干劲，解放了生产力。

第二大决策是"横向联营"。"横向联营的说法在社会上到 1985 年才出现，而我们从 1982 年就开始与上海的知名服装厂初步合作了，1984 年成为上海知名服装厂的联营企业，这个过程给雅戈尔的起步创业带来了很大的帮助。我认为横向联营对我们企业的发展，对我自己从农民到企业家的转型，都是个不可缺少的环节。"李如成表示。青春服装厂的横向联营对象，是当时的上海名牌名厂"开开"，而联姻的达成，却经历了好一番曲折。据李如成回忆："厂里的一些领导认为，开开怎么会看得上我们这样的乡镇小厂！开开的领导得知后也很吃惊，但经努力，他们觉得我这个年轻人很自信，对服装业务也很内行，同意实地考察，我立马从上海聘来了八名服装师傅，制订出更新设备的计划，同时还为款待上海客人做足了准备，最终以诚意赢得了信任。"

第三大决策是践行品牌化之路。如今，品牌化被视为中国纺织行业的一大发展方向，而早在改革开放初期，李如成便凭借敏锐的市场眼光预判时局，开始坚持品牌化发展之路。

横向联营期间，李如成已意识到企业发展受制于人，发展空间较窄，要再上台阶，就需要打造自身独立的品牌。1986 年，李如成借助东方大港北仑港日益扩大的知名度，推出了自主品牌"北仑港"衬衫，受到各地商家的追捧。次年，"北仑港"被商业部通报为全国畅销产品。

而当青春服装厂历经 10 年积淀，在国内已占据了一定的市场份额，李如成却警醒地意识到企业的发展已进入瓶颈，亟待提升促成质的飞跃。"20 世纪 80 年代后期，我意识到不管我们如何努力，都无法与京沪等地的一些大品牌竞争。"李如成表示，"与此同时，世界名牌'皮尔卡丹'风靡中国更让我意识到，随着改革开放的逐步深入，以及人们收入和生活水平的提高，中国的服装消费市场将会发生颠覆性的改变，未来引领市场的一定是像皮尔卡丹这样的高端名牌产品。"

基于这样的思考，李如成大胆地壮士断腕，舍弃定位中低端的"北仑港"，于 1989 年与澳门南光国际贸易公司合资办厂，创立了全新品牌——"雅戈尔"。

"当时我们内地的市场经济还处在讨论、争论阶段，而澳门南光带来的是真正的市场经济理念。"李如成表示，通过合作，雅戈尔从技术、信息、管理上进一步得到提升，为日后的发展打下了坚实的基础。

第四大决策是推行股份制改革。1993 年 3 月 31 日，股份制的雅戈尔正式登记成立，成为民营企业中最早规范化的股份制企业，而股改的过程却阻力重重。"因乡镇企业产权不清晰的问题，我们发起的第一次股改最终不了了之，这对于企业的发展来说如鲠在喉。1993 年，改革开放大环境影响下的政策加码让我们又看到了希望，于是在政府的支持下发起了第二次股改，明确了国有、集体和个人产权的分配，最终成功完成了从乡镇合资企业向市场化股份制企业的体制改革。"李如成表示，真正地走向市场，走向社会，雅戈尔迎来了一个飞速发展期，"我们当时的销售和利润每年分别以 90% 多和 80% 多的速度增长，也说明企业的体制改革非常成功，可以算是宁波股改的一个里程碑。"

梦想加速度：与时俱进　重塑品牌

"雅戈尔"与英文 Younger 谐音，既是青春服装厂的延续，更寄予了李如成"创国际品牌，铸百年企业"的梦想。正是从雅戈尔开始，李如成心中的品牌梦被真正点燃。今天的雅戈尔，是横跨服装、地产、纺织、贸易、投资五大产业的大型跨国集团，位列中国 500 强企业。

跟随时代的发展，改革开放的内涵也在不断充实。始终勇立改革大潮之上的李如成以开拓创新的先锋精神继续向梦想冲刺，引领雅戈尔不断转型升级，不断开创发展的新契机。

首先，寻求新的发展方向，进行多元化的战略布局。因判断城市化是中国的一个趋势，从 1992 年起，雅戈尔开始进入房地产行业。而后，由于看好金融业的前景，又积极参与其中，恰逢中国处于金融爆炸时代，有股权投资的企业纷纷上市，为雅戈尔带来了丰厚的回报。

同时，在多元化发展的基础上，始终秉持初心，坚守服装的主业。2016 年底，李如成喊出了"五年再造一个雅戈尔"的宣言，勾勒出"四个 1000 战略"的宏伟蓝图，即创建 1000 家年营业额在 1000 万元以上的自营门店，培育 1000 万个年消费额在 1000 元以上的 VIP 客户。这一宣言的背后，是李如成对当下新消费模式的敏锐洞察与深刻理解，通过将智能制造和智慧营销相结合，用工业互联网的思维打通全产业链，用大数据驱动的手段实现从原材料到零售终端的全域连接的全新发展策略，呼应消费升级、智能制造等时代的新需求。

"新五年"战略的第一年，雅戈尔便在门店数量上"做减法"，相继关闭了198家效益不佳、形象不好的门店，又斥资30.7亿元在全国一、二线及重点城市新开24家面积超千平方米的大型旗舰店。同时，在服务营销上"做加法"，甚至"做乘法"，打造优质的线下体验平台，将门店打造成三个中心，即O2O的体验中心、VIP的服务中心和时尚文化的传播中心。

如今，雅戈尔将逐步实现顾客通过手机APP中的三维扫描功能采集尺寸数据，迅速反馈给智能工厂。门店利用大数据等信息技术，让顾客在店里挑选、在线上下单，以获得更优惠的价格。顾客也可以在逛街时买下衣服，然后不必提货，继续看电影、吃饭，而当他们回到家时，衣服已经送到家了。转型过程中，雅戈尔还将大型实体服装门店打造为"会员制"体验馆，使顾客能通过互联网向企业表达诉求，又能参与到设计、生产各环节，形成顾客和企业的个性化双向互动。

同时，随着移动终端技术的突破和国内市场主力消费人群的年轻化，个性化定制需求将越来越凸显。自2017年起，雅戈尔斥资亿元以精品西服车间为试点，推动智能工厂建设。时至今日，已基本完成智能工厂终端（缝纫端）的改造升级，建成全球首条西服全吊挂流水线，首创国内套装智能化匹配流程，并引进MES系统、智能裁剪系统、AGV智能小车、单工位智能模块等一系列信息化硬软件设备，生产效率提高20%~30%，量体定制周期由原来的15个工作日缩短到5个工作日，单件定制周期最短缩至2天。

如今，雅戈尔的"智能化"正逐渐融入企业订单、供应链、生产、销售、服务的每一个环节，雅戈尔也向着标准化、自动化、信息化、智能化"四化合一"的一流服装智能工厂不断迈进。

此外，为了充分满足不同的消费群体需求，雅戈尔构建了全年龄段、价格段的品牌体系，推出YOUNGOR、MAYOR、HSM、HANP（汉麻世家）四个子品牌，并深挖品牌内涵，将中国古代的道家、法家、儒家思想融合在服装工艺中，以匠心精神引领服装产业由传统制造业向文化产业和艺术产业升级，从而为雅戈尔注入发展新动力。前几年，上海的"雅戈尔之家"门店还推出了"中国创造"和"时尚"主题活动，联合中国各领域的艺术工匠共同打造"中国创造"时尚发布平台，希望将旗舰店打造成时尚文化的传播中心。

为了让中国男士穿上我们自己制造的高端、高性价比的好西服，弘扬中国精神，雅戈尔在生产过程中，用世界上最好的面料，通过合理的成本以及优良的服务，把价格降到合理价位。通过推出高端量体定制服务，大大提升品牌在国内政商管理者人群中的影响力。近年来，雅戈尔还与五家欧洲高档面料供应商达成合作，为旗下顶尖的 MAYOR 品牌设立了"管理者新装"的市场定位，逐步取代在国内销售正在快速下滑的欧美奢侈品品牌，打造国内企业的顶级品牌。

质朴勤勉的拓荒者、与生俱来的突破者、市场大潮的引领者、与时俱进的改革者……在李如成身上，有着太多的光环，而所有闪亮的标签，都可以追溯至改革开放对于梦想的激活。逐梦的过程中，李如成走出了自己的精彩故事，也缔造了雅戈尔这样的改革开放的丰硕成果。

"说改革开放顺应了民心、顺应了时代是再恰当不过。雅戈尔之所以能够在这个大时代变迁中走向成功，正是因为这个浪潮所激发出来的那一股'揭竿而起'的冲劲。"李如成表示："我们要撸起袖子加油干，为实现中华民族伟大复兴的'中国梦'而奋斗，雅戈尔作为民族品牌，必须肩负起自己的责任和担当。"

雅戈尔正努力用强有力的品牌、有竞争力的成本、快速的反应体系、舒适的体验环境、黑科技的应用以及线上线下的融合等手段，为中国服装产业转型升级探路。在改革开放 40 周年和雅戈尔 40 周岁生日之际，李如成许下新的志愿，以新思路顺应新时代，生命不止，梦想不停，奋斗不息，再用三十年的努力，把雅戈尔建设成为世界级的时尚王国。

三元·美丽之源的缔造者

——三元控股集团董事长 李成新

三元控股作为印染行业的领军企业，李成新对公司的名字有自己的解释。其一，元与"原"谐音，三原色，红、黄、蓝，代表印染行业的特征；其二，元是开始之意，集团组建正逢世纪之交，这是新纪元、新开端，希望迎来一个新的飞跃；其三，"元"与"圆"相通，代表"圆满、成功"，与中国的传统愿望吉祥如意一脉相承，预示着美好的未来。染印缤纷色彩，描绘美丽生活，这是三元的企业使命，也是"三元·美丽之源"的深意。

李成新

李成新作为纺织行业年度创新人物，他深沉厚重，成大事者必有静气；他厚积薄发，张远帆时恰有东风。1988年，刚刚三十而立的李成新，受命担任萧山印染三厂厂长，从此展开了一段缔造三元美丽之源的传奇故事，他把准改革开放40年纺织行业发展每一个关键节点，带领企业攀上浙江省重点骨干乡镇企业、萧山工业冲千亿突出贡献企业、中国印染行业十佳企业、中国大企业集团竞争力500强等一个又一个高峰，成就了三元美丽之源。

临危受命　拯救陷入困境工厂

1988年，改革开放进入第10年，市场上粮票、肉票、油票、布票，各种票证逐渐地消失，各种物资凭票供应的时代过去了，市场一天比一天丰富了。也是这一年，创建于1981年的三元控股集团前身——萧山印染三厂，却因产品单一、质量低劣、业务渠道狭窄、内部管理混乱，陷入困境，经营难以为继。

在这个关键节点，时任萧山印染三厂副厂长的李成新，临危受命，担任厂长。在副厂长位置上已经历练了4年的李成新，敏锐地洞察到了中国经济已经不再是短缺经济，东西一生产出来就有人要，市场上的人们已经开始在挑了，挑质量好的，挑新潮的。

看到了问题所在，李成新没有犹豫，立即付诸行动。新官上任三把火，第一把火就是进行技术改造。1990年，他力排众议投资320万元，相当于建厂十年来的投资总额，新增染缸、定型机、发电机、圆网印花机、烘燥机、锅炉以及辅助设施，并对旧设备实行转让、报废，产品质量明显提高，使企业生产经营出现转机。

第二把火就是管理提升，向质量要效益。1991年，成立"全面质量管理小组"，组织开展"质量、品种、效益"年活动，并在同行中最先开发了碱减量新产品和仿真丝产品，为企业打开市场奠定了基础。

第三把火，转变用人观念。先后输送多名技术人员到浙江丝绸学院（现浙江理工大学）学习；举办各类技术培训班；聘请大专院校老师来厂上课指导；选派多名管理人员参加上级企业管理培训，大大提高了企业的整体素质。

通过一系列的改革创新，萧山印染三厂取得了建厂以来较好的经济效益。1991年，实现工业总产值（现行价）2400.20万元，利税405.24万元，资产总额1310.19万元。1992年，萧山印染三厂被评为浙江省重点骨干乡镇企业。

产业拓展　奠定面料主业地位

1978年，十一届三中全会的召开，家庭承包责任制的推广，极大地调动了农民的积极性，农村生产力大幅提高，农村有了富余的劳动力，需要转移进入乡镇、民营企业。李成新从来没有停止对企业发展和国家政策的关注与思考。纺织服装是人类生存最基本的需求之一，纺织工业是国民经济传统支柱产业、重要的民生产业，纺织行业的发展对于促进国民经济发展、吸纳就业、增加百姓收入具有十分重要的意义。

认清了产业前景和社会意义的李成新，甩开臂膀，迈开大步向前走。从1993年到2002年，陆续建立起11家印染与纺织子公司。

1995年，与台湾资本合资，成立了杭州新生印染有限公司。企业生产设备大部分从国外先进的设备制造商那里引进，在同行当中居于领先地位。企业的印染产品因色泽鲜艳、手感好、质量稳定等诸多优点得到客户的广泛肯定。尤其是在绍兴中国轻纺城，产品更是供不应求，客户经常排队等在工厂带款提货。印染生产过程需要蒸汽，为了使自己的生产能力不受制于人，1995年，李成新投资3000万元建设的热电厂正式运行，解决了产能瓶颈限制。

1997年，为了进一步提高产品质量，扩大效益，李成新又大刀阔斧地进行了一次技术改造，耗资1142多万美元引进国际一流设备，形成了一套完整的国际先进生产流水线。经过这次技术改造之后，企业取得了突飞猛进的发展。1997年，企业工业总产值达到22628.60万元；实现产品销售收入18551.99万元，实现利税总额2389.71万元。

2000年，为加强企业环保治理，提高污水处理能力，投入6000多万元建成日处理污水能力6万吨级的污水处理工程——杭州党湾污水处理有限公司。在当时部分印染企业还在直排污水时，李成新却建立了自己的污水处理厂。这一具有前瞻性的投资举措，为企业日后快速发展奠定了基础。

2000年12月，在国家工商行政管理局制订公布《企业集团登记管理暂行规定》两年后，为了顺应企业经营管理的需要，李成新以萧山印染三厂为核心组建设立浙江三元集团有限公司，成为一家以纺织印染为主，污水处理、热电为产业配套的产业集团，实现主业的集约化与规模化发展，成为中国印染行业的领军企业。

2003年，公司首次入选中国印染行业十佳企业。

产权改制　释放企业经营活力

1992年，市场竞争试行了，股份制也试行了，困扰了李成新三四年的企业经营活力问题，终于有了答案和方向。萧山印染三厂，原来是一家乡镇集体企业，把企业刚从濒临倒闭边缘拉回来的李成新，碰到摆在了他面前的又一个难题，集体企业责任主体缺失，分配机制僵化，经营决策滞后，阻碍了企业的进一步发展。邓小平南方谈话，犹如春天惊雷，给李成新送来了亮光。1993年，企业开始实行股份制合作改造，极大增加了企业发展的动力与活力，奠定了企业快速发展的基础。在经过1993年、1996年、2001年三次股份制改革后，萧山印染三厂成为自然人股东共同控制的民营企业，方始真正地自主经营，自负盈亏。

2002年，已经拥有11家纺织与印染子公司的浙江三元集团有限公司董事长、总经理李成新碰到了新的问题，即如何构建科学有效的公司法人治理结构，切实解决子公司经营者激励与约束问题。

凭借自己多年的管理经验，经过与专家学者的沟通交流，李成新大刀阔斧地对股权结构进行调整，创新性地构建了公司法人治理制度。建立起母公司自然人股东之间第一大股东与其他股东的持股比例为51%∶49%的股权结构以及子公司由法人股东（即母公司）和自然人股东的持股比例为 51%：49% 的股权结构，股东以其持股比例而相应享有的决策权使公司战略得以贯彻执行；子公司总经理由自然人股东中持股 30% 左右的第一大股东担任。

这一公司法人治理制度的建立，使经理人的激励和约束机制有机统一，不仅明确了母公司和子公司的职能管理，也极大地调动了子公司经营管理团队积极性与能动性，在三元，从基层员工成长为总经理乃至股东的人不断涌现。母子公司各司其职，决策者更贴近市场，使得企业竞争力明显提升，资产规模迅速扩大，企业效益连年增长。

2002 年，公司被评为萧山工业冲千亿突出贡献企业。2005 年，公司更名为三元控股集团有限公司，销售收入超 13 亿元，上缴税金 8000 多万元。

稳健经营　谋定企业战略布局

20 世纪 90 年代中后期至 21 世纪初，在西方多元化思维的影响下，许多中国企业纷纷投入多元化的大怀抱，采取多元化经营作为企业发展壮大的途径。李成新注意到了这股多元化的热潮，他从市场的信息和兄弟企业的蓬勃发展中得出一个结论：不能在一棵树上吊死，"印染三厂"要发展，要壮大，不能仅拘泥于印染业，但又不能盲目扩张，必须在保证资金链安全的情况下，稳健推进。

2002 年，他组建杭州盛元房地产开发有限公司，与经济实力雄厚的兄弟企业浙江荣盛化纤集团合资。2003 年，李成新投资成立浙江三元电子科技有限公司，生产导电布，打破了当时导电布市场被国外企业垄断的局面。2008 年，通过嫁接法国知名品牌 DE FARRO，引进国际化设计资源，建立专业化、现代化的设计、生产、营销、管理的运营体系，三元控股全资投入设立浙江迪法诺服饰有限公司，着眼于快速成长的中国中高端品牌服装需求。

经过近十年的精心筹划和布局，三元控股形成了以面料为主业，覆盖服装、新材料与房产的多元化产业布局，集团母公司成为具有较强战略管控能力、财务管理能力、投资运作能力与品牌管理能力的多元投资控股型集团公司；各子公司成为主业突出、专业化经营、集约化发展的产业公司；集团组织结构扁平，治理结构规范，管控有效，授权有力，权责分明。

2008 年，受全球金融危机影响，纺织行业整体不景气，行业内有些大的企业由于盲目多元化或快速扩张，资金链断裂，不得不破产倒闭。在这种严峻形势下，三元仍逆势上涨，实现企业工业总产值 203943 万元，销售收入 206088 万元,利税总额 19817.69 万元。2009 年,公司入选中国大企业集团竞争力 500 强。沧海横流,方显英雄本色。

转型升级　重构企业竞争实力

随着改革不断深入,中国面临从纺织大国到纺织强国的转变,提出从科技、品牌、可持续和人才四个方面最终实现纺织强国的目标。

李成新认识到要实现从纺织大国迈向纺织强国的目标,印染企业面临各种困难和考验。彼时在纺织高新技术领域,尤其是在织造、染色及后整理等关键环节,仍由欧洲的意大利、德国和亚洲的日本等发达国家主导。李成新提出:"一流的设备可以引进,但核心技术和关键技术买不来,技术创新能力是内生的,是企业可持续发展的必要条件。我们的主业不能丢,我们要更加注重创新引领企业,加紧企业转型升级。"在他的带领下,各子公司一方面积极开展技术改造,淘汰落后产能,提升装备水平;另一方面,积极开发新产品,进行技术创新。这为企业应对日益激烈的竞争奠定了很好的基础。

在环保问题上,李成新更是高瞻远瞩。自集团公司建立之初,他就要求各子公司经营管理者要重视生产中的环保问题,尽好企业的社会责任。除了早早布局的污水处理厂,他还曾召集各子公司高层经营管理者,严肃申明环保问题无妥协,管理中"一票否决",并重点提到了定型机废气治理、废热利用的问题。此后,各子公司投入大量资金,引进先进的环保装置,并更新企业设备,引进大量先进的节能减排新设备。

2015 年,新的环保法实施,整个印染行业面临环保大考。李成新所采取的一系列措施,使企业经营从量向质华丽转身,重构了企业竞争实力,使企业在整个印染行业面临环保压力等各方面困难和考验的时期,逆势上升。2015 年,实现销售收入 50.9 亿元,利润总额 1.8 亿元,连续 6 年入选中国印染行业十佳企业。

热心公益　回馈家乡父老乡亲

李成新是土生土长的党湾人,勤劳、诚恳、热心是他的家风,也是他父母亲的传统美德。对乡亲们为温饱而日夜操作的情景铭刻于心。作为企业的老总,十分明白企业发展的源泉在哪里、企业的依靠在哪里?企业发展了,李成新又在思考,我能为社会、为父老乡亲做些什么呢?

从"三厂"到"三元控股集团",在5000多名员工中,有3000多名是当地的农民子弟。他们在企业中得到丰硕的酬劳,帮助家庭造房建屋,改善生活,娶妻养子,培养后代。人们常说,一个家庭就是社会的一个细胞,一个家庭小康了,一个家庭富裕了,一个家庭和睦了,一个地区,一个社会就会安定团结,和谐生辉。

古语云"财散人聚"。李成新是勤俭节约的楷模,在企业中绝不大手大脚,日常生活中也十分节约。但对社会公益事业,相当慷慨。先后捐赠290万元用于党湾镇幼儿园、小学、初中建设,捐赠2000万元成立留本冠名党湾镇三元教育基金。为党湾镇自来水工程捐款200万元、道路建设捐赠151万元、新农村建设捐赠110万元、千企结百村活动捐赠党湾镇200万元。为萧山区党湾镇慈善分会捐赠留本冠名基金1000万元,定向为党湾镇65~69周岁的老人每月发放60元生活补贴,为四川地震灾区援建学校捐赠123万元。

三元控股集团因为这些善举,被授予浙江省新农村建设突出贡献奖、萧山区尊师重教奖、慈善突出贡献奖,李成新也被评为中华孝亲敬老之星。

如今,李成新虽已辞世三年多了,新一代掌门人李斌走上前台,三元控股集团这艘大船仍在他开辟的航道上破浪前行。

三元人继续秉承着李成新的诚信为本,稳健务实的宝贵品质,践行着他勤奋刻苦、锐意创新的奋斗精神,坚守他"敬业、勤业、专业、创业"的三元精神,推动着三元继续前行。

三元正向着李成新打造的"美丽之源"之路向前走,本着"创造美丽、创造进步"的理念,迎接大挑战,迎接大发展。

针线"绣"就云龙势

——山东云龙集团公司董事长 李国贤

引领云龙绣品打拼了一辈子，带着充满中国文化底蕴和精湛工艺的家纺产品从滨海小镇走向国际市场，今年73岁的李国贤回首昔日峥嵘岁月，没有多少豪言壮语，简短而朴实的讲述融汇成一句："党的政策和大家的信赖成就了云龙绣品的巨大发展，我只是运气好，做了应该做的事情。"

跟着她的思绪回到刚刚起步的岁月，一路走来并不容易。李国贤带领云龙绣品艰苦奋斗数十年，为社会创造了辉煌的业绩，也留下了很多动人的故事。

李国贤

勇字当头　闯出一片崭新天地

谈起往事，李国贤说："当时苦是苦，难是难，好在自己也没想太多，只想干工作做事情。党和政府培养了我，我为社会做贡献是应该的。"这可不是漂亮话，正是这种甘于奉献、不计得失的性格支撑着她跨过一道又一道难关，蓦然回首时无怨无悔。

李国贤是个孤儿，6岁时就失去了父母，在党和政府及亲属的帮助下，小学毕业后就进工厂做绣花女工。艰苦的境遇锻造出她不甘人后、自强不息的性格。她刻苦钻研抽纱技艺，积累了丰富的实践经验，很快成为企业的技术骨干。

1976年6月，履任工业局、轻工局、工办等机构重要岗位的年轻干部李国贤被组织委任为文登县绣品厂党支部书记。刚刚成立的绣品厂，本来是文登县刺绣厂的一个小车间。当时为了建厂生拼硬凑出来的，称得上是无资金、无设备、无厂房的"三无"企业。仅有的一个内销品种是借来的机绣枕套，既没有原料也没有销路。厂子建立之初，有不少人预言"绣品厂是兔子尾巴长不了"。

李国贤上任后果断地立了军令状：打破传统工艺，开发全新产品，冲开国际市场的大门。在 10 台破旧的缝纫机、1 台万能机，原值 2.8 万元全部资产的基础上，李国贤和技术副厂长王殿太带着六名员工组成攻关小组，在一些人怀疑的眼光中走上艰苦创业之路。攻关小组充分发扬了中华民族能工巧匠的聪明才智和吃苦耐劳精神，因陋就简，在漏风又漏雪的阴暗阁楼上，冒着严寒苦熬了七天七夜，巧用脸盆和水桶代替设备，试制出抽纱行业第一个新工艺"巧联目"。

开发出新品只是成功了一半，怎么打入市场才是关键。得知山东省外纺公司召开全省第一次商品交易会的消息，李国贤激动的几夜没睡好。但当她带着新开发的产品早早赶去时，却因没有参展资格被拒之门外。

她整整跑了五天，找遍所有的熟人求助，才在闭馆的前一天以参观者身份走进了交易会。可是，没有摆放资格的样品怎么展示？心急如焚的李国贤硬是用双手在大门口举起了凝聚着全场干部职工心血和期待的新产品。功夫不负有心人，这一举吸引来了大量中外客商，一次成交 17000 套。刚刚成立不到三个月的绣品厂，就这样一举打入国际市场。

至今，李国贤的旧同事每每整理资料再看那段经历时，还会忍不住落泪，"她是为全厂拼上去了！"后来，这种不屈不挠的精神在云龙集团的发展上更是被李国贤发挥得淋漓尽致。

大胆创新　发掘培养千里良驹

以"抽、绣、编、锁、勒、挑、补、雕"等技法形成的"抽绣"（后称"抽纱"）技艺，赋予了鲁绣独有的地方特色。李国贤带领文登绣品厂传承并发扬既有成果，相继开发出"巧联目"等 50 多种鲁绣创新针法，创造了"云龙绣"独特风格，形成了企业的核心竞争力。

"厂子迈出第一步全靠创新。"李国贤总结道，"能越走越好靠的是人才。"她不但勇于创新，也善于发掘人才、培养人才。她曾亲自登门邀请被忽视的技术人才加入厂子，也曾力排众议任用被埋没多年的经营人才，从外地高薪聘请绣花大师指导研发工作……这些能人在李国贤的团队里得到了施展才能的空间，积累了经验和资历，也收获了更多的回报。

1984 年，李国贤再度带领技术人员研发新品时，得到的是全厂员工的支持和信赖，"既然厂长敢想，我们就敢干"。在大家的共同努力下，新品开发小组历时 11 个月，经过几十次试验，首次将传统的手绣工艺成功地展现在机绣品上，开发了"云龙绣"机绣新产品，得到了业内外的极大关注，被誉为"艺苑奇葩，绣品一绝"。机绣新品开发当年便成交 25 万套，1985 年一跃上升到 100 万套。

同年，"云龙绣"被评为全国轻工业优秀新产品，同年 7 月，在第五届中国工艺美术百花奖评比中，"云龙绣"一举夺得金杯奖。将传统手工绣成功转移到家用缝纫机制作上，大大提高了效率，成为鲁绣发展史上具有里程碑意义的重要转折。

1983~1989 年，文登绣品厂在李国贤带领下完成了当时赫赫有名的国内首创八大机绣新品：人丝线、云龙绣、涤丝映贴、云龙印花、美特丽、雕玉龙、飞龙纱、回龙锁。1989 年市场疲软期间，李国贤又带领技术人员推出了"雕玉龙""回龙锁""飞龙纱"等三个新产品，又一次惊艳了国内外市场。那一年，她从北京捧回了第二个沉甸甸的金杯。

了解情况的人都不会感到意外，几年来，李国贤在市场调查上投入了大量时间和精力，先后走遍了全国各地，八次出访二十多个国家和地区，走访取经、联系用户，广泛征求意见，获得了大量的市场信息和资料。她在充分了解全球市场需求的基础上潜心研究，为了一个技术难题，她曾经多少次彻夜不眠，吃饭和睡觉都成了她思考问题的宝贵时间。

功夫不负有心人。自文登绣品厂建厂以来到 1992 年更名为文登云龙绣品工业（集团）公司之后，李国贤先后主持开发了以"云龙绣"为代表的国内首创新产品 22 项，获得国家专利 9 项，两次荣获中国工艺美术百花奖、金杯奖，5 次荣获国际金奖，8 次荣获国优、部优产品称号。产品品种发展到 40 余种，8000 多个花样，开创了机绣品的崭新面貌。"云龙牌"产品共获国家专利 344 项。

回报社会　带动更多人共同富裕

1982 年 3 月，李国贤首创"巧联目"新工艺之后，为使这一成果造福于社会，她曾背着铺盖卷长期深入乡间，走村串巷，寻找和动员绣工人员。年内先后在文登县 13 个乡镇建立了 20 个加工点，接着又从外地请来了 15 名行家里手进行集中培训。然后，她带着这支亲手培育的"种子队"以点带面，对全部绣工进行技术质量传帮带，保证了绣品厂第一批产品顺利地走出了国门。

1988 年，她又把培训面扩大到了全省以及省外地区。在长达几年的时间里，她走遍了大半个山东，建立了多处加工基地，遍布全省 20 多处地市，绣工总数达 3 万多人，成功地实现了本地加工技术向鲁西南贫困地区的发展辐射。

几年来，她先后带领大批技术人员多次走向社会，广泛传播抽纱技艺，先后在省内外建立加工基地 260 多处，培育社会绣工 20 余万人。大批工艺品从绣工手中源源不断地销往世界 60 多个国家和地区，年出口创汇 800 多万美元，使山东省广大城乡妇女在社会主义经济建设中大显身手，建功立业，并成为经济收入的主要渠道。云龙集团仅 1994 年一年就下付社会加工费 380 万元，使数以万计的乡村妇女凭一技之长脱贫致富，创造了巨大的社会效益。

善于学习　实践铸就企业家精神

如今，73 岁的李国贤仍然保持着良好的学习习惯和充足的学习时间。每天清晨 4 时出头，大多数人还在酣睡中，她已经开始浏览微博资讯，收看全球新闻。"我年轻时没机会读书，文化水平不高，想成长必须得多学习，学一样钻一样才会有进步。"

她带领团队不断攻关，在面料使用、产品工艺、生产工艺等诸方面实现创新突破。1987 年经潜心研究，将机绣工艺从涤棉原料成功移植到棉麻面料上，扩大了新技术新工艺对面料适用范围；1988 年经反复试验，将机绣产品扑花工艺改造成"印花加绣花"工艺，提高工效五倍以上；1989 年探索将传统手工雕绣改造为万能机"雕玉龙绣"，与当年新开发的"百带丽"一起，实现了"提质增效、减工不减美"；1999 年与北京一轻研究所所长联合研发出"无油刷花、无磷洗涤"技术，节能降耗 50% 以上，且解决了行业生产中的环保问题。

多年来，李国贤凭借坚韧不拔的意志刻苦自学，在中科院管理干部大专班的学习中以优异的成绩先后学完了 13 门课程，并充分利用有限的业余时间，翻阅了大量的文献资料，积极探索企业现代化管理艺术，取得了显著成果。

1993 年后，集团公司的成立和运行给企业带来了一系列深刻变化，企业开始由过去的生产加工型向经营管理型转变，先后制定了一系列管理新制度。根据企业集团化管理体制需要，李国贤带领云龙集团与各成员企业调整管理体系，设立集团公司党委，建设企业文化，完善企业形象，制定名牌产品战略。从一穷二白的文登绣品厂到声名远扬的山东云龙集团公司，办公场所变了、市场环境变了、产品变了、客户变了……唯一不变的是以研发为龙头的发展战略。

因公忘私　世上难有两全事

李国贤一心扑在事业上，多年来很少能和家人吃上一顿团圆饭，几乎没有休过假，甚至在亲人生病住院的时候也没有给他们做过一次可口的饭菜。

1989 年秋天，13 年未见面的哥哥和侄儿特意从丹东赶到文登看望她，又是为了工作她再一次牺牲了与亲人团聚的机会，只能在开往深圳的火车上，默默地抹一把眼泪，强忍着感情的折磨，投入了紧张的工作。待她出差返回时，亲人已回了丹东。

同年"雕玉龙"新产品问世后，市场需求量成倍地增长，超过了当时生产能力的一倍以上。1990年春节期间，当人们合家团圆、欢度佳节的时候，李国贤却身负重任带着全厂职工的期盼，踏上了冷冷清清的火车。她南下深圳北上内蒙古，西行新疆，几进京城，一去就是两个月，先后与三家外贸公司开展合作，与文登和新疆等地乡镇企业合作创立了四个加工分厂，并首次与香港东昌公司合资，成立了深圳加工分厂。由于长期奔波、生活无规律，她患下了严重的"胃下垂"，体重由100多斤骤然下降到82斤。初春的一天，她因过度疲劳而晕倒在楼梯上。可她只在医院里住了一天，便又踏上了新的征程。

几年来，李国贤一心扑在事业上，每当个人利益与集体利益发生冲突时，她总是置个人利益于不顾，一切服从集体利益。她本人的先进事迹也曾多次在国家和省市报刊上发表，受到了党和国家有关部门的高度赞扬，先后荣获"全国五一劳动奖章""全国三八红旗手""全国杰出创业女性""全国优秀女企业家""全国巾帼建功标兵""全国轻工业优秀新产品开发先进个人""全省三八红旗手"等荣誉称号，当选第九届、第十届全国人大代表。

离开管理岗位之后，李国贤始终关注着云龙的转型和发展。令她欣慰的是，云龙集团无论在哪个领域始终秉承着"创新"这一优良传统，并且做出了突出成绩。2017年，云龙公司开发了医用科技项目，成立舒适佳公司，专营欧美水平手术衣等医用纺织品。公司产品——"三防三高"手术衣在2018年9月山东省第二届"省长杯"工业设计大赛中获优秀奖。

而她本人又致力于另外一个领域的开拓创新中，创办了"云龙舒心居享老公寓"，对养老市场进行细分，致力于为社会养老事业发展再做贡献。

如今，曾经"放养"长大的女儿接替了李国贤的岗位，继续带领云龙集团兢兢业业，走着开拓创新之路；曾经无暇照顾的老伴儿也退休了，一如往常理解和支持着她。"我要感谢党的培养和人民的信赖，云龙的发展机遇是时代和国家赐予的，多为社会做贡献也是应该的。"在纺织行业摸爬滚打了大半生，赢得无数赞誉的李国贤依旧言语朴实，心境敞亮。

一群人　一件事　一辈子

——大连大杨集团董事长　李桂莲

大连普兰店区杨树房街道，我们一路驱车，绕过街道办公大楼和其他办公楼群，车停在一栋三层红漆小楼前。和四周耸立的现代化高楼相比，小楼仿佛一个散发着时代气息的古董匣子，而大连大杨集团有限公司的雏形就诞生于此。经过40年的发展，企业产品已畅销英、美、德、意、日、韩等20多个国家和地区，出口量排全国第一，成为欧美市场热捧的服装产品，也彻底改变了杨树房贫穷落后的面貌。企业的创富故事曾被美国人称为"业界传奇"，到底是怎样的传奇呢？故事还得从1979年秋天讲起。

李桂莲

四十年创业艰辛路

1979年，中国刚从一场蔓延十年的动乱中苏醒，浩劫留下的创伤还隐隐蛰伏在焦黄的大地上。这一年，中国正经历着巨大的转型。新时代的洪波滚滚，旧浪无踪。

"小岗村18个农民签下'大包干'的死契，这给我了启发。"年逾古稀的李桂莲说道。她坐在一手创办的TRANDS（创世西服）店内，时而陷入对往事的沉思中。"三中全会后，我横下一条心，要么饿死，要么办工厂。"

1979年，普兰店还没有划入大连市市区的管辖，靠天吃饭的农民一穷二白。作为大队的生产书记，30多岁的李桂莲喜欢听广播，了解国家大事。当祖国大地上掀起改革开放的第一波热潮时，时任大连杨树房村生产大会干部的李桂莲认为机会到了。在她的号召下，全村几十台缝纫机运到了一起，她亲自组织考试，录用工人。"考试题目是两小时做一件衣服，整整考了三天，就像唱大戏。"

杨树房服装厂很快成立，却面临着接不到活的问题。李桂莲笑着说，"没人才，没设备，没资金，境况艰难。"人才可以慢慢培养，设备可以集体凑，资金不足就四处借，没有客户就自己想门路。她坚信只要下定苦心，一切问题都能迎刃而解。

一开始，工厂经常给其他服装厂代理加工，也接一些外商的散单。李桂莲严格要求生产质量，杨树房服装厂做工精良，口碑良好的名声很快传开，工厂的效益越来越好。工厂也赢来外商的青睐，国内外很多大牌服装都送过来加工。"心灵手巧是中国人的特质，外国人欣赏这一点。"但加工费的低廉也使她暗暗下定决心要创建中国人自己的高档服装品牌。

1992年，大杨集团责任有限公司在大连成立。1995年，大杨推出自主品牌"创世西装"（TRANDS）。创世西装结合考究的制衣细节和一流的板型设计受到众多国际名流的青睐。股神沃伦·巴菲特和世界经济论坛主席克劳斯·施瓦布教授等众多国际精英人士均已成为TRANDS的忠实客户。

现如今，TRANDS品牌已发展成为当今中国高级男装的代表品牌之一，先后获得"中国出口名牌""中国最具市场竞争力品牌""中国驰名商标""中国名牌产品"等多项国家级荣誉称号，被中国服装协会评价为"代表中国男装的最高品质"，并获得中国服装协会颁发的中国服装品牌品质大奖，成为大杨集团一道亮丽的名片。

引进来　走出去

李桂莲坚持学习，每日阅读报纸，了解国家大政方针，阅读经济学和其他种类书籍，拓深商业思维。她有一颗炙热的爱国心，也有一颗宽厚的包容心。"坚持建立文化自信，打造民族品牌；坚持'引进来，走出去'，取长补短，助力企业茁壮成长"是她的经营战略。

1984年，李桂莲首次出国学习，一行七人来到日本服装企业。"日本的工厂使我耳目一新。日本人苛求完美，对质量的把关非常严。对每一个细节、每一个步骤都要检查。我们现在才提出'高品质发展'的生产理念，日本比我们早了几十年。"

从日本回来后，李桂莲加紧工厂改革，短短十个月，工厂面貌焕然一新。"难怪过去外商不喜欢来我们厂里，午饭只吃带壳的鸡蛋。你去日本企业的生产间看看，地板上一个布条和线头都没有。现在，外商都抢着来我们这里吃饭，还夸厕所干净得可以睡觉。"

日本之行使李桂莲愈发意识到这种企业模式的珍贵，也将她骨子里的韧劲悉数挖出。她常教导身边的人：眼睛盯在质量上，功夫下在管理上，主意打在用人上，职工的冷暖要常挂心上。她效仿日本企业，安排职工做早中操，提升员工各项福利待遇。她尤其注重学习日本的"精工细作"，从制版型到技术供应一点点学习，要求衣服内侧决不能看到一个豆粒大的线团。

参观完日本，李桂莲马不停蹄地前往欧美顶尖服装企业和时尚之都参观学习。欧美西服注重板型款式，这给了她新的启示。她与阿玛尼等大牌合作，聘请国际顶级设计师做技术总监。她敏锐地意识到将欧美西装的款式和日本西装的精工结合，将找到有利于自己发展的道路。1995年，高级男装品牌TRANDS（创世）被推出。

手工制衣的传承是李桂莲极为关注的一个方面。"社会浮躁与日剧深，愿意学手工制衣的年轻人越来越少。"为此，李桂莲专门建了生产车间，邀请意大利著名设计师，手把手教学员手工缝制。生产间的客厅里挂着题有"工匠精神"的牌匾和穿在模特身上的手工制品。"大杨一定会把行业的工匠精神和技术传承下去。中华民族需要这样的精神。"

李桂莲开放包容的态度和"引进来，走出去"的经营战略为大杨集团赢来海内外不少朋友。全球知名服装企业纷纷派人参观学习。"太震撼了，每年都能看到进步！"美国某知名服装企业每年都来学习，他们对大杨赞不绝口。更让他们震撼的是工人们愉悦的工作状态，井然有序的管理模式和车间干净的卫生环境。在这里才能真正感受到服装的灵魂。正如李桂莲常说的"不是你选服装，而是服装选你"。

前来交流的还有日本企业，日本最大的服装企业青山商社更是频频造访。

大杨集团的每一次进步都得益于主动积极的学习。从中档服装到高档服装，再到单裁定制，它正跻身于世界顶尖品牌的行列；从互联网信息化、线上定制和AI智能化，它一路搭载信息技术的快车。李桂莲永远紧盯着新事物，在电商还处于"萌芽"阶段时，她就开始尝试线上西服定制，通过快速高效的信息传导，五日内就能将成衣寄给客户。这一套堪称完美的线上高级定制系统使线上定制在短短十年间，已达到高级定制总业务的40%。

大杨集团在各个工厂实行智能化运作，包括智能立体裁片、辅料自动化配送、自动绣花系统等技术。2018年，大杨集团已投入1.2亿元用于智能化研发，

2019年将继续投资智能化研发，目标是工厂智能化全覆盖。

"以人为本"的企业内核

1984年在首次率团去日本参观后，她惊讶地发现日本企业的员工跳槽率极低，细细观察后发现，人性化管理是主要原因。"员工不为高薪所动。""企业应该培养员工的归属感。"她感慨道，"企业领导把员工当成自己的孩子般看待，要尊重员工，要推己及人。"回国后，李桂莲大刀阔斧进行改革，员工工资上涨了，福利加多了，休息时间加长了，甚至每天上午和下午还加了做操时间。她感慨道，"服装行业是密集型产业，与民生息息相关，取之于民，用之于民，更要关心人的生活和发展。"

大杨集团的文化核心是"以人为本"。李桂莲经常叮嘱身边的高管"要把职工的冷暖挂在心上"。我们参观集团的生产车间，看到处处明亮干净，工人生产有条不紊，员工餐厅干净卫生，餐饮丰富营养。此外，大杨还建立了员工超市，员工廉租房，职工学校，员工养老金，并为工作满一定年限的员工开放公司福利房低价购买权……

曾有一位老员工退休后生病，生活无法自理，而且家境贫困。李桂莲听闻，忙派人探望，并亲自送上医疗费，还为他专门请了护工，每月额外发给他生活费。她说："老员工曾为企业奉献过，我不能亏待他们。"

大杨集团在大连的每个区都建立了职工幼儿园。我们走访了杨树房街道的幼儿园。园外门卫森严，两栋米色的三层教学楼连在一起，拱形门窗色彩缤纷，形象活泼，楼前是一大片草坪，空地上整齐地摆放着活动设施。教学大厅的展示墙上贴满绘画和手工作品，这全是孩子们的杰作。一位笑容和蔼的园长接待了我们，孩子们从活动室的小门里挤出脑袋，叽叽喳喳地讨论，"他们是谁啊？"有的还冲着我们喊，"阿姨好！"在色彩缤纷的长廊两侧，贴满孩子们的创意作品，用布块、线条和纽扣拼接的各类动物；活动室按小组分为"一车间""二车间""三车间"，桌上摆着孩子们独立创作的裁剪模板和已经做好的服装模型。园长告诉我们，孩子们知道父母每天做的工作，从小就体会到父母的辛苦，也知道这份工作的意义。很多孩子还立志长大要去大杨集团做设计师呢。

随着集团近年来的快速发展，李桂莲也积极投身社会扶贫工作。她慷慨捐助农业、教育、城镇建设、医疗卫生、社会福利等公益事业。累计投资2000多万元，用于救济普兰店地区贫困、下岗人员，并向环卫工人、街道敬老院以及汶川等地震灾区捐款捐物。李桂莲慈善基金每年无偿为扶贫帮困事业捐助100万元。此外，她还积极实施助教工程，并在东北、西南地区创建10多所"创世希望小学"。

为了回报家乡，李桂莲带领集团在家乡杨树房街道建设工业小区，开发大杨农民城，建设大杨国际服装工业区，陆续兴建12家大型服装企业，14栋建设总面积10万平方米的标准化、现代化工业厂房，使昔日落后荒凉的黄土岗实现"六通一平"。李桂莲积极发挥服装产业优势，广泛吸纳城乡剩余劳动力和下岗待业职工就业，带动周边和东北地区群众脱贫致富，11000多名剩余劳动力走上了致富之路。

最佳农民企业家、全国优秀女企业家、全国三八红旗手、两届劳模、中国乡镇企业功勋，七、八、九、十届人大代表……一个个闪亮的荣誉见证了这位女企业家的奋斗人生，40年韶华弹指过，几代人的坚持成就了中国最知名的服装企业。正如李桂莲常说的，"一群人，一辈子，一件事"。

从创业者到"达济天下"的人生之路

——真维斯国际(香港)有限公司董事长　杨勋

20世纪70年代,香港纺织行业一派欣欣向荣之景。80年代改革开放,境外资本逐渐注入内地。90年代,品牌概念席卷大陆,休闲服装连锁专卖店如雨后春笋。这三十年如一夜春风催生满树梨花,而这股风也催生了一批具有远见卓识的企业家。他们凭着勤劳和勇气,驾驭着果敢与敏锐的心性,快速完成人生的原始积累,进而掀动社会进步的浪潮,向着人生目标越走越近。正如中国传统文化对"士"的精神阐述——穷则独善其身,达则兼济天下。真维斯国际(香港)有限公司董事长杨勋便是其中最重要的一位。

杨勋

香港筑梦:"旭日"冉冉上升

1952年,杨勋出生于广东省惠州市。中学时,他接受"知识青年上山下乡"的号召,来到惠州农村,接受"贫下中农再教育",知青的生活改变了他的人生轨迹,农村与黑夜成为他生命的主旋律。农活、农具、农舍和对青春的磨损与毫无希冀的未来如黑夜笼罩着他的青春岁月。

"我一年大概能挣两千工分,一工分不到一毛钱。"杨勋回忆那段艰苦的岁月,"生产大队不穷,能吃饱饭,每人一年六百多斤大米"。但杨勋并不满足于此,他对人生充满希冀,也有足够的力量去施展抱负,像羽翼丰满的苍鹰,从不愿意局限一隅。

"哥哥杨钊比我早五年到香港,给家里寄钱寄物。"他开始筹划一场远行。鲲鹏远行,三月积粮。一个从未离家远行的16岁少年,为自己的未来,正秘密筹备着,朋友、亲人,甚至父亲都未曾透露过。少年的心中装满对未来的期待和壮志将酬的炙热,带足三日的口粮,一路涉险,沿山而行;白日休息,夜里潜行,风餐露宿,无论野兽,月明星稀而胆气愈纵。山路已尽,海浪冲天,对岸依稀见,无数夜里,海市蜃楼飘摇如梦。扎进深色蔚蓝,他奋力游向对岸,将恐惧、贫穷、落后通通抛在身后,六小时后,他横穿海峡,抵达魂牵梦萦的香港。"所有的财物只剩下一条泳裤。"而日后,正是这个少年打下了服装行业一片江山。

"16 名从广东来的制衣工蜗居在 40 平方米的笼屋中。"居住环境的恶劣并未使他退缩。为了生存,他辗转于三个工厂,从底层熨衣工做起,每天工作至深夜。

彼时的香港,第一条海底隧道刚刚建成,九龙和港岛连在一起,电影、电视、实验剧场、音乐会和印刷业、新闻业蓬勃兴起。与此同时,纺织业和制衣业也成为香港最兴盛的产业,很多工厂承接海外品牌服饰的代加工。杨勋每天打三份工,他勤奋好学,又爱思考,仅两年时间,就从熨衣工升到主管,又升到厂长。

20 世纪 70 年代初,杨勋和哥哥开办了一家小制衣厂,起名"旭日制衣厂",意喻像早晨的太阳一样冉冉升起。工厂起初靠代加工存活。杨勋凭着刻苦的钻研精神,发明了一种给牛仔裤打格子的模具,解决了打格子难的问题。"格子牛仔裤"为旭日带来第一桶金,旭日迅速扩张,在竞争激烈的香港站稳了脚跟。

首创"三来一补":打开外部市场

1975 年,香港地区首次超越意大利成为世界上最大的成衣出口地区。服装出口竞争更加激烈,出口配额紧俏。杨勋顺势将旭日生产车间转移到配额免费甚至出口补贴的菲律宾和印度尼西亚。

1977 年,杨勋敏锐地嗅出内地即将开始改革的破冰之旅。多年来积累的商业经验和敏锐的商业头脑使他意识到在内地建厂的低成本和服纺行业的市场潜力。杨勋顺势而为,在内地市场急需发展的时候,在华润集团和香港中南银行的推荐与支持下,杨勋时隔多年,再次回到了内地。

1978 年 3 月,旭日集团在广东顺德容奇镇投资建厂,成为第一个进军内地的香港企业。由于国内没有先例,杨勋总结在菲律宾和印度尼西亚的建厂经验,提交国务院相关部门。不久,旭日集团成为首间获得国家批准通过"补偿贸易,来料加工"投资模式建厂的企业。将境外先进的制衣技术、机器引进内地,在改革开放的初始阶段开启了最新的合作模式。随后数年间,旭日集团成功将"三来一补"的贸易模式推广运用到 200 多家工厂，直接提升了当地纺织服装业的产业升级并带动了当地的经济发展。

杨勋回到内地，面对的是一片衰颓的纺织业。厂房坍塌、机器生锈、管理混乱，厂区内杂草丛生，一些地方的印染厂和织布厂甚至处于停工状态。他不断拜访各地政府官员，与纺织厂厂长交涉，告诉他们自己的订单可以使这些工厂起死回生。短短两年，杨勋便整合内地 200 多家企业为旭日做代加工，由旭日统一管理，提供生产技术，而旭日香港总部则专注获取境外订单和转口贸易。这种简单的分工使得香港总部和内地工厂有了高度密切的配合。源源不断的订单从香港总部发往内地工厂，开足马力的工厂如同一家高速运转的印钞机，双方曾在两个月内合作生产 500 万条牛仔裤出口美国，每条净赚五美元。

1985 年，旭日集团开始挺进房地产业。"当时资金有富余，我们将工厂厂房和办公室大楼都买下来。一来节省管理成本，二来方便自己用，三来可以抵押给银行做信誉担保。" 1986 年，旭日开始投资物业。最初在尖沙咀耗资 2.8 亿买下 2.4 万平方米的办公大楼，到 1995 年已增值达 14 亿元。1997 年，在尖沙咀斥资 12 亿元购买地皮，耗资 7 亿元建办公大楼，这就是现在为集团带来多个建筑设计奖项的"北京道一号"。从最初的出租物业起步，旭日成功拓展至现时的自行策划、投地、兴建、销售、租务、管理等全面性投资。集团目前在中国的香港和内地、中国澳门、新加坡、加拿大和美国等地拥有多栋商业大厦、工业大厦及多间住宅等出租物业。金融方面，旭日集团有专门的金融组，负责管理集团在股市和其他金融市场的投资活动。

旭日从香港制造走出境外，又走向内地，由工业制造走向多元经营，由工贸为主转型为以服装零售为主，成为企业寻找市场空白，走向规模发展的一个缩影。

从"名"牌到"民"牌：真维斯的转型之路

20 世纪 90 年代，旭日蒸蒸日上，创业至此已无生存羁绊，工厂生意稳定，盈利无忧。但杨勋终不是"小富即安"之人，制衣业起家的他对服装有特殊的情结，拥有自主品牌注定会成为他事业的新起点。"销售自己的产品是占领市场最好的办法"。

1993 年，旭日集团充分调研中国国内市场后，大胆转型，从上游到下游，由工贸转型零售，把昔日代工的澳大利亚休闲服装连锁品牌 Jeanswest 收入囊中，拥有了自己的零售品牌——真维斯，并在上海开启第一家零售门店。从店铺选址、售货员培训、服装陈列以及销售体系，都进行了跨时代的尝试。店铺里的装修细节、货架摆放、颜色搭配都给人新鲜之感。打破以往传统百货商城的购物模式，顾客可以随便试穿，随意挑选，舒适闲适，真正体现"休闲服饰"的本意。位于青岛国货八层的真维斯一经开店，便被抢购一空。开张5小时，就卖出去8万元，第一天结束，销售额达18万元。

随后，真维斯专注开拓大陆市场，捷报频频，杨勋以长江流域和黄河流域划分界限，设置真维斯国际和大进投资两家公司，使其相互协作、相互竞争，快速占领内地休闲服装市场。"一家公司难以承担内地市场，而且各地方消费认知不同，成立两家公司，更容易找到彼此的销售重心。"与此同时，真维斯"百市千店"的计划也在推行，上海、青岛、武汉、石家庄……在零售业发展最高峰时期，真维斯在境内开设销售店铺累计超过3000余家，在大力发展境内业务的同时，真维斯还积极开拓境外市场，开设境外销售网点200余家。

品牌热潮总有退去的一天。从1996年开始，行业竞争激烈和市场疲软等问题层出不穷，杨勋冷静面对市场危机，大刀阔斧改革：从"引领潮流"过渡到"紧跟潮流"；价格下降，品质不变，做到"物超所值"；继续扩展店铺数量，辐射全国，做到"名牌大众化"。从一线城市到二线城市，180元的牛仔裤降到99元，一件T恤39元就能买到。真维斯真正做到了从"名"牌到"民"牌的转型，这既是品牌的转型，也实现了杨勋回馈社会的愿望。

士不可以不弘毅：社会责任与企业家精神

"穷则独善其身，达则兼济天下"是杨勋身体力行的箴言，他认为推动社会进步是企业家义不容辞的责任。多年来，他坚持发展公益事业，先后协同中国青少年发展基金会、中华慈善总会、中国扶贫基金会等机构开展援建希望小学，设立大学生助学基金，实施希望教师计划、西部志愿者计划、青年创业就业计划和开展关爱农民工子女等公益项目。

在他的引领下，旭日集团在中国香港和内地及世界其他地方开展扶贫救灾、兴教办学等慈善工程，推动公益事业，服务祖国，回馈社会，已为国家公益、扶贫济困、抗震救灾、博爱捐医、兴资助教等事业捐赠23亿港元。自2008年起，杨勋及所带领的真维斯公司共荣获6次由国家民政部授予的"中华慈善奖"。在杨勋的带领下，真维斯的爱心行动已经在全国31个省市构建出了一幅巨大的公益版图，爱心足迹从北向南，从东到西，贯穿整个中国，让"为爱出发"的口号真正落实在中华大地的每个角落。

杨勋及旭日集团也十分关注服装行业人才的培养与发展，27年来始终坚持举办"真维斯杯"服装设计大赛，为更多年轻的设计师提供展现才华的舞台，也为行业输出更多的新鲜血液。"大赛坚持走过那么多年，原动力是我们对社会责任的坚守。坚持不懈地为休闲服装设计领域提供源源不断的生力军，与真维斯的'民'牌价值观吻合。未来，我们要见证更多的设计新生在真维斯杯的舞台上展现才华，一同见证中国服装行业的变革与蜕变。"杨勋坦言。

此外，杨勋及旭日集团还不遗余力地推动纺织服装行业发展。他身兼中国外商投资企业协会副会长、中国纺织工业联合会特邀副会长、中国服装协会副会长、香港制衣业总商会会长等行业职位。"企业家应身负推动社会进步的使命，行业的繁荣是我义不容辞的责任。"他积极投身服装行业教育工作，为行业发展培养人才。在出任香港制衣业训练局主席、东华大学旭日工商管理学院董事会主席、惠州学院旭日广东服装学院董事会主席等教育界公职期间，他大力支持惠州学院，开展基于RFID的服装智能店铺应用研究，该项目在他的推动下荣获中国纺织工业联合会颁发的科学技术奖。

杨勋还是一位具有家国情怀的优秀企业家，2018年，杨勋被委任为第13届全国政协委员，为国家出谋划策。他关心祖国下一代的成长与发展，不遗余力地支持院校发展，深化校企合作，共谋发展之路。从1988年开始，杨勋带领的真维斯与惠州学院服装系开展了校企合作的模式，在实践教学、教学条件、人才培养方案制定、奖教金、专业方向发展、课程建设、实习基地建设等方面进行全方位、长期的物质资助及技术支持。杨勋本人也身体力行，通过在全国各大高校开展主题演讲的方式，将他对中国近三十多年来发展中的纵度识见，与青年学子们分享，为他们指点人生道路上的迷津，希望他们未来能有更好的发展。迄今为止，杨勋坚持开展的《创业与守业》主题演讲已有124场。

"士不可以不弘毅，任重而道远"。从一个乡村的追梦少年到心怀天下的社会企业家，再到肩负家国责任的政协委员，杨勋在不断的自我超越中一次次完成人生的升华。从"小我"到"大我"，他真正实现了中国千百年士人"达则兼济天下"的梦想，完成了"大庇天下寒士俱欢颜"的人生信仰。

致知力行　新姿开启溢达改革开放新时代

——溢达集团董事长　杨敏德

时势造英雄。改革开放的春风唤醒了沉睡的中国工业，涌现出一批勇立时代潮头的民族企业，溢达集团可谓其中的佼佼者。作为成立于改革开放元年、最早进入内地投资的香港纺织企业，溢达响应改革呼唤，投身到改革洪流之中，为中国经济发展贡献了自己的力量，成为中国40年改革史的重要见证者。溢达的先锋精神背后，离不开掌门人的视野与格局。从家族手中接过溢达的重任之后，杨敏德便凭借运筹帷幄的智慧与独树一帜的领导力，引领溢达走出了一条锐意进取之路，缔造了纺织行业的典范。

杨敏德

英雄造时势。纵观溢达的发展历史，从不局限于小我，而是与中国纺织工业的发展密切关联。经过40年的不懈奋斗，而今，中国已经成为全球第二大经济体，百年来中国人的"强国梦"正在慢慢变成现实。在杨敏德的引领下，溢达正以更加与时俱进的精神，彰显着全新历史坐标下的时代新姿。无论走进新疆，成为西部大开发的先行者，还是为"中国制造"创造绿色典范，以及聚焦"一带一路"与全球化战略等，都赋予了溢达新的内涵。于砥砺奋进之中深化改革开放，溢达开启自身发展新时代的同时，也推动了中国纺织制造业的转型大计。

衣钵相传　勇担纺织大业

作为美国麻省理工学院和哈佛商学院的高才生，杨敏德在涉足纺织行业之前，原本在金融领域发展，但从小深受长辈实业救国梦想熏陶的她，后来走上了办工业的路，回港协助父亲杨元龙于1978年创办溢达集团。

办工业令人联想到艰苦经营，"我自小听外祖父讲做工业的故事，他很欣赏早年清华大学的校训：实业救国。工人收入提高，可以提升社会素质。溢达模式也希望能够实现这个理想。"杨敏德表示，外祖父蔡声白是民国时代著名丝织工业家及国货运动重要领导人，其主办的美亚织绸厂曾是丝织业界巨擘。父亲杨元龙一生从事纺织制衣业，通过自己努力，成为香港乃至东南亚地区著名的纺织工业家及贸易专家。20世纪60年代长期担任香港棉纺织咨询委员会会员，代表香港参与《关税与贸易总协定》与《多种纤维协定》的制定。50~70年代，香港是全球主要的成衣生产基地。1978年内地实施改革开放政策，为溢达的创立和日后在内地的发展创造了千载难逢的条件。

从补偿贸易合作开始，溢达进入内地投资，从而也帮助中国纺织走向世界。1978年8月10日，与中国纺织品进出口公司江苏省分公司签订补偿贸易协议书，也是该省最早利用外资的项目。除江苏外，之后溢达在山东、河南、湖北、北京、上海等地均有投资，合作模式多由溢达负责出资引进先进设备，指导合作工厂生产出口服装。这些项目的开展不仅实现了国家创汇任务，先进设备及现代管理方法的引入缩短了中国纺织制衣业与其他国家的差距，对中国各地的纺织服装生产企业的升级发展具有积极的帮助。在中国各地投资创办多家合资企业，到90年代末，溢达曾经的合作伙伴已占据中国纺织制造业的半壁江山，溢达在此过程中也不断茁壮成长，积累更多实力继续服务于中国的改革开放。

继往开来　成就行业翘楚

凭借运营管理的出色才干，杨敏德被多份国际杂志誉为全球最具影响力女强人之一。溢达传奇的缔造在于汲取长辈的理念精髓，并在此基础上融入自己的创新智慧。接管传统行业，并将其变为一个适应现代社会的行业，杨敏德带给溢达的是完全不同于传统模式的分析性思维方式，面对企业老一辈职工的舆论施压，她并未退缩，而是坚持大胆挑战传统。

多年来，溢达践行道德操守（Ethics）、环境意识（Environment）、开拓求新（Exploration）、卓越理念（Excellence）、学习精神（Education）的5E企业文化。从进入内地投资纺织开始，溢达就将提升纺织技术水平放在优先位置，对人才与科研工作极为重视。无论补偿贸易阶段，还是后来的合资和独资时期，溢达都乐于为当时中国的纺织企业引进国际上最先进的设备与管理技术，还从海外聘请了纺织及相关专业的专家到各地工作，支持内地纺织企业的生产与管理的革新，这对于中国纺织业的技术发展是重要一步。

杨敏德认为，纺织服装行业中要保持竞争力，必须要掌握先进的科技，人才则是保证科技应用流畅的最重要资源。因此从一开始，溢达就努力吸收优秀人才加入管理团队，通过多元化人才结构战略，打造具有高度学习精神的团队。

为了加速人才培养及科技研发水准，溢达与中国高校及科研机构保持高度合作关系，开发先进纺织技术，对这些高校相关学科的科研及成果转化起到积极的作用，同时注重推动经济管理学的中外交流。杨敏德非常鼓励相关学科学生将所学知识运用于中国工业实践之中。她是清华大学经济管理学院顾问委员会、上海交通大学安泰经济管理学院顾问委员会、中山大学岭南学院顾问委员会及中欧国际工商学院国际顾问委员会等成员，并且聘请不少优秀的毕业生到溢达集团任职，溢达也为清华大学苏世民书院的硕士生提供就业机会。

在与生产相关的众多环节上，溢达投入大量研究基金，包括棉花培育、污水处理、染纱和面料生产工序、循环经济、制衣生产技术等。在高明、新疆先后成立研发中心，每年以销售预算约3%这样罕见的投入力度用于研发。经由人才优先与科研创新战略，溢达一直在行业内保持最高的技术水准，是广东省工业界有名的"专利富豪"。在过去40年中，溢达培养的纺织人才不但推动集团的发展，许多人才也在流动中遍布于全国的纺织业界，成为生产技术骨干与管理精英。

溢达对内地纺织业的投资不仅限于传统工业基地，也包括工业基础薄弱的西部地区，从而促进国家经济平衡发展。制造优质的面料，需要优质的纱线，然而市场上优质纱线难求，而中国最优质的棉花，就是新疆出产的长绒棉。1995年接任溢达集团董事长的杨敏德做出了一个大胆的决定——到新疆投建纺纱厂。从这一年开始，溢达集团先是在新疆建立棉纺企业，后来又发展到棉花育种、种植、扎花等上游生产链。溢达在新疆历年投资总额逾1.82亿美元，是规模最大的港资企业，目前拥有7家公司，纺纱规模扩大到22万锭，更重要的是采用专业化的流程管理和从欧洲引进领先的自动化设备，大大提升纺纱的技术含量，为新疆的经济发展做出了卓越贡献。

在新疆发展纺织业的同时，溢达也一直支持社会公益事业。从1997年开始溢达就启动"溢达小学"公益项目，至今已在新疆各地捐建22所小学；2002年又启动"溢达图书网"公益项目；2003年在新疆建立溢达杨元龙教育基金会，帮助社区弱势人群；2004年，开展"环保万里行"活动；2005年溢达启动乌鲁木齐地区艾滋病家庭儿童关怀项目；2007年与渣打银行合作，在新疆开展为棉农提供小额贷款的试点项目，帮助低收入棉农；2010年启动"溢达-诺华健康快车万里行"公益项目；2012年起，赞助"明眸计划"视力筛查公益项目，在吐鲁番、伊犁、阿克苏三地为中小学生进行专业视力检测,并为视力不佳学生免费配发眼镜;溢达也一直坚持各民族共享发展成果,在企业经营中,曾获国家民族宗教事务委员会颁发的民族团结示范点称号,为改善少数民族生活与创建团结局面方面积累了丰富的经验。

秉持初心　绘制溢达新篇

改革开放40年来,中国的变化翻天覆地,溢达也从未间断奋进的脚步,改革开放进程不断深化的当下,可持续、品牌化、全球化、智造等,成为纺织工业的新方向。在杨敏德的引领下,溢达秉持初心再出发,新姿前行,诠释可期的未来。从粗加工转向深加工;从单纯的工业生产到创新研发为驱动的产业垂直生产链的打造;从劳力密集型加工,转向绿色智慧型生产——溢达正在不断改变人们对传统纺织业的刻板印象,将产业推进到最新的发展领域。

因在环保上走在行业前列,溢达成为"中国制造"的绿色典范。从创建以来,溢达一直努力在生产技术和工艺流程上追求精益求精,最大限度地减少工业生产的能源消耗,通过科技创新及可持续发展战略实现传统纺织企业的转型,在行业内最先做到清洁生产,节能节水、污水循环利用等专项技术改造也已经取得重大成果,通过二三十年前瞻性的实践,已经站在中国纺织企业的前沿。为探索可持续发展之道,从2001年开始,溢达先后在高明、乌鲁木齐举办了多次国际性的"可持续发展论坛",2014年开始每年在桂林开展"十如对话",汇集世界范围内的专家学者、环保组织、政府部门参与探讨可持续发展之路。

2013年,中国政府提出"一带一路"的顶层战略构想,使得中国企业的海外展有了更明确的指导思想。溢达早在20世纪70年代末成立之初,已经开始海外布局。"一带一路"南线沿线国家地区中,处于中点位置的马来西亚是溢达集团的重要基地之一,溢达运营的东方制衣厂目前仍是当地最大的成衣制造企业;斯里兰卡被视为海上丝绸之路的关键节点,中国企业最近在该国投资高达60亿美元,早在80年代初就进入斯里兰卡的溢达是一个重要企业;毛里求斯是亚非经济走廊的明珠,目前是中国对非洲投资的重要平台,溢达则早于1978年已进入该国开办制衣工厂,在该国的投资与经营经验对中国企业进入毛里求斯以及非洲很有借鉴意义;越南是中国"一带一路"南线中第一个与中国接壤的关键国家,溢达从2000年开始已经在越南部署建厂。

最近几年,溢达加强了在"一带一路"重点节点地区的投资力度,以实际行动响应国家战略部署。除此以外，亦致力协助中国政府优化有关纺织成衣的政策措施及应对国际的贸易谈判工作，有力地保障和促进了中国纺织品出口的有序及健康发展。

进入21世纪之后，人们越来越感受到新一轮技术革命正在迅猛袭来。全球生态系统的告急、劳动力成本上升、互联网及IT技术的迅速发展，以及人们价值观的变化，都在重新对制造业提出新的要求。几乎与德国率先提出"工业4.0"概念同步，溢达投资20亿元在桂林兴建"十如"项目，运用智能化改造生产模式，把生态旅游与工业结合，打造集纺织、制衣、物流、体验中心等元素于一体的低碳型生态旅游工业园区，实现工业与自然环境的完美融合，"天人合一"，引领中国纺织业未来走向。

"工业4.0"的目标是建立一个高度灵活、个性化和数字化的产品与服务的生产模式，在生产过程中采取"智能工厂""智能生产"的模式，产品流转使用"智能物流"方式。溢达在纺织行业内最先将以上理念运用于创新实践之中。2017年7月，溢达投资3亿元人民币在昌吉溢达纺织有限公司内建设的3万锭全流程智能化车间建成投产，成为新疆首个全流程智能化纺纱项目。另一方面，在广东溢达公司，自动化智能生产已经普遍推行。

从1984年开始，溢达已积极发展自己的衬衫品牌——派，希望给消费者带来更环保和优质的服装品牌体验。2016年更推出"十如仕"，向新一代的消费者传递可持续发展的价值观。杨敏德提出，中国应该成为世界范围内纺织服装行业的领袖，"中国制造"亦应该成为高质量品牌产品的标志。

作为中国改革开放巨大历史变革的见证者与参与者，溢达集团的发展史，恰是中国改革开放发展40年历史的生动案例，是中国工业制造改革转型的缩影。溢达的不断发展及其对中国经济发展所做出的贡献，充分证明了只要不断追求卓越创新，坚守社会责任，企业便拥有了制胜的核心竞争力。包括杨敏德在内的溢达人坚信，未来可期，要继续践行深化改革开放之路，绘制溢达的新篇，为把中国纺织业带入新时代继续贡献洪荒之力。

城市集体企业改革的先行者

——原海盐衬衫总厂厂长 步鑫生

2015年6月6日,步鑫生走完了自己81年的人生。他跌宕起伏的一生伴随着中国历史时期的巨变,也见证了社会主义初级阶段"三大改造"和改革开放的时代变迁,更作为弄潮儿,带动了城市集体企业走上改革之路。

步鑫生

企业改革 崭露头角

1934年,步鑫生出生在浙江省海盐县一个裁缝世家。家人给他起名"鑫生",母亲嘀咕:"你背太多金子在身上,长不大。"步鑫生犯犟:"不背东西怎么有动力?有压力才有动力!"九岁时,父亲去世,从此家道中落。体弱多病的步鑫生十一岁才上小学,但他聪颖早慧,资质颇高,辍学在家跟堂哥学习制衣后能快速掌握一流的技巧,镇上有头有脸的人都喜欢找他做衣服。业余时间,步鑫生读《钢铁是怎样炼成的》,保尔·柯察金坚韧不拔、倔强上进的精神深深感染了他,他发现自己的性格中也有刚强、上进和不服输的一面。1956年"公私合营"后,步家的荣昌裁缝铺就此合作化。1962年,他被调到红星服装社任裁剪师傅,那时就已表现出十足个性:胆子大、悟性高、办法多,主观意识很强,也因为敢想敢说特立独行,成为厂里的争议人物。也正是这些特质,逐渐推动他成为中国的改革先锋式人物。

20世纪70年代的海盐衬衫总厂经营僵化,管理落后,人员冗杂,效率低下。1979年,步鑫生就任海盐衬衫总厂副厂长,接手衬衫厂时全厂固定资产只有2万多元,年利润5000元,厂里连年发不出老工人的退休金。步鑫生认为"大锅饭"是祸端。彼时,安徽凤阳等地实行的农村土地联产承包责任制已见成效,他活学活用,很快整理出一套工厂改革措施。

联产计薪是改革的第一步。他规定按劳分配,日算月结,实超实奖,实欠实赔，奖优罚劣。按劳动量计算酬劳，上不封顶，下不保底；将年终奖和劳保福利一起考核；辞退屡教不改的"懒汉"职工。

"你砸我牌子，我砸你饭碗。"步鑫生对产品质量同样提出严格要求。他认为质量是工厂的生命。质量评估标准很快出台，厂里据此评优并颁发"质量奖"。"坏一赔二"的规定也同时出台。

步鑫生同样重视开拓产品市场。他坚守信誉原则，年年举办订货会，邀请全国各地百货商店的负责人参观和选购，并积极承担他们的食宿，从上海专门租来轿车接送客户，最终扩大了销路，抛掉了积货。

劳保福利制度是步鑫生改革的第四步，他提出病假不发工资，只发补贴，有效解决了"泡病假"问题。每天上班之前，他亲自做"门卫"，迎接职工，也以此检查劳动纪律，表扬按时上班的职工。酌情扣发迟到或旷工者的工资，按比例给真正生病的职工补贴生活费。

步鑫生常说："靠牌子吃饭可以传代，靠关系吃饭要倒台！"他的品牌意识强烈，认为"人无我有、人有我创、人赶我转"，分别创立"唐人牌"男式衬衣、"双燕牌"女式衬衣、"三毛牌"儿童衬衣三个高档品牌，并出资在上海人民广场树立了一块霓虹广告。而当时的上海人民广场附近只有"三洋电器"和"中华牙膏"两家广告牌。

"从严治厂"的效果很明显，海盐衬衫总厂从 1980~1983 年增加了 300 多人，衬衫产量大幅度提升，年产高档衬衫 130 多万件，出勤率保持在 98% 以上，远超国企当时普遍的出勤率 80%；工业总产值达到 1028.58 多万元，实现利润 58.8 万元，上缴国家税款 49.5 万元，分别比改革前的 1978 年增长 4.3 倍、4.2 倍和 2.6 倍。这家厂也成为海盐县首家产值超千万元的企业、浙江省最大的专业衬衫厂。

破旧立新　毁誉参半

步鑫生在破旧立新方面也有很多建树：组建了全国第一支厂办时装表演队；设计厂标、制作厂徽、统一厂服、谱写厂歌，举办一年一度的厂庆；花几千元钱在厂门口种植六棵龙柏，为了接待外宾建了 150 平方米的现代化自动接待室。步鑫生大刀阔斧的一系列改革取得巨大的成效，引发媒体的一系列报道，同时也受到国家领导人的重视。

1983 年 4 月 26 日，《浙江日报》和新华社浙江分社对步鑫生的改革进行了报道："抓住这个指引人们向上的活榜样，对干部进行十一届三中全会以来党的路线、方针、政策的教育，统一思想，推动经济建设和整党工作。"1984年2月，"向步鑫生学习"的热潮霎时席卷全国。

巅峰滑落　东山再起

1984年，步鑫生登上"神坛"，而这一年，也是他从巅峰滑落的开始。1983年，中国刮起一股"西装热"，海盐衬衫总厂被下发完成30万套衬衫的指标。同年，6000平方米的西装大楼开始建设。但"西装热"如同一场风暴，转瞬即逝，市场出现西装滞销现象。而此时，海盐衬衫厂临时建立的印染车间也由于技术不过关暂时停工。此时步鑫生和他的衬衫厂饱受内忧外患的摧残，不久，财务便发出亏空的预警信号，债务越来越重。

此时，"西装热"已经过去，海盐服装厂应停止生产，但步鑫生却认为可以再坚持两年，等到"西装热"重来，再抢占市场。因为意见不同，不久步鑫生到浙大学习。第二年3月，步鑫生又被要求回厂，他立下军令状：给我三年时间，我要使海盐衬衫总厂恢复生机，重新起飞。但很快，步鑫生在第二年1月便被免职。

步鑫生含泪离开海盐，北上创业。在北京，步鑫生把一个童装厂改成了衬衫厂，创出了"金宝路"品牌；在辽宁盘锦，他生产的"阿波罗"衬衣广受追捧；1993年7月，以他的名字命名的秦皇岛步鑫生制衣公司出现在渤海之滨。

2001年9月4日，步鑫生因患肿瘤切除了肾脏、脾脏。他决定退休，而后定居上海，不肯归乡。

晚年的步鑫生将自己的字画、书信等物品全部捐献给海盐县政府。大手术后他告诫家人，无论手术结果如何都不要责难医生。2015年6月6日7时30分，81岁的步鑫生在家乡嘉兴海盐病逝。生命的最后时刻，他给自己挑选好湖蓝色衬衣、蓝色领带和西装，以最体面的方式离开了这个世界。

著名的经济学家厉以宁谈起步鑫生时说，市场化企业的成长，必须建立在产权清晰的前提下，否则，即便是一个天才型的企业家仍然难有作为，"步鑫生现象"无疑是无数例证中的一个。

步鑫生的改革创新精神和实践经验，给后来的企业家留下太多借鉴之处，而作为中国企业改革的先驱者，他也为上层改革者留下有关中国企业改革问题的思考与亟须完善的空间。

大道致简　专心专注

——湖北天门纺织机械股份有限公司董事长　沈方勇

改革开放以来，中国纺织工业栉风沐雨，砥砺前行，成为国民经济重要的支柱产业和民生产业。跨入行业近四十年，湖北天门纺织机械股份有限公司筚路蓝缕，自强不息，从小到大、由弱变强，成为国家高新技术企业和纺织行业知名企业，在不断创新、创造过程中形成了独具特色的核心价值理念。可以说天门纺机既是改革开放的见证者和参与者，也是成千上万纺织行业优秀企业的一个缩影。在芳菲正浓的季节，记者敲开天门纺机董事长沈方勇的办公室。宽敞的空间里非常简洁，除了常规的办公桌椅外，再无特别，倒是墙上的一幅书法吸引了记者的目光——"点子来自用心　万事皆有可能"。我们的采访就由这幅书法开始。

沈方勇

专注再专注　只做纺机

对于用心二字，身为全国人大代表、全国劳动模范、纺织行业劳动模范以及享受国务院和湖北省政府特殊津贴专家的沈方勇有着自己的见解，"用心就是专注，只有专注才能把事情做好做精。"天门纺机真正做到了知行合一。在改革开放浪潮中，既有机会，也有很多的诱惑和变数。国家几十年的高速发展，催生了许多商业"风口"，作为从政转商的当地"名人"，沈方勇可谓机会多多。但几十年来，他和天门纺机似乎没抓任何"发财"机会，一门心思在做纺机，抓研发、抓产供销、抓内部管理……当房地产开发火热时，天门纺机不为所动；当炒棉花、抢打包机指标时，他们心如止水；甚至当中小板、创业板、新三板等一次次资本市场招手时，天门纺机也似乎没作任何呼应。在几十年的改革开放浪潮中，天门纺机始终专注主业不放松，坚持制造思维，坚持自主创新，坚持研发原创，总在努力把产品做好做精，做出品牌，做成名牌。这种专注，虽没让天门纺机大红大火，但使其持续发展、连年赢利，成为行业细分领域"小巨人"，为纺织行业发展做出了一定贡献。

在天门纺机发展的几十年间，经历了许多风风雨雨，但回首往事时，沈方勇却非常平静，娓娓道来。20世纪80年代初，改革开放伊始，原纺织工业部在全国选点，确定原湖北天门第一机械制造厂为生产棉纺并条机的专业厂家。于是，天门纺机诞生了，成为纺织大军的一名新兵。而最终让这个名不见经传的地方小企业走出围城，逐渐被广大棉纺厂家接受、认可的不是企业的名字，而是其生产的产品并条机。天门纺机从装配A272型并条机起步，继而成功研制出FA303型并条机，并获得纺织工业部科技进步二等奖，其中成组交换齿轮技术和三上三下上托式防积尘压力棒双区曲线牵伸技术获得国家专利。一时间竟出现"一机难求"的销售盛况。天门纺机因FA303名噪大江南北。此后，又相继开发出FA305、FA315等型号并条机。齐全的品种规格，能满足用户不同选型要求。直到今天，"并条专家"还是天门纺机的"标签"之一。

其实，天门纺机也曾"心有旁骛"，走过不少弯路。1996年，沈方勇调任天门纺机任党委书记兼厂长。在他到任前，天门纺机开发了很多主业外产品，如汽车安全带、生物肥料、稻麦收割机等，结果是副业没上去，主业掉下来了，整体运行艰难。沈方勇上任后当即改变思路和做法，坚持主业，回归纺机，变多元发展为一业为主。沈方勇强调，"我们专注并条机，是因为已经具备了一定基础，但这并不意味着永远只限于一种产品。我们的目标是向成套纺纱设备发展。专业的人做专业的事，永远只做熟悉的。"当专注成为天门纺机的基因时，无论逆境顺境，天门纺机人都紧抓主业，坚守初心，以特有的专注，务实的风格坚守公司战略定位。

2010年之后，纺织行业增速放缓，很多企业都采取紧缩策略。天门纺机却大手笔投入固定资产，在武汉建立纺织装备研发基地，在天门经济开发区建设新的纺机制造基地。"低潮期只问耕耘。"这是天门纺机人的一贯做法。在一年的时间里，投入资金4亿多元，两个基地同步投入使用，为公司迎接市场回暖储备了充足的能量。前有研究院搞研发，后有强大工厂做生产，前后互动，紧密配合，这不仅使研发的产品能够快速落地、有效产业化，同时也使天门纺机专注于纺织装备水平提升有了保障。目前，天门纺机除并条机有较高的市场占有率外，细纱机也已批量上市，用户评价还很高。

创新再创新　只为更好

有人说，创新是一场寂寞的长跑。那么，唯有专注者，唯有那些长久地专注于特定领域，长时间地保持着那股韧劲和拼劲的人，才能在寂寞的世界里稳步前行，才有希望抵达胜利的终点。天门纺机走的就是这样一条"寂寞"的创新路。

产品是企业发展的关键。在产品开发上，天门纺机走的是自主创新研发之路，每一代新品都不是在上一代产品基础上的简单改进，而是进行了颠覆性的创新，具有原创性。FA303型奠定国内并条机主力产品基础之后，公司相继开发了FA305型和FA315型并条机，运用专利技术提高产品运行速度和品质，从导条牵伸到成型都有颠覆性创新，特别是积极式喂入导条、四大张力可调、油浴齿轮箱、PLC及专用控制面板等的运用，让产品技术水平有了本质的提升。20世纪90年代，公司开发出FA317型并条机，大胆运用四大件机架，大胆运用齿形带替代齿轮传动，大胆运用金属棒进行上罗拉清洁，进一步优化牵伸及传动机构，大大提高了产品运行速度，真正实现了"一配二和一代二"，即一套并条配两台新型粗纱和一套新并条替代两套FA303等老式并条，并且可靠性稳定性有较大提升，还特别节能，用户使用成本极低。进入21世纪后，公司着手开发电子牵伸的新型并条机。通过几年努力，TMFD81S型并条机成熟上市，解决了无级差调整牵伸倍数问题、快速电子调牙问题、电子断条问题等，还实现了双眼机多备桶和两眼气流平衡等。随后，在自调匀整机型开发方面也取得突破性进展，TMFD81L并条机已在"十二五"期间大批量上市，成为市场上主力产品。

管理是企业的基础。天门纺机的发展过程是一个技术创新的过程，也是一个管理创新的过程。走进天门纺机，耳闻目睹能感受到管理者的格局与用心；细细了解，更能感受到无处不在的精细管理所形成的文化。"切实可行又能持续有效运行的制度，就是我们的管理文化"，沈方勇如是说。制度创新为天门纺机的企业管理打下了坚实的基础。这里有几近穷尽的管理内容，有与众不同的监督督查机制，有闪耀智慧火花的管理亮点。打开天门纺机《制度汇编》，第一篇就是《制度督查条例》，用一个条例，对所有制度进行督查，确保其有效、持久运行。天门纺机所有制度均由三部分组成：基本要求，处罚细则，落实与督查。良好的规则保证了制度的可操作性，夯实了企业管理的基础。天门纺机是信息化管理的热心应用者。这里是湖北省第一批"甩图板"的制造企业，也是较早使用ERP企业资源管理系统的企业。现代化手段的积极运用，使企业管理如虎添翼。智能手机、微信出现后，天门纺机把它在工作中运用到了极致。他们建了多个工作群，并对其进行积分管理，并安排了兼职专管员。沈方勇介绍，积分是为了激励员工多交流、多反馈。这种交流和反馈会让公司从管理的角度收到多重意想不到的效果。比如，客服群的存在就可以集公司所有能者之力为客户及时解决问题。沈方勇表示，现在出差时通过手机微信就能随时掌握了解公司的各方面的运行状态，并能及时处理一些问题。天门纺机还与中国移动建立合作关系，对长期出差人员和车辆进行定位服务，并由公司与移动公司、公司与信息管理员以及公司与外出工作人员签订合同，避免法律纠纷。同时，制定了详细管理办法，有效管理了定位平台。现代信息化手段的充分运用，极大地提高了企业的管理效率和管理水平，为企业发展起到了极大的推动作用。

努力再努力　只争朝夕

当下，有些人认为纺织行业是夕阳产业。面对消极的行业舆论，沈方勇有着自己的理解：所谓"夕阳"是外界在理解上的偏差。现代纺织从欧洲转移到亚洲，从东南沿海转移到中西部，从中国转移到东南亚、中亚及非洲，实质上是依成本的转移。人口总是在增加，产业总是在发展，市场总是在扩大，"没有'夕阳'的纺织，只用永远的纺织"。"世界上再也找不到一个地区能像中国这样拥有巨大的综合优势，无论向哪里转移，中国终究还会是纺织大国，也是纺织强国。"正是这种信念，一直鞭策天门纺机人努力再努力。据介绍，2017年天门纺机销售额比2016年增长30%，国内市场占有率仍然名列前茅；出口成绩斐然，占公司销售总额的25%。除了亮眼的经营业绩外，2017年天门纺机再次被认定为国家高新技术企业，并条机"天鹤"商标再次被评为湖北省著名商标，公司荣登"湖北省首批隐形冠军企业科技小巨人"榜，被国家工商总局评为"全国守合同重信用"企业。

沈方勇认为，社会就像一个大台阶，向着两端在无限延伸，每个人都会有一个相应的现阶段定位，并且都想往上走，天门纺机也是如此。"对比国际上做出了精品的强有力的对手，我们尚存差距，所以需要继续往上攀爬。"装备制造业是工业经济的基础，也是制约我国从制造大国向制造强国迈进的瓶颈。天门纺机在装备制造业摸爬滚打几十年，见证了我国纺机行业从小到大、由弱变强的艰难历程，深深体会到按传统模式无法快速推动企业发展。沈方勇表示，当前欧洲顶级品牌在业界仍然具有较强影响力。于是天门纺机就盯住欧洲最高标准去做。正是这样严苛的自我要求才换来了天门纺机目前较高的市场占有率。目前，天门纺机正在开展"提精神，创精品，当精英"活动，将产品创新作为着力点。"我们现在要做的是解决同质化问题，赶超世界最先进水平。通过高标准设计、高规格配置、高精度制造、高要求装配，高响应服务和高效率管理并举，来实现目标。"天门纺机2018年的研发完成了TM3811S型、TM3809Y型和TM3817S型并条机的生产试验及市场推广工作；完成了TM5263E型细纱机的改进完善工作，开发并试验、推广TM5210E、TM5220及TM5222新型短车……天门纺机以"立足高端，追求卓越"为产品创新的目标，始终关注行业的最新动态和前沿技术，立志成为全球一流的纺织装备供应商，为强国之梦尽一份力、发一分光。

勇逐梦想　智行天下

——浙江华新实业集团有限公司董事长　沈建华

2018年，中国纺织工业联合会表彰了改革开放四十年中国纺织行业突出贡献人物，其中一位便是浙江华新实业集团有限公司的董事长沈建华。在沈建华的引领下，总部位于中国毛衫名镇浙江桐乡濮院的浙江华新实业立足于针织毛衫、羊绒服饰区域特色经济，以产业升级为主导，并在市场开发、中小企业孵化器、创业基地建设、标准厂房建设、毛衫羊绒产品研发与服务、毛针织产业升级基地建设等领域全面拓展，走出了一条稳健发展之路。

沈建华

草根创业　成就潜力股

沈建华于20世纪60年代出生在桐乡濮院，江南水乡的风景虽秀美，家庭生活的拮据却令他饱尝成长的艰辛。沈建华排行老三，家中上有姐姐、哥哥，下有妹妹，父亲的早亡让沈建华自小便挑起生活的重担，为了照顾全家人而努力打拼，聪明才智未能在学堂里得以充分发挥。起初他选择具有挑战性的木匠行业，拜家乡有名的周姓师傅学徒。"师傅领进门，修行在个人"，回忆起学徒经历，沈建华感慨万千："我学到的不仅是师傅精湛的技艺，得以养家糊口，更领略到其为人的可贵，师傅还把女儿托付给了我。"可以说，木匠生涯的磨砺为沈建华积淀了执着坚韧的精神，也为其未来进入更广阔的空间积累了第一桶金。

2000年，在闻名全国的毛针织产业集群地——洪合，经过深思熟虑，沈建华重新定位人生目标，瞄准洪合镇的毛衫产业，创立华新公司。但他不走寻常路，没有从众进入毛衫行业，而是只做与自己有关系的专业——盖房子。"我算了一笔账，洪合镇在工商部门注册的毛衫企业达千余家，企业过去都是小作坊，如今发展的瓶颈正是厂房。"沈建华表示，据估算，经过十几年的打拼，目前约700多户企业的资金在百万元以上，"我找到设计苏州园林的建筑师，采用统一图纸和结构，打造集洽谈、生产、展示为一体的厂房，定价百万元。"于是，以3.5亿重金打造、共计340栋的"嘉兴毛衫创新园"应运而生，成为矗立在洪合320国道旁的一道亮眼的风景线，迅速被抢购一空。通过工业地产的开发，沈建华小试牛刀，身手不凡，一举成为当地有名的企业家。

布局全国　实现转移升级的宏图扩张

不断进取，是沈建华的基因。淘到第一桶金后，他身边多了一批毛衫行业的朋友，追随其从江南水乡来到被誉为"中国纺织名城""世界羊绒之都"的羊绒衫产地河北清河。该县的羊绒产业起步于1978年，经过30年的发展，已经成为全国最大的羊绒产业集聚地，产业规模达到150亿元。每年从西藏、青海、新疆等地收集包括山羊原绒、绵羊原毛、牦牛原绒、骆驼原绒在内的原材料，经过分拣、水洗、分梳几个环节，织出被誉为"软黄金"的羊绒纺织品。

投资清河的过程中，南北方的文化差异曾为沈建华带来困扰，但他坚信"物竞天择、适者生存"，并不懈努力，终得以入乡随俗，并广结良友。而后，沈建华大手笔先后开发了清河-濮院羊绒制品市场、清河羊绒业中小企业孵化器等项目，又挥师河北南宫，建设规划面积415亩的中国南宫段芦头羊绒升级创新基地建设项目，打造羊绒高档原料的分梳基地，开展加工贸易，实施毛针织产业南北对接。沈建华表示，之所以投资南宫，因为集团看好南宫羊绒分梳加工的产业基础。"南宫市段芦头镇35000多人口，目前拥有30多家羊绒分梳规模企业，3000多从事羊绒分梳产业链加工的个体经营户，项目建成后将培育约500家羊绒分梳中小企业，提高产业层次，打造以羊绒分梳为聚集的区域经济品牌。"据他透露，下一步将依照设想，有规划地进行资源和产业链的整合，主攻目标是以结构调整推动转型升级。

在围绕毛衫、羊绒产业进行滚动开发的同时，沈建华引领产业集聚，培育产业集群，先后投入资金5000万元用于科技开发与服务，于2009年建立嘉兴针织毛衫业生产力促进中心，设立信息服务、纱线研发、设计打样、新产品中试、产品检测、外贸、电子商务、法律咨询、财务服务、培训、展示、商务、中小企业孵化等部门，为嘉兴毛衫产业搭建升级平台，提供多元化信息与共性技术服务，先后被国家科技部、工信部、中国纺织工业联合会认定为国家级示范生产力促进中心、国家级中小企业共性技术服务平台、纺织行业示范中小企业服务平台。

历经"征战",沈建华的人生走出荆棘步入坦途,2016年春,其又投入30亿元资金建设占地334亩的中国嘉兴毛衫制造业科技升级项目、占地173亩的中国濮院毛衫业升级创新服务基地建设项目,结出累累硕果,事业一路冲向巅峰。

前行不倦　做找米的管家人

每天早晨醒来思考,今天干什么,以及今后怎么干,是沈建华多年养成的习惯。无论将投入少、配套设施齐全的小型标准厂房纳入小企业培育的关键载体,解决中小企业受资金制约、创业场地受限的困境,成功打造"洪合模式",还是整合清河、濮院两地的毛衫产业资源,创立中国清河-濮院羊绒制品市场,种种举措无不显示出沈建华的善于思考和运筹帷幄。

通过"洪合模式",有效整合各类资源,充分发挥科技支撑作用,积极构建公共服务平台,不仅优化了产业资源,还完成了从马路市场到专业市场、从流动经营到规模化发展的蜕变,以专业市场为平台,产生了一大批中小企业。清河-濮院羊绒制品市场则是他排兵布阵的重要据点,通过将南北两点连成线,为清河、濮院两地的产业共同发展提供了良好的契机。

毛衫产业链市场一直是沈建华思索的问题,为了进一步延伸和拓展产业链,加快产业结构调整,充分发挥市场在整个羊绒产业中的龙头作用,实现走"以工厂促市场,以市场带工厂"的双轨发展道路,他将嘉兴毛衫业科技创业园区的经验复制到了清河。对此,沈建华这样阐释:"大多数中小型企业和经营户受规模、资金等条件限制,只能游离于科技园外,这与嘉兴毛衫业科技创业园区(中小企业孵化器)建造的背景恰好契合。"

这一模式的复制,推动了清河羊绒制品市场及羊绒产业创业园的迅速发展。据了解,目前市场及创业园已形成了交易大厅、生产加工区、电子商务聚集区、服务区共计四大区块功能,其中交易大厅共有294间商铺,集聚个体经营户和品牌经销商150家,包括兆君、鄂尔多斯、皮皮狗等品牌经销商和衣尚、暖星等本地企业,并引入清河县农村商业银行和小额贷款共两家金融单位。四大区块的功能结合和互补,能够为中小企业提供良好的经营环境,引导个体经营户向规模型企业发展,助力清河羊绒产业的转型升级。

经过20多年的发展,如今,濮院羊毛衫市场已成为全国最大的羊毛衫集散中心,被授予"中国毛衫第一市""中国十大服装专业市场"等荣誉称号,形成了濮院羊毛衫市场商业集聚与濮院针织产业园区集群良性互动的发展格局,成立了毛衫业成长企业联合会,组建了产业升级专家组,召开了毛衫业时尚设计推进会,为实现项目的培育目标奠定了良好的基础。

借着"互联网+"的东风,濮院毛衫创新园还将打造电商基地,以顺应工业化与信息化融合,产业化与城镇化结合。"未来几年要提档升级,制定绵羊绒国家标准工作,与山羊绒相区别,计划投资56亿元,在清河及周边进行开发建设工业地产,巩固中国羊绒看清河基地的目标。"沈建华以其执着的精神与切实高效的行动力,实现着自己的梦想。

沧海横流　与潮共舞

——浙江海宁马桥街道原党委书记　沈顺年

浙江海宁不仅孕育了"海宁潮"这一世界自然奇观，还拥有"中国皮革之都""中国纺织产业基地"和"中国经编名城"等诸多桂冠。经编是海宁的三大支柱产业之一。说到经编，就不得不说马桥，说起马桥，就不得不说沈顺年。正是在他的带领下，在改革开放后的民营经济浪潮中，让海宁经编产业后来居上，从小到大、从乡镇工业园到省级开发区，并一举崛起成为全球最大的经编产品生产加工基地，代表了中国经编制造的最高水平——马桥经编业发展速度之快，层次之高，被纺织界同行惊叹为"马桥奇迹"。

沈顺年

风樯动　龟蛇静　起宏图

马桥，曾经是一个毫不起眼的江南小镇，面积不到40平方公里，人口不到3万。直到20世纪90年代中期，这里还是一个以种桑养蚕为主业的农业镇，与周边一大批风起云涌的经济强镇相比，当时的马桥镇（现称马桥街道）并不显眼。在马桥人四顾茫然之际，镇上来了位30多岁的年轻镇长，正是他的到来，让马桥镇从此发生了翻天覆地的变化。

沈顺年1992年起担任马桥镇镇长，民生工作自古以来就是最考验基层官员的一块试金石，沈顺年遇到的困难和阻碍也超乎想象，但他从没有退缩，也从不在乎个人得失，他常常用一句名言告诫自己：心在人民，不分事大事小；利归天下，何必争多得少得。沈顺年在蛰伏中努力完善着自己，锻炼自己多方面的才干——机遇，总是青睐有准备的头脑。

1997年，沈顺年上任马桥镇党委书记，他感觉马桥镇的经济亟须提振。于是，一上任的他就确定了"马桥经济要以工业经济发展为主体"的发展路线，但具体以何种产业为先导呢？为了确定发展方向，沈顺年带着领导班子挨家挨户地走访调查，披星戴月地开会研讨，脚板磨起了泡，头发掉了不少，但为了给马桥争一口气，值！

"眼光是要靠跑出来的。那时候跑得最多的就是各大科研院校，通过与众多专家教授的接触，我们很清楚地看到，中国经编产业新一轮发展高潮即将到来。如果能在高潮到来之前，占据有利位置，取得发展先机，必将获得巨大的发展。我们相信投资者也看到了这一点。"经过上百次的走访，数十次的头脑风暴，沈顺年总结道：要想脱颖而出，就必须走专业化、特色化道路，坚持"小而专、小而精、小而特、小而新"的发展方向。

他从马桥乡镇企业"锦达经编"的发展中得到启示。20世纪80年代，经编刚开始由欧美发达国家向中国加速转移，而发轫于20世纪70年代末的海宁经编业呈现出良好发展势头：行业虽小，但科技含量高；从业企业虽少，但竞争对手也少；投资虽大，但利润丰厚。加上一批有技术、懂市场的行业精英在此时已经具备相当高涨的创业热情，如果马桥能抓住机会，将填补中国纺织业的一块空白。他和班子成员一致决定将经编行业作为发展马桥经济的突破口——只要突破一个，就能带动一片！沈顺年如同一个开疆拓土的闯将，浑身充满了使不完的劲。

"专业才能做大，特色才有生命力。"这是上任初期沈顺年对马桥经编的看法。谁都知道走特走专是出路，但当时薄弱的经济基础和行业基础，又给沈顺年出了道难题：经编行业投入大，小企业做不了，挡死了一批落后企业。正所谓"一脉不和，周身不适。"不找到解决这个问题的办法，马桥经编永远没有出头之日。事关成败之际，一个大胆的设想在沈顺年脑海中逐渐成形。

只有不快的斧　没有劈不开的柴

马桥应该建立一个专门从事经编生产的工业园。经过几番"思考、推翻、再思考"的辨证推演之后，沈顺年得出了这道难题的答案——变"水到渠成"为"挖渠引水"，当时这在他人眼里无异于天方夜谭。

每个人都为沈顺年的想法捏了一把汗，怀疑与争议也纷至沓来。"海宁人骨子里都有种'宁做鸡头，不做凤尾'的创业价值观，要把大家积聚起来发展似乎是不可能的，大企业担心会造成同质化竞争，对企业发展不利，有的同志当时也担心这么做没有吸引力。"但沈顺年不断为自己打气，马桥要走特色发展之路，就要敢于做别人没做过的事！马桥经济要突破就要打破传统观念上的条条框框，要改变以往按部就班、零敲碎打的做法，要大刀阔斧的改革。"

古之成大事者，不唯有超世之才，亦有坚韧不拔之志。沈顺年执着的个性终于换来瓜熟蒂落：2000年10月，经浙江省发展计划委员会批准，"海宁中国经编针织科技工业园"挂牌成立，这是浙江省级百家特色工业园区中唯一一个经编针织工业园。在园区成立之初，以沈顺年为首的园区管委会领导层就提出了"辐射全国、接轨世界，打造'中国经编之都'"的宏伟战略目标，并邀请相关专家制定了园区二十年发展规划。至此，沈顺年带领马桥经编迈过了康庄大道前的第一道坎。

众志成城　泰山可移

建园区难，让企业进园区更难，怀疑的气氛依然弥漫。为了增强企业入园的信心，沈顺年率领产业园区团队加大对基础设施的投入，路面硬化、路边绿化、路上亮化……园区配套建设稳步完成。在制度创新上，沈顺年也想尽了办法。只要投资者一入园，他就带领工作人员主动上门为投资者办理项目报批、验资、工商、税务登记等手续，统一协调公安、工商、财政、土管、城建、电信、供电等有关职能部门，并在报关、财务管理等方面为投资者提供支持。

此外，沈顺年还提出了"高起点开发、高标准建设、高效率建园、高科技助推"的"四高"开发理念，力争让经编园一起步就站在行业的制高点。"对于有眼光和气魄的投资者而言，政策优惠已不是关键，"沈顺年认为，"园区的发展关键是要寻求产业、市场和政府之间的合理互动，通过产业集聚为企业提供更多的资源、更好的发展平台和更高效便捷的服务。"

沈顺年的实干精神和雷厉作风，尤其是他高屋建瓴的"四高"理念，获得了广大投资者的高度认同。短短几年间，经编园区就已壮大规模，被国外机械制造商赞誉为"世界上高档次经编机最密集的地方"。

自2000年建园伊始，经编园的发展虽艰辛但成绩斐然：园区企业经编的运动服面料，穿了美国NBA队员身上；多轴向玻璃纤维织物，成为全球最大风力发电机生产商西班牙歌美飒公司的主供应商；第26届奥运会的一半会旗均采用了园区开发生产的高档经编布；还有部分产品被用于青藏铁路、沪杭高速公路等国家重点建设工程……鉴于马桥人创造的这个令人瞠目的"马桥奇迹"，马桥镇在2002年被中国纺织工业协会命名为"中国经编名镇"。2005年，中国针织工业协会经编分会落户经编园区，从而真正确立了马桥经编在行业内的龙头地位。

人谋可以夺天算　　好事尽从难处得

在马桥，人人都知道沈顺年是个工作狂，为了探讨一个问题，经常要开会到半夜，这已成为他十年来的日常生活。有一年，他到海南开会，感到身体不适，靠吃药缓解心脏压力。当天正值业内某专家七十大寿，大家在祝酒后纷纷告退，他却一直陪到散场为止。接着又去拜访其他专家，直到半夜还在跟人谈经编。长此以往，沈顺年与国内众多经编方面的专家都成为好友。东华大学、江南大学、天津工业大学、上海工程技术大学等国内众多高校的教授都成了马桥经编企业的座上宾。正因为广聚人脉，马桥才成为经编业的"硅谷"。

打江山难，守江山更难。沈顺年经常告诫企业，不能满足于目前的成绩，要将眼光放长远。为此，他提出了著名的"123456"发展战略——围绕打造世界经编之都的一个目标；实施区域品牌和自主创新两个工程；强化经编立园、科技兴园和人才强园三大战略；抓好建设产业促进中心、创办经编专业学校、举办全国性的经编服装设计大赛、进行园区扩容四项工作；推进加快培训中心、技术信息中心、检测中心、人才劳动力市场、物流贸易中心五大平台的建设；打造魅力园区、和谐园区、创新园区、平安园区、实力园区、品牌园区六大园区。

"马桥经编能够红几年？""再过10年、20年，马桥还能保持繁荣吗？"带着这样的疑问，马桥经编在沈顺年的大旗挥舞下，掀起了以"自主创新"和"区域品牌"为切入点的第二次发展浪潮。未来的产业规划早已在沈顺年头脑中推演了无数遍，为了达成让"中国经编之都"成为"世界经编之都"的宏大理想，他提出了"五年一阶段、经编三步走"的战略：第一个五年做产业集聚，量越大越好；第二个五年做产业链延伸；第三个五年围绕自主创新、品牌创建和转型升级——如此清晰的思路再次为马桥经编照亮了前程。

稳中求生存，动中求发展。沈顺年说："做园区10年来，我最大的感触是不仅要考虑到今天、明天，还要考虑到后天，没有前瞻性的考虑，就不可能有领先一步的发展。假如我们不创新，满足现状或者故步自封，我们今天的优势就可能在明天变成劣势，在后天变成淘汰之势。"

更严峻的考验出现在2008年，金融风暴如狂风巨浪席卷全球。早在2007年，沈顺年和园区领导就将"转型升级"提上日程，"一要保活命，二要保生命",并提出"主题先行式"的发展思路——2008年以"科技、品牌、创新"为主题,2009年又以"信心、提升和发展"为主题。未雨绸缪的工作收效非常明显,当金融风暴渐渐散去之时,马桥经编各项指标都完成得很好,工业总产值达到150多亿元,效益还是近几年来最好的,规模以上企业的利润同比增长58%,就仿佛没有经历危机一样。

退休而不休　心系经编梦

2011年秋天,沈顺年从马桥街道党委书记、园区管委会主任、园区开发公司董事长的岗位上退休,但并没有脱离经编产业,他在中国针织工业协会经编分会、浙江省中纺经编研究院等担任相关职务,继续服务于经编产业的发展,直到2013年8月,他的双眼突发病变,后来发展到只能模模糊糊看清一掌远处的情景,导致无法继续正常工作。此后他还是在持续地关注着马桥和经编的发展。

浙江海宁经编产业园区在2017年总结表彰暨2018年改革提质发展大会上,已经身患眼疾几近半瞎的沈顺年获了一个特殊的奖:终身成就奖。饮水不忘挖井人,沈顺年不忘初心、奋斗一生,而地方百姓也同样牢记着这个朴实的、为人耿直的好干部曾经付出的一点一滴。

2018年10月,沈顺年获评"改革开放四十年纺织行业突出贡献人物"。11月,中国纺织工业联合会副会长夏令敏亲自到他家表达了纺织业界的慰问,肯定了沈顺年为推动中国纺织工业的发展做出的贡献。

曾有一位主持人问:你花了10年时间培育了"中国经编之都",如果把同样的时间花在经营自己的企业上,以你的才能和人脉也会有不错的成果,支持你一直如此投入的信念是什么?沈顺年的回答很诚恳:"我当初也是无意地走上了这条道路,能够取得这样的成果,本身就是一件非常开心的事情,成就感已经足以支持我继续坚持下去。我一直在乡镇工作,马桥是我待的时间最长的乡镇,能够将自己的毕生精力倾注在一件事上,并做成这件事,这也是我人生的最大成就。"

丝路跋涉　引领丝绸复兴

——万事利集团创始人　沈爱琴

她是一代"丝绸女",半生心血引领丝绸行业的复兴,她是一代女浙商,丝路跋涉,用行动书写浙商传奇,她就是万事利集团创始人沈爱琴。

改革开放40年中,浙商英雄辈出、灿若星河,他们用水滴石穿的韧劲和敢为人先的胆识,不断突破边界、创造奇迹,推动和参与了这个国家经济崛起和社会变革的历史,留下了浙江特色的特殊印记。其中,沈爱琴的创业故事就为改革开放浪潮中的浙商传奇书写了浓重的一笔。作为中国丝绸传人,沈爱琴戴着太多太多的光环:全国劳动模范、全国优秀女企业家、全国三八红旗手……她不仅把万事利集团打造成著名的企业,也把万事利这个丝绸品牌打造成中国乃至全球著名的品牌,她在事业上经历的各种挫折和她创造的种种奇迹被传为佳话。

沈爱琴

北上进京　赢得第一桶金

1975年,万事利的前身杭州笕桥绸厂正式成立,30岁的沈爱琴踏上创业之路。厂房是两间低矮破败的平房,设备是10台国营大厂淘汰的原始铁木织机,工人是22个刚放下锄头的农民,而沈爱琴既是厂长,又是销售员。

杭州是丝绸之府,当时国有丝绸企业有几百家,商场都是按照国家指令性计划调拨国有企业的丝绸产品进行销售。像笕桥绸厂这样的乡镇企业产品很难进入国营主渠道销售网。但沈爱琴却直接将目标放在了北京。

1983年,杭州笕桥绸厂打入当时中国最大的百货商场——北京王府井百货商店。

北京王府井百货是当时全国第一百货大楼,在计划经济时代,沈爱琴拿着计经委的批文，将自己带来的丝绸样品一一展开，提出在柜台上试卖三天，且不论任何原因，三天以内顾客可以无条件退货。之后才一天工夫，沈爱琴带去的丝绸样品就销售一空。

打进了王府井百货大楼，再进西单商场、东安市场和北京其他大大小小的市场就顺利多了。因为是计划外产品，国营大中型商场是当时市场销售的主渠道，为了让商场对自己的产品放心，沈爱琴又承诺所有货物售后结算。这是给对方巨大的优惠条件，却也给自己添了很大麻烦，每次结清货款对方都要求沈爱琴亲自去。这个法人厂长在全国各地的商场里更像一个业务员。

笕桥绸厂创办10年来，特别是党的十一届三中全会以后这几年，工厂经历了一个快速发展时期，生产规模、技术能力、质量水平和产品档次都有了质的飞跃，一些国营大厂也开始注意这个后起之秀，不敢小觑。

1990年，沈爱琴第一次走出国门，到大洋彼岸的美国参加一次商务活动。尽管这之前她已经从各种渠道了解到发达国家的发展水平，但这次活动还是给她强烈的震撼——别人太先进、太发达，走在我们前面太多了！她投入地观察、学习、对比、研究、思考。从美国回来后，她的劲头更大了。在她的眼里，杭州变小了，世界变大了。她的眼光不再仅仅盯住杭州，也不再紧紧盯着浙江。她要做中国最好的丝绸企业，织出世上最美的丝绸，舞动在全世界的舞台，向世人展现中国文化的至美。

大胆改革　完成第一次升级

王府井的第一桶金，是沈爱琴迈向全国的第一步。之后杭州笕桥绸厂产品供不应求，企业忙着扩大生产，但沈爱琴却敏锐地意识到了潜在危机，下决心大胆进行技术改革。

1991年，她举债5000万，历经千辛万苦从日本引进当时世界上最先进的喷水织机——118台三棱喷水织机的投入使用给笕桥绸厂带来又一次里程碑式的飞跃。如此大投资、大体量的喷水织机项目在当时的中国实属罕见，这个项目的成功实施也让笕桥绸厂的生产规模、技术档次和质量水平一下子超越同侪，遥遥领先。产值、利润和其他经济指标在浙江同行业中跃升前列。

不久，由于外国资本的冲击和通货膨胀的影响，中国纺织行业全面进入低潮，长期陷入全行业亏损中，一家家声名显赫的国有和乡镇纺织企业多米诺骨牌般倒下，唯有杭州笕桥绸厂因为先进的设备和技术水平以及良好的经营管理在这场大风大浪的冲击中昂首阔步，保持连年盈利，越做越强，成为一面引人注目的旗帜。

凭借"逢山开路，遇水架桥"的精神，不断的技术改革大获成功，笕桥绸厂完成了第一次产业升级，成为综合性丝绸服装制造商。1993年3月，以杭州笕桥绸厂为核心，联合生产、金融、科研等31家单位，浙江万事利轻纺工贸集团公司成立。

在给集团公司命名上，沈爱琴颇费了一番苦心。她想了很多响亮的名字，全体职工也群策群力。但是，她总觉得不满意，集团的名称应该体现企业的精神，体现企业文化的核心。笕桥绸厂能在大风大浪中，一路挺进，就在于它贯穿了一个"和"字：和睦、和气、和谐。家和万事兴，人和万事利——集团名字由此而来。

1995年，万事利被划定为国家大型一类企业。同年，万事利获得自营进出口权，并在香港设立公司，建立走向世界的窗口。1998年，杭州万事利进出口公司成立，丝绸及服装出口到欧洲、美洲、亚洲30多个国家和地区，年出口丝绸、服装几百万套，出口值一亿多元，成为全国的外贸出口先进单位。

在不断的发展中，沈爱琴始终认为，丝绸一定是最能代表中国走向世界的奢侈品。丝绸，它不仅仅是一块面料，更是中国的文化，应该有更多的呈现，有不同的表现形式。

从产品到文化　不断开拓创新

美好的愿望背后，是不断地开拓创新，万事利从产品制造开始走向文化创造，时刻寻找向世界展示中国丝绸的机会。正如沈爱琴所说："我们不止在做丝绸，也是在做丝绸文化，我把丝绸做好做大，是用心在做、用感情在做、用五千年的历史在做。"

2000年初，国家工商局评定万事利品牌为中国驰名商标，这是当时中国丝绸行业唯一一家驰名商标。同年，万事利成为中国丝绸行业唯一赴美大使，参加中国文化美国行系列活动。

2001年10月，亚太经济合作组织国家与地区首脑峰会（APEC）在中国上海举行。中国赠予每位元首和配偶的丝绸唐装特别抢眼。除了这套唐装，中国政府还为每位元首和配偶准备了更加精美华贵的高级真丝睡衣。因为内衣是贴身穿着，所以做工、面料有着更加严苛的标准。而唐装和睡衣的设计和生产者，正是万事利集团。当21个国家和地区的元首、高官以及他们的配偶得到这件珍贵的礼物时，一个个爱不释手，由衷赞道："中国丝绸真是太美了！"

2008年，万事利成为北京奥运会丝绸类特许生产商和奥运会吉祥物丝绸礼品特许经营商。并为大会设计制作了"青花瓷""粉红"等系列颁奖礼服。其中被称为"会行走的青花瓷"礼服，运用宫廷绣法，将中国的丝绸文化与瓷器文化相结合，一经亮相，惊艳全场，在国际上赢得极高的赞誉。此系列礼服最终还被评为"最受欢迎奥运颁奖礼服"，被多家博物馆收藏，成为中国服饰史上的典藏珍品。

2010年，上海世博会期间，万事利设计了600多个丝绸产品，并再次创造奇迹：以丝绸为载体创造性地将中国篆刻、书法、丝绸文化三种人类非物质文化遗产融合于一体，制成《2010上海世博会参展国政要金石印象》印谱，成为世博公共外交的"世界语"。这本印谱被史无前例地赠予了195位国家元首和政要，并获全球华人设计大奖。

2011年，万事利被国家发改委授予"国家级企业技术中心认定"（丝绸行业唯一），并被认定为"浙江省企业研究院"（丝绸行业唯一）。

夯实基础传承希望　　发展不停歇

早在2001年，在企业更名为万事利集团有限公司之后，沈爱琴就提出"一业为主、多种经营"的发展思路，在做大做强丝绸服装主业的同时，大力发展生物科技、文化产业、医疗产业、物流商城等产业。

"安安稳稳做好丝绸就行，为什么要涉及其他产业？"当时年轻的屠红燕不知道的是，多年前整个丝绸行业遭到的大冲击给沈爱琴留下了刻骨铭心的印象，在沈爱琴看来，只有把企业的实力做强、根基做厚、产业变得多元化，才能在丝绸这单一产业遇到周期性低谷时，靠着厚实的家底等待新一轮机会的到来。

"当我自己成为企业掌门人的时候，我才理解了当初母亲的选择，如果没有当年的布局，如今的万事利尤其是丝绸产业不可能发展得这么稳健。可以说，母亲很具有创新精神、超前意识。"屠红燕说。

从产品、文化到品牌，沈爱琴和女儿屠红燕，一次次让中国丝绸在世界舞台上熠熠生辉。沈爱琴深谋远虑，更懂得适时放手。她早早把女儿送去日本纺织厂做一线工人，回国后，让女儿从基层业务员、营销代表干起，历经十八年磨砺。2012年，沈爱琴将手中握了长达36年的管理接力棒，正式传承到了女儿屠红燕手中。

沈爱琴认为，放心、放权、放手、放开，才能一代超过一代，企业是这样，国家也是这样。

时值万事利36周年，屠红燕经过五六年执行主席的历练，接过了这一把"沉甸甸的责任"。

屠红燕说："我们浙江有很多第一代的企业家都是这样过来的，他们身上有着一种精神，那就是永不言败、永不放弃，这种精神是值得我们学习的。他们这种坚韧的毅力、这种坚强的斗志，是我们这些'二代'应该好好去传承和弘扬的。"

事实也充分证明了这一点，如今的万事利，已经成为中国丝绸和中国文化的最佳代言人。2018年8月，万事利集团旗下的杭州万事利丝绸文化股份有限公司与LVMH集团达成重要合作伙伴关系，并以此为契机，加速布局与更多国际一线品牌合作，切入全球价值链的高增值环节，提升中国丝绸时尚产业的话语权。

2016年8月2日，万事利集团创始人沈爱琴因病逝世，享年71岁。这一年，改革开放三十八载，万事利匠心四十一年，一丝一缕，春蚕心血，至此方尽。

回首四十年，一路走来，万事利既是改革开放的参与者，也是改革开放的见证者和受益者。万事利的两代人，都对国家、对这份事业、对这个产业，永远抱着一颗感恩的心。

发展"三枪"永不满足！

——上海三枪（集团）有限公司原董事长 苏寿南

81岁高龄的苏寿南，原是上海三枪（集团）有限公司董事长兼上海针织九厂厂长。他坚持"发扬三枪，永不满足"的进取精神，抓住发展社会主义市场经济的机遇，主动走向市场，于1994年11月18日成立了以上海针织九厂为母体的上海三枪（集团）有限公司，精心培育国货名品"三枪"。由于他的励精图治，使上海针织九厂日益壮大，不断发展，成为全国针织行业中规模最大、品种最多、效益最好的企业，成为"中国针织行业的旗帜"。

苏寿南

发展：企业生存的永恒主题

20世纪90年代的内衣市场面临着越来越激烈的竞争。初期，世界名牌抢滩登陆，舶来品大军压境，国内的针织企业望风披靡；后期，市场风云突变，国际上刮起了东南亚金融风暴，国内从卖方市场转到买方市场。在多重压力下，面对严峻的市场形势，苏寿南在"发展是硬道理"理念指引下，带领他的团队在坚持改革、坚持发展这一总的指导思想下，制订了相应的对策措施——决心"把行业的危机转化为'三枪'的生机"，以优势产品竞争市场，通过兼并扩大规模，铸造了"三枪"的辉煌。

苏寿南着力研究"三枪"跨世纪发展战略。他始终相信，纺织业不是"夕阳工业"，而是一个"永恒的产业"，就算"千万个人倒下去"，三枪也得站起来——这是他的希望，也是他的努力方向。在对市场审时度势准确把握的基础上，他坚持立足主业，在浦东康桥建设"三枪工业城"，建立高档针织面料基地，实现传统纺织工业的产业升级，成为上海现代化国际大都市纺织的新形象。

建设三枪工业城的项目，同样存在着很大的风险。当时纺织刚刚复苏，这样大的项目上马，市场需求是否适应，投资回报能否实现？一些老朋友劝苏寿南放弃，"你现在已经60多岁了，项目搞好也要交班了，搞得不好那可就一失足成千古恨了"。

"就我个人而言，'三枪'是我毕生为之奋斗的事业。1994年三枪集团成立，实现了商号同商标的统一，是'三枪'发展史上的第一个里程碑；1999年，'三枪'商标经国家商标局认定为驰名商标，这是'三枪'发展史上的第二个里程碑；'三枪工业城'是上海都市纺织的形象工程，它的建成将成为'三枪'发展史上第三个里程碑。"苏寿南总是这样回应着前来劝他的老朋友们，并结合国有经济布局战略、上海生态发展方向、时下品牌趋势、企业实力与文化自信等方面列出10条胜算依据，决心担负起项目建设、生产经营双肩挑的重任。他身先士卒，竭尽全力，拿下项目，为三枪集团新世纪的持续发展奠基。

三枪工业城项目当时被上海市列入了2001年重大建设工程。在各方的大力支持下，经过奋力拼搏，2001年底，三枪工业城全面竣工投产，实现了传统针织工业的产业升级，代表了我国针织行业的先进生产力水平，成为上海现代化国际大都市纺织的新形象。

创新：企业发展的灵魂

1997年，苏寿南在《三枪之路》一文中自述到，从1977年担任上海针织九厂厂长以来，可以说只做了一件事情：培育了一个"三枪"品牌。1999年，"三枪"商标经国家工商局商标局认定为驰名商标，外经贸部将"三枪"列为全国首批"重点支持和发展的重点商品"品牌之一。

《人民日报》《中国纺织报》《解放日报》等新闻媒体都相继以显著版面报道了"三枪"实施品牌战略的经验，中央电视台、东方电视台都做了专题采访，分别在《经济半小时》《展望》栏目中做了专题报道。"三枪"又一次成了国有企业改革成功经验的宣传热点。

随着"三枪"生产经营规模的扩大，产品适应男女老少，满足春夏秋冬，并且要进入不同商业业态的销售网点。"三枪"内衣和面料的品种系列逐步多样化，品牌亦走向国际化，"三枪"品牌出现多个分商标，形成商标系列。

为了走向世界，不断提高"三枪"在全球的知名度和影响力，加速进入世界名牌之林，苏寿南带领团队同世界名牌企业进行了多种形式的合作，优势互补，与世界名牌结缘，提升品牌地位，取得国际市场的"通行证"。1998年，同美国杜邦公司、道康宁公司签订了技术合作协议，开发"三枪"柔棉莱卡弹性内衣和"三枪"保而爽抗菌卫生内衣两大系列产品。寻求技术合作，把国际上最先进的成果，经过消化，吸收到"三枪"新产品里来，他把这叫作"不能自力，也要更生"。杜邦公司确认"三枪"是杜邦莱卡"全球最佳合作伙伴"。

市场：企业发展的出发点和归宿

20世纪90年代初期打品牌战略的时候，苏寿南就提出了"立足上海，外延江浙，辐射全国，走向世界"的营销策略步骤。那时候是卖方市场，销售比较好做，主要靠批发商；也搞点直销，开"三枪专卖"，主要是为了确立品牌形象、扩大影响。由于"三枪"的品种、质量、价格、服务的品牌综合优势，赢得了人心，赢得了市场，批发商拿到"三枪"就赚钱。所以有两句顺口溜：一句叫消费者"穿内衣，买三枪"；还有一句叫批发商"要发财，找三枪"。后来许多厂商看到内衣能赚大钱，纷纷转产内衣，连名牌西服企业也卖起棉毛衫裤了，还冒出了许多新的牌子，一时间几百个品牌角逐市场。

1997年，我国告别了紧缺经济，市场供求关系发生根本性的转折，从卖方市场转到买方市场。内衣市场的竞争更趋白热化，竞争手段五花八门，批发商也发生了微妙的变化，既可以卖这家的产品，也可以卖那家的产品。如果只靠批发商，市场基础根本就不稳固，形势要求他们做出新的战略部署。

苏寿南快速反应，带领三枪集团加速形成内销、外贸、面料经营"三足鼎立"的格局。在他的带领下，"三枪"由过去主打生产内衣，逐步向前道延伸，建立了高档针织面料基地，开辟面料市场的新领域。

他抓住入世机遇，积极拓展国际市场。一方面继续巩固日本、东南亚地区，把对这些地区的出口贸易做大做强；另一方面积极拓展西亚、中东地区，进军俄罗斯和东欧。对于美、加等纺织品配额地区，利用过渡期，最大限度用好用足配额，用配额带动非配额。为求得快速发展，他主动出击，组团出访国际著名产品品牌，取得支持，进行合作，尽可能结成战略联盟。

他大力拓展面料市场，迅速形成面料的经营规模。当时面料经营还处于初创阶段，是"三足鼎立"最薄弱的环节。经过对国内国际面料市场和需求的调研，苏寿南进行了"三枪"面料经营发展的战略研究。他确定面料生产经营的定位是高中档，主要是全棉，逐步发展改性化纤。经营方向是"以产顶进"，用国产面料顶替进口面料，同时大力拓展国际面料市场。为优化市场结构形式，他带领三枪集团与韩国纺织产业协会携手，在韩国首尔专门举办"三枪"面料展，吸引了韩国众多的面料商。

人才：企业发展的原动力

苏寿南始终认为：企业的竞争，市场的竞争，说到底是人才的竞争。因为人是生产力要素中最活跃的要素，做好人的工作，提高人的素质，调动人的积极性，增强企业的凝聚力，对企业的生存和发展具有决定意义。这就是他进行企业管理的根本出发点。21世纪是知识经济的时代，人才对于企业的生存和发展有着决定意义，谁拥有人才，谁就能赢得明天。

早在20世纪80年代中期，苏寿南就意识到人才于企业的重要性，采取了一些对于国有企业来说是突破性的措施——建立人才激励机制，将他"以人为本"的管理思想落地实践，按照信息化带动工业化、纺织传统工业产业升级的要求，努力建设一支适应现代化大企业的人才队伍。

文化力和生产力一样，是推动企业发展的重要力量。加强企业文化建设，提高员工素质，充分发挥积极性、主动性、创造性，是代表先进生产力发展要求必须履行的"第一要务"。在苏寿南的领导下，"三枪"的思想文化建设同生产经营活动一直结合得比较紧密，在20世纪90年代实施"三枪"品牌战略的过程中，重视塑造品牌形象，加强思想政治工作，推动了企业的快速发展，连续四届被评为"上海市最佳工业企业形象单位"。在这过程中，也形成了当时具有"三枪"鲜明特色的理念：

发展理念：立足主业，改革创新；发展"三枪"，永不满足。

品牌理念：扬民族之魂，攀名品之巅。

品种理念：高科技+大批量+系列化，人无我有，人有我精。

质量理念：消费者满意是质量最高标准。

经营理念：做得出，卖得掉，赚得着，追求效益最大化。

管理理念：以人为本，从严治厂。

正是这样的理念，在"三枪"员工中形成了合力，激励着大家为企业的生存和发展，发扬拼搏和献身精神。这些理念，综合体现了企业精神，具有长远的意义，也是"三枪"坚持走下去的底蕴。

21世纪是知识经济，苏寿南深知"知识"对于一个人来说，决不能仅表现在文化水平高低，而是要能够把书本上学到的用来解决实际问题。他始终坚持要用能人、讲实绩，不能用"有文化、无知识"的庸人。20世纪90年代以来，"三枪"不断吸收大学应届毕业生，他们年纪轻，有文化，思维敏捷，朝气蓬勃，是"三枪"的新生代，但是需要实践，需要锻炼，掌握完整的知识。所以每年7月份大学毕业生报到，都要集中进行入厂教育，让他们到车间、部门轮岗实习，熟悉生产全过程。在这过程中，加强考核发现苗子，重点培养专人带教，破格提拔，迅速成才。同时继续招聘和培养各类专业人才，适时采取必要的特殊措施，有目标地物色人才，确立"三枪"的人才优势。

数十年来，苏寿南始终致力于把"三枪"打造成为"管理创新，技术创新，机制创新，产品一流，质量一流，人才一流，成为中国针织行业规模最大、实力最强信誉最高、效益最好的世界名牌大型企业集团之一。"

发展"三枪"，永不满足——为不断创造"三枪"新的辉煌奋斗终生！这就是苏寿南对"三枪"这份毕生事业追求的写照。

十年筑梦　再创辉煌

——德州恒丰集团理事长　苏建军

2008年，国际金融危机蔓延，整个纺织行业人心惶惶。就在这充满未知的变数中，一个负债1.6亿元，资产负债率高达160%，7.5万锭陈旧设备，难以维系2000余名员工生计的国企突然"倒下"。如何挽狂澜于既倒，扶大厦于将倾，带领工友们一起闯出一片天？

有担当，敢拼敢闯的苏建军带领4个班子成员奋勇站出，主动请缨，于2008年9月18日成立陵县恒丰纺织品有限公司。从此，恒丰披荆斩棘，缔造了一个又一个传奇的"恒丰速度""恒丰模式"，硬是把一个千疮百孔、濒临倒闭的老厂，创建成了一个庞大的协会性企业集团组织，成为中国特种纤维纱线的领航者。

苏建军

十年来，德州恒丰集团聚沙成塔，一路高歌猛进。如今，集团共辖41家理事单位、49家企业。集团现有员工18000余人，总规模为260万纱锭、2000余台喷气织机、1030万套针织服装和羊绒衫的生产能力，产品畅销中国、欧美、日韩等多个国家和地区。

"2018年是改革开放40周年，也是陵县恒丰纺织品有限公司成立十周年。十年来，恒丰虽然历经各种挑战和挫折，但创新的脚步从未停止，我们以壮士断腕、破釜沉舟的改革精神，以锐意进取、勠力同心的开放思维，不仅实现了企业的涅槃重生，更展现了新时代恒丰人应有的责任与担当。"德州恒丰集团理事长苏建军谈及恒丰创业史，忍不住感慨万千。

恒丰速度：怎一个"快"字了得

"事实上早在2008年转制之前，我们就经历了各种生存压力。记得1992年，所在企业已经处于半停产状态，很多员工迫于生计不得不在大街上卖早点、打零工，看到这样的场面，我心里别提多难过。"苏建军回忆道："当时，德棉集团的技术研发实力很强，很多产品的附加值很高，所以我们希望以此为突破口，出去闯一闯。"2008年9月，苏建军带领他的5名"合伙人"和员工们从负债累累的德棉集团分离出来，成立了民营股份制公司——陵县恒丰纺织品有限公司。

"早一天投产，我们就能从中受益，时间对我们来说就是生命。"9月18日公司成立；28日奠基建设；三个月不到，主体厂房就已完工；十个月，一期5万纱锭顺利投产……所有的努力就是跟时间赛跑。"寒冬腊月，为了不影响生产，我们还边做地面边安装设备边试车投产，所有员工分班24小时不停歇，甚至吃住在车间。"同年建设、同年安装、同年投产的"恒丰速度"就此传开。

"由于我们技术先进，产品过硬，所以一期投产后，产品供不应求。于是，顶着巨大的资金压力，扩建二期、三期。三年时间，我们又相继新建了7家公司。"为了适应企业发展的新形势，在苏建军的带领下，2011年德州恒丰集团应运而生，恒丰发展又迎来了新的历史机遇。

"企业发展必须紧跟国家政策，时代潮流。"2013年，为了实现恒丰的创新发展，苏建军做出了一个大胆选择。"瞄准西部，在国家'一带一路'倡议中进行产业转型升级。"从陵县到山东，从新疆、宁夏再到四川、云南、广西，"恒丰速度"无处不在。

2013年4月，在上海展会期间，苏建军和宁夏回族自治区吴忠利通区政府招商人员结识，2013年8月总投资10.3亿元的45万锭高端纱线项目便在吴忠利通区落地动工，12月全线投产；2014年底，苏建军随团考察四川宜宾屏山县工业园，2015年元月，宜宾恒丰丽雅开工建设；2015年3月，宁夏恒达纺织产业园30万锭纱线项目在石嘴山市大武口区开工；5月16日，新疆仁和纺织科技在克拉玛依130团驻地奠基；5月26日，云南保山工贸园区轻纺产业园奠基；11月，宁夏恒诚仁和纺织科技有限公司成立；2016年11月，图木舒克市东恒兴30万锭、东湖兴40万锭相继奠基，新疆东纯兴集团成立……产业转移的脚步，恒丰越走越快。

而"快"的同时，集团所有企业通过优势互补、资源共享，均实现了平稳增长，焕发出勃勃生机，这艘纺织巨轮迎风远航。

恒丰模式：被逼出来的办法

一个濒临倒闭的企业如何成功逆袭，"恒丰模式"至今令人充满好奇。面对这样的疑惑，苏建军表示，"恒丰模式不是谁想出来的，而是被现实所'逼出来的'。"他更直言，"这个模式是不可复制的。"

"2008年新公司成立，我们当时完全是背水一战，白手起家。为了筹集资金，员工们纷纷拿出全部的积蓄，甚至抵押房子，借遍亲戚朋友，一心想把企业做起来，让我们这群纺织人不再受下岗之苦。"苏建军透露，"在恒丰的发展中，集团集结了员工、各界人士以及客户的倾力支持，走出了一条在特定历史时期、特定背景下'股权多元'的混合所有制道路。"不仅如此，为了实现企业的可持续发展，解决资金压力，恒丰还与设备供应商、金融企业联合开发了设备融资租赁合作模式，有效破解了融资瓶颈，为集团的快速发展夯实了基础。

"虽然股权结构多种多样，但集团进行了一系列的体制、机制改革，引进各种监督监管机制和竞争奖罚措施，确保各成员的权益，这种规范、公开、透明的管理模式为集团高质量发展提供了重要保障。"苏建军介绍，在集团理事会的领导下，各个企业实现了产权独立、自主经营和自负盈亏的合作机制，并由各公司授权恒丰集团代替公司董事会对其进行监督监管，将所有权和经营权分离，实现体制管理的创新。同时，集团设立5位执行理事长分别对集团的产品开发、经营采购、企业发展、财务审计、企业文化等5个方向进行管理，做到管理"横向到边、纵向到底"。通过这种模式，各理事单位的积极性充分被调动，集团优势愈发凸显，有效化解了企业在生产、销售、库存等方面的压力，提升了对市场的快速反应。"以大宗采购为例，集团下属公司实行统一团购，1吨原料降低成本100~300元，相当于1吨纱的利润增加了100~300元，无疑增强了市场竞争力。"

在这种模式引领下，集团上下不仅实现了统一规范管理，统一企业文化，统一标准制度，更借助这种管理优势，形成了一种全新的互动互生、共荣共赢的发展理念。

恒丰科技：根植在骨子里的创新"基因"

"恒丰的快速发展，离不开科技创新和产品研发，这是我们成功的不二法门。"技术出身的苏建军，深知创新的重要性。所以从公司成立之初，恒丰就立下了以科技创新为引领，追求卓越，永争第一的目标，立志成为独树一帜的精品纺织企业。

通过资源整合，恒丰借助集团联合舰队的优势，以小钱办大事的思维迅速组建了德州悦丰科技、德州仁和恒丰科技和夏津仁和技术中心，并在各个公司也都建立了新产品研发体系，打通了集团跨区域产业链合作能力。如今，集团拥有两家国家级高新技术企业、山东省植物染工业化生产技术研究院、省级俞建勇院士工作站，两家省级企业研发中心，四个市级企业研发中心，一家主导新技术、新材料全产业链应用孵化的公司。其中，为了实现产品绿色环保，山东省恒丰植物染色工业化研究院已实现了植物染全流程一体化工业化生产。

作为新型纤维纱线研发、创新、生产的领军者，多年来，集团已有百余项新产品通过省级新产品鉴定，其中5项新产品填补国际空白；3项获得国际领先水平；63项新产品填补国内空白；47项新产品、新技术成功申请国家专利；5项新产品被列入国家级重点新产品试产计划……集团所生产的植物染纱线、铜纤维纱线等新型纤维系列纱线、介入纺、竹节纱、包芯纱等特种工艺系列纱线、三合一、四合一、五合一等多种组分系列纱线备受市场青睐，成为新型纤维、新特纱线交易基地，并获得国库棉交割库认证资格。

"铜纤维纱线是恒丰近年来的核心专利产品，具有抗菌杀菌、防溃烂、促进体内微循环等保健功能。仅2017年一年我们便推出了900余款新产品，与传统纱线相比，部分产品的附加值提升了5倍多。"苏建军介绍，目前集团已研发出吸湿排汗、发热保暖、竹节、金银丝等十几种不同系列的高端产品，以快速反应不断满足客户的个性化需求。新技术、新产品成为恒丰新的经济增长点。

不仅如此，集团还通过与上下游战略合作伙伴的联合开发，建立产业链共生共荣的合作关系，打造恒丰技术研发优势、科技成果转化优势、新原料新技术合作优势，已建成了集纤维、纱线、面料、服装、家纺、功能性纺织等全产业链、多系列的纺织生态系统，创造舒适、健康、绿色生活。正如恒丰广告语所说，"恒丰纺织精品，为你生活添彩。"

恒丰文化：以人为本　仁和恒丰

文化凝聚力量。作为恒丰的"灵魂"——"恒丰仁和，仁和恒丰"核心价值观所传达的不仅仅是以人为本的企业文化，合作共赢的经营文化，更是追求卓越的品牌理念，勇于担当的社会哲学。危急中的挺身而出，危难中的八方支援，产业转移的前锋引领，精准扶贫的社会责任……无不是恒丰"仁和"文化的生动诠释。

"恒丰是为仁和，仁和才能恒丰。恒丰文化的理念就是要坚持以人为本，遵从社会发展的自然规律，追求人与人、人与社会、人与环境的和谐发展。仁者爱人为大爱,恒丰旨在用信义之恒,竭诚构筑相生、相助、互爱的人际关系。恒丰视'仁'为自身的人格和责任,见利思义,仁心济人,只有这样才能与社会、客户、员工互生互长,共创美好生活。"在苏建军的带领下,恒丰党员成了流动的旗帜,恒丰人的身影更是成了品牌和信誉的保证。

在"仁和"的恒丰文化引领下,集团积极倡导"感恩做人,用心做事"的行为理念,追求"快乐工作、幸福生活"的工作理念,提出了"生产了不起的产品,培育了不起的员工"的育人目标,构建了独具特色的员工成长六大通道……特色鲜明、充满活力的企业文化为恒丰的创新发展提供了源源不绝的动力。特别是在产业转移过程中,恒丰充分应用纺织产业扶贫模式,结合自身文化实际,用实际行动帮扶了宁夏利通、红寺堡,新疆克拉玛依、伊宁、四川、云南等贫困地区实现了精准扶贫。作为"全国万企帮万村精准扶贫行动先进民营企业",恒丰无愧于时代担当。

为此,恒丰业文化模式被中国企业文化促进会授予企业文化创新先进单位;论文《恒丰仁和文化的品牌之路》荣获"十三五"开局企业文化建设优秀成果奖;先后被中国纺织工业联合会授予2015中国纺织品牌文化创新奖,被山东省委宣传部、省委组织部、省经信委等七部委联合授予山东省企业文化建设创新成果奖……

"新时代,要有新担当。如果说第一次创业,我们的成功是借助社会资本、资源以及设备先进,实现了快速发展,体现的是'速度';那么二次创业,我们将利用三到五年的时间,深挖企业内动力,加速产融互动,发挥管理、技术创新和产品研发的传统优势,在既做大又做强的基础上,实现质效提升,强调'智慧'。"面对未来发展,苏建军表示:"面对新形势,恒丰以往的发展模式难以为继,必须要注入新鲜血液。从目前产业发展的趋势来看,今后内地的资源优势将不复存在,甚至还会出现产能过能,所以必须要加快产业转型升级,寻找新的蓝海,才能把恒丰打造成具有国际竞争力的特色纺织企业。"

这是恒丰的梦,也是中国纺织的强国梦。

纺织情与凌云志

——河北宁纺集团有限责任公司董事长 苏瑞广

计划经济时代，他冲破生产条件的异常简陋和各种束缚，摸爬滚打，咬着牙带领23名职工"突围"；改革开放中，他勇为人先，锐意变革，秉持"讲人品、出精品"的经营理念，为实现企业多元化创新发展"东征西战"；45年风雨兼程，他始终坦然面对纺织行业的跌宕起伏、金融危机的冲击，气定神闲，运筹帷幄，成功把企业打造成为中国最大的灯芯绒生产出口基地，写就行业"常青树"传奇，他就是全国劳动模范、全国优秀企业家河北宁纺集团有限责任公司董事长苏瑞广。

苏瑞广

16台布机织出"中国名牌"

1955年8月，苏瑞广中学毕业后，来到宁晋县棉油厂工作。当时，苏瑞广看到棉油厂冬忙夏闲，为了实现企业的长远发展，他大胆提出上织布机并说服领导，又以诚心感动了石家庄几个棉织厂。大冬天，他带着几个年轻人到仓库废铁堆里找寻机件，愣是组装了16台织布机。

可好日子没有多久，因没有纳入国家计划，织布机车间被迫下马。但计划经济的枷锁锁不住创业者的步伐，于是苏瑞广马不停蹄地冒着酷暑、饿着肚子，跑县里、省里找领导，要求恢复生产。1973年9月，宁晋县终于决定筹建棉织厂。

23名工人、9间厂房、16台手换梭布机，这便是苏瑞广创业的全部家底。没有空调，他就带领大家夏天用脸盆往地上泼水增加湿度，冬天在车间生火靠烧水造汽；没有码布机他就在墙上订钉子码布，没有打纬机他就用自行车圈代替；没有浆纱机他就找来一口大锅带头用脚踏、用手砸……尽管条件艰苦，但苏瑞广总是有办法破解。好在功夫不负有心人，108天的日日夜夜，终于为国家创收1.7万元。

乘着改革的春风，1978年公司不断壮大，此时布机增加到180台，职工增加到了256人，固定资产达到了79.5万元，企业发展初具规模。为了企业实现更大发展，苏瑞广提出并建立了以市场为导向，以经营为龙头，自行产购销的新格局，在全国26个省、市、自治区建立销售网点，构建了新型工商关系。作为改革的先行者，1984年他又率先搞起了用人用工和工资制度改革，提高了职工的积极性，大大激发了企业的活力。

企业在做大的同时，苏瑞广很快认意识到品牌的价值，1986年他创新提出创建"灵音"品牌的思路，并亲手培育了这一灯芯绒中国名牌产品，成为当时全县纺织业第一家出口创汇企业。1989年，"灵音"牌灯芯绒被评为国家纺织部优质产品，在全市同行业中属于首家。2005年，"灵音"牌灯芯绒被评为"中国名牌产品"。

20世纪90年代中期，纺织行业大面积亏损，富有远见的苏瑞广率先在企业搞起了"减员增效"。他突破重重阻力，仅两个多月，全厂减员600多人，尤其是纺纱、织布工序在全行业第一个推行"三班三运转"，生产一线的平均定额比原来提高了15%，人均劳动生产率提高了8%，企业成功实现逆势上扬。

"我没有感觉到自己老。老不是年龄问题，而是心态问题。我的心态始终是'创业心态'。"2003年苏瑞广68岁，当时宁晋县委、县政府提出建设现代化纺织城的发展规划，就在别人纷纷劝说他急流勇退时，他又一次主动请缨。言出必行的苏瑞广，很快拿出了创建纺织城的总体规划。

"一日无为，三日不安"。这是挂在苏瑞广办公室的横幅，也是他不断自我加压，工作兢兢业业，勤勤恳恳的写照。为了创建纺织城，他亲自披挂上阵，招商引资。在他的不懈努力下，2005年纺织城九大项目全部投入运行。

45年来，宁纺不仅从一个小作坊形成了年产染色面料4000万米、服装300万件的生产能力，拥有纺纱、织布、染整、服装加工一条龙的完整产业链，拥有全国唯一的国家灯芯绒产品开发基地，企业规模和经济实力稳居河北省纺织行业第2位、全国印染20强的龙头企业，更发展成为16家成员企业、5000名员工，集纺织、印染、服装、酿酒、地产、金融、酒店、电子电器、环保科技、热电供应、进出口贸易等多种经营为一体的跨行业、多元化现代大型集团。年销售收入和利税分别在15亿元和8000万元左右，分别是建厂初期的13000倍和3000倍。

品质铸魂　信义为首

"做企业就是做文化"。苏瑞广是这样说的,也是这样做的,45 年的企业发展史,无不凝聚着他的诚信、精神和责任。"讲人品,出精品"的企业理念成为企业不断发展壮大的不二法宝。

在与一家山东公司的合作中,宁纺已如期交货,面料质量也完全符合国家标准,但客户觉得色牢度不够理想,想换成灯芯绒。尽管当初合同没有规定用何种染料,苏瑞广二话不说便全部收回了这批衣服,无偿提供活性染料灯芯绒,自己损失了 18 万元……而这样的例子还很多,在宁纺服务无小事,诚信最无价。诚信经营之道成就了苏瑞广,也成就了宁纺。如今,香港德生、真维斯、广州纺织品进出口公司、大连欣万代、杭州集嘉等众多知名客商都是宁纺的长期业务合作伙伴。

2006 年,泥坑酒业生产经营陷入了困境,为了国家和职工的根本利益,同时为保住"泥坑"品牌,宁晋县委、县政府决定由宁纺并购接管酒厂。面对陌生的行业和经营失败的风险,苏瑞广从大局出发,接手后通过大刀阔斧的整顿改革,迅速使酒厂恢复了生机。2009 年,泥坑酒生产工艺被列为河北省非物质文化遗产。2018 年 6 月,泥坑酒荣获河北省精品白酒品鉴第一名。

近年来,宁纺加快传统产业升级步伐,大力推进装备自动化、智能化和信息化,先后从德国、意大利、日本等装备制造强国引进了一大批代表行业领先水平的纺织染整设备,同时积极采用国内外先进的自动化料配送系统、退煮漂生产线自动补液系统以及全自动服装吊挂流水线,企业生产实力不断增强。目前公司可生产多支数、多组分高档机织、针织用纱和纯棉、涤棉、纯涤、竹、麻棉等各类染色面料,以及双面呢、羊剪绒、羽绒服等各类服装。染色面料连续多年荣获全国印染新产品优秀设计奖、优秀创新奖,并入围"中国流行面料",多款产品荣获中国优秀印染面料奖。产品远销美国、欧洲、韩国、东南亚等 40 多个国家和地区,与 GAP、H&M、M&S、ZARA、绫致时装、优衣库以及美特斯邦威、班尼路、利郎等国内外知名品牌建立了稳固的合作关系。

从进军房地产,到成立优艾斯电器公司、河北鼎瓷电子科技有限公司……宁纺在苏瑞广的带领下,在坚守纺织主业的同时,依靠科技进步、品质提升,走出了一条"多点支撑、全面发力"的创新之路。历经 45 年风霜而不衰,企业先后被誉为"县办企业一枝花""纺织战线的明珠"纺织行业"常青树",先后荣获全国先进集体、中国纺织十大品牌文化、全国首批守合同重信用企业、河北省政府质量奖等荣誉称号，成为燕赵大地一颗耀眼的纺织明星。正如时任河北省委书记白克明对苏瑞广的评价"老有凌云志，全在精气神"，他用自己特有的精神和执着，铸就了一座纺织丰碑。

2018年，中国纺织工业联合会在宁纺45年贺信中表示：在全国劳动模范、全国纺织优秀企业家苏瑞广同志的带领下，宁纺由当初的16台布机起步，经过长期艰苦奋斗和改革创新，已发展成为具有完整纺织服装产业链，并成功多元发展的大型企业集团。宁纺不仅是当地经济发展的功臣，更是全国民营纺织企业的优秀代表。特别是努力适应"新常态"，持续推动纺织传统产业升级的做法和经验，在全行业都非常具有典型意义。

"因为改革开放的好政策，宁纺才有了跻身国际舞台的机遇。45年来，宁纺始终聚焦市场变化，围绕'科技、时尚、绿色'做文章，有力实现了高质量发展。"回顾历史、展望未来，苏瑞广表示，今后宁纺将力争在创新务实的发展中继续发扬敢为人先、投身纺织的创新精神，使宁纺再创辉煌，打造百年品牌企业。

改革再出发　打造品牌百年

"改革开放四十年，我们是亲历者、见证者，也是实践者、受益者。改革潮流，浩浩荡荡，顺之者昌，逆之者亡，唯有改革再出发，继续做好传统产业、振兴实业，立足现实，把握需求，才能走出一条符合宁纺特色的高质量升级之路。"对此，苏瑞广表示，当前，我国纺织工业已全面进入高质量发展的新阶段，推动高质量发展必须坚持质量第一、效益优先，推进供给侧结构性改革，推动质量变革、效率变革、动力变革。"就宁纺而言，就是要不断适应消费不断升级这个变化，坚持'科技、时尚、绿色'这个定位，推动企业发展从注重量的满足向追求质的提升转变，从模仿型排浪式消费向个性化多样化消费转变，从关注有形产品向关注服务体验转变。"

在技术升级方面：坚持走"围绕市场、小步快跑、滚动发展"的技改之路，积跬步而行千里。特别是在技术引进、设备选型上，必须要坚持"国产一流化"，不贪大求洋、盲目引进国外高精尖技术，避免投资过大、消化不良，造成企业负担过重。技改项目从立项到投产坚持超前谋划、当年改造、当年见效，以不断抢占市场先机。

在产品升级方面：坚持"三品"战略，找准自己的定位。通过个性化定制、柔性化生产，做出自己的特色来。如棉纺要在"有机+多组分"上下功夫；印染要逐步从中厚织物向中薄织物过渡，在"中薄+弹力+功能"上下功夫；服装要在"OEM+自主品牌"上下功夫，打响"灵音"女装新品牌。

在人才建设方面：坚持培养和引进相结合。人才培养上，不看年龄看水平，不看资历看能力，不看关系看业绩，营造"想干事的给机会、能干事的给岗位、干成事的给地位"的浓厚氛围。人才引进上，不求所有，但求所用，以国际化的视野和开放的心态，大胆引进各类人才，外脑内用，服务企业发展。

"当前，互联网已渗透到工作生活的方方面面，新时期我们必须要借助大数据、云计算、物联网、人工智能与传统行业相融合，利用互联网平台将信息通信技术以跨界的方式打通各行业，集成优化各生产要素，构建连接一切的商业新生态。"苏瑞广强调，作为传统企业务必要主动拥抱互联网，用互联网思维做产品、做服务、做管理。

事实上，早在 2016 年 11 月，宁纺就通过了全国两化融合管理体系评审，并于 2017 年 2 月获得评定证书，财务业务一体化能力显著提升。2016 年以来，宁纺建立了网络招标平台，规范了操作标准，增加招标透明，降低了采购成本；推行目视化定位管理法，实现了物资管理的跨越提升。特别是牵手移联网信，打造"线上+线下"的特色电商销售新模式的同时，并建立了"云之家"平台，实现了办公的网络化、自动化和无纸化，效率大大提高。

乘风破浪会有时，直挂云帆济沧海。站在新的历史起点，今后宁纺将以"文化引领、创新驱动、转型升级、绿色发展"为指导，坚持"聚焦市场、坚守品质、精细管理、创新突破"经营总方针，全面推动企业高质量发展。

"风吹雨打不回头，力瘁筋摧无怨尤。何必计较鞭加背，此生愿作拓荒牛"。这是苏瑞广非常喜欢的一首诗，也是他时常用来激励自己的座右铭，更是他 60 多年艰苦奋斗、锐意进取、无私奉献的真实写照。正是有了这样的纺织情、凌云志，宁纺在他的带领下，才始终与时代同行，与改革同步，不断焕发着青春和活力。

从一根羊毛到时尚帝国的嬗变

——如意控股集团董事局主席 邱亚夫

从毛纺起家,到拥有全球规模最大的棉纺、毛纺两条完整的纺织服装产业链;从1972年的济宁毛纺织厂,到今天经营6000家品牌服装门店,运营30多个国际知名品牌的大型纺织服装跨国集团公司;从时尚品牌的面料供应商,到全球奢侈品100强第16位,与迪奥、路易威登等国际知名品牌一起位于第一阵营……

改革开放40年,在中国经济一路高歌的大势下,邱亚夫掌舵下的如意控股集团,不懈怠,不退缩,完美地交上了一张骄人的答卷,屹立于中国纺织服装企业500强榜首。

邱亚夫

站在新时代的起点上,邱亚夫霸气豪言要做"中国LVMH"——望有朝一日能代表中国与欧洲奢侈品巨头集团同场较量。这是对国家未来发展的一份自信,也是对纺织服装产业的一份坚持。

今天的如意控股集团围绕纺织服装这一核心产业,纵横布局,不仅立足时尚丰富品牌矩阵,更聚焦纤维原料扩展疆域。2019年1月31日,如意控股集团(以下简称如意集团或如意)宣布完成收购美国英威达公司服饰和高级面料业务,包括全球知名的莱卡(LYCRA®)品牌。此次交易将进一步巩固如意在全球服饰和医养卫生用品市场的领导地位。

莱卡换姓 新形势下中美企业合作新典范

如意收购莱卡,毫无疑问是2019年开年纺织服装界的重磅新闻。

据悉,如意收购莱卡交易标的包括英威达公司服饰和高级面料业务的纤维和品牌组合,包括 LYCRA® 纤维、LYCRA HyFit® 纤维、COOLMAX® 纤维、THERMOLITE®纤维/隔热、Elaspan® 纤维、SUPPLEX® 纤维及 TACTEL® 纤维;

TERATHANE®聚四亚甲基醚二醇（PTMEG）、1,4-丁二醇（BDO）及四氢呋喃（THF）的生产；同时包括相关的生产资产、研发中心、全球的销售办事处；以及遍布全球的全部相关技术品牌、产品专利，以及商业、运营和行政人员。

交易完成后，新公司被命名为美国莱卡集团，如意成为莱卡集团的控股股东，将以独立子公司进行运营，保持其独特的定位、企业愿景、发展战略及组织架构。如意与英威达的原股东美国科氏工业集团将继续保持密切合作，这将协助并确保交易后业务的顺利过渡及交接，更为重要的是，此番合作将树立新形势下中美企业间经济合作的新典范。

如意控股集团董事局主席邱亚夫表示：如意始终保持清晰的发展路线。英威达国际领先的资产和技术及深受消费者认可的品牌，将与如意的面料服饰业务产生显著的协同效应。此次收购顺利完成，为我们致力于全面业务整合，力求从面料服装制造商发展为全球领先的科技纺织和时尚品牌领导者，进一步强化集团国际化业务和品牌组合，树立了新的里程碑。如意自身也生产氨纶，多年来钦佩作为行业标准的莱卡（LYCRA®）品牌。我们相信，莱卡集团将为如意的业务增值，其资产和运营能力将成为如意自身业务的完美补充，强化如意作为全球具有完整价值链的纺织服装集团的领先地位。

中国纺织工业联合会会长孙瑞哲表示，莱卡作为世界氨纶行业领先品牌，拥有强大的研发和创新能力，掌握行业的议价权。如意集团此次收购的成功，将极大提升中国化纤新材料及其相关产品附加值和竞争力，是我国由纺织大国向纺织强国转型的重要里程碑。本次收购有助于如意集团打造全国领先的新材料及时尚品牌产业集群，促进我国纺织新材料和时尚品牌领域的快速发展，助力战略性新兴产业发展，更加体现"科技、时尚、绿色"的行业新标签。

"被如意收购我们深感荣幸，因为如意和我们有着共同的愿景，都致力于为客户提供优质产品、先进技术以及强有力的市场支持。"莱卡集团首席执行官Dave Trerotola说："莱卡集团会得到如意的持续投资，我们期待和客户合作，为市场带来更多振奋人心的创新产品和技术。我们正在发展差异化纤维业务，消费者已经开始认识到我们纤维的持久性能带来的裨益，这也是消费者对我们品牌的期望所在，我们的新股东如意在纺织品及零售领域的专长将大大助力并推动我们差异化纤维业务的发展。"

近年来，如意充分利用资本的力量不断扩充品牌矩阵，但大多集中在下游服饰品牌，此番一举拿下莱卡引来众多疑问。但从如意棋盘上一步一步布局可以看到的是，其对于纺织服装产业的专注以及品牌化发展的笃定，而在不断升级的发展之路背后是中国企业国际化视野的提升。

锐意改革　以国际化视野参与全球竞争

邱亚夫说："山东是孔孟之乡，山东企业家们承载着善良的文化，厚重的文化，德行的文化，但是缺乏国际视野，缺乏竞争文化。"他回顾如意集团对标意大利进行质量的革命、思想观念的革命都是竞争带来的结果，以国际眼光与国际视野参与竞争，才使得如意集团企业脱颖而出，成为当时中国整个纺织界的后起之秀。

对标国际，从竞争中寻找差距是如意成长之路的秘笈。

1997年12月，39岁的邱亚夫接手如意集团董事长帅印。当时，中国纺织业正步入寒冬，由于连年亏损，国家对纺织产业实行"限产压锭"。同大多数纺织企业一样，如意也是一家在生死边缘挣扎的传统毛纺织厂，负债率高达90%。邱亚夫上任后第一件事就是进行了大刀阔斧的改革。但是，改革之后的邱亚夫面临的是更大的发展难题。

"我们已经站在悬崖的边缘了，往后退只有死路一条。下棋找高手，弄斧到班门。既然与国外纺织企业差距悬殊，那就到最发达的地区取'真经'！就是死，也要死个明白！"上任伊始，邱亚夫率领40名企业高管奔赴时尚最前沿的欧洲。他们以"买设备"的名义，艰难地挤进了意大利的工厂。到了现场，他们看到了传说中的高速剑杆织机，梭子才指甲盖般大小，摸着前所未闻的高科技纱线、面料，很多人越看越震惊、越看越绝望、气馁："我们一分钟只能完成100个织点，意大利是500个。差距太大了，这一辈子甭想追上人家。"邱亚夫却是越看越明白，"这就是世界先进水平，这就是差距所在。"

回来后，他们对标全球顶级纺织企业，一条一条找差距，总共找出200多条整改措施。随后，邱亚夫又在企业内部开展了解放思想转变观念的大讨论，大家逐步统一思想，提出了"全面对标意大利一流品牌，争做国际一流企业、争创国际一流品牌"的十年改革思路。"出国考察30天跑了49家著名企业，前后花费200万元。这200万元找到了技不如人的差距，明白了什么叫'世界一流'，更换了高管的'大脑'，很值！"邱亚夫很清楚，人不改变，就是把世界上最好的设备买来，也未必能生产出世界水平的产品。

在当时，如意提出这个目标的时候，在业内是当作一个笑柄的。很多人一听如意要做"中国的杰尼亚",就不住地撇嘴,"太狂妄了吧?连国内一流企业都不是,还做啥国际一流企业?"邱亚夫却只是埋头苦干。

在全国毛纺产能过剩,大批企业停工的时刻,趁着改革的春风,邱亚夫逆势而动,投资2亿元,引进了世界顶级生产设备。这时,有"明白人"说:"市场这么疲软,这时候投资不是找死吗?如意这回死定了!"胆大如斗的邱亚夫认准了一个理儿:都说市场不好,可我国每年还要从国外进口60多亿美元的高档面料,难道这个市场还小吗?没有金刚钻别揽瓷器活,缺乏先进设备,谈什么冲击世界水平?靠什么彻底扭转中国纺织"大路货"形象?

苦战3年,如意终于开发出具有国际水平的十大系列毛纺织产品,产品远赴米兰,成为当时唯一进入时尚之都的中国企业,并有3个产品获得了国家级质量金奖。这次展览的成功,使如意在国外的订单价格翻了一倍,那一年,如意实现了1200万元的利润。

敢为人先　凭核心技术及高科技产品赢得市场

这是如意最初大发展的故事,但也是如意一路走来的精神所在——仰望星空,脚踏实地。

如意敢对标,有梦想,而同时更加起决定性作用的是脚踏实地,敢为人先地实现了技术革命。

频繁地"走出去",让邱亚夫明白了一个理儿:缺乏核心技术,只能处于价值链的最低端,只能受制于人。邱亚夫苦苦在寻求突破,决定避开国内中低档产品间的无序竞争,以科技产品参与国际竞争,凭核心技术及高科技产品赢得市场。

机会来了。国内一家高校的纺织学科带头人徐卫林,带着他苦心孤诣的研究寻求技术合作和成果转化,屡屡碰壁后,经人介绍,2006年徐卫林来到了如意。初次相见,邱亚夫不仅表示要跟他一起啃下这块硬骨头,还集合了所有中层干部恭恭敬敬地请他讲课。这种求知若渴的浓厚兴趣让徐卫林感觉,这回找到知音了。

在试验中,邱亚夫充分尊重徐卫林的奇思妙想,哪怕是"歪点子"。在传统工艺里,纺纱长丝在中间,短纤在外围,经常会在高速运转过程中出现断头现象,不仅耽误正常生产,还影响纺织质量。"为什么不可以把长丝放在外面?"徐卫林的灵机一动,却招致很多专家的反对:违反常规,就意味着巨大的风险,这不靠谱。而邱亚夫在听到构想的第一时间就激动地拉上徐卫林来到生产车间，亲自指挥整合各环节技术力量，加班加点改造设备。最终，这一违反常规的想法，孕育出一项颠覆性的新技术。经过 3000 次的试验，"高效短流程嵌入式复合纺纱技术"终获成功，被纺织界命名为"如意纺"，它成为如意在多个产品系列实现中国原创、世界第一、在国际舞台上大放异彩的"撒手锏"。2010 年，这项新型纺纱技术荣获了国家科技进步奖一等奖，成为新中国成立以来代表中国纺织工业最高水平的国家级奖项，这也是中国纺纱技术领域 60 年来第一次获此殊荣。

"如意纺"技术使毛纺和棉纺技术由原来的 180 支和 300 支，双双达到 500 支，打破了棉纺和毛纺的世界纪录，"如意纺"有 30 多项专利技术在西方发达国家申报了专利。"500 支是什么概念，现在它已经能达到一根头发的 1/10 那么细，一克重的羊毛我们能纺到 500 米，在世界上是独一份。"邱亚夫介绍说，在中国纺织企业以低质低价打拼国际市场的今天，"如意纺"的价格已经达到了每平方米 1 万元人民币，而如意生产的高级西装，也已经达到了每套 7 万元人民币，如意翩然进入国际高档面料"俱乐部"，"中国服装该撕下廉价标签了。"邱亚夫自豪地说。

2013 年 11 月 25 日，习近平来到位于济宁市的山东如意集团，他走进如意的生产车间，听产品介绍、看生产流程、了解企业生产经营。当得知如意依靠科技创出多个知名纺织服装品牌，拓展国际市场成绩显著，习近平予以肯定，他指出，企业是创新主体，掌握了一流技术，传统产业也可以变为朝阳产业。要深入实施以质取胜和市场多元化战略，支持有条件的企业全球布局产业链，加快形成出口竞争新优势，提高抵御风险能力。每当回忆起这一温馨的场景，邱亚夫总是心潮澎湃、干劲倍增。

引领时代 中国时尚产业崛起的如意责任

在与众多国际大品牌合作的过程中邱亚夫的心中埋下了一颗种子——"尽管技术上领跑全球，但缺乏全球叫得响的时尚品牌，自己仍然是国际时尚品牌的打工者。我们的'如意纺'面料，1 米最高能卖到 1 万元，可奢侈品成衣的价格至少要几万元。"在世界顶级科技带来的红利面前，不甘心局限在纺织制造下游经济链条上的邱亚夫，谋求向国际知名的时尚产业集团转型。

"我们有技术、有设备、有管理、有完善的产业链，如果能以国际化视野整合全球资源，寻找能补齐我们短板的企业，这应该是如意追赶国际水平的捷径。"

与团队认真商榷后，邱亚夫瞄准时机，在 2010 年一举收购了日本第一著名男装品牌瑞纳（Renown），实现全资控股。此后，如意陆续收购了法国 Smcp、英国品牌雅格狮丹等老牌企业。

"通过并购重组全球比较好的品牌服装企业、设计资源和研发品牌，发展自己服装的设计，将国际时尚资源为我所用。同时，还可以获取海外渠道优势。"邱亚夫带着他的团队在世界各大时尚之都展开了并购之旅，完成并购十几起，旗下全资和控股子公司 20 余个，并在 2018 年 2 月，如意集团又以接近 7 亿美元的价格取得瑞士奢侈品牌 BALLY 的实际控股权。通过这些并购，如意逐渐壮大成为一个以科技纺织为基础的时尚品牌控股集团。"对于服装企业来说，时尚就是最大'新动能'。通过收购，我们得到了品牌本身，更重要的是得到了一大批国际时尚管理人才，这是全球的稀有资源，这让我们聚集起新一轮向时尚产业进军的新动能。"邱亚夫表示。

2018 年 3 月 8 日，习近平参加十三届人大一次会议山东代表团审议时，听了邱亚夫的发言后，殷切指出，希望如意集团做新时代丝绸之路的使者，闯出中国特色的时尚品牌之路。"总书记的重要讲话，给我们巨大的精神力量，为我们指引了新的方向。通过这样一系列国际化并购，我有信心再用十年时间，打造一个能和路易威登、阿玛尼比肩的中国品牌。未来中国的时尚之都很可能出现在孔孟之乡山东。"邱亚夫表示。

作为中国纺织服装企业翘楚，这不仅是如意的愿景，更是如意承担的一份行业责任。

书写夏布千年传奇

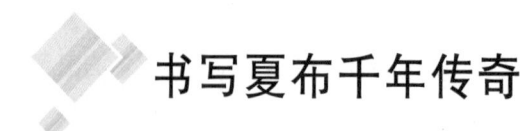

——江西恩达麻世纪科技股份有限公司董事长 邱新海

为了实现苎麻产业的振兴,他毅然"下海"从商,几经艰辛,硬是把一个十几平方米的小作坊做成了涵盖全产业链、畅销海内外的麻艺"第一品牌";他发力科技、传承文化、延伸内涵,把"夕阳产业"变成了集"科技、时尚、绿色"于一体的文创事业;他为苎麻发声,为夏布代言,他用二十年的执着与情怀,书写着夏布的千年传奇。他就是江西恩达麻世纪科技股份有限公司董事长邱新海。

邱新海

远销海内外 成就分宜夏布"第一人"

中国夏布织造技艺起源于新石器时代,是人类纺织的始祖,素有"国纺源头,万年衣祖"之称。江西"物华天宝,人杰地灵",是中国苎麻四大主产区之一,分宜双林作为"中国夏布之乡",向来以质量好品质高称誉一方,是历来朝廷贡品,在中国历史博物馆至今陈列着乾隆下江南时从分宜双林带回的一匹夏布。

为了振兴苎麻产业,造福一方;弘扬夏布文化,传承历史,1997年初,出生在"中国夏布之乡"分宜县双林镇的邱新海,毅然辞去分宜县麻纺公司副经理之职,向亲戚借筹3万元钱,在双林镇上租了一处十几平方米的简易房屋,创办了当地一家夏布厂——分宜县双林新达纺织厂。此后,他一头扎进了夏布业的"商海"。对企业内抓管理、外树形象,一改夏布坯布直接销售的传统做法,建起了手工式夏布漂、染坊,将夏布印染后再外销。

夏布素有"轻如蝉翼,薄如宣纸"的美称,"软如罗绢,平如水静"的特色。邱新海通过深研学习,用其制成床上用品、服装。为寻求夏布销路,他曾自带干粮,身背夏布,东进上海,南下广州、深圳,把火车座位当成"卧铺"的日子也无以计数。加之邱新海的信念和对事业的执着，对客商的真诚，以及对困难的无畏，一次次感动了许许多多的客商，由此而得到了一大批客商的引荐、推介和帮助。20世纪90年代末期在与韩国客商接触面洽成功后，邱新海开始将分宜夏布销至韩国，继而销至日本、中国台湾等东南亚市场。在邱新海的带动下，当时供销部门大量压库的夏布销售一空，农民手中夏布"卖难"现象也因此而消除，从此十分萧条的分宜夏布业也重现了生机。

凭借对夏布的痴迷与热爱，几经风雨，一个十几平方米的小厂硬是在邱新海的创新引领下，成为一家全国闻名的集苎麻基地、夏布织造与印染、麻艺家纺、生物脱胶精干麻、色织印染及其纺纱、织布为一体的苎麻夏布精细深加工织造企业。企业2017年资产总额9.18亿元，销售收入达7.35亿元、出口创汇4021.56万美元、实现利税4214.32万元。

邱新海在发展苎麻夏布产业、弘扬中国麻艺文化事业中做出了重大贡献，他先后被选举为第十二届全国人大代表、江西省政协委员、中国麻纺行业协会副会长、江西省纺织工业联合会会长；获得"全国优秀纺织企业家""江西省优秀企业家""江西省劳动模范"等80多项殊荣……

科技创新　铸就中国夏布领航企业

在二十年来的艰苦创业过程中，邱新海始终坚持"诚信经营，创新发展"的信念，成功把企业发展成为目前拥有"恩达家纺""怡诗缘""岭南""富贵丝"等十余个品牌，集苎麻种植、苎麻夏节文化产品、苎麻脱胶、纺纱、织造、印染、家纺床上用品、服装加工生产与销售为一体的全产链企业，源源不断地生产代表中国文化自信的产品销往国内外市场。

特别是在江西省委，省政府及中国纺织联合会、中国麻纺行业协会的大力支持帮助下，依托分宜苎麻产业优势，"恩达麻世纪"已连续成功举办了五届中国（江西）国际麻纺博览会，为行业发展树了旗帜，占了高地，为行业绿色生态发展及扶贫开发做出了应有的贡献。

自从2001年与武汉大学生命科学院合作以来，"恩达麻世纪"开展了困扰行业多年的生物脱胶技术研究，2007年取得突破性进展。在此基础上与南京工业大学、中国科学院、中国纺织研究院等科研院所合作对项目进行完善和提升，建成全国唯一一条年产5000吨生物脱胶精干麻自动化控制生产线，各项排放标准均达到国家一级排放标准。

值得一提的是，公司研发的植物染料印染夏布工艺技术填补了国内空白，研发的苎麻微生物脱胶工艺技术及成果达到国际领先水平，其中自主研制发明的"苎麻脱胶罐"和"麻类生物脱胶装置"及夏布刺绣外观设计等11项获得国家知识产权局授予发明专利。苎麻生物脱胶这一高新技术彻底解决了长期制约我国苎麻脱胶环境污染和不能纺高支纱、高档苎麻面料的历史；夏布植物染色，淘汰了原有的手工式夏布漂染坊和用化工染料漂染夏布的落后工艺，更是结束了我国两千多年的夏布坯布销售历史。

为了实现企业的"科技、时尚、绿色"发展，在邱新海的带领下，恩达年均研究开发各类高支及混纺新产品150余项，拥有国家专利79项，成为"中国苎麻纺织基地"和"中国苎麻纺织名城"，公司自开业以来先后获得"中国驰名商标""江西省著名商标""江西省名牌产品""国家级高新技术企业""农业产业化国家重点龙头企业""中国纺织服装企业竞争力500强""中国麻纺行业竞争力10强企业""全国纺织劳动关系和谐企业""中国纺织服装出口创汇百强企业"等荣誉称号300余项。公司已成为目前中国苎麻纺织行业的领航者。

文化发力　打造麻艺"第一品牌"

"世博会是全球经济奥运会。恩达能在与全国3000多家纺织企业、几十家著名家纺企业的比选中，跻身为上海世博会家纺类产品的特许生产商，这不仅仅是我们企业的荣耀与实力，更重要的是弘扬了中华民族工艺，让恩达铸就的麻艺品牌顺着世博会的方向涌向全国，响彻全球，让全世界更多人了解恩达。"在打造恩达品牌的道路上，让邱新海感到自豪的一件事，是恩达成为了"中国2010年上海世博会特许产品生产商"。

邱新海在高兴的同时，也意识到自己身上的责任，因为上海世博会是一次全球盛会，与国家形象息息相关。"作为上海世博会的特许产品生产商，我们在遵循'城市，让生活更美好'主题的同时，还结合了'弘扬民族工艺，营造健康家居'的企业使命，把恩达采用的'苎麻生物脱胶技术'和'植物染料提取及其印染夏布'等高科技工艺向海内外展示，让公众感悟到中国的历史文化和优秀的民族工艺。无疑，'恩达家纺'作为2010年上海世博会的特许产品生产商是最合适、最明智的抉择。"

为了赋予夏布新的文化内涵和时尚基因，让有着悠久历史文化的夏布重新焕发生机，"恩达麻世纪"在秉承中国夏布文化和特色的同时，更加注重创新绿色环保，"恩达麻世纪"的设计师们生产出来的苎麻产品要求既保持苎麻的天然特性，又具有现代的时尚风格，且能达到传统与现代相融合、传承与时尚相辉映的程度。邱新海在成立夏布文化馆的同时，相继开发出了夏绣、夏布画、夏布书画新产品及培养传承人事业。并与旅游产业相结合，生产制作了各类麻艺香包、麻艺扇等上百种文化旅游产品。

在邱新海孜孜不倦的助推下，中国夏布走进了千家万户。在短短二十余年时间内，恩达已发展成为"中国纺织竞争力工业500强"第70位、"中国麻纺行业竞争力十强"前四强、苎麻行业竞争力排名第1名的优质企业。

邱新海凭着对苎麻优质性能的坚定信念，经过二十年的研发与探索，用自信突显了苎麻制品不凡品味，用奋斗铸就了中国麻艺"第一品牌"。"恩达家纺"2011年5月被中国工商总局商标局认定为中国驰名商标；2015年，恩达以2.99亿产品品牌价值上榜"中国品牌价值评价榜"。2016年10月，恩达麻纺产品获"生态原产地保护产品"证书，出口产品都是使用国内首创的生物脱胶苎麻精干麻原材料，国内目前没有同类产品，恩达拥有绝对的产品定价权。

致富思源　责任引领未来

"创业的成就，离不开各级政府、金融机构、社会各界和家乡父老乡亲的大力支持。"当企业不断发展和荣誉与日俱增时，邱新海致富思源，始终不忘回馈社会。恩达在人员就业、缴纳税收、带动经济、出口创汇、招商引资、慈善捐助、社会稳定和家庭和谐等方面做出了实实在在的贡献和担当了应有的社会责任。

据不完全统计，恩达成立20年来，捐款捐物折合金额累计超过2000余万元，用于扶贫济困慈善活动和支持公益事业。恩达先后参与"百千万惠农工程"，凡家乡修桥、筑路、建敬老院、福利院、新建村自来水工程以及新农村建设等，公司每次都主动捐款。其中为村村通水泥路及贫困农村饮水工程等新农村建设捐款180余万元；先后为当地教育基金和资助贫困家庭学子完成学业等"爱心助学"捐赠210余万元；先后为汶川、雅安、舟曲、玉树地震等灾区及灾后重建捐赠款物计810万元……同时公司还积极投身公益事业，为江西省市全运会、首届世界旅游大使冠军总决赛、国家关心下一代工作委员会"预防艾滋病"宣传调研项目、分（宜）安（福）省级公路建设及中国红十字会人道服务基金会新余市红十字会的"博爱送万家"行动等用于支持公益事业的资金高达300余万元。2016年起，恩达又积极响应中央精准扶贫行动的精神，落实千企帮千村方案，投入数十万元对贫困村和多个贫困户进行了结对帮扶。

不仅如此，邱新海作为江西省政协委员还积极参政、议政，深入调研、倾听民意，每年参加政协的会议都会发表多个建议。特别是邱新海在当选第十二届全国人大代表期间，向中央提交建议、议案50多个，包括《加大对麻纺工业发展政策扶持力度的建议》《支持中国江西麻纺博览会》《关于支持汉服文化产业发展的建议》《建议推广农村"颐养之家"养老经验》《解决失地农民保障问题》等，内容涉及农业、经济、民生、金融、科技等领域。

2014年3月，习近平参加十二届全国人大三次会议江西代表团审议，逐一接见各位代表时，对邱新海说"苎麻好，也是绿色的，好好做！"这是激励，更是鼓励。邱新海牢记嘱托，在弘扬新时代企业家精神的同时，更不断履行着自己的职责，勇挑行业发展的大旗，带领一方老百姓共同致富，为振兴苎麻产业，弘扬夏布文化而发声。

会当凌绝顶　博览众山长

——山东康平纳集团有限公司董事长　陈队范

走近泰山脚下的康平纳厂区门口，就能看见昂然矗立着一块象征稳重、坚韧、祥和的巨型泰山石，上面镌刻"康平纳科技产业园"几个大字。"会当凌绝顶，一览众山小"，杜甫的这句诗，已经成为让人称道的泰山颂扬词，借用杜甫的这句"会当凌绝顶"来形容董事长陈队范和他的康平纳，也许再合适不过了。可是陈队范却说："其实我们的行业不会有绝顶的，只有不断发展，往高处攀登，永无止境，企业取得了一些成绩不能骄傲自满，只有不断学习别人的长处，才能充实提高自己，对于企业来说，用'博览众山长'最受用！"

陈队范

创新拼出路　开启纵深发展之路

康平纳成立伊始，就依靠"创新"拼出路，在"创新"中谋发展，在"创新"中求突破。陈队范说："依靠创新求得发展，谁拥有的创新资源多，谁就有优势。"

1998年，康平纳公司在新泰创建，成为当时泰安市少数几家民营企业中的一员，1999年4月，租赁濒临倒闭的泰安毛纺织厂，抓住市场等各种大好机遇，科学运营，取得了良好的经济效益、社会效益和社会影响力，使康平纳公司在行业市场中牢牢站稳了脚跟，在用民营资本运营国有资产方面积累了丰富的经验，也为泰安市的国企改革积累了成功经验。1999年以来，公司坚持技术创新带动企业发展之路，积极开展技术创新工作，极大地促进了企业技术进步。

2001年，康平纳在国内同行业中率先提出并实施"小批量、多品种、高质量、快交货"的生产经营模式，放弃拼原料成本、简单加工的路子，采取提高纺纱支数、产品风格多样化等手段，提高了产品的市场竞争力。2002年，康平纳全方位实行市场化绩效共享机制，全员服务市场，企业市场运营管理体系更加科学、规范、成熟。2004 年，康平纳为使用好引进国际一流的先进染整生产线，适时提出了"六新四高"的管理思想，生产管理方面实行 5S 管理，推行"专业、健全、执行"的管理标准。企业的软硬件装备水平和管理水平有了大幅度提高，实现了企业的跨越式发展。2008 年，康平纳紧紧抓住国家政策的支持优势，加快产业升级步伐，纺织染整装备制造项目全面开工建设，开启了康平纳产业纵深发展的新篇章。

创新结硕果　引领行业技术进步

通过 10 余年的创新与产学研合作，康平纳累计投入 10 亿余元，终于结出硕果——研制的"筒子纱数字化自动染色成套技术与装备"实现了我国纺织印染行业数字化、智能化制造的重大突破。创建了国内首条筒子纱数字化自动高效染色生产线，建立起数字化染色车间，实现了筒子纱染色从手工机械化、单机自动化到全流程数字化、系统自动化的跨越，使我国成为世界首个突破全流程自动化染色技术并实现工程化应用的国家。

筒子纱数字化自动染色成套技术与装备荣获 2014 年国家科学技术进步奖一等奖，成为中国纺织机械史上第一个国家科技进步一等奖，荣获中国机械绿色制造科技进步一等奖、中国纺织工业科技进步一等奖、中国工业大奖、第 17 届国际工业博览会金奖、香港桑麻纺织科技进步一等奖，列入国家重点新产品、工信部《首台套重大技术装备推广应用指导目录》、山东省重大节能成果、2018 年国家工业节能技术装备推荐目录、中国印染行业节能减排先进技术推荐目录，并已在鲁泰纺织、孚日集团等多家企业推广应用，成为纺织行业提质增效、节能减排、转型升级的首选装备。

为加快国家科技进步一等奖成果产业转化推广步伐，康平纳以科技成果为技术基础，进行信息化、智能化全面提升，建设智能染色示范工厂，实现了筒子纱染色从胚纱到色纱成品全流程数字化、智能化生产。与传统染色相比，染色一次合格率提高到 98% 以上，降低了复染率，节约用工 80%，提高生产效率 28%；与《印染行业规范条件（2017 版）》明确指标相比，吨纱节水 70%、减少污水排放 68%、综合能耗降低 45%。

智能染色工厂淘汰印染产业落后产能，通过集中建设、集中印染、集中处理、集中排放，减少污水排放，提高产品质量，实现绿色制造，淘汰印染产业落后产能，在纺织印染行业起到良好的推广应用和示范效应，对提升纺织品的高品质制造，实现规模化、集约化生产，为推动行业转型升级、绿色生产提供了重要技术支撑。真正改变过去只挣"汗水钱"的状况，推动传统产业向智慧型现代产业转变。是加快落实国家"创新、协调、绿色、开放、共享"的发展理念和供给侧结构性改革的重要措施。被列入国家首批智能制造试点示范项目、《中国制造2025》2017年度重大标志性项目、山东省新旧动能转换重点项目等，中央电视台《新闻联播》《辉煌中国》《大国重器》等栏目进行专题报道。

康平纳公司以示范工厂为引领，以点带面，示范推广，规划10年内投资建设50个区域性智能染色共享工厂，其中"十三五"期间建设15个。2016年，新疆康平纳智能染色工厂落户库尔勒，成为响应"一带一路"倡议、进军中亚、走出国门的西部桥头堡。2017年，江苏康平纳智能染色工厂落户盐城射阳，成为辐射带动江浙纺织产业智能制造示范工程。目前，新疆、江苏、山东等地智能染色工厂正在建设。

推广创新模式　共享智能印染绿色平台

创新孵化区域性智能染色工厂，推动纺织产业新旧动能转换。陈队范牢记"构筑民族品牌，造福人类健康"的企业使命，紧紧抓住新时代赋予的政策、环保、新旧动能转换等历史机遇，以"四新"为动力，以"四化"为路径，本着"跨界融合、协同创新、集成发展、智能绿色、共创共享"的思路，致力于将智能绿色染整技术重大成果在传统印染行业推广应用，搭建行业共享智能印染绿色平台，淘汰落后产能，实现腾笼换鸟、绿色制造、集约发展，助力传统纺织产业转型升级。为生态文明建设、实现绿水青山做出积极贡献，造福人类健康。

未来十年，康平纳规划在全国纺织服装印染聚集区建设50个标准化智能染色工厂，其中"十三五"期间建设15个。2018年，为打造质量效益好、创新能力强、产业结构优、品牌价值高、绿色环保节能山东新纺织，按照山东省委省政府加快新旧动能转换重大战略部署，山东省印染行业"1+7"区域性共享工厂体系建设方案出台。方案规划利用康平纳国家科技进步一等奖重大成果的科技优先优势，按照集中统一规划、分布建设实施的原则，发挥康平纳本部智能染色工厂"1"的示范作用，规划在全省枣庄、聊城、滨州、潍坊、淄博、济宁、泰安新泰，布局建设7个智能绿色印染园区，形成"1+7"区域性共享工厂建设格局，建成36个标准化智能染色工厂，达产后年染色纱能力72万吨，基本补齐省内印染产能缺口，同时淘汰落后产能。

2018 年 7 月，新泰康平纳智能染色工厂开工建设，成为推动 "1+7" 区域性共享工厂体系落地实施的首个智能绿色印染园区。陈队范认真贯彻落实山东省印染行业 "1+7" 区域性共享工厂体系建设方案，积极推动科技重大成果优先在山东省转化推广，真正实现了印染产业的智能化、绿色化、服务化发展，补齐全省纺织产业链印染短板，实现全省纺织产业结构及产能布局的优化升级，改造提升传统动能，培育壮大新动能，实现纺织行业的高质量发展，为促进山东省纺织工业结构调整及优化、实现新旧动能转换和高质量发展贡献力量。

同时，康平纳创建基于云平台的 "1+N" 印染智能管理模式，以本部智能染色示范工厂为载体，建立集智能印染技术协同创新、创意设计、定制交易、远程管理、人力资源、市场共享等功能于一体的智能云平台，实现对 N 个区域性智能染色工厂的协调创新、集中管控，汇聚上下游等资源，创建筒子纱染色行业全流程协同研发制造的创新管理模式。

为社会作贡献是企业最大的目标

回首多年的风雨历程，陈队范说："在公司发展的过程中，酸咸苦辣甜都有，在企业创建初期的时候，在管理团队上，我们一起探讨、一起商量，彼此认同思想、认同文化，力求形成一种合力，才得以把事情做好。" 一直以来，公司坚持 "追求卓越、共同发展" 的企业精神，实施 "爱心帮扶基金工程"，关心帮助困难职工，解决职工后顾之忧。

陈队范说："我们一直坚持 '任人唯贤' '适才适岗' 的用人机制，创建公平、公正的发展平台，提高企业的专业综合水平，实现员工与企业双赢的目标。" 在人才储备和培养方面，公司致力于建立学习型组织、打造高素质的员工团队，制定管理人员和各岗位技能人员上岗标准，制定奖惩办法及职称和职工技能晋级的奖励政策，严肃考核制度，从薪酬激励、晋升激励、培训激励、绩效评价等多方面、多层次建立奖励机制，设立 "企业创新奖" 等奖项，按贡献、分等级进行奖励。长期以来，康平纳坚持引进和培养相结合的方式，采取高薪引进专业技术人才，优化人才组织结构。同时，公司采取走出去、请进来的培训方式，每年从专业院校、国内著名的专业培训机构等聘请专家、教授来公司授课，为员工讲授专业理论知识。选派专业技术好和思想品德优秀的员工到专业院校培训学习，培养自己的后备人才。通过公司内部定期培训、技术比武等方式，提高技术人员和员工的专业技能，增强企业核心竞争力。

陈队范说："在创办企业时，提高经济效益是企业最大的目标，但当企业做大时，为政府分忧、为社会作贡献则是企业最大的目标。"陈队范始终把服务社会、服务人民理念放在首位。坚持将发展成果惠及社会各方，倾心公益事业，累计捐资2000万元用于公益活动。出资100万元设立冠名慈善基金，用于扶危、济困、助学和其他社会公益事业；在为当地捐资助学的同时，资助纺织之光教育基金200万元，用于行业技术进步和人才培养；参与玉树、汶川等灾区捐助，多次向西藏贫困地区捐款捐物达650万元；积极参与当地"精准扶贫"活动，帮助结对贫困村脱贫致富。陈队范说："在这里让员工得到锻炼和提高并发挥他们的才能，是我的责任；让员工生活得更好一点、更有幸福感，是我的责任；尽最大的能力帮助有需要的人，是我的责任；投身智能绿色发展，为行业进步、社会需求做更多的贡献，更是我的责任。"

"中国巴斯夫"的进化之路

——福建恒申控股集团有限公司董事长 陈建龙

40年前，对于纺织化纤人来说，成立于1865年的德国巴斯夫公司就是一座遥不可及的山峰，令人敬畏；40年后，这座山峰已不再是一个神话般的存在，成为我国化纤企业擂台上的对手。而更加传奇的是，在中国的福建长乐，一家民营化纤企业凭借几十年来的积累和奋斗，成功跻身世界级化工企业队列，成为"中国巴斯夫"，它就是恒申控股集团有限公司。

总部位于福州长乐的福建恒申控股集团有限公司由福建申远新材料、恒申合纤、力恒锦纶等七家实体企业组成，现已成为全球最大、产业链配置最先进的锦纶聚合、纺丝以及氨纶生产企业。董事长陈建龙是土生土长的长乐人，跟每一个伴随改革开放成长起来的企业家一样，陈建龙的奋斗史同样充满心酸；跟每一个伴随改革开放壮大起来的民营企业一样，恒申控股集团有限公司的发展史也是从无到有，从小到大，从大到强。

陈建龙

然而，在这看似雷同的成长过程中，陈建龙带领的恒申集团一直走在行业前列。凭借着敢为人先的魄力，恒申集团一次次打破国外垄断，实现自身进化的同时带动了整个行业的进步，可谓先锋榜样。从聚合切片到己内酰胺，陈建龙一次又一次地实现了在同行看来几乎是不可能实现的目标，恒申集团也在这一次又一次的质变中崛起成为"中国巴斯夫"。

三次进阶 不服输 "世界第一"终圆梦

今天，福建长乐是世界纺织化纤版图上极具分量的产业集群，而在40年前这里只是一个并不起眼的小渔村，没有工业、更不敢想象走向国际。40年来，福建人凭借着"爱拼才会赢"的基因硬是实现了"滩涂变良田"的奇迹，而陈建龙的故事就是从最初的"滩涂"开始，白手起家。

1984年，改革开放初期，长乐得风气之先，针织厂遍布沿海乡镇。陈建龙像很多长乐人一样，也投身于费孝通先生誉称的"草根工业"中，创办了恒申集团的前身——龙河纺织厂。"从挡车工、机修工到销售员，我什么都干过"。陈建龙说。当然，当时的陈建龙做梦也不会想到自己有一天会执掌世界级化工企业。

伴随长乐经济发展高歌猛进，他的事业步步登高，也迎来了第一次进阶转型——即从下游纺织进入上游化纤制造；进入新世纪后，陈建龙敏锐察觉到，随着消费水平提高，广泛应用于纺织服装、工程材料等领域的原料——锦纶（俗称尼龙）将迎来广阔的市场空间。于是，2003年3月，陈建龙创立了长乐力源锦纶实业有限公司，从纺织加工转向原料——化纤生产，开始了自己为之奋斗一生的锦纶事业。

在2003年的时候，中国的化纤还没有今天的世界地位，锦纶在中国还算是一个比较小众的产品，就是在这样的大背景下陈建龙果断转型向上游走，并且斥巨资大胆引进世界最先进的德国巴马格纺丝设备，"一套设备要数千万元，国内没人敢用这么贵的，长沙锦纶厂等国有企业大多还在使用国产老设备。"陈建龙回忆当时的"壮举"颇为骄傲。

先进设备与技术为力源赢得巨大的成本优势："当时一吨锦纶产品，力源的生产成本只有2000多元，竞争对手仍要8000多元。能超越曾经的偶像，就是因为我们敢于尝试、勇于创新。这种设备更新和技术变革，对国内锦纶行业来说是颠覆性的，同行随后纷纷跟进。"陈建龙说。

2005年10月，他又创立长乐力恒锦纶科技有限公司，总投资35亿元。然而规模扩大了，烦恼也增加了。2009年以前，中国大陆锦纶企业基本都从德国巴斯夫和我国台湾地区进口切片。力恒产量大自然用的切片也多，因此陈建龙深深地体会到了被人扼住咽喉的痛。于是他的心中蠢蠢欲动，发起了第一次挑战垄断的心思——"我想自己做聚合切片，改变这种局面。但同行断言，'这东西中国人做不好，再过七八年或许可以'。"一路打拼的陈建龙被刺激了，"我要改变这种局面，而且一定要做成功。"

2008年3月，力恒登陆新加坡证券交易所。随后，投巨资上马20万吨聚合项目。奋力攻关，终有斩获。2009年9月6日，力恒聚合项目一次性开车成功，顺利聚合出第一粒半光锦纶6切片。补齐上游短板，从此告别了受制于人的历史，实现了第二次完美进化。

打通"聚合切片—锦纶纺丝"产业链，力恒在行业内产生了强烈的示范效应，很多企业纷纷跟进上聚合项目，国内锦纶聚合由此快速扩能。2010年6月，陈建龙成立恒申合纤科技有限公司，并整合力源、力恒等企业组成恒申集团。2017年，恒申集团总产能突破138.5万吨，成为全球最大的合纤科技生产基地，业务伙伴超过3000家，覆盖60多个国家和地区。

然而，对于陈建龙来说仅仅实现聚合切片还远远不够，他并没有停下奋斗的脚步，反而激发了他更大的野心——自给自足己内酰胺。

熟悉锦纶产业的人都知道要实现"自给自足己内酰胺"是多么难的一件事，作为生产锦纶的原料，长期以来己内酰胺被德国巴斯夫等几家国际化工巨头垄断，国内市场基本依赖进口，对外依存度高达70%。卖方市场的垄断和强势是陈建龙做生意几十年来最刻骨铭心的痛。"我们不是拿着钱去买，而是去求！"他回忆道。凭借着福建人爱拼敢拼的性子，陈建龙立誓："这辈子如果突破不了己内酰胺，我就对不起这个行业。"

2013年3月，陈建龙落子连江可门开发区，总投资400亿元，建设申远新材料——一个世界级的、年产100万吨的聚酰胺一体化项目。之后历经5年艰辛谈判，申远终于与拥有全球最先进的己内酰胺生产技术及管理体系的荷兰帝斯曼达成协议，后者提供最新的HPO plus技术及相关生产工艺。

对接世界最先进技术，让申远一出发就站立高点。"HPO plus技术在国内南京帝斯曼公司成功运用并投产，比较成熟。这奠定了申远发展的技术基础，让我们一起步就能生产出高端的己内酰胺。"陈建龙说。

实现己内酰胺的自给自足对恒申集团以及整个中国的锦纶产业乃至整个化纤产业都意义非凡。对公司自身来说，打通了从上游原料到下游聚合、纺丝、织造等八道产业链，极大增强了市场竞争力、行业话语权。而对行业来说，过去，国内高端己内酰胺产品依赖进口，仅长乐一地每年的需求量就达60万吨以上。申远项目全部达产后，将年产100万吨高端己内酰胺，使国内锦纶企业彻底摆脱受制于人的局面。

可以说申远新材料项目使得恒申集团正式迈入了全球具有影响力的化工、化纤企业队列。而更让人振奋的是，2018年5月，恒申集团签约收购了Fibrant（福邦特）己内酰胺及相关业务（原帝斯曼己内酰胺业务），"世界第四"反向收购"世界第一"，让恒申集团一跃成为全球规模最大的己内酰胺生产集团。"对恒申来说，这是历史性时刻，让我们实现了梦寐以求的'己内酰胺梦'，为进一步做大做强奠定坚实基础。"陈建龙说。更关键的是，恒申集团自此拥有了己内酰胺领域全球最尖端生产技术，填补中国多项技术空白，打破了技术受制于人的局面。

创新发展　履行社会责任　不忘初心　巨擘扬帆起航

从一家小小的纺织厂到今天的全球最大，没有人能预见未来。得益于改革开放的红利，踏准时代的脉搏，陈建龙带领着恒申集团一路披荆斩棘，一路敢为人先，一路高唱凯歌……恒申集团在业内树立了无可比拟的竞争优势。从无到有，从有到强，陈建龙用了整整30年，这其中，让"己内酰胺梦"照进现实，就用了十多年。

截至目前，恒申集团拥有了连江、南京及欧洲三大生产基地，己内酰胺年产能达108万吨，并在全球率先打通环己酮—己内酰胺—聚合—纺丝—加弹—整经—织造—染整共8个环节的完整产业链，恒申集团一跃成为全球规模最大、产业链最完整的己内酰胺生产集团。

随着"己内酰胺梦"照进现实，恒申集团突破核心技术直面全球竞争的时代到来，董事长陈建龙对未来的"千亿产业集群梦"更加自信。目前，恒申控股集团正在两头出击，谋划延伸产业链：向上延伸，联手世界500强企业，挺进石化领域；向下延伸，拓展己内酰胺在工业薄膜、工程塑料等领域的应用。

从"草根工业"起步，紧跟改革开放脉动，深耕实业，敢为人先，成就全球最大的合纤科技生产基地、全球规模最大的己内酰胺生产集团。陈建龙三十余载坚守实业，既壮大自身又惠及全国同行业，以坚毅行动实现产业报国，多年致力于锦纶行业与企业管理，这正是紧跟改革开放脉动的"恒申之路"。

在恒申集团不断发展壮大的进化之路上陈建龙始终坚持创新创造，注重核心技术自主研发。目前公司拥有289项国家知识产权专利、6项发明专利、1项国家标准、5项化纤行业标准，被授予"全国民营企业500强""国家差别化锦纶6开发基地""科技进步一等奖""中国纺织产品开发贡献奖""全国单项冠军示范企业"等300多项荣誉，成为化纤行业的标杆企业。全球化工巨头德国巴斯夫集团总裁在参观恒申集团时，也用了"中国的巴斯夫"来表达赞誉。

在进入新常态的今天，单靠规模取胜的时代已经终结，中国企业逐渐开始面临如何深耕细作成为百年名企。陈建龙也一直在思考这个问题，他每次携手行业巨头都会虚心请教这个问题，他认为民营企业想跻身世界，就得向国际巨头学习。德国巴马格、卡尔迈耶、巴斯夫、日本TMT、荷兰帝斯曼、法国液化空气集团、瑞士伊文达等等都是恒申集团的国际合作伙伴。在同这些行业巨头的合作交流中，陈建龙逐渐找到了问题的答案，"是品牌，是质量，是管理，是技术创新造就了百年企业。创业30年，我就执着干一件事——搞实业，做纺织化纤。世界化工行业的领头羊德国巴斯夫，始终是我学习和不断追赶的目标。"

令人值得尊重的是，陈建龙在注重企业发展的同时，积极承担社会责任，热心公益。公司成立了恒申慈善基金会帮助弱势群体，以自己的行动树立慈善榜样，推动更多社会力量参与到慈善事业中。在恒申慈善基金会的平台上，公司关爱贫困家庭，捐资建设力恒希望小学，开展贫困母亲帮扶计划、暖冬行动等特色公益活动，累计向社会捐资超3亿元，建设十所力恒希望小学，贫困母亲帮扶计划已帮助福建省7个地市，共377名贫困母亲，帮扶金额160余万元。陈建龙的行动获得了社会各界的广泛赞誉和认可，其个人先后荣获"福州市热心公益事业大榕树奖""全国纺织工业劳动模范""全国优秀企业家""扶贫慈善企业家""改革开放四十年纺织行业突出贡献人物"等荣誉称号。

展望未来，陈建龙豪情满怀。"我们将巩固壮大现有产业，做大做强申远己内酰胺项目，同时延伸产业链，加快转型升级。2017年，公司年产值286亿元，我们要争取十年内产值突破千亿元，进入世界500强，成为'中国的巴斯夫'。"恒申集团董事长陈建龙激情未减。瞩目新时代，他立志成为科技化纤领域的领导者，带领恒申集团走向世界第一，实现"千亿产业集群梦"。

家国情怀　实业兴邦

——恒力集团有限公司董事长、总裁　陈建华

2018年是改革开放40周年。作为苏州乃至江苏的第一批民营企业，始建于1994年的恒力集团有限公司正是改革开放的产物。从二十几个人的地方小厂吴江化纤织造厂，到拥有80000多名员工的世界500强企业，恒力集团改变的是企业的规模和水平，不变的是企业的初心和担当。

强烈的家国情怀赋予了恒力集团实业兴邦的担当，赋予了恒力集团董事长、总裁陈建华产业报国的使命。

"建华——就像我的名字一样，赋予了我用实业建设中华的使命。"陈建华，这位成长在改革开放春风下的民营企业家始终坚信，"干实业才是真正的事业"，短短几个字，道出了他实业兴邦的坚定信念，在二十多年的发展历程中，陈建华和恒力集团有限公司始终把精力集中在实体经济领域，深耕主业、做精实体，咬定青山不放松。

陈建华

坚守实体经济基石

1994年，年仅23岁的陈建华克服重重困难，倾其所有以369万元收购了濒临破产的乡镇企业吴江化纤织造厂，成为改革开放后苏州第一批民营企业家。

104台丝织机、8台络丝机、35台捻丝机、4台拼丝机……是吴江化纤织造厂当年的设备清单，也是恒力集团发展的起步点。从那时起，恒力集团迈出了沿着实体经济产业链一步步向世界石化化纤纺织行业顶峰攀登的步伐。

2002年11月，江苏恒力化纤有限公司正式挂牌成立。

2004年2月，经过14个月的艰苦奋战，克服"非典"带来的不利影响，恒力化纤40万吨熔体直纺A线工程按计划顺利投产。

2004年5月，恒力化纤40万吨熔体直纺B线工程顺利投产。

2007年8月，恒力（宿迁）工业园隆重奠基，成为全省南北产业转移最大项目。

2008年10月，恒力化纤年产20万吨工业丝项目奠基，采用世界最先进的生产工艺，引进国际领先的生产设备，全力打造全球最大的涤纶工业丝生产基地。

近10年来，恒力努力实践着"全产业链"发展的战略。自2010年，恒力石化（大连长兴岛）产业园隆重奠基，恒力迈出了进军石化产业的步伐，如今，恒力2000万吨/年炼化一体化项目也已于2019年5月17日全面投产。

恒力已经实现"原油—乙烯—乙二醇—芳烃—PTA—民用丝、工业丝、聚酯切片、工程塑料、薄膜—纺织"的完整产业链，成为世界上第一家全面打通完整产业链的石化纺织企业。

为行业争夺话语权

2002年，在成为亚洲织造领域领军企业后，恒力对上游化纤原料的需求也日益迫切。而当时，纺织化纤行业仍然由外资企业所掌控，国内大量织造企业的化纤原料全部控制在外资企业手中。困则思变，为了争夺中国在化纤领域的话语权，陈建华下定决心改变这一行业现状，开始将目光投向了纺织产业链上游的化纤行业。

"借得雄风成亿兆，何惧万里一征程。"2002年11月，恒力在吴江开启向上游化纤行业发展的征程。历经两年，恒力集团的生产能力即跃居全国化纤行业前列，成为我国大型化纤生产基地之一。

从织造走向化纤生产，由陈建华率领的恒力攻坚团队以过人的魄力与决心令企业的规模在短时间内极大拓展。但行业环境不容许恒力停滞不前，恒力人不甘于现状的拼搏精神也不容许企业仅停留在产业链的中端。聚酯纤维的上游产品是PTA，即精对苯二甲酸，恒力化纤所用的巨量PTA都由上游厂家提供，主要掌握在外国企业手中。"要掌握PTA的国际话语权和定价权，就只有自己生产这一条路可以走。"陈建华这样说。恒力集团再次实施转型升级战略，进军上游石化行业。

2010年，看准了辽宁大连长兴岛的区位优势，恒力决定将石化项目放在这座北方第一大岛、中国第五大岛上，在一片荒山滩涂上削峰填海。截至目前，沧海桑田的巨变呈现眼前，恒力石化3条PTA生产线已投入生产，年产能达660万吨，第4条、第5条年总产能达500万吨的PTA生产线也已启动，投产后恒力石化 PTA 产能将达到 1200 万吨/年，将成为全球产能最大的 PTA 生产基地。

"会当凌绝顶，一览众山小"。面对国际新形势和行业新趋势，恒力集团继续向产业链上游迈进，先后启动了 2000 万吨/年炼化一体化项目和 150 万吨/年乙烯项目。2014 年 8 月 8 日，恒力 2000 万吨/年炼化一体化项目被写入国务院文件并明确支持。2018 年 4 月 20 日，国家发改委原则同意恒力石化炼化一体化项目使用进口原油 2000 万吨/年。2018 年 12 月 26 日，2000 万吨/年炼化一体化项目投料开车，这不仅是国家炼油行业对民营企业放开的第一个重大炼化项目，也是国家有史以来核准规模最大的炼化项目，更是七大石化产业基地中推进速度最快的项目。

2019 年 5 月 17 日，恒力 2000 万吨/年炼化一体化项目全面投产，成为国家七大石化产业基地中最早建成投产的世界级石化产业项目。从破土动工到全部建成仅历时 19 个月，全流程开车投产仅用时 3 个月，全面达产仅半个月，创造了世界石油化工行业工程建设速度、全流程开车投产速度和全面达产速度最快的奇迹，成为行业高质量发展的典范。

目前，我国 75%的芳烃都依赖进口，价格、数量都受制于人，而恒力 2000 万吨/年炼化一体化项目投产后，将提升 35%的国产自主比例，打破过度依赖进口的不利局面，为国家争取行业话语权，变被动为主动——正是这样的家国情怀，支撑着恒力义无反顾地上马石化炼化项目。

炼油能力、乙烯产量、对二甲苯产量等是衡量一个国家化工水平的几个重要指标。恒力集团不断向产业链上游攀登、打通全产业链的过程，也是打破乙烯、对二甲苯等重要大宗有机原料的国外垄断的过程，是推动我国化工能力不断提高，屹立于世界化工行业之巅的过程。

当创新转型引领者

对于恒力而言，坚守实业并不意味着因循守旧，依托国家级企业技术中心，恒力集团走出了一条以应用开发为特色的自主创新之路。

近年来，恒力集团不断加大科技投入力度，加快自主创新步伐，恒力纺织每年有 8000 多个新品种投放市场，其中 35%以上属于自主研发。恒力自主研发的多种实用新型面料获得国家专利，多项产品荣获国家免检产品、国家纺织流行面料入围奖、江苏省高新技术产品证书。

经过多年发展，恒力集团通过科技创新体系的建设和创新能力的培育，逐渐成为国内化纤行业的领军企业，代表了中国化纤行业的最高水平。

近年来，恒力集团又持续推进智能制造，先后投入近10亿元进行工厂智能化改造。在恒力的化纤生产车间，从清板、落筒，到丝饼的外检、运输、取放、上线、裹膜……整套操作工序已全部实现自动化。涤纶长丝生产需要对纺丝组件进行定期清板，但人工清板力度不好把握，容易留死角，且对于员工而言，高温下双手举升作业劳动强度大，非常辛苦。通过对自动清板系统的研发和应用，企业不仅掌握了核心技术，还开创性地创造出无导轨自动清板系统，极大提高了工作效率，更体现了对员工的人文关怀。

通过"机器换人工""自动换机械""成套换单台""智能换数字"等方式不断深化智能化建设，将引进的化纤行业、织造行业智能化设备和自主研发的配套控制系统相融合，恒力成为"机器换人"智能工厂的样本。

做社会责任践行者

在人们的印象中，纺织行业与污染相连，而走进恒力产业园，郁郁葱葱的草地树林和古色古香的亭台楼阁交相辉映，恍如进入江南园林。绿色恒力的背后，是多年来持续注重节能环保的努力。恒力早已通过了ISO环境管理体系认证和欧洲绿色环保认证，并率先在全国同行业中实施中水回用工程，在行业内率先建成国家级绿色工厂。

在产业节能减排措施方面，恒力先后实施了大型电力设备变频化节能改造、电力空压站气动化节能改造、锅炉综合节能改造、纺丝节能技术改造、喷水织机淘汰更新技术改造等多个重大节能减排技术改造项目，实现节能、减排、增效的多重功效，取得了良好的经济效益和社会效益。

在恒力（宿迁）工业园、恒力（南通）纺织新材料产业园和恒力石化（大连长兴岛）产业园建设的过程中，恒力同样投入巨资用于环保设施建设，特别是投资10亿元建成的PTA项目配套污水处理厂，采用全球最先进工艺，处理能力达到实际污水量的两倍，开启了恒力集团发展循环经济、低碳经济的新模式。

恒力（苏州）工业园里的废水处理厂在将废水处理过后，会将这些水注入一个水池，并通过专门技术手段进行检测。同时，水池里面养着大量各种各样的鱼，用以辅助观察处理结果。当恒力董事长陈建华决定进军石化行业时，他首先意识到的便是绿色环保。"安全、环保是企业的生命线，恒力要建设最安全、最环保、内在优、外在美的世界一流石化企业。"

"环保的标准每年都会提高，引进的环保设备、理念要保证10年不落后。"陈建华是这么说的，也是这么做的。

在恒力2000万吨/年炼化一体化项目最初制订的方案中，共有36根烟囱，后来按照现阶段全球炼化最高水平减少到15根，但是他仍然不满意。"参观了日本的工厂，他们是15根，我们还要做得更超前"。经过反复优化设计，项目最终仅安装了7根烟囱，且烟气排放高于国家标准。为此，恒力石化（大连）炼化有限公司与苏伊士集团合作的污水处理场获得中法团队合作创新奖"气候特别奖"。

"绿水青山就是金山银山"。恒力在长兴岛做石化炼化项目，环保是重中之重。走进厂区要能够呼吸到新鲜的空气，周边海域的鱼、虾要能生长、可食用——这是恒力建设"绿色工厂"的承诺。

恒力石化采取高效的水资源利用、先进的固体残渣回收和清洁的废气净化排放措施，建立科学的环保"三防"体系，打造环境友好新典范，实现了资源利用高效化、生产过程清洁化。一系列举措不仅让恒力石化被评为首批国家级"绿色工厂"，成为东北地区唯一入选的石化企业，也让当地民众感叹恒力不但让长兴岛变富了，也让长兴岛变美了。

2018年9月，国际水协世界水大会在日本东京举行，恒力石化（大连）炼化有限公司与苏伊士集团合作的"嵌入式污水处理场"项目，从50多个国家的170多个项目中脱颖而出，夺得2018国际水协项目创新奖，该奖项被誉为水处理领域的"诺贝尔奖"。这是继获中法团队合作创新奖"气候特别奖"后，又斩获的另一国际大奖。

"嵌入式污水处理场"理念在恒力炼化项目的落地，具有很强的示范意义，通过把污水变废为宝，变身为"环境友好的资源整合者"。为实现"绿色发展"，恒力2000万吨/年炼化一体化项目炼油污水处理场采用苏伊士集团的环保污水处理技术，在全球首次将"嵌入式污水处理场"的理念应用在石化行业。凭借良好的社会经济和生态效益赢得评委的一致认同。据了解，全球共评选出15个奖项，其中亚洲仅有3个项目获奖，恒力是唯一一个工业水处理获奖项目。

"没有改革开放，就没有我们这代人的成就；没有党的政策引领，恒力也不可能走上今天的发展道路。我们这代创业者始终抱有浓烈的家国情怀。"陈建华这样说。

创立至今，恒力集团在扶贫、助学、救灾以及其他各公益项目方面捐款累计已超 8 亿元，并成立了"江苏恒力慈善基金会"，将慈善工作常态化、组织化、项目化，更好地回馈社会，支持慈善事业发展。

陈建华对未来充满信心："这是最好的时代。新时代呼唤着一批中国企业家冲出去，走向更加广阔的国际舞台，恒力人会继续立足实业，坚守使命，勇担责任，一路前行，勇攀高峰，在新时代实现新作为、做出新贡献。"

高速度成就大国　高质量创建强国

——无锡一棉纺织集团有限公司董事长　周晔珺

"改革开放以来，纺织行业的发展很快，无锡一棉的变化也很大"。周晔珺，1984年从无锡轻工业学院纺织工程专业毕业后来到无锡一棉，在改革开放30周年之时，她成为无锡一棉掌舵人；2018年是改革开放40周年，她在8月中旬又登上央视，作为特邀嘉宾做客《对话中国品牌》演播厅；30多年来，她将青春都奉献给了纺织行业，对改革开放40年的巨变有着亲身感受。

周晔珺

推动技术进步　两次重大贡献

改革开放40周年，无锡一棉迎来建厂100周年。无锡一棉创建于1919年，由中国近代著名实业家荣宗敬、荣德生所创建，曾经是中国民族纺织业的典范。改革开放40年来，无锡一棉艰苦奋斗，创新创业，把传统型的纺织老厂发展成为现代化的纺织集团企业，产能从11万锭增加到60万锭，提增5.5倍，曾先后获得"'六五'全国技术进步全优奖""全国节能先进单位""全国质量效益型先进企业""全国基层先进党组织""全国纺织工业两化融合突出贡献企业""全国纺织工业两化融合示范企业""全国信息化与工业化融合促进节能减排试点示范企业""纺织行业智能制造试点示范"等荣誉称号，确立了中国棉纺织行业排头兵企业地位。

敢为人先，抢占设备技术优势，无锡一棉在改革开放40年中有两次重大技术改造，对推动中国棉纺织业的技术进步做出了重要贡献。

第一次重大贡献是1979年，建厂已60年的无锡一棉，为改变工厂设备陈旧面貌，抓住改革开放的先机，率先在全国棉纺织行业第一个举办了来料加工补偿贸易项目，利用外资从瑞士、日本、意大利、德国引进了具有国际先进水平的

25920 锭全流程纺纱设备。其装备技术的先进性，受到了全国纺织行业的关注。1983 年 1 月无锡一棉对全国 24 家单位公开了引进设备资料，此后逐步形成了遍布八个省、涉及轻、重、机电各行业共 35 家科研和制造单位的消化吸收协作网络，大规模的消化吸收迅速提升了中国纺织机械制造水平，对中国纺织行业后来的产业升级影响深远。无锡一棉因为推动纺织技术进步的突出贡献，在 1984 年和 1986 年，分别荣获国家经委颁发的"引进技术改造现有企业单项奖""'六五'全国技术进步全优奖"。

第二次重大贡献是 2001 年，建厂已 80 多年的无锡一棉，在全国棉纺织行业率先引进当代国际最先进的紧密纺纱技术，第一个在国产细纱机上嫁接成功。以后无锡一棉通过消化移植、自主创新改进，获得了质优价低的推广优势，使紧密纺纱技术改造逐年扩展，至 2010 年，发展成为全球最大的 50 万纱锭的紧密纺生产基地。无锡一棉的这一成就，引发全国棉纺织企业紧密纺技术的改造热潮，成为引领行业技术进步的典范，获得江苏省政府颁发的"技术进步先进企业"。以紧密纺技术为基础，无锡一棉开展"特高支纱"的研发攻关，取得了一批技术创新发明成果，之后，率先研发的紧密赛络纺也在以后几年成为优势产品，再次引发了技改热潮，推动了行业的技术进步。

为中国棉纺行业带来四个示范转换

在改革开放 40 年的波澜壮阔进程中，无锡一棉始终坚持创建世界先进纺织企业的目标，坚定不移改变传统老厂设备陈旧面貌，坚定不移攻克传统国企人浮于事的弊端，坚定不移转变传统纺织产品低端状态，坚定不移改革传统纺织落后管理方式，为中国棉纺织行业带来了"四个示范转换"。

一是劳动低效向劳动高效的示范转换。人浮于事，是传统国有纺织企业普遍竞争乏力的主要原因。20 世纪 80~90 年代，无锡一棉有在职员工近 8000 人，万锭用工高达 350 人。为了攻克人浮于事的弊端，无锡一棉学习国际先进企业的管理理念，以"每一个岗位满负荷工作、每一项工作行之有效"为理念，从 1992 年起开始进行缩编减员，分流富余人员；同时，逐步把厂办学校、幼儿园、医院等回归社会化。90 年代末期，无锡一棉又勇于打破沿用几十年的传统，创新设备维修方式和运转操作方式，这两项工作法的创新，在全国棉纺织行业产生了重大影响。管理创新，使无锡一棉劳动效率不断提升，逐步创出了中国棉纺织行业最好的用工水平。2001 年，当时全国棉纺企业万锭用工平均百人以上，而无锡一棉为60人，在同行中遥遥领先；后来更是实现万锭用工20人以内的高效水平。无锡一棉从传统劳动密集型向劳动高效型的成功转换之路，为中国传统棉纺织企业树立了榜样示范。

二是普通产品向高端产品的示范转换。1978年，无锡一棉生产纱支平均为20支左右、最高42支的普梳纱，属于传统粗纺式生产。90年代逐步开发了32~60支系列精梳产品，重点配套针织、色织市场。进入新世纪后，无锡一棉利用率先引入紧密纺的优势，开展"特高支纱"的研发攻关，2005年，在国内最早开发出了300支棉纱，后又最先形成了批量生产能力。2007年无锡一棉企业品牌"TALAK"荣获"中国名牌"称号后，2010年至今，无锡一棉更是进一步地推进质量强企精品战略，期间无锡一棉"特高支精梳纯棉单纺紧密纺纱线研发及产业化关键技术"研究项目，获得了中国纺织工业联合会颁发的2014年度"科学技术进步一等奖"；开发生产的特高支精梳纯棉紧密纱，通过江苏省经信委鉴定验收，认为该产品开发成功填补了国内空白，工艺技术达到国际领先水平；同时，系列开发了羊绒棉、羊毛面、绢丝棉、天丝、莫代尔、黏胶等紧密纺纱布高支特色产品，生产的针织用纱历年荣获中国棉纺织行业协会颁发的"用户信得过优等产品"；色织用纱多次荣获中国棉纺织行业协会颁发的"用户满意色织用纱精品奖"；紧密纺机织纱荣获中国棉纺织行业协会颁发的"2015年度纱线产品优质奖"。"TALAK"本色纱、布荣获2013~2017年度中国棉纺织行业"最具影响力产品品牌"。高端优质的产品，使无锡一棉自主品牌"TALAK"产品成功配套国际高档服装面料和家纺产品，与HUGO BOSS、BURBERRY、ARMANI等著名品牌、一流企业对口链接，成为世界顶级的色织、针织面料用户的供应商，被欧洲客商誉为全球最优秀的棉纺织工厂之一。产品高端精品化，标志着无锡一棉由粗放型生产向精细化生产的成功转换，为中国传统棉纺织企业又一次带来了示范。

三是传统管理方式向现代管理方式的示范转换。无锡一棉是中国棉纺织行业"两化融合"最早的探索实践者。现代信息化应用，无锡一棉从2000年起步，结合新厂区建设逐步创建了比较完整的信息化体系，建立的传感网络覆盖了成品、安全、电能、生产过程、环境5个领域；运用ERP，形成了物流、资金流、信息流、人力资源的集成一体化高效管理体系；并通过互联网、网站、电子商务平台等构筑了网上网下结合的销售模式，实现了信息化与生产、管理、经营的良好融合。2011年，无锡一棉成为"全国纺织工业两化融合突出贡献企业"和"全国纺织工业两化融合示范企业"；同年，《基于信息化的高效棉纺织企业建设》，荣获了中国纺织工业协会颁发的"管理创新成果大奖"，2012年又荣获中国企业家联合会颁发的"全国企业管理现代化创新成果二等奖"。2015年又首批成为通过国家级两化融合管理体系评定的贯标企业，无锡一棉"两化融合"，用信息化辅助管理的成功探索，为中国传统棉纺织企业创建现代管理手段和方式再次带来了示范。

四是新旧动能的转换。进入"十三五"时期的无锡一棉，处于新旧百年的转换的关键节点，营造高质量发展的新动能，从制造向创造转化，就是要以"提质增效"为主线，更加注重产品价值、管理高效、资源整合和可持续发展。为此，无锡一棉实施四大发展战略：即"智能化"产业升级战略、"全球一体化"贸易布局战略、质量强企的"纺织精品"战略、"管理精细化"成本控制战略。智能化是制造产业重要的发展方向，2017~2019年，无锡一棉将完成20万锭的智能化技术改造，以后还将进一步拓展；并在其过程中广泛采用先进的设备直联技术、机器人技术，建立监控中心，集中指挥调度智能工厂的生产经营活动，并同步实施管理创新，运用大数据分析模式，管理人、机、物和产品质量，探索与智能化相适应的新的生产管控模式，成为我国纺织业智能制造标杆基地。同时，将致力打造新的质量高地，进一步发挥品牌效能。为实施"全球一体化"经营布局战略，无锡一棉投资埃塞俄比亚建设30万锭纺纱工厂项目已动工开建，计划于2019年9月投产。通过这个项目带动产能梯度转移，有利于无锡一棉集团实现装备水平提升和企业国际化布局，成为企业转型发展的新支点。同时，无锡一棉的质量强企的"纺织精品"战略，目标是努力把企业打造成高档纱布的生产基地，做全球高支纱线的领跑者，使产品具有更高的技术含量和更高的附加值；"管理精细化"成本控制战略，也将使企业透明生产管理，提升管理效能，有效控制生产成本，构筑起绿色可持续发展之道。期待无锡一棉新旧动能成功转换，再次成为行业示范。企业荣获"江苏省示范智能车间"与中国纺织工业联合会授予的"纺织行业智能制造试点示范"荣誉。

立志纺织事业　与企业同成长

改革开放初的1980年周晔珺报考了无锡轻工业学院纺织工程专业，1984年8月毕业后分配到无锡一棉工作。她进厂在纺一车间保全保养实习结束后，从车间基层管理岗位做起，历任车间技术员、车间主任助理、车间副主任，在车间工作长达 12 年。对基层工作的经历，周晔珺曾在工作总结中有这样的感悟："三人行必有我师，学无止境，只有不断丰富自己的理论知识，不断增长自己的实际能力，才能跟上时代发展的步伐"。她的感悟，表达了追求进步的自我鞭策。

2008 年 11 月，升任为无锡市第一棉纺织厂厂长的周晔珺，履职 10 年来，由于业绩突出，先后获得了"全国纺织工业劳动模范""全国巾帼建功标兵""全国三八红旗手""全国妇女创先争优先进个人""江苏省十大女杰""全国棉纺织科技先进工作者"等诸多荣誉。

"实体经济是国家的根基"。面对企业新旧百年的转换，立足扬长避短思维，思考无锡一棉如何持续发展，周晔珺有以下三点思考：

一是高度专业。无锡一棉有近百年棉纺织生产经营历史，积累了丰富的棉纺织专业经验，是企业重要的资本和优势。无锡一棉高度专业，深耕棉纺织业，有利于发挥优势，走得稳、走得远。

二是高端立足。无锡一棉处在长江三角洲发达地区，纺织无原料供给优势、劳动资源优势、能源价格优势，这是企业发展相对困难的因素。但作为棉纺织行业排头兵的无锡一棉拥有技术优势、管理优势、品牌优势。因此在棉纺织供大于求状态下，无锡一棉只有发挥优势，立足高端，才能克服困难，突破同质化竞争，求得生存与发展。

三是合作互补。分析无锡一棉的优劣，利用优势，对外合作，弥补不足，求得共同发展。基于上述三点思考，无锡一棉的发展，关键在于做精做强，以强促大。所以，做高档产品、创高效管理、争高端市场，行合作之道，这是企业生存发展之道。

无锡一棉在百年历史中经历了风风雨雨，遭遇过无数困境，但艰苦奋斗、创新创业、永不言败的企业精神得以发扬和传承。虽然纺织行业在发展历程中不断遇到新的问题，但无锡一棉将攻坚克难、主动融入、寻求突破、创新发展。

我国改革开放已 40 年，今年将迎来新中国成立 70 周年，也是无锡一棉的百年新起点，回首改革历程，高速度发展成就了纺织制造大国；开启新的征程，高质量发展必将实现纺织强国之梦！

无锡一棉也将继往开来，努力前行，再续辉煌！

解码达利跨界融合

——达利丝绸（浙江）有限公司董事长 林平

赴达利丝绸的那天，中央气象台发布暴雨黄色预警，然而久违的阳光普照浙江省新昌县，给这座千年古城带来巨大的惊喜，这天，正值2018中国时尚面料设计大赛获奖名单出炉，可贺的是达利丝绸设计师李红梅、陈燕芳设计的"满城水色半城山"荣获本次大赛的唯一金奖。这荣誉为此行带来福音。

如果说达利丝绸（浙江）有限公司的研发创意在行业领先的话，那只是冰山一角。当我们走进创建于1956年，集丝绸文化产品设计、生产、销售及丝绸文化旅游于一体的现代化文化创意企业，就会有一种震撼人心的感觉，那是因为自2012年，达利丝绸成功创建以丝绸文化为主题的"丝绸世界"工业旅游国家AAAA级旅游景区；2016年"越罗传统织造技艺"成功列入绍兴市第六批非物质文化遗产；2017年成为全国仅有的十家"全国工业旅游遗产基地"之一。跨界让达利的舞台演绎得淋漓尽致，业绩增长速度加快，社会影响力越来越大。

林平

几年来，在董事长林平带领下达利丝绸可谓硕果累累。他们先后负责2014APEC领导人的丝绸面料设计、织造、生产企业，并承担了抗日战争胜利70周年和平颂丝巾系列设计；是2016年杭州G20贵宾专享展区接待方，自主设计的床品"雀舞芳华"受到各国贵宾的赞赏，并被中国丝绸博物馆永久收藏。我们解码达利跨界融合，为行业发展提供的新鲜经验，也为改革开放献上一份厚重的礼物。

瞄准旅游市场 开行业先河

2008年美国次贷危机的发生，丝绸行业在欧美市场受到冲击，蚕茧原料的高成本，导致生丝行情继续维持高位，企业生产运营压力尚存，企业进入了发展瓶颈期。寻找生存之路摆在眼前，而工业旅游与丝绸文化的融合，正是破解渠道难题。通过发展工业旅游可以延长产业链，提高经济效益，提升企业和产品品牌知名度，是对旅游资源的深层次开发。它丰富了旅游产品类型，优化旅游产业结构，促进产业链的延伸，满足游客"求新、求奇、求知、求异"需求。达利丝绸将"传承中华文明，弘扬丝绸文化"作为公司使命，将丝绸文化与工业旅游跨界融合。

达利丝绸以文化为魂、现代丝绸为形，融合丝绸工业创意研发、文化体验与观光旅游为一体，形成"文化园林+博物馆+工厂旅游+生态体验+休闲购物"于一体的全新旅游模式；以"蚕的一生"为主线，融合蚕桑深加工等蚕桑茧丝绸知识；植根丝绸文化，实现向丝绸文化产品的回归。中国作为丝绸的发源地，由丝绸和丝绸服饰构筑的丝绸文化作为中国文明的重要组成部分，是其他民族了解中华民族的重要载体。达利丝绸积极将文化创意设计与传统丝绸产业相融合，从丝绸文化入手，深挖丝绸精髓，通过将丝绸承载的历史性、文化性、传承性、故事性与当前丝绸产业的现代化、科技化、创新性、时尚性进行融合发展，推进"文化产业化、产业文化化"，实现由传统丝绸工业向丝绸文化产业的回归。

达利丝绸的产品，以丝绸面料为载体，通过数码提花、数码印花、越罗传统丝织技艺、绣花、手绘等现代及传统丝绸工艺技术，将东西方传统文化经典、名家书画艺术品、流行及艺术元素等内容重新设计并呈现，使传统的丝绸工业产品被赋予了极其浓厚的文化和艺术内涵，形成极具达利特色的丝绸文化工艺产品（丝绸织锦面料、越罗非遗产品、丝绸字画、艺术家纺、艺术丝巾等产品）。让每一位消费者都能通过这些丝绸文化工艺产品切身感悟中国丝绸文化及丝织艺术的传承与创新，同时，传播企业的品牌文化和促进企业效益的增长。

达利丝绸与美国、意大利、印度尼西亚、澳大利亚等知名企业建立了长期的文化服务贸易合作关系。2015年实现丝绸类文化产品设计服务出口710.23万美元；2016年实现丝绸类文化产品设计服务出口742.71万美元，依托丝绸主业，开创丝绸文化工业旅游项目。

达利丝绸立足自身特点，依托集团产业和新昌旅游两大资源优势，在推进企业产业优化、转型升级的过程中，深度挖掘中国丝绸文化和江南丝绸文明，全力打造了以百年古石磨、千年桑树园、万年乌沉木、亿年木化石、蚕桑文化石刻、桑蚕文化馆、丝绸博览馆、丝绸文化街、传统文化经典、有机农业园、生态体验园和丝绸展示中心等亮点的丝绸文化工业旅游国家AAAA级旅游景区，致力于推动传统劳动密集型产业向兼具文化创意、环境友好和科技生态的新兴产业模式转变。

中国是世界上种桑养蚕最早的国家，桑树的栽培已有几千年的历史。桑树也是丝绸之源，为此达利丝绸斥重金"抢购"了一批古桑树——因为它们都是全国各大水系兴建大型水库时，从库区抢救性移植而来的。它们的树龄有的高达几百年，有的甚至已达上千年，其中最古老的可以追溯到魏晋南北朝时期。目前这片古桑树林是全国独一无二的、古桑树最为集中的主题园林。

"天外来客，中华圣树"。位于景区内的两颗千年巨桑，原生长于"世界屋脊"青藏高原西藏自治区林芝境内，树龄已达1600多年。达利丝绸为保护自然环境、保护中华文明始终不遗余力。当得知雅鲁藏布江因兴建大型水电站，该区域内的古桑即将被淹，达利丝绸立即与当地政府联系，要求对古桑进行异地保护。经相关政府部门批准，千年古桑经过千山万水和近一个月的迢迢跋涉，终于落户在江南丝绸之源——美丽的新昌。

目前，桑王历尽沧桑，生机勃发，迎接着八方来客的光临。他们的创意无极限，"字说丝绸"文化墙就是例证。通过对甲骨文的研究发现，"丝"在造字时期就已经成为奢侈的生活用品，并且进一步作为劳动创造品成为构字基础。在甲骨文中不仅体现了"蚕""桑""丝""帛"等汉字，还发现大量以丝作为偏旁的古体字，或其不以丝为偏旁但与丝绸有千丝万缕的联系。目前可以被释读的甲骨文约有近2000个单字，其中约有近300个与丝绸有关，或者说起源于丝绸。

根据以上研究发现，景区创建小组共搜集有368个与丝绸、纺织有关的文字，打造了"字说丝绸"文化墙，印证丝绸文化对中华文明，特别是中国古代汉字起源的深远影响。近年各地考古资料已充分证明，自商、周至战国时期，丝绸锦绣的生产技术已发展到相当高的水平。那时中国丝绸已经西北各民族之手少量地辗转贩到中亚、印度。到汉代时，因大量丝织品及各种商品贸易交流的频繁出现，逐步形成了一条从中国到西方的交通大道，后人将之称为"丝绸之路"。

为还原"丝绸之路"的壮举，企业制作了"沙漠丝绸之路、草原丝绸之路、海上丝绸之路和南方丝绸之路"的立体展示模型，形象地告诉后人：丝绸之路不仅是商贸物流的通道，更是东西方文化友谊交流的通道。建设中国丝绸文化博览馆也是达利的厚礼，中国丝绸文化博览馆集中向游客展示蚕的一生形态变化、耕织图、绸缎庄、古代丝绸之路、近代丝织机和蚕桑丝绸历史文化等内容。其中根据南宋画家楼俦所作的《耕织图》进行创作的原名立体模型，系统而又具体地描绘了当时农耕经济最发达的江浙地区农耕和蚕织生产的各个环节，反映了宋代农业技术发展状况，得到了历代帝王的推崇和嘉许，天子三推，皇后亲蚕，男耕女织，这是中国古代很美丽的小农经济图景，所以也被誉为"中国最早完整地记录男耕女织的画卷"。

弘扬丝绸文化　让外行变内行

"唧唧复唧唧，木兰当户织"，工业产业迅速发展的今天，很少能看到织机，更谈不上能自己动手去织。DIY手工木织机是达利丝绸根据织机基本原理而仿制的最简易织机模型，该模型适用于游客进行互动体验，游客可以根据自己的喜好，选择不同颜色的纬线，利用2个多小时的时间制作一款DIY个性化的平纹组织围巾，是对丝绸织造的深度体验。

所有的一切都源于需求，旅游与购物是剑之双刃，建设丝绸精品展示购物中心。达利丝绸拥有"达利发"面料中国驰名商标和"雅慕"省丝绸家纺著名商标以及"丝绸故事"品牌零售，并在省级重点企业设计院、省级企业技术中心、企业研究院以及绍兴市院士工作站等一系列科研载体的基础上，正在创建国家工业设计中心。为了更好地回馈游客，完善景区"吃、喝、玩、乐、购"的功能，同时提升品牌的知名度，促进产品在国内市场的占有率，达利丝绸创设了"丝绸世界"品牌主题商场。

这一区域汇集达利自主设计、自主生产、自主品牌的中高档丝绸产品，以营造浓郁中华丝绸文化为特色，荟萃各项优质的丝绸产品，从时尚或经典丝绸男女服装、丝绸家纺、丝绸领带、丝绸围巾等产品到各类丝绸文化艺术工艺品及丝绸产业关联产品。让游客在丝绸的海洋中感悟几千年的丝绸文化魅力，体味中华文明的恒久历史底蕴，懂丝绸、用丝绸和爱丝绸。

弘扬丝绸文化的基本就是宣传推广，科普是宣传的首要。达利丝绸在已建好的系列丝绸文化静态景点宣传展示的基础上，通过举办"达利桑葚采摘节""暑期夏令营亲子活动"等一系列游客互动节目，普及有关桑树品种以及桑果、桑叶、桑枝、桑皮、桑根、桑木等用途的知识；并在每年4月至10月期间，景区持续面向游客及周边群众开展达利采桑养蚕活动，通过蚕的一生体验养蚕过程，普及蚕桑知识，培育丝绸情感。每年"六一"期间，达利丝绸省级科普教育基地会通过《今日新昌》招募启事、公司微信公众号等方式招募一百名左右6~12岁的小朋友来到基地参观、学习蚕桑丝绸科普知识，让小朋友们与中国传统丝绸工艺进行一次"零距离"接触。

大自然是丝绸原创设计不竭的灵感源泉。为了提升丝绸产品的时尚性，凸显产品的原创性，林平充分发挥领航人的作用，为公司甚至整个丝绸产业的发展做出了特殊的贡献。他以一台相机，一片森林，通过从摄影作品到丝绸产品的转化，实现了艺术成果的跨界展示，打造了一个绚丽的丝绸世界，向社会传达达利丝绸一直以来的创新精神及态度，吸引和鼓励院校学生和更多的专业人士将眼光聚焦到原创设计上来，启迪和激发人们更大的创作热情，并激励设计人才通过创新设计来传承和发扬丝绸的悠久历史、厚重文化和现代创新，共同塑造中国丝绸的新形象。

从企业2012年成功创建国家AAAA级旅游景区、浙江省工业旅游示范基地以来，累计接待海内外游客约400万人次。林平总结为五个有利于，有利于推进浙江省制造业与服务业跨界融合发展，进一步发挥旅游产业的关联带动效应与示范效应，促进区域经济的转型升级；有利于为全省"工业旅游创建国家A级景区"树立标杆与典范；有利于推进区域旅游产品的完善，促进新昌、嵊州两地的城乡统筹发展；有利于推进我国丝绸文化的传承保护，丰富丝绸旅游产品品牌的内涵；有利于推进达利丝绸的多元化发展，促进企业文化内涵的提升，增强企业综合竞争力。

用30年匠心做好"服装"一件事

——九牧王股份有限公司董事长 林聪颖

亲手砸掉了粮食局的铁饭碗,却创业失败背负债务,再到成为市值近百亿的时尚集团掌门人,他用30年的时光专注做好"服装"一件事。他认为一条合格的西裤,必须历经23000针缝制、108道工序、98刀流线型裁剪、360°静动态测试、26项指标检测等生产流程,才够资格送到你我的手中。他就是"中国裤王"——林聪颖。

30年商海沉浮,林聪颖带领着创始人团队从"海上丝绸之路"出发,一针一线,开启了对服装事业的追求;一把剪刀,裁出了一首中国匠人坚守精工匠心的诗篇。

1989年 那是一个秋天

改革开放的持续推进给中国经济不断带来新的发展机遇,还在粮食局任公务员的林聪颖不舍梦想,毅然辞去公职下海创业。首次尝试不仅赔光了积蓄还背上了14000多元债务,那个春节林聪颖在一片逼债声中,怀揣最后的200元踏上了再次拼搏的道路。

几经辗转后,林聪颖发现服装行业具有较大的前景与潜力,便在1989年用几次经商留下的积蓄与向亲戚借凑的资金,在晋江市磁灶镇创办了服装厂。这片"敢拼会赢"的土地注定会孕育出一段商界传奇,就在一间500平方米的厂房内,林聪颖用二手买来的锁边机、裁床、缝纫机等,开启了服装产业之路。

没有技术人员,就从附近城镇请来资深的老裁缝;没有工具,工人就从家里带来剪刀、板凳……尽管条件艰苦,但所有人都必须经过一个月的培训才能上岗,而这就是九牧王的前身。这一年,工厂生产的西裤在青岛、大连面市,年底商场要求补货的电话一个接一个，短短四五个月，销售额竟有20多万元。林聪颖及其创始人团队初尝喜悦，但对产品质量的严格要求和对市场竞争的危机感，时刻让他坚守极致精工并寻求自我突破。

正是这种不断寻求突破的精神，让九牧王的产品始终受到消费者青睐，4年后更诞生了"重磅麻纱王"的单品奇迹。那是1993年，林聪颖在一次企业界朋友聚会中，偶然发现一位朋友西裤的面料很有特色，不但超轻超薄而且手感细腻、坠性极佳。林聪颖当即问出面料来源，随后急寻"重磅麻纱王"面料商，签下独家代理重磅麻纱王在大陆销售的协议。重磅麻纱王系列男裤一上市就引起了轰动，北京、上海、成都、广州、西安等地甚至引发了抢购风潮，九牧王的名气一夜之间红遍了大江南北。从1993年到1995年，麻纱王系列裤子累计销售400多万条，销售额超过1亿元，创下了单品销售的奇迹。

优异的市场业绩还需要对产品质量如生命般看重的追求，方能长久。从创立之初，林聪颖就坚持走"专业好品质"的路线，从一间工坊发展成具备规模的生产车间，始终不变的是"精工匠心"，这其中"火烧次品裤"事件更是广为传颂。1999年的一天，林聪颖像往常一样到车间检查工作，一批成品裤又被制造出来了并且通过了检验，很快将运到市场销售。他随手拿起一条抽检，结果发现裤子部分地方针脚长短有偏差，上身后会影响美观。于是他立即对该批次的所有产品进行检查，结果发现100多条都存在类似的问题。在其他人看来，也许这只是个很小的细节问题，但对创业伊始就走品质之路的九牧王来说，林聪颖决不允许类似事件的发生。他决定将检验出问题的裤子全部焚毁，这对一家刚起步的小企业来说有可能是致命的，但涤垢洗瑕之后方能浴火重生。这批次品裤在熊熊烈火中渐渐化为灰烬时，九牧王的品质骄阳在同步冉冉升起。

20世纪90年代初，九牧王领衔的服装品牌开化了中国男人的时尚启蒙；2000年九牧王圆梦"中华第一裤"；2011年九牧王在上海证券交易所挂牌上市；2018年，九牧王连续18年荣获中国男裤市场综合占有率冠军……如今的九牧王，已完成由"男裤专家"向平台化、多品牌、全渠道的时尚产业集团蜕变，并且引入自动化生产设备，通过智能化生产流程，建立信息化体系和智能化工厂，昂首迈进工业4.0时代。

晋江·晋江

林聪颖作为一名地地道道的晋江人，身上深深烙印下"勇立潮头、敢拼会赢"的晋江精神。晋江，这个从"高产穷县"到"全国十强"的传奇县域，以其独特的发展模式在中国改革开放史上写下耀眼篇章。2018年是中国改革开放40年，"晋江经验"提出16年，而林聪颖作为当地优秀企业家代表走进了CCTV-1《新闻联播》，畅谈在"晋江经验"下的民营企业发展。

"28年来，九牧王能坚守实业不断发展，离不开政府的引导与推动。"林聪颖表示，从早期"质量立市"到"品牌兴市"，再到后期"改制上市"，每个发展关键期，晋江政府都给予本地企业以强有力的支持，正因晋江市委、市政府的大力引导，才使一大批晋江企业得以迅速成长、蓬勃发展。除了政府支持，九牧王自身追寻发展的脚步亦从未停歇。多年来九牧王积极洞察市场，顺应消费环境的变化，完成一次又一次自我革新，从单品类到产品系列化延伸、从单品牌到多品牌变革，始终不变的是对"专业好品质"的坚守。"中国十大最具影响力品牌""中国西裤行业最具影响力第一品牌""中国行业领先品牌"……荣耀是对企业的认可，更是对掌门人林聪颖这份不变"匠心"的赞誉。

一切成绩的背后，还在于九牧王始终秉承"牧心者牧天下"的经营哲学：牧者，因势而导也，能牧心者，方能牧天下。在林聪颖"牧心"信念的引领下，九牧王建立起了一套完整先进的管理体系和管理方法，同时集团极其重视企业文化建设、员工福利与社会公益事业，人心所向，即是经营所向。"九牧王的从容心、韬略心、服务心、爱才心、文化心，五心归一，浑然天成，恒久经典"，林聪颖如是说。

引领品牌中国梦的时尚宣言

从单品占据消费市场，到全品类延伸，再到"平台化、多品牌、全渠道"的战略产业布局，30年来九牧王不断思索、上下探寻。"作为一家时尚产业集团，我们存在的价值是什么？"这个问题萦绕在林聪颖的心间，2018年初集团大会上他给出了答案——"时尚生活，美好向往！"

"作为一家时尚产业集团，九牧王的事业是要为社会的'美好'增色添彩，为人们提供'展现自我，增强自信'的生活方式，围绕着这个使命，九牧王要成为、并且有能力成为精英生活的时尚产业引领者。"为了细分市场满足不同消费群体的需求，林聪颖积极求变缔造"精工质量平台""时尚品质平台"以及"潮流个性平台"，全面突破升级。

三大平台中"精工质量平台"以JOEONE（九牧王）主品牌为核心，围绕

"品位、担当、成就、修养、乐趣"的"新绅仕"理念引领"活出品位、乐于担当"的生活态度，塑造当代精英男士的着装文化，同时运营传承自意大利手工技艺的高端男裤品牌 VIGANO；"时尚品质平台"囊括韩国潮流品牌 Nasty Palm 与 ZIOZIA，将先锋艺术与花样男人的不二法则融入潮流设计，诠释都市生活中的时尚主张；"潮流个性平台"先后收购并代理 FUN、Garfield by fun、Been Trill 等潮牌，占据"千禧一代"市场；2018 年更成立 MINI FUN 儿童产品线并投资法国品牌 Kitsun（小狐狸），标志着九牧王的时尚帝国版图愈加壮大。

　　林聪颖说，他的梦想是将九牧王打造成百年企业："九牧王不属于任何一个个人，而是属于广大的消费者，属于全社会、全人类。国家有国家的梦，而九牧王作为一个品牌的'中国梦'，就是让世界看到中国服装的风采。只有我们都热爱自己的民族品牌，都热爱我们自己的国家，支持更多的民族企业做大、做强、走向世界，中华民族伟大复兴的'中国梦'才能真正实现！"目前九牧王已成为中国体育代表团未来 6 年礼服供应商，第 18 届雅加达亚运会上，中国体育健儿身穿九牧王"蓝色梦想"礼服展现了中国品牌的惊艳与出色，我们期待着看到九牧王闪耀在世界舞台的光彩！

从服装业到新能源产业龙头

——杉杉控股有限公司董事局主席 郑永刚

"做企业就是做人,人品决定了你的长久性。你站在风口上,可能一下子会被吹到天上去,但如果没有品质、诚信,那么风光的时间一定很短。"到 2018 年,郑永刚整 60 岁,从 20 多岁起经营企业至今已经 33 年了,是名副其实的"职业企业家"。

多年来,公众大多因为杉杉西服认识郑永刚,实际上,目前在杉杉集团,服装并非主力业务。创业 30 多年来,郑永刚的事业生涯分为三个周期,从服装到锂电材料产业是第一周期,产融结合是第二周期,现在正在孕育第三个周期,包括奥特莱斯综合体、医疗健康、文化旅游等现代服务业。

郑永刚

做西服 做到全国第一

很多人叫郑永刚"常青树",是因为从 20 世纪 80 年代中期出道至今企业还健在。做到"健在"二字是非常不容易的,企业都有生命周期,跟他同时期打拼的企业家中,如今企业还"健在"的寥寥无几。正是因为做企业"一根筋"、对企业的理解有独特之处,杉杉才得以"健在"。

1985 年,郑永刚从县外贸部门被派到鄞县棉纺厂当厂长,在非常艰难的局面下干了三年,每年都被评为纺织部先进生产者。因为业绩突出,1989 年 5 月 23 日,他被调到国企甬港服装厂(杉杉前身)当厂长。

甬港服装厂是一家资不抵债的企业,当时是行业倒数第一,连续三年更换三任厂长。郑永刚用了三年时间,做到品牌、规模、效益行业第一,并参与了纺织服装行业发展战略的制定。

为什么别人做要倒闭,而甬港只用了三年就能逆袭成为全国服装行业第一?

道理很简单，就是专注。郑永刚接手企业后没有任何杂念，只是充满激情，"一根筋"地做企业。他并不是做服装出身，对服装行业也不了解，那时都是妻子买什么他就穿什么。为了学习服装企业管理经验，在国内，他从广东跑到内蒙古，看市场，学经销；每年还拿出1/3的时间跑到国外去参加巴黎时装周、米兰时装周、纽约时装周，学习品牌和时尚。

真正的企业家不会在乎外在的东西。1996年，郑永刚因腰椎间盘突出在家养伤。那时他住在宁波丹凤新村19栋301的房子，面积也就76.8平方米。当时宁波市的一位领导去他家探病，到门口看了看就转身走了，因为他不相信这么大的老板会住在这么不起眼的房子里。他打电话向郑永刚确认后才敢敲门进去，一见面就忍不住问道："郑总你怎么不住大点的房子？"郑永刚答道："这房子很好啊，我是农村出来的孩子，有现在的条件已经很满足了。"

1989年，他刚到甬港服装厂的时候，情况很糟糕。因为已经是负资产而失去信用，即便甬港是国企也拿不到银行贷款。郑永刚硬着头皮去找银行行长，给人家递烟都不接。行长用宁波话对他说："给你贷款，就像在老江桥上往水里丢石头，丢下去就没了。"

的确，当时厂里效益不好，一年只能开工八九个月。停工时，1000多个工人都闲着，女工织毛衣，男工打扑克。因为工厂全部做OEM代工，有订单时忙一阵，没订单就停工。郑永刚仔细观察发现，设备是没问题的。因为这个厂是部属企业，1980年国家要发展纺织，把仅有的一点外汇分配到纺织行业，给宁波甬港和内蒙古呼和浩特的另一个厂买了世界先进设备。光设备好，产品有问题也没用。当时，中国做西装的技术不足，面料是用浆糊粘起来的，裁缝师傅把西装裁出来后像盔甲一样。产品不被市场接受，工厂就没钱赚，工资就发不出来，这样下去成了恶性循环。

这个恶性循环是怎么打破的呢？困境中，郑永刚去找了上海第二毛纺织厂的厂长。当时，"二毛"库房里存着一批出口欧洲和日本的面料和辅料，时间久了品质就降低了。郑永刚听说后就去找"二毛"厂长谈合作，想办法借来面料和针线纽扣等辅料。回来又跟妻子借了3000元去买煤，把工厂锅炉捅开，开始了生产。之后，他去请上海新世界时装公司的经理来宁波，参观工厂热火朝天的生产状况，用库房的面料和辅料做抵押，向他借了3万元。

拿到3万元后，郑永刚没用来发工资，而是拿到中央电视台打广告——"杉杉西服，不要太潇洒"。那时，还从来没有哪家服装企业在中央电视台打过广告，所以杉杉一炮而红。就这样，甬港生产出的西装没有在浙江卖，全发往上海，占领制高点。

杉杉西装具有"薄、轻、柔、挺"的特色。为了证明穿着效果，郑永刚让人在上海商场的门口放了几台洗衣机，把西装丢进去洗，现场晾干后果然笔挺。良好的性能吸引了大批消费者，队伍排得很长，一时供不应求。最初，一套西装卖120元。张永刚让人去物价局，查了没有这项限制，于是加价到一套240元，还是供不应求，于是价格再翻倍。杉杉西服的全国市场占有率超过了37.3%。不夸张地说，那时做西装的利润率比现在的房地产都高。

说到底，从工厂资不抵债到产品供不应求，郑永刚干的就是一件事——将原来的生产型工厂改变成经营型的企业，用一定的经营理念去做企业。同一个市场，别人做生产，杉杉做经营；别人做代工制造，杉杉创建品牌。维度不一样，结果自然不一样。

随着中国市场的开放，国际奢侈品牌纷纷进来，郑永刚深刻地认识到，杉杉西服品质做得好并不意味着企业能做大。于是，在1997年中国服装产业最火的时候，他预感到杉杉发展快遭遇发展天花板了，决心找到下一个具有爆发性增长空间的产业。

锂离子电池材料做到世界第一

郑永刚说，企业家要纯粹，要成为"职业企业家"，把创立、经营、发展企业作为毕生的事业、奋斗目标和一种终身职业。打个通俗的比喻，职业企业家就像老中医，做得越久，对于企业的问题看得越清楚，望闻问切，辨证施治，越有把握。

决定转型后，郑永刚又到上海寻找新机会。他想，做房地产不适合自己，因为求人的事他不会干。从20多岁起，郑永刚就要求自己赚的每一分钱都要有尊严，这种刚直不阿的个性很难从事房地产行业。

到1999年前后，郑永刚已经用了两年时间思考企业转型问题。偶然间，他接触到一项技术——锂电池负极材料的生产技术。当时，中国的负极材料只是鞍山热能研究所承担的一项国家863课题，离产业化还有很长的距离。他不是科学家，不懂技术，但能嗅到这是将来世界上最好的东西。郑永刚决定，将鞍山热能研究所的人和技术都收购进来。那是，身边的人都说他疯了，可是企业家本来就不是常人，看到的是常人看不到的未来。

郑永刚决定先投资 8000 万元，推动锂电池负极材料生产技术从实验室里"走出来"，成为杉杉第一次通过投资转型的产品。

第一代出厂的产品是 37 万元/吨，而当时日本进口的材料要 72 万元/吨，杉杉的价格比日本材料降低了近一半。到今年，杉杉的第六代负极材料只要 5 万元/吨。郑永刚相信，再有三年的技术创新，性价比会比现在更高，价格能降到 3 万元/吨。这样，汽车动力电池的价格会比汽油便宜，杉杉将为新能源汽车革命做出贡献。

在发展锂电材料过程中，杉杉因为坚持走高端技术路线，发展之路走得委屈又辛苦。2010 年起，市场上出现大量品质差、价格低的水货，致使杉杉陷入亏损。对于杉杉来说，改做水货是轻而易举的事，还能赚钱。但是杉杉坚持走高端路线，直到第六年才有了微利。

如今，从负极材料起步，经过 19 年的努力拼搏和奋斗，杉杉在锂离子电池正极、负极、电解液材料领域里，已然做到规模世界第一。

目前，郑永刚仍在加大锂电池材料的布局，重点是建设两个 10 万吨基地项目。一个是位于内蒙古包头的 10 万吨负极材料基地，一个是位于湖南长沙的 10 万吨正极材料基地。这两个基地在 2018 年上半年都已开工建设并陆续投入生产。随着产能的逐渐释放，杉杉在这两大材料上的规模和技术竞争力将更加突出。

为什么能达到国际领先的技术标准？因为杉杉重视人才。只要是发现一个这方面的人才，不管是德国人、日本人、美国人，郑永刚就不惜代价聘请，哪怕聘用不了也请来做技术顾问，推动企业不断进行技术创新升级。在高新技术产业，一旦有企业开发出新技术，其他企业就会失去价值，所以研发人才和不断创新的技术是这类产业的核心竞争力。

杉杉的战略目标不仅仅是电池材料，现在开始在充电桩、电池 Pack（组合系统）、电容器、电动汽车、储能电池等整个产业链上进行布局，通过综合发展，来提升中国新能源产业的发展。

杉杉的新能源板块，装在上市公司"杉杉股份"里，而杉杉服装则是另一家上市公司"杉杉品牌"。杉杉新能源业务开始是以服装赚的钱养着，后来进入正轨了，外界也认可了杉杉新能源的实力，当企业需要钱时，释放一些股权就行。目前从集团实业部分来看，新能源的收入占 70%~80%，而服装仅约 10%。做实业就是不断投入和产出，没有永远的高利润，但有永远的资本和规模。

适应时代　多元化布局

在郑永刚看来，企业家要重视战略和管理，这是最重要的工作。没有战略的企业是愚蠢的，光有战略的企业也是轻浮的。杉杉的根基还是在实业、在技术，在对市场的洞察和快速反应。如果根基不牢，抗风险能力就差，就经不起经济波动的考验。

任何产业都有周期性规律，服装产业已经走完了它的周期，锂电材料产业从孵化至现在，经历了20年的爬坡刚到走向辉煌的时候，但这样一个高峰期可能也只有8~10年，接下来依然是下坡路。

行业发展形势好的时候，郑永刚已经在准备应对下一个周期了，旧的产业衰退，新的产业已经起来了。从服装到新能源、新材料，接下来，杉杉准备做现代服务业，包括商业综合体、医疗健康和文化旅游。

2011年开始，杉杉陆续在全国各地建设并运营奥特莱斯。现在中国的奥特莱斯，更多是"醉翁之意不在酒"的房地产项目，未来90%都将倒闭。杉杉与业内世界排名第二的三井集团合作，在宁波、哈尔滨、郑州、太原、南昌等多个城市做纯粹的、盈利的奥特莱斯。

2015年初，杉杉控股进入医疗健康行业。杉杉医疗正积极投身于中国医疗卫生体制改革，广泛开展国际交流与合作。2017年初，杉杉控股投建的上海君康医院投入使用，打造以微创疗、日间手术为主要特色的综合性医院。

2015年，杉杉旅游开发起步。目前杉杉旅游拥有新疆、广西等多个景区资源，打造休闲游、体验游、深度游的新旅游模式，让杉杉旅游成为每个游客的最佳旅伴。

有人问，作为创始人，如何在这些新兴产业中平衡个人的精力？其实这些担心有点多余，因为郑永刚已经充分放权各子公司的管理层。为了鼓励操盘人，杉杉控股体系内已实施分层合伙人计划，通过不同层级的合伙，实现公司管理层利益的一致。

在为企业发展殚精竭虑之外，郑永刚心中的家国情怀也无时无刻不在发酵中。他要求自己不但要把企业做好，为社会创造价值，更要积极地投入到为社会大众的服务中去，把更多的精力投入到慈善事业中去，亲力亲为，回馈社会。

我国的改革开放已经走了40年，郑永刚带领杉杉走过了风风雨雨，历久弥坚。他说，"2018年民营企业很困难，浙江有些企业尤其困难，政府也在紧急救助。我们都是从艰难环境下过来的,那就继续去适应。还是那句话,你改变不了这个时代、改变不了别人,就改变自己。我期待,未来国家能不断加大开放力度,以经济建设为中心,不断创新科技,提高法治。我坚信,优秀的企业家一定能战胜一时的困境,带领企业变得更加强大;我坚信,中国企业家凭借拼搏和创新精神定能够闯过险滩,再创佳绩;我坚信,中国经济也一定能够继续保持稳健快速发展,创造更大辉煌。"

光环加冕的明星企业掌门人

——福建金纶高纤股份有限公司董事长 郑宝佑

金秋十月，丹桂飘香，位于福建省高新技术开发区的金纶高纤股份有限公司一派繁忙景象。在素有千亿纺织集群的福建省福州市长乐区，该企业不仅闻名遐迩，还连续三年跻身中国民营企业500强排行榜。

每个成功的企业背后，必然有一位不平凡的掌舵者。对于金纶高纤来说，董事长郑宝佑便是这位幕后"推手"。中国纺织改革开放四十年突出贡献人物、中国纺织企业管理终身奖、中国纺织年度创新人物以及全国优秀企业家……作为企业的掌舵者，郑宝佑在兢兢业业管理企业38年的进程中，可谓光环加冕。在其引领下，金纶高纤在激烈的市场竞争中发展势头劲猛，在业界脱颖而出。

郑宝佑

心无旁骛 深耕纺织行业

出身贫寒，但执着于自己热爱的事业，专注而勤奋，凭借自身的努力，一步一个脚印走向了如今的辉煌——郑宝佑的人生轨迹，可以如是概括。"我是土生土长的福建长乐人，自小生长在海边，虽然学习成绩优异，但迫于家境困难，很早就放弃了学业。"郑宝佑向记者讲述起了自己的成长故事，"我从经营海鲜生意入手，淘到第一桶金之后，便把目光瞄向了纺织，从此迈入了纺织行业的门槛。"郑宝佑的创业经历并非一帆风顺，从做棉纺企业入手，取得一定成绩之后，又向纤维领域开拓，克服了资金等诸多困扰，加之沐浴改革开放的春风，企业得以滚雪球式的逐渐壮大。

记者了解到，郑宝佑的成功，得益于手握航向，两个轮子一起转。一个轮子是坚持将主业做大。机遇向来都是留给有准备的人。郑宝佑告诉记者，12年前一个偶然的机会，他结识了前来企业参观的江西省国家级贫困县奉新县的县委书记，随后，在该书记的盛情邀请下，前往奉新回访。当年春节前夕，他突然接到了县委书记的电话，不料次日下午，这位书记又让人诧异地出现在郑宝佑的办公室。"原来在电话里他听到我的嗓子有些嘶哑，担心我的身体，专程前来探望。"郑宝佑表示，"一个基层的县委书记公务繁忙，却放下自己的工作，驱车400公里来看我，感动之情让我夜不能寐。"这样一份难得的情谊不仅是缘分，更为日后双方的合作打下了基础——12年后，郑宝佑投资15亿元，将奉新县打造成为纺织百亿县的新兴纺织基地。

另一个轮子，则是扎根长乐，打造了全国最大的化纤混纺纱生产基地。该项目自2003年开始，到2010年又投资近20亿元，引进德国等境外先进工艺，进行第三、四期年产50万吨差别化涤纶化学纤维的扩建工程。新设置两条单线日产600吨涤纶熔体生产线，设置16条熔体直纺POY、FDY功能性纤维长丝装置和3条差别化短纤维装置，达到年生产涤纶短纤50万吨、涤纶长丝POY12.5万吨、涤纶长丝FDY12.5万吨、涤纶长丝DTY加弹4.25万吨、涤纶短纤维25万吨的规模。2012年初全部投产后，成为福州地区第一家年产值超百亿的企业，在福建省生产差别化化学纤维行业位居龙头。

精细管理　向效益最大化目标迈进

如果说郑宝佑决策科学，把握时机，实现了一个家族企业向现代化企业成功转变，那么精细管理，则是他成功的"撒手锏"。企业管理主要在于人的管理，在金纶高纤，记者看到，所有员工埋头苦干，偌大的办公室无一闲杂人员，办公室门口的标识清晰显示着工作人员的去向，厂区中穿梭的货车满载着企业的产品，紧张有序地输送至祖国的四面八方。

注重人才团队的打造，甚至为此专门在公司设立了"专家楼"，彰显出郑宝佑的人才观，其办公室主任又兼行政主管，可以看出人员配置上的高效。在管理上，郑宝佑坚持事无巨细，事必躬亲。据了解，有一日在上班的路上，郑宝佑注意到地上有行车留下的水渍，寻迹查看，发现一辆运货的大车水箱漏水，到现场亲自查看了解到其中的玄机：大货车有两个水箱，进场时和装货后要分别称重，将一箱水偷偷倒掉，意味着可以占便宜。对此，郑宝佑秉公严惩，令违规的货车司机补交了半年的偷盗差款。

郑宝佑习惯于每天早晨五点半起床爬山，而后下至工厂逐一检查车间，并将一线考察发现的问题汇总转达给公司总经理予以解决。不仅如此，他的勤奋在业界也是出了名的。金纶高纤是湖北天门纺织机械股份有限公司的主要客户，天门纺机的董事长沈方勇曾表示，有一日自己前来拜访郑宝佑，晚饭后回到宾馆，因觉有业务未与郑宝佑沟通清楚，又联系郑宝佑，商议再碰面，没想到郑宝佑在深夜10点又返回了办公室。待来到郑宝佑的办公室，沈方勇被眼前的景象惊呆了。"郑总的桌上摆了一大摞待批的文件。我看到他戴着花镜，正一丝不苟的审批。"沈方勇向记者表示，"我立即明白了为什么他能够成功！天道酬勤——有这样的企业家，企业怎么能搞不好呢？"

管理规范化是郑宝佑的企业管理之道，坚持贯彻政府的大政方针，并虚心借鉴其他企业的管理经验，由此，也让金纶高纤成为千亿集群之首，成为被众多企业家争相学习的范本。在金纶高纤的总经理刘德伟眼中，创始人郑宝佑具有独到的战略眼光："他始终坚持在一个行业上深耕，不做没有把握的项目。在几次金融波动和社会风险上，都决断准确。并且，他吃苦耐劳和从不务虚，引领企业科技创新，打造高附加值的产品，奠定了企业成功的基石。"

优良家教　奠定事业驰骋基础

家是人发展事业的港湾和加油站。家和万事兴，也是郑宝佑事业成功背后的秘诀。他向记者表示，六个儿子中有五个从事纺织行业，分别在不同的纺织厂工作，彼此竞争，又互相协作，都取得了不错的成绩。此外，其孙女郑凌娟，虽年仅二十几岁，却是奉新一个三十万锭纺织工厂的管理者，在当地小有名气。榜样的力量是无穷的，郑宝佑的子孙也承袭了他的优秀，有九个是省市人大代表。

郑宝佑的家风严谨，家规中绝不允许赌博和抽烟。对此，郑宝佑这样表示："很多人认为抽烟是做业务必不可少的，但我认为这是个坏习惯，如果你的其他服务做好了，客户才会认可，而不是靠给客户送烟博得对方的满意。"

郑宝佑心中满怀对家人的爱。尊老孝顺，时刻秉承母亲九十岁生日时留给家中子孙"诚实做人、代代相传"的八字家训。与妻子之间，也风雨同舟，相濡以沫。他表示，有一次自己到云南腾冲考察项目，在一个本地特产玉石店里，当老板拿出了镇店之宝——一块碧绿的玉石，他毫不迟疑地买下，当作送给爱人的礼物。"爱人从与我结婚到现在，无怨无悔，默默地辛苦操持家务。"他坦言，"这块玉石的珍贵，也代表了我对她的情感。"

言传身教，家风朴实，令郑宝佑的家庭充满了正能量。而这样的家庭，也为郑宝佑在社会上的驰骋，打下了坚实的基础。

创造美丽生活　匠心智造百年

——安莉芳集团创始人·郑敏泰

从中国第一件立体围女性内衣,到第一条立体"凸裤"……他始终以"早跑20秒"的创新精神,以智能为引领,以文化为基因,以健康为理念,缔造了一个时尚内衣王国。从香港到深圳,从常州到济南……他以开放的胸怀,改革的魄力,丈量着企业百年发展的每一步。他出资1100万元设立"中国针织(内衣)基金",助力行业科技发展,用责任和担当写就了企业家新时代风采。他就是安莉芳集团创始人郑敏泰。

郑敏泰

一张蓝图绘制美丽工程

如果说,爱美是每位女人的天性,那么创造美丽生活,追求美丽事业,成就美丽文化,则是安莉芳孜孜不倦的追求和使命。43年来,安莉芳始终将"提供需求,创造价值;协调和谐,提高效率;追求卓越,永无止境"这一核心价值观贯穿在每一位安莉芳人的"基因"里,每一件作品的DNA上。

1975年,在香港一个办公室加上厂房还不足300平方米的写字楼里,郑敏泰开启了他的美丽之路。为了让中国女性更加自信、美丽,学以致用、爱思考的他,利用面包机"切割"出了中国第一件立体围女性内衣。谁也不曾想到,就是这么一位摸着石头过河的"门外汉",后来被业内称为"中国内衣的泰斗"。

为了实现安莉芳的更大发展,1987年郑敏泰将目光放在了改革弄潮的深圳,成立了安莉芳(中国)服装有限公司,自此安莉芳迎来了一次又一次转型,中国内衣走向了高端化、品牌化发展的新时代。在郑敏泰的带领下,安莉芳在不断延伸品牌内涵,丰富产品内容,提升产品质量的同时,还着手并完善内地销售网络,大举进军长三角,先后在常州、山东、上海成立公司,发展版图越发清晰。

"如果说20世纪70年代是起步，80年代是成长，90年代是沉淀，那么2000年以后的安莉芳不断芳华蜕变，成功走上了'科技、时尚、绿色'发展的快车道。"2007年，安莉芳山东工业园一期建成投产，2010年安莉芳大厦落户上海，2015年现代化的安莉芳常州新厂落成……至此，安莉芳完成了立足香港，放眼深圳，北望神州的战略布局。

43年来，安莉芳始终勇当先锋，打头阵，挑重担、唱主角，砥砺奋进。2006年，安莉芳在香港证券交易所上市。如今，旗下拥有安莉芳、芬狄诗、Comfit、Liza Cheng、E-BRA、IVU、安朵、LUCIE'S WORLD八大品牌，致力于满足人们对内衣不同层次的需求。截至2017年底，销售网点达1900多个，遍布全国300多个城市，连续多年蝉联全国同类产品销售第一。

匠心智造百年不是梦

舒适，是安莉芳内衣的基调；环保与健康，则是安莉芳人的态度。

"小内衣，大世界。"一件内衣，对安莉芳来说，却是集人体结构学、运动力学、心理学等多个学科的科技融合与自主研发。而一件合格的内衣成品出厂，必须经过50多道工序、30多种质量检测，进行缩水率、色牢度、甲醛、pH、起毛起球等多项测试。只有做到安全、舒适，才能对得起安莉芳"内衣专家"这个称号。40多年来，不断创新的自主研发技术，是安莉芳追求卓越、永无止境的真实映射。

为了让内衣成为人体的"第二肌肤"，安莉芳从源头开始，考察天然纤维和纤维原料的产地、培育、生产过程，全面控制材料的生态性能，给予消费者最贴心的呵护。2002年，安莉芳率先成为内衣行业第一个获得绿色生态纺织品"十环标志"认证企业。以"三维立体钢圈""超低心位""无钢圈舒挺罩杯""智慧莲花杯""智慧肩带""轻柔杯"六大明星专利为首的40多项专利，不仅使安莉芳成为科技创新型企业，更确立了安莉芳在内衣行业的领军地位。2003年，安莉芳开始积极参与针织行业国家和行业标准的起草。起草的标准包括《全棉针织内衣》《针织泳装面料》《针织拼接服装》三大国家标准，以及《针织文胸》《化纤针织内衣》《针织泳装》《针织塑身内衣（调整型）》等三十大行业标准。这是中国针织行业对安莉芳的信任，也是安莉芳对中国内衣行业发展所发挥的责任与担当。

不仅如此，早在1980年，安莉芳就率先在企业建立销售、生产、管理、财务全流程的信息化管理和 ERP 系统，成为内衣行业里最早应用电脑的企业。进驻内地市场以后，郑敏泰更是把国际上先进的管理理念和营销模式植入在安莉芳创新的"基因"中，并把西方美学与东方文化相结合，把针织时尚与科技元素相贯通，绿色生态与功能保健相统一，变革中国女性对内衣文化和品牌的追求的同时，更开启了一种全新的生活方式。

积极引领不仅仅是责任

"我们来时，这里是一片荒地，开始我们很不理解，做企业是为了赚钱，为什么郑先生要把精力分散在这些花花草草和看不到的环保上。"作为安莉芳（山东）工业园的亲历者和参与者，安莉芳集团执行董事鹿群回忆起创园初期的不解。直到今日，这个总建筑面积为12万平方米的现代化内衣工业园，不仅成了一座AAA级工业旅游景区，更是一座智能生态工业园，此时鹿群才体会到郑敏泰的良苦用心。

"当时，我们花了大量的人力物力，先后建了地源热泵、地板采暖、外墙保温、自动喷淋、天窗采光、建筑节能等智能化环保工程，简直有点'奢侈'。但从现在来看，当初郑先生的选择是非常有先见之明的。光这些，安莉芳一年节能就能达到70%以上。十几年过去了，我们的节能环保依旧处于同行业领先水平。"而更让鹿群引以为荣的是，2016年上线的安莉芳智能化配送系统，引用世界领先技术的自动化、智能化配送流水线，建成了国内领先的现代化智能仓储物流系统。2018年6月，该项目获得中国纺织工业联合会首批"纺织行业智能制造试点示范"称号。

而至今被行业所称赞、写进中国针织工业发展史的，是2009年、2014年郑敏泰先后累计向纺织之光科技教育基金会捐赠1100万元，设立"郑敏泰中国针织（内衣）基金"，基金的成立为鼓励和促进中国内衣行业在新的经济环境中积极探索产品研发的创新模式，为推动我国内衣行业的科技发展提供一个良好的平台。

不仅如此，从2006年开始，安莉芳还联合中国妇女发展基金会、首都知名医学专家教授开展蓝丝带公益行动，向边远山区少数民族女性开展健康知识讲座，传播乳房保健知识，并对贫困家庭捐赠爱心物资。连续12年来，安莉芳公益足迹遍布全国21个省市自治区，累计捐赠物资价值总额达5720.4万元。

责任成就梦想，更照亮了安莉芳的未来之路。

创新发展见证改革印记

"回顾安莉芳43年的美丽事业，可以说没有改革开放，就没有企业发展的今天。安莉芳不仅是改革开放的见证者、实践者和受益者，更是中国现代内衣发展史的美丽缩影。"谈及改革开放40年来安莉芳发展历程，郑敏泰在接受笔者采访时表示："企业发展，只有与改革同步，与时代同行，与创新同向，才能匠心智造，实现品牌百年。"

笔者：伴随着改革开放，安莉芳经历了怎样的发展历程？

郑敏泰：安莉芳第一阶段在香港创立品牌，实现了资本累积。当时香港服装制造业开始走下坡路，为了实现安莉芳的长远发展，我带着在香港积累的经验和储备的技术来到深圳。进入深圳，是安莉芳发展的第二个阶段，也是在最好时机做出的最正确选择，我们走在了改革开放的前沿。通过不断创新，用面包机切模杯、自主研发设备、使用信息系统等，安莉芳得到飞跃发展，并快速占领了国内市场。随后安莉芳响应号召，迁移产能北上，先入长三角，再进渤海湾。在创新的道路上，安莉芳步入了第三个阶段。自20世纪80年代初安莉芳率先使用电脑办公，2003年使用ERP系统管理实现生产标准化后；2011~2016年又相继实现了工厂现代化，引入人工智能。使用信息系统提高了企业运营效率；通过生产标准化、现代化解决产品品质和劳工缺乏问题；通过智能化、标准化、少人化改变传统服装制造业的人力密集型、低效率等问题。改革创新给我们带来了生产力，更释放了活力。

笔者：您觉得改革开放对企业发展有什么积极影响？带来了哪些变化？

郑敏泰：改革开放为纺织服装行业带来了充分的国内外市场公平竞争环境。引入外资、国企改革以及乡镇企业的发展都带来了市场活力，更是拓展了企业的视野。

对企业来说，那就以更加开放的态度，相互学习、借鉴，企业有了更多与外界合作互动的机会，不再是孤军奋战。

笔者：安莉芳作为内衣行业的领军企业，其成功秘诀是什么？

郑敏泰：我们在企业发展中一直秉持"勤""俭""敢"的精神，许多的企业家都能做到勤和俭，但是并不是勤奋和节俭都能让企业走向成功，这也是我为什么要强调的第三个条件，敢于尝试。未来的东西不是谁都一定能看得准的，因而敢不敢尝试就变得很重要，而更重要的是尝试完了，你马上要有一个很快的反映，是应该继续还是停止。另外，还有一个"秘诀"就是先走一步。许多人问我：安莉芳为什么是第一，其实我们不过是早跑了20秒。就像奥运跑百米，我早跑20秒的话，多快的运动员也跑不过我这个老头子。

笔者：当前，纺织服装行业处于向高质量发展转型的关键时期，安莉芳在战略布局上将会有哪些调整？

郑敏泰：安莉芳从进入深圳开始就定位为高端服装制造业，追求生产和发展高附加值的产品，我们所追求的高质量发展还要满足智能化。

安莉芳一直以来都以产品质量为根本，为消费者提供高质量的产品和服务，高质量的产品和服务能够改善生活、创新生活。未来，我们会为消费者提供更多质价比高的产品，企业战略向智能化、少人化变革发展。

笔者：面对新形势，安莉芳如何在重振实业夯实大国根基的进程中走出一条自己的创新路？

郑敏泰：面对新消费、新形势，安莉芳必须要时刻保持清晰认识，与时俱进，不忘初心，牢记使命。首先，要注重品牌建设，建立并不断完善标准，以文化促发展。其次，要注重品质和环保，全员尽心尽责、追求卓越、勇于创新，不断增强竞争力，及时提供顾客需求并满意的高品质的产品和服务。同时，企业要大力发展智能化，减少低端劳动力，转化为高附加值的工作岗位，提升企业竞争力。特别是，寻找到合适的人才，对企业互联网+、供应商+、客户+、AI+等方面进行突破和变革，整合互联网渠道，打通供应商管理通道，为客户提供更多的需求和价值，利用AI技术，对公司运营进行分析和指导，走"科技、时尚、绿色"发展之路。

笔者：作为改革开放40年的见证者和受益者，您有哪些期望或寄语？

郑敏泰：改革开放40年，我衷心为中国取得的翻天覆地的变化和成就感到由衷的高兴和自豪。步入中国特色社会主义新时代，相信勤劳智慧的中国人一定会实现中华民族伟大复兴，实现中国梦。期望中国人民在新时代的生活更加美好，更加幸福；也期望传统纺织工业以改革创新的精神走向智能化、现代化的发展道路。

永无止境的纺织情怀

——中国工程院院士　姚穆

在西安工程大学金花校区的校园里，寒暑冬夏，阴晴雨雪，时常能见到一位清瘦的老者，这个总是穿着深灰蓝外套、脚蹬布鞋的匆匆身影，就是我国纺织材料领域著名专家、中国工程院院士姚穆教授。

这位学生眼中的"纺织百科全书"、业界眼中的"中国纺织材料大家"、企业眼中的"科技雷锋"，耄耋之年仍然保持着工作的热情和劲头，以俯首甘为孺子牛的心态，心系纺织，报效国家。

姚穆

矢志纺织　逆境克难

自从1948年考入私立南通学院纺织科，隔年又转学到西北工学院纺织工程系（西安工程大学前身），姚穆就与纺织行业结下不解之缘，穷其心智孜孜以求，即使身处逆境也没有一刻停步。

新中国成立后，百业待举。1952年，恰逢我国第一个自己生产、自主设计并建造的西北国棉一厂建厂，毕业前的姚穆进厂实习和工人们一起安装调试机器。毕业后工作之余他发奋苦读，短短几年内，自学了几十门基础课和专业基础课，并熟练掌握了英语和俄语。

当时学校师资缺乏，姚穆一人承担了棉纺织厂设计、空气调节工程、纺织材料学、棉纺学（精梳工程部分）、纤维材料实验和纺纱实验等六门课，还兼任校实习工厂负责人。那时没有现成的教材，姚穆就自己编写，油印发给学生。英国利兹大学设计学院纺织系高级讲师毛宁涛，至今还珍藏着一本油印的20世纪50年代姚穆编著的《毛纤维材料学》讲义，他说："即便放到现在，这本讲义都是很经典的。它涉及的领域特别宽，弥补了我在英国研究时没有通用教材的缺憾。"

"文革"中，姚穆被下放到工厂接受"劳动改造"。在那段艰难的日子里，他没有抱怨，反而学会了钳工、土木工和挡车工技术，为后来从事纺织机械领域研究打下了基础。其间，他还和一起下放的同事组成技术攻关小组，带领工人们一起搞技术革新，想方设法提高纺机锭转速，研制单晶炉，研究改造梳棉机和车间静电除尘等，干得有声有色。1970年他自己设计和制造了锭子振动系统测试仪，与经纬纺织机械制造厂一起修改锭子零件设计，使棉纺机锭子速度由6000转/分提高到9000转/分，并推广使用。当时他们研制的静电除尘样机，还被推荐到全国巡回展出。

科学春天　踏浪前行

1978年，"科学的春天"来了，西北纺织工学院（现为西安工程大学）也在纺织工程系的基础上成立。姚穆重新走进了他熟悉的校园和实验室。他以无限的热忱和毅力，只争朝夕，踏浪前行，全身心地投入到教学科研中，为国家的纺织事业贡献力量。

1980年，姚穆加入中国共产党；1982年晋升为教授；1983～1987年担任西北纺织工学院院长；1986年被评为全国教育系统劳动模范，国家人事部授予他"中青年有突出贡献专家"称号，陕西省人民政府授予他"科技精英"称号；1987年被评为陕西省劳动模范；1989年又荣获"全国纺织工业劳动模范"称号；1991年任博士生导师，同年获政府特殊津贴，2001年当选为中国工程院院士。

虽已年近半百，但是凭着那股子深钻的劲头，几十年来，姚穆在服装舒适性、"军港呢""非典服"、纺织原料和产品测试评价、产业用纺织品创新中均取得了瞩目的成就。

姚穆是我国服装舒适性研究的开创者。20世纪60年代初，他就着手这一领域的研究，当时国内这方面研究还是空白。他自学了物理学、生理学和心理学基础理论，查阅大量的文献资料，与上海第二医科大学联合进行人体皮肤感觉神经细胞分布测试研究，制作人体各部位皮肤切片300余万张。为感知身体的感觉神经元的种类、功能，姚穆和学生在自己身体上反复试验，终于初步理清了物理作用、生理作用和心理反应之间的关系，编著了《皮肤感觉生理学》等书，找到了与服装舒适性相关的参数规律，建立并验证了生理和心理测试系统。他还组织研制出织物透水量仪、多自由度变角织物光泽仪、织物表面接触温度升降快速响应仪与织物红外透射反射测试装置等一批测试仪器，建立了一系列测试方法。时至今天，姚穆在人体着装舒适性方面的研究，仍然是我国极地服、宇航服、作战服等特种功能服装面料设计与暖体假人设计等方面的理论基础。

香港回归前夕，为展示我驻港部队的英姿和军威，1996年1月，当时的总后勤部交给姚穆一个"特殊任务"——与总后勤部军需装备研究所合作，负责研究设计新一代军服系列，要求面料挺括透气，易洗快干，不易褪色。服装缝制要求纽扣两年内不掉落、不能有任何开缝。姚穆参加并带领攻关小组反复试验研究，发明出具有现代高新技术的多异多重复合变形的新型长丝织物——"军港纶"。为保证军服质量，姚穆和组员们24小时轮流值守，确保每一个细节都不出错。在长达一年多的时间里，他们没有睡过一个安稳觉，先后动员工厂40多个，从化学纤维纺丝加工、面料研发到服装完成，把所有技术变成了一个完整的系统工程，经化纤纺丝、纺、织、染、整、服装等工序，加工出了分别适合于夏季、春秋季和冬季穿着的军服面料及配套的里料、衬料、辅料等，还设计出包括成衣加工在内的整套加工工艺系统，如期高质量完成了任务。

目前，"军港纶"和"军港呢"广泛用于部队军服和公安、税务、检察、法院等部门的制服以及民用服装。1998年，该项研究荣获中国人民解放军科学技术进步一等奖和第十一届国家发明博览会金奖。2001年，又荣获国家科技进步奖一等奖。同年，姚穆当选为中国工程院院士。

2003年，"非典"病毒肆虐，大批医护人员感染。为防止病毒侵入，一线医护人员不得不穿着不透气的防毒服，6个小时下来，捂出的汗水能有3公斤。为研制出既能隔绝病毒、透气性又好的材料，姚穆与军需装备研究所的专家们突击试验，仅用了三周就研制出"非典"专用医用防护服，4月28日一天完成科研项目验收、生产国家标准的审查、通过及当日发布，当晚开始生产及时送到了"非典"防治一线。

姚穆还是我国多种纺织原料和产品标准的制定者。他研制出的许多测试仪器和测试方法在国内得到广泛使用。他主持的国家重点科技攻关项目"棉花质量公证检验测试系统"的研究，攻克了原棉短绒率测试等技术难题；主持研制出我国第一台直接测试棉花黏性的仪器，有效解决了棉纺织厂的配料和产品质量控制难题。他还多次主持起草有关纺材、纺织品等国家标准、军队标准和部颁标准。他参与研制的YGI32型信号发生器标准规，已成为我国纱线条干仪专用计量校准的基准。

2009年，姚穆上书陕西省有关部门，建议"重视产业用纺织品研发，迎接国际增长形势，转变单纯初加工结构模式，提升纺织产业水平"。他分析了全球半个世纪以来纺织业的发展和未来趋势,不遗余力地为产业用纺织品的发展摇旗呐喊。姚穆说:"今后 40 多年,产业用纺织品已是纺织行业唯一要大发展的行业,预测到 2050 年,世界产业用纺织品纤维总用量要提高到 10 倍。""纺织产业生产的高性能纤维及其复合材料是发展航空、航天和国防工业迫切需要的战略性材料,也是西方发达国家对我国实施严格保密、控制和禁运的重点技术领域。我们必须加快发展。"多方努力下,2015 年,陕西省产业用纺织品工程技术研究中心在西安工程大学成立。

谦卑做人　认真做事

姚穆一生从事纺织材料研究,但他的衣着却永远是人群中最朴素的。灰蓝外套、解放布鞋,是他的穿衣"标配"。他将个人物质生活的需求降到了最低,出差自带干粮,住最便宜的旅馆,加班吃泡面。他时时处处替别人着想,凡事总想着别人方便,不给人添麻烦。而只要校内外的学生或企业来找他,他都会认真答疑,尽力帮忙,认为"能对别人有所帮助,是事业的一部分"。

对生活的毫不讲究和对学术的极其"讲究",在姚穆身上形成明显反差。生活中他从不提要求、端架子,但在学术上,他认真到近乎"较真"。哪怕是记在小纸片上的笔记,他都要写得工工整整;修改学生论文,"此处空半格"他都会标注出来。凡是要发表的论文,他要求定稿后必定要等几个月的冷静沉淀,再检验修改后才去投稿。他说:"每一篇论文都像是自己的孩子,一旦发表就收不回来了,一定要再三思量,要经得起推敲。"

工作就是姚穆的乐趣,争分夺秒地学习和探索是他最大的"养生"。自从献身国家的纺织事业,姚穆一直处于饱满的工作状态,即使年近九旬,他的工作量也毫不逊色于年轻人。在姚穆的时间表里,没有节假日,一年 365 天,天天都是高效工作日。

每年,姚穆都要承担繁重的科研任务。他不仅要参与国家重大战略的制定、中国工程院项目的调研与咨询,还要参与科技项目的评审和论证、纺织教育的学科设置与课程设计、企业的转型升级和技术改造等,整天在全国各地飞来飞去。他抓住一点一滴的碎片时间读书、看资料。飞机上、船舱里,都是他学习、构思的场所。他常常一到目的地就直奔工作场所或课堂。百忙之中,他依然没有忘记身为一名教师的本分,不误一节课,坚持指导学生做科研,逐字逐句为学生修改论文。有时遇上飞机延误,即使凌晨才赶回家,一大早他也会准时出现在实验室。这样的工作状态,姚穆持续了近70年。

姚穆严谨执着、忘我奉献的精神影响、激励着身边的人,姚穆的弟子遍布天下,他们每个人身上,都能清晰地看到姚穆的影子——谦卑、严谨,有韧性、有情怀,认认真真做事、踏踏实实做人。

如意控股集团董事局主席邱亚夫经常向人提起他的恩师姚穆。他说,如意从一个快要倒闭的纺织小厂,成长为现在年销售收入突破500亿元的国际领先企业,在转型升级和技术革新的每一步,都浸透着姚穆的智慧和辛劳。

武汉纺织大学教授、长江学者特聘教授徐卫林用"仁、忍、韧"三个字形容自己的恩师:"仁者莫大于爱人,忍者能经受住干扰,韧者则执着于事业。"他说:"我很多为人处世的方式,包括做科研的风格和韧性,都源于姚老师的启发。"

提起姚穆,英国利兹大学设计学院纺织系高级讲师毛宁涛感慨地说:"初见姚老师的时候,他40多岁,现在他90岁了,但是他对工作的热情和认真,和40年前一模一样。他和我们谈论的,永远是具体的科学问题,他是我心目中真正的学者。"

看着姚穆忙碌的身影,听着他循循善诱的话语,不论是政府领导层,还是上市公司的老总,不论是技术骨干,还是普通工人,不论是科技领军人物,还是普通大学生,都能从他身上感受到一种强大的力量,这个力量坚定着大家推动中国从纺织大国变成纺织强国的信心,坚定着大家在中国经济改革发展的浪潮中创出一番事业的激情。在他清瘦的身躯里,饱含着一位耄耋老者对纺织的情怀、对教育的情怀、对祖国的情怀。

一生求是　心系桑麻

——香港兴业国际集团、查氏纺织集团暨国外企业董事会主席　查济民

查济民（1914—2007），浙江海宁人，杰出实业家，爱国人士。历任常州、重庆、上海等地纺织染厂的工程师、厂长、经理。1947年举家赴香港，创办中国染织厂、新界纺织厂等。并为香港兴业国际集团、查氏纺织集团暨国外企业董事会主席。先后出任香港基本法起草委员会委员、香港特别行政区筹备委员会预备工作委员会委员、香港特别行政区筹备委员会委员。成立桑麻基金会，求是科技基金会。先后荣获北京大学、浙江大学、香港科技大学、香港城市大学、香港浸会大学等多项名誉博士学位及教授称号。1997年荣获香港特别行政区政府颁发的大紫荆勋章。

查济民

爱港爱国的实业家

查济民出身海宁袁花的"查氏"望族，父亲为乡中秀才，但家道中落、家境清贫，自幼即深知稼穑艰难、读书不易。他天资聪颖、勤奋好学，以优异成绩毕业于浙江大学工学院附设高级工科中学染织（含纺）科。其后入职上海达丰染织厂及常州大成纺织印染公司，并赴日本考察学习，潜心钻研先进技术，成长为一名技术全面、经验丰富的一流印染专家。

1937年7月，抗日战争爆发，沪苏宁大批工厂被迫停产。有人劝正在这一带从事染织厂供销业务的查济民逃难到国外谋生，查济民回答说："我要做国门之子，不做亡国奴。"为了保住民族纺织工业的最后一点家底，临危受命押运一百多台织布机撤退至重庆。后常州大成纺织印染公司、汉口隆昌染织公司与三峡染织厂合组为大明染织公司，查济民任经理，使大明染织公司逐步发展成为大后方纺织染齐全的著名企业。抗日战争胜利后，查济民应邀出席南京侵华日军受降仪

式，并被上海工商界推荐为上海纱布染织业的"接管大员"之一，继续发展民族工业。随着国民党发动内战，国内形势动荡不安，1947年，查济民举家赴香港发展实业，1949年在荃湾创办中国染厂，从原料进厂到纺纱、织布、印染形成"一条龙"生产线，于香港及亚洲纺织发展做出重要贡献。20世纪60年代初，将业务扩展至西非尼日利亚、加纳等地，造就当地轻工业最繁荣发展历史四十余年。

查济民是一个爱港爱国的实业家。70年代后期，设在新加坡的一家外国银行，由于债权关系，银行将获得一位香港商人在香港大屿山愉景湾购买的大片荒地。尽管在当时来说还是一片荒芜之地，一时无法开发，明显是一般商人不看好的土地，因为查济民清楚这片土地是香港及内地通道之咽喉，至关重要。故得知消息后，查济民立即拿出数千万港元交还这家银行，抢先买下这片土地。

在香港回归过渡时期，他和查良镛（金庸）一起提出"香港政制过渡应实行循序渐进的民主选举的主流方案"，即有名的"双查方案"，为推动香港回归做出突出贡献。

回乡设厂　投资振兴纺织业

1978年实施改革开放政策后，中华大地迎来了经济建设和科技发展的春天，祖国的发展使查济民这位见证了中国现代实业艰辛发展历程的老一辈实业家深感欣慰，80年代初即率先在内地投资办厂，带动了香港人对内地的投资热潮。他先后耗资数亿元收购已濒临破产边缘的棉纺织厂，把负债累累的国营企业改造为营利企业。1985年在家乡海宁袁花投资兴办海宁海新纺织有限公司，1995年投资1430万美元创办海宁纺织综合企业有限公司。其后分别投资4400多万美元和2600多万美元，创办海宁新高纤维有限公司和海宁新能纺织有限公司等。

1996年在江苏常州合资成立常州名力纺织有限公司，后改为独资经营，总投资金额2959万美元。2000年他又出资2亿元收购濒临破产的中国最老纺织厂之一——杭州第一棉纺织厂。

从80年代回乡设厂，到收购"杭一棉"……在纺织业并不景气、利润被压得很低的情况下，查济民仍乐此不疲地投入巨资，以实际行动振兴中国纺织业，展现着老一辈企业家对祖国的赤子之心。在"企业盈利是否最重要"这个问题上，查济民在1996年北京大学授予他顾问教授的仪式上，这样阐述自己的理念：

"在私人小企业只为糊口时,无利润即被淘汰,当然利润是最重要的;但是到了有适当规模时,对事业成败的责任感和如何使事业健康发展,才是最重要的;而到了企业有更大发展时,事业对国家社会有贡献才是更重要的。"因此,在他看来,赚钱只是市场经济中的指标,而不是目的,即使有分得的利润,也不是用来过奢侈的生活,而是希望做一些对国家、民族、后代有益的事,尤其是提倡教育和科技等最根本的大事。

创立桑麻基金会 培养纺织人才

20世纪90年代初,要求加快改革开放的步伐、加快发展中国经济、科技和教育。查济民以一位成功实业家的丰富经验,对我国纺织工业的开拓与发展具有坚定不移的信心,认为科技进步和培养人才是当务之急。1992年,他出资投入3000万港元成立桑麻基金会。基金会命名"桑麻",旨在缅怀中国纺织起源于桑麻,号召国内纺织从业人员及学子重视科技,努力钻研,为振兴中华纺织勇攀高峰。从1994年起,桑麻基金会先后在天津纺织工业学院(现天津工业大学)、中国纺织大学(现东华大学)、浙江丝绸工业学院(现浙江理工大学)、北京服装学院和西安工程科技学院(现西安工程大学)设立奖学金;基金会又于1998年起,在上述院校先后设立奖教金,2016年增补武汉纺织大学,2018年增补江南大学。2008年起,6所院校一年的奖教金、奖学金总额从70万元提高到135万元,各校的奖教金、奖学金标准相应提高。截至2018年,7所院校合计奖励6643人次优秀学生和736名优秀教师,奖学金、奖教金累计共发出1965万元。桑麻基金会于1997年开始设立桑麻纺织科技奖,到2018年,共有325人获奖,累计发奖987万元。1998~2001年曾设立桑麻纺织杰出青年学者奖,先后有7人获奖,累计共发19万美元。2002年起桑麻纺织杰出青年学者奖停止,同时较大幅度提高桑麻纺织科技奖的奖金。2018年6月设立"桑麻学者"奖项,每年奖励不超过4人,奖金每人20万元,委托中国纺织工业联合会组织评选。2018年桑麻学者与桑麻纺织科技奖并列,其中,学者奖金总额为40万元,纺织科技奖金总额为42万元。桑麻基金净收入以奖励为主、资助为辅,1994年曾对中国纺织工程学会主办的全国优秀纺织青年科技奖及其主办的《纺织学报》出版经费予以必要资助。成立以来,桑麻基金会在倡导和促进科技进步、培养纺织人才等方面起到了积极作用。查济民在世时,除2006年因病缺席外,每次颁奖盛典他都亲临主持并讲话,足见他对桑麻基金会的重视与支持。

20世纪90年代初，中国改革开放百废待举，各项建设急需支持，国家财力有限，难以均衡兼顾每一方面，科研经费短缺，科技工作者的生活一时间难以得到改善。与此同时，社会上刮起了一股"向钱看"之风，甚至出现了"拿手术刀的不如拿剃头刀的""做原子弹的不如卖茶叶蛋的"这样的顺口溜，求是科技基金会在这样的背景下应运而生。1994年，为弘扬母校浙江大学一贯奉行的求是精神，查济民捐资2000万美元成立求是科技基金会，以浙江大学前身——求是书院的"求是"精神为科技基金会定名，奖励在国内相对艰苦环境下献身科学技术、做出优秀成绩的科学家和青年科技工作者，提倡尊重科学、尊重知识、尊重人才、实事求是的社会风尚。基金会聘请陈省身、杨振宁、周光召、简悦威、李远哲等国际知名的资深科学家任顾问，设立杰出科学家奖、杰出青年学者奖、杰出科技成就集体奖，每年颁奖一次。

查济民亲自主持每年的顾问委员会会议，听取意见，做出决策。在北京举行的首届求是科技基金会颁奖典礼上，查济民在开幕词中说："科学、技术对于人类社会的进步是一个极其重要的因素。人们无论在文化、经济或日常生活中，都要依靠科技的知识……我认为要改善人民的生活，使我们中国人能立足于地球之上，最重要的是提倡科学、技术。求是科技基金会就是根据这个想法而设立的，其目的是奖励和培养有科学成果的人才，赞助与科技有关的教育，支持和发展与科技有关的项目。"自1994年开始，经由顾问团谨慎审核后，评选出数百位在数学、物理、化学及生物医学等科技领域中有杰出成就的中国科学家，第一位获得诺贝尔科学奖项的中国本土科学家屠呦呦早于1996年就曾获"杰出科技成就集体奖"，两弹一星的功勋、神舟飞船的设计专家以及治理沙漠、保护生物、保护环境等众多领域的杰出科技工作者都曾先后获奖。自2000年起，基金会又选择国内知名大学设立"本科生奖学金"，自2002年起，先后在20余所大学设立"研究生奖学金"和"查济民、刘璧如（查济民夫人）大学生奖学金"，奖励优秀的博士研究生，资助品学兼优的贫困大学生。基金会迄今已累计颁发逾亿元资助金，在奖励科技人才、推动科研事业，支持"科技兴国"方面做出了重要贡献。

改革开放的拥护者和支持者

查济民曾高兴地指出，他早就深信改革开放是一定会成功的，但没想到速度会这么快。查济民曾就此感慨：在中国，国强民富，是多少中国人的梦想。推行改革开放，中国人民富起来了。一国两制、香港回归，国家强大才能做到。同时他也看到，国家要进一步推进改革开放大好形势，关键不是钱、不是物，而是精神文化道德的建设，查济民说："一个民族、一个社会，只讲钱是没有前途希望的。"他个人一贯秉持艰苦朴素的作风、平易近人的谦和态度以及求知若渴的进取精神，在名成业就之后，也未有丝毫改变。与他共过事的人都知道，几十年来查济民是这样要求自己的："加法用在工作上，减法用在报酬上，乘法用在企业效益上，除法用在荣誉头衔上。"2003年，查济民成为唯一获邀前往北京参加观看"神舟五号"飞船升空发射全过程的香港人。

查济民热爱祖国、献身纺织，自少年时就对纺织工业抱有浓厚兴趣，怀有深厚感情，他认为，在中国这样一个人口众多、物产丰富的泱泱大国，纺织工业是大有出路的。在漫长的岁月中，不论遇到何种艰难曲折，从未气馁却步，矢志耕耘70余载，至耄耋之年，仍殚思竭虑、不惧辛劳。他热爱科学、重视人才，情系桑梓、热心公益，频出巨资、奖学助教，是杰出的爱国者，著名的社会活动家、卓越的实业家，也是改革开放路线的坚决拥护者和忠实支持者。

查济民晚年曾作《借放翁句告儿孙》诗一首，明言他一生的追求，饱含他对人民奋发、祖国繁荣、中华复兴的殷切向往：

> 死去原知万事空，但悲十亿尚寒穷，
> 期增道德恢弘志，兼树谦勤笃实风；
> 曲巷千家齐奋发，华都百业共图鸿，
> 神州经技飞腾日，家祭毋忘告乃翁。

拳拳赤子心　心怀天下志

——富润控股集团党委书记、董事局主席　赵林中

赵林中的头上，有着数不清的荣誉和光环。

第九、十、十一届全国人大代表，全国劳动模范、全国优秀党务工作者、全国全心全意依靠职工办企事业的"十佳"领导干部、全国"半月谈"思想政治工作创新奖、中国创业企业家、全国孝亲敬老之星；

中国茧丝绸行业终身成就奖、中国针织行业终身成就奖、中国纺织企业管理终身成就奖、全纺党建工作先进带头人。

浙江省十大时代先锋、浙江省优秀共产党员、浙江省突出贡献企业家、改革开放30年浙江功勋企业家、改革开放40年纺织行业突出贡献人物、风云浙商、浙江省十大杰出孝子……

浙江省委组织部、宣传部等联合作出向赵林中同志学习的决定，中国纺织工业协会号召全国纺织行业向赵林中同志学习……

其中最被人们熟知的是三个"头衔"：富润控股集团党委书记、董事局主席，全国人大代表，全国劳动模范。如果说荣誉和光环是社会对企业家潜质或者说资质的考量，是上级领导对有特殊贡献人物的认可，那么，老百姓的口碑则是衡量民意的标尺。

"金杯银杯不如老百姓的口碑"，诸暨的老百姓用平实的口吻这样评价赵林中：他是企业里的长子，家庭里的孝子，老百姓的代言人。

赵林中

锐意改革

赵林中不到18岁就入了党，当过半脱产的公社团委副书记、手工业社的党支部书记兼会计、人武部长、诸暨县委办公室秘书。1986年6月，赵林中服从组织安排，出任了诸暨针织厂厂长兼书记。针织厂仅100余人，主要生产针织内

衣，年年亏损。他一门心思扑在如何扭亏增盈上，他认为保障职工利益是激励生产力的原动力。当时盛行"大河有水小河满""国家得大头""职工最大的事也是小事"的说法，而赵林中却倡导"小河有水大河满""职工得大头""职工最小的事也是大事"，大大激发了职工的积极性。

在国有企业改革的大背景下，赵林中义无反顾接过了一个个沉重的"包袱"，担当起了国有企业的"保姆"。从1992年起，用11年时间，兼并了国营诸暨针织厂、国营诸暨毛纺织厂、国营诸暨绢纺厂、诸暨纺织总厂、国营诸暨化肥厂、诸暨市商业（集团）公司及所属企业等22家国有亏损单位，承接债务9亿多元，接收职工9450余名，不仅使这些企业起死回生、重振雄风，也使万名职工改变了人生的命运和轨迹。每次县领导和赵林中商量兼并，赵林中的回答总是轻松的3个字"好的喽"。在承受一次次改革阵痛中，赵林中带领企业在平稳中过渡，这位年轻时曾在自己照片后写下"为人类奋斗终生"的愣小子，后来果然成为一个顶天立地的人物，承担起国企的发展和创新的责任。他率先垂范，"忠于党的事业，忠于国有资产，忠于富润，办事认真，处事公正，经营廉正，艰苦勤奋"，以忠诚、信念和勇气，展示出新时期优秀共产党员的精神风貌。从1986年至今，企业资产由300万元增加到60多亿元，增长了2000多倍，先后荣获全国先进基层党组织、全国文明单位、全国五一劳动奖状、全国精神文明建设先进单位、全国创建和谐劳动关系模范企业、全国模范职工之家、全国纺织工业先进集体等荣誉。

"现在回过头来发现，我最好的青春在国企改革中做了两件事，一件是兼并，一件是转制。"赵林中谦逊地说。多年来，他坚持着力打造企业核心竞争力，放手建立激励、约束机制，持续激发企业的自主技术创新能力和品牌开发能力。他把握的改革原则是大改革、小震动，热问题、冷处理。改革模式是按党的十六届三中全会指出的"投资主体多元化，使股份制成为公有制的主要实现形式"。改变企业投入的单一格局，发展股份、社会资本和非公有资本等参股的混合所有制，从而使上市公司或国有资本"四两拨千斤"，带动更多的资金投入到经济建设。以产权为纽带建立新型的利益共同体，体现"社会统筹协调和谐发展"的基调，孕育新的公有制组织形式，更多地保障国家、企业和职工的利益，从而实现国有企业改革的软着陆、缓转弯。

在发展纺织主业的基础上，赵林中带领富润顺势而为，发挥资源、资金、管理、技术、人才等优势，拓展产业领域，投资文化产业、养老产业、智慧产业、金融业、科技孵化器、建材行业、创业投资等，培育了诸暨市第一家上市公司，"浙江富润"上市 20 年，股本扩张 8.32 倍，累计现金分红 3.68 亿元，累计上缴税收 7 亿多元，兑现了上市时"今日借你一粒籽，来年还你一担粮"的承诺，被《中国证券报》评为"金牛最佳分红回报公司"。

2016 年，富润投资互联网大数据产业，收购杭州泰一指尚科技有限公司，实施"互联网+"的发展战略。

如今，富润的产业格局是"三亩棉花三亩稻""东方不亮西方亮"，实业和投资互补，生产经营和资本经营相得益彰，并继续尝试和探索适合自己的转型之路。

心怀天下

赵林中是诸暨唯一的三届全国人大代表。人大代表的经历，是他一生最宝贵的精神财富。民情重如天，他以独特的民情征求方式，炽热的排忧履责目标，宽阔的建言参政视野，成为尽职的百姓代言人。赵林中将替百姓代言视为神圣天职，一边心系企业万余职工的社情民意，一边心系百万诸暨父老乡亲的信任和重托。为处理好企业工作与代表工作的关系，他像经营管理企业一样，建立了一套履行代表职责的机制和办法，在当地人大机构的支持和协助下，使征集工作不留"被遗忘的角落"。

他借助诸暨人大办事机构，以文件转发形式，把征集群众意见和建议的信函送达全市各机关、团体、企业、学校、医院等，很快，来自方方面面的建议和意见如雪片般飞来，经他筛选、核实、归类、整理，然后把事关大局、百姓普遍关心的建议和意见带到北京。

履职 15 年，他共提交议案、建议 1606 件，其中以他为主提交 1035 件，多件建议被列为重点办理建议。闭会期间以代表专用信方式向党和国家提交意见、建议。他提交的议案、建议、意见既有一定的数量，又有较高的质量，源自基层，贴近群众，关注民生。他 3 次列席全国人大常委会会议，向党政机关、行业协会、老干部等传达全国人大会议精神 60 余场（次），被誉为"百姓的代言人""国家和人民的知音"。2011 年入选正义网、《检察日报》"十位有影响力的人大代表"……梳理这些年的履职故事，赵林中十分欣慰地说："能把大家的意见传递上去，把矛盾和困难化解，我这个人大代表就没白当。"

赵林中还担任了诸暨市企业家协会会长，他严以律己，以身作则，在党委政府领导下，诚信经营，抱团合作，共同应对金融危机，富有社会责任感。

拳拳爱心

赵林中说,企业的"企"是一个"人"加一个"止"字,如果不关心人、爱护人、尊重人,那么这个企业便会停止前进的步伐。他坚持党建引领,坚持以人为本,倡导不但要全心全意依靠职工办企业,同时要办好企业让职工有个依靠;鼓励经营管理技术骨干通过辛勤劳动先富起来,但绝不能让职工群众穷下去。

每一次兼并,他首先安排的是离退休老同志。每逢端午、冬至、中秋、春节这些传统节日,集团也不会忘记给离退休老人送上一份礼品。尤其是每年的春节,组织对3000多名离退休人员大规模慰问,60多个慰问组成员的足迹遍及诸暨城乡,累计慰问3万余人次,慰问金700余万元。在赵林中倡导下,富润在1996年成立了"困难职工基金会",迄今累计捐款13万余人次,救助困难职工18000多人次,救助金额2000多万元,成为职工抵御困难的坚强后盾。而赵林中把获得的劳模奖金、市里或有关方面奖励的一部分奖金,还有他的个人稿费,累计近百万元都捐给了基金会。

作为"枫桥经验"发源地的企业,赵林中带头把"枫桥经验"与企业管理密切结合起来。1996年,他把多年来的思想政治工作经验进行总结归纳,形成了《经常性思想政治工作条例》,共八章61条(简称《六十条》)。内容涵盖职工生活管理、家访慰问、劳动管理、民主管理、表彰先进颂扬新风、计划生育、环境保护、慈善救助、党建群团工作、离退休职工管理等,对职工日常工作、生活中可能碰到的各种问题如劳动合同、社会保险、结婚、生育、医疗、工资、福利、退休、入伍、立功、解除劳动关系及至家庭纠纷、生老病故等,作出具体"着皮着肉"的规定,通过访、助、贺、奖、罚、帮等措施,对每项条款的实施都规定了明确的日期、具体内容、操作方法、提示人和责任人,使其像生产指挥调度系统一样,全方位地运转,并在全国率先通过质量管理体系认证,让职工冷暖有人问,急事难事有人帮,呼声意见有人听,好人好事有人夸,坏人坏事有人抓。

《六十条》形成颁布后,党委广泛发动干部职工,以及员工家属、社会各界朋友,对《六十条》进行了九次修订,大家查漏补缺,摒弃不合时宜的条款,增加新的内容,调整责任人,完善配套制度。经过三上三下的征集、听取意见,对20多处作了修改。一部与时俱进,富有生命力和创新性的《六十条》重新呈现在广大干部职工面前。集团还对企业精神进行了提升，把原来"团结爱厂，奋发进取"的表述改为"敬业、奋进、包容、创新"。2014年底，《六十条》在运行18年后通过质量管理体系认证，成为全国首家通过思想政治工作体系认证的单位。

赵林中把企业办成了一个"家"，"我为你，你为他，人人为富润，富润为大家，大家为国家"，职工们由衷地感受到了生活在富润这个团结互爱、和衷共济的大家庭里的温暖、幸福。

在赵林中的领导下，富润投资福利事业，2004年7月，总投资3000万元的富润老年康乐中心正式启用，300多位老人在中心老有所学、老有所乐、老有所养、老有所医，享受着幸福的晚年生活。继2004年设立1000万元富润慈善救助基金、成为诸暨市慈善基金会首批慈善冠名企业后，2008年又设立3000万元慈善救助基金、2000万元生育关怀基金，2012年新一轮慈善救助活动中，增设5000万元慈善救助基金、2000万元生育关怀基金，积极投身慈善事业、支持关心计划生育、老龄事业和村企结对等工作。小孝为家、中孝为企、大孝为国，2015年末，以赵林中为主发起人成立了"诸暨市孝文化研究会"，已发展会员2万多名，传播弘扬"孝"文化，得到大家的默契和认同，使善良和美好成为一种道德自觉，让孝成为血液里那种情愫。

2011年底，按市委市政府的决策部署，经国务院国有资产监督管理委员会批准，富润控股集团由国有独资企业改制为国有资本参股企业。但赵林中认为，作为一家由国有独资转为民营资本相对控股的有限责任公司，不管牌子怎么换，体制怎么改，内部机制怎么变，企业党组织的战斗力不能削弱，执行党的政治纪律和政治规矩不能放松，依靠工会和职工办企业、民主管理的思想不能变，思想政治工作不能弱化，国有企业的传统优势和"枫桥经验"传家宝不能丢弃。富润仍将继续传承国有企业的优良传统，建设物质富裕、精神富有的新富润，让职工有更多的获得感。

在新丝绸之路上放飞梦想

——山东岱银纺织服装集团董事长　赵焕臣

在驰名中外的泰山脚下，山东岱银纺织服装集团董事长赵焕臣凭着一种勇攀高峰的登山精神，用实干创新和不懈进取，将一个小型棉纺厂发展成为一家大型现代纺织服装企业，在新丝绸之路上放飞着"创民族品牌，做百年企业"的梦想。

在赵焕臣的领导下，岱银集团的生产规模由1996年的3万纱锭发展到现在的50万纱锭、10000头气流纺、1000台织机、3500台（套）缝制设备，发展成为集纺纱、织布、服装、进出口贸易、跨国经营于一体的大型企业集团，企业相继荣获"全国棉纺织行业竞争力排名前20强企业""全国服装双百强企业""全国优秀民营企业""国家纺织产品开发基地""中国企业改革百佳企业"等一系列荣誉称号。赵焕臣本人也获得了全国劳动模范、全国纺织行业优秀创业奖、中国纺织年度创新人物等荣誉称号，并连续当选为山东省第九届、十届、十一届、十二届、十三届人大代表。

赵焕臣

走出国门　建厂斯里兰卡

梦想，总是青睐有准备的人；舞台，跳跃着的是追梦人。1996年，赵焕臣刚开始成为企业负责人时，岱银还只是一个仅有3万纱锭的小厂，22年来，面对经济全球化的大潮，赵焕臣领导岱银集团不断追求卓越，全力加快企业名牌化、国际化、公众化进程。赵焕臣坚信，发展企业的终极目标在市场，做好市场的关键要有坚定的理想信念。

赵焕臣认为，在经济全球化的大潮中，企业只有牢固树立国际化经营理念，以立足全球的眼光重新对自身定位，突破国界的局限，确立起更加符合世界经济发展形势的战略目标，才能更好地利用好两个市场、两种资源，在新形势下实现企业的发展壮大。面对国内国际全新的经济形势和纺织行业更加激烈的竞争，岱银集团经过多年的市场历练和发展，已具备了参与国际竞争的实力和能力，在这种形势下，把企业放在经济全球化的浪潮中重新定位，加快企业国际化进程方为上策。

1999年岱银集团成立了进出口贸易公司——岱银进出口公司，在开拓国际市场的道路上迈出了第一步。国际业务刚起步的时候，竞争异常残酷。岱银集团没有出口配额，缺乏直接的外国客户和订单，所接订单都是转了好几手的单子，企业没有利润！怎么办？岱银集团董事长赵焕臣说："别人可以在我们国家建生产基地，我们也可以走出国门，在国外建立市场，做勇者，做强者！"经过反复考察、论证，岱银集团把第一个境外基地选在了斯里兰卡。

在接到商务部的正式批复之后，岱银集团迅速展开了岱银兰卡公司的筹建工作。毕竟是第一次走出国门建厂，没有现成的经验可循，在筹建过程中遇到了重重困难，如：外汇管制，项目筹建前只申请到5万美元现汇，杯水车薪；国情差异，工程进展缓慢。在这样的情况下，赵焕臣亲自带领18名国内人员来到斯里兰卡组织新厂建设……难忘的40多天，赵焕臣足足瘦了20多斤。岱银兰卡服饰公司如期建成投产，成为当时中国在斯里兰卡独资建设最大项目。

迈出这一步，使岱银集团真正走出了国门，为国内服装厂联系到了直接的国外客户，承接到了直接的订单，带动了国内企业的面料、辅料的出口，并给企业培养锻炼出一批国际化经营人才，加快了国内企业的国际化进程。

"一带一路"　布局马来西亚

有梦想就有希望，有信念就有力量。2008年风云突变，全球金融危机爆发，欧美纺织服装市场下滑严重，有很多纺织服装企业因接不到订单而停产关门，岱银集团也碰到了一系列前所未有的困难和挑战。如何在危机之中成功地稳定和拓展市场？面对市场压力，赵焕臣亲自带队，先后20多次到东欧、中东、南美等地区考察，开发了俄罗斯、澳大利亚、罗马尼亚等20多个新市场。集团的所有的副总、营销人员全部深入市场一线，加强对市场的分析、把握和研究，掌握了打赢这场战争的关键。

正是岱银人的不畏艰难的精神，出口业务实现了快速发展，集团出口产品已涵盖面料、服装两大类100多个系列3000多个花色品种，出口市场遍及全球70多个国家，实现了"中国民族服装立足世界"的梦想。通过国际化经营战略的实施，岱银集团已建成一支拥有 300 多名人员的外经贸人才队伍，年出口创汇额从 2000 年的 260 万美元增长到 2018 年的 1.68 亿美元，出口业务已经连续 18 年保持了递增的态势。

"中国是马来西亚纺织品的最大进口国，马来西亚是海上丝绸之路上的重要国家之一。在马来西亚投资建厂，是岱银集团紧随国家'一带一路'倡议、加快海外布局的开篇之作，从一开始就确立了建世界一流工厂的目标，规划设计理念、设备先进程度、劳动用工水平、产品品质档次，均达到国际先进水平"。赵焕臣这样说。

岱银纺织马来西亚公司位于马来西亚柔佛州古来市，投资 4 亿美元分三期建设 50 万锭纺纱项目，在当地打造世界一流的纺织样板工厂，一期 10 万锭纺纱项目已于 2015 年 5 月份实现竣工投产，实现当年投产当年盈利，取得了良好的经济效益和社会效益；二期 12 万纱锭项目于 2017 年初开工建设，立足高起点、高档次、高标准，引进具有世界先进水平的纺纱设备，生产具有世界一流品质的特种纱线，已于 2018 年 5 月份全面投产达产，对推进企业产能转移、优化产业布局发挥了重要作用。新增就业岗位 500 个，新增出口创汇 1 亿美元。岱银纺织马来西亚公司已成为中国企业在马来西亚投资建厂的成功典范，增加了当地财政收入和出口创汇，为推进中马双方友好往来与经济合作发挥积极的作用。

科技创新　步入国际先进行列

赵焕臣认为，创新是企业追逐"梦想"的动力。创新是实现梦想的灵魂，品牌是企业发展的核心。作为传统的纺织服装企业，只有不断进行产业升级和自主创新，才能在新一轮的国际竞争中抢占制高点，掌握主动权。在赵焕臣的领导下，岱银集团投资新上了高档牛仔布生产线、高档西服生产线、全自动特种纱生产线等具有世界一流水平的纺织服装项目，推动企业由传统产业向高端化升级，由低附加值向高附加值转变，使产品档次和质量步入国际先进行列。

赵焕臣坚持走科技创新之路，集团已建立省级企业技术中心、省级工业设计中心和山东省院士专家工作站三大省级研发平台，先后与军委后勤部军需研究所、江南大学、西安工程大学、东华大学、天津工业大学等知名院所建立了战略合作关系，每年都有多个产学研合作项目在省、市、行业协会立项。

现在，岱银集团已被中国纺织工业联合会认定为"国家纺织产品开发基地"，有60多项技术、产品通过省级以上鉴定，达到国内领先以上水平；获得了"中国纺织产品开发贡献奖""山东省科技进步奖"等国家、省、市级科技创新荣誉260余项；累计申请专利90多项，授权45项，其中《一种交捻竹节纱的生产方法》发明专利荣获第十四届中国发明专利金奖，也是当年山东省获得的唯一金奖。

培育品牌　开拓跨境电商新路径

"在全球激烈的博弈中，如果只停留于简单的订单式加工、贴牌生产，形不成自身的品牌影响力，就只能赚取微薄的加工费，贴牌生产是做减法，越做利润空间越小；品牌化经营是做加法、做乘法，越做品牌价值越高"，赵焕臣对于品牌战略有着独到的认识，他在企业大力实施品牌创新，通过培育自主品牌来增强企业品牌资产，提高品牌贡献率。

现在，岱银集团拥有"岱银"和"雷诺"两个"山东省著名商标"，旗下的"岱银"牌棉纱、牛仔布、毛呢以及"雷诺"服装四个产品均凭借优异的品质，获得了"山东省名牌产品"称号，在国内外市场上树立起了良好的品牌知名度和美誉度。特别是精心培植的雷诺服饰已荣膺"中国驰名商标""中国最具影响力商务休闲品牌""中国服装招标采购高端定制品牌"等殊荣，并成为全国200多家企事业单位的服装采购优秀供应商。雷诺服饰还在美国、加拿大等十多个国家注册了商标进行品牌销售，在发展自主名牌的道路上迈出了全新的步伐。

借助"互联网+"，积极培育发展新动能。按照传统行业+互联网的基本思路，赵焕臣带领企业积极在美国市场开展跨境电子商务，设立了以西装、衬衣、床上用品、家居用品为主打产品的事业部，并在洛杉矶设立现代化的大型海外仓库。通过"国内+国外"团队协作的形式，实现产品从工厂直达终端消费者（Factory to consumer），走出了跨境电商的新路径，目前已在美国的AMAZON、WALMART、OVERSTOCK、GROUPON、JCPENNEY等多家平台开展线上销售业务，2018年，岱银美国跨境电子商务完成网上销售额2100多万美元，同比实现大幅度增长。

在赵焕臣的主导下，集团还依托在美国、加拿大、欧洲建立的市场营销网络，通过互联网、大数据、云计算等现代化信息手段，形成了雷诺服饰高级定制云平台。高级定制中心收到客户下单信息后，从数据库中调取匹配板型，进行智能化生产制作，确保产品以最快的速度完成出货，配送到客户手中。目前，雷诺西服高级定制业务受到了美国、加拿大、荷兰、新西兰、澳大利亚等国家客户的青睐和赞誉。

改革开放的步伐不会停下，赵焕臣对于企业的规划和愿景也不会止步。

赵焕臣表示，岱银集团将以现代纺织产业为基础，以服饰为先导，立足"打造百亿、百年企业"这一发展目标，以科技创新和品牌培育为主攻方向，坚持绿色发展、生态发展、可持续发展的理念，加快对核心产品、核心技术和核心能力的培育，将"岱银"品牌创成国内外知名品牌，将"雷诺"品牌培植成世界一流的服装品牌，加大国际化经营力度，实现全球化采购、全球化设计、全球化生产布局、全球化销售，创新管理机制，建设人才队伍，培育企业文化，培植持续竞争力，努力发展成为永葆活力、引导潮流的大型纺织服装企业集团，在新丝绸之路上放飞梦想，实现新的跨越和发展。

追求"生物质石墨烯+纺织"的万千可能

——济南圣泉集团股份有限公司总裁 唐地源

纺织工业是中国改革开放以来发展较为迅速的行业，随着市场化改革的不断深入，纺织工业从上游原材料到下游应用、品牌建设都取得了长足的进步。然而，即使是在中国纺织工业综合竞争力全球排名第一的今天，纤维新材料的研发和应用仍然是我们的短板。

在众多纤维新材料中，论性能，石墨烯改性纤维无疑是极具竞争力的一种。2010年，石墨烯发现者获得诺贝尔奖，使石墨烯成为全球炙手可热的新材料，被业界誉为"黑金"。几乎全能的超强属性和制备难度高、应用技术空白等多重因素导致石墨烯这一新材料一直曲高和寡。然而，令石墨烯行业颇为意外的是，近几年石墨烯以复合纤维的方式在纺织服装界的应用却日渐成熟，推广层层展开，而其中的明星企业便是位于山东济南的济南圣泉集团股份有限公司。

唐地源

变"废"为"宝" 惊喜中诞生奇迹

"神舟"系列飞船返回舱保温原材料制造商、世界五大铸造辅助材料供应商之一、全球首条生物质石墨烯生产线投产企业、亚洲规模最大的高性能酚醛树脂生产企业……这些响当当的头衔，都属于济南圣泉集团股份有限公司（以下简称圣泉集团）。然而，集团总裁唐地源经常挂在嘴边的一句话就是："我们只是一个新兵。"唐地源所谓的"新"指的是圣泉集团渐入纺织服装产业的时间。

多年来，圣泉集团一直致力于农作物下脚料——秸秆的研发利用。早在2008年，圣泉集团与山东大学展开合作，开始了生物质石墨烯的原料——植物秸秆纤维素的利用研究。2014年，圣泉集团与黑龙江大学付宏刚教授长江学者团队达成合作，联合开发生物质石墨烯制备工艺，由对方提供实验室研究成果，圣泉负责实验室成果转化、改进研究、工业化生产和应用研究。同年八月，双方联合研发的"基团配位组装法"工艺原理制备生物质石墨烯宣告成功。

随后圣泉集团与东华大学、青岛大学等院校合作，研发出具有远红外、持久抑菌、防紫外、抗静电、吸湿透气等特性的生物质石墨烯改性纤维，成为纺织服装行业异军突起的新力量，并将之应用在众多类型的纺织品中。2015年，全球首条100吨/年生物质石墨烯工业化生产线于成功投产，同年在青岛举办的中国国际石墨烯创新大会上，圣泉生物质石墨烯内暖纤维多功能服饰全球首发圆满成功。2016年9月14日，圣泉集团石墨烯内暖纤维荣获2016年意大利国家科技创新大奖。意大利教育、大学和科研部在意大利国家参议院新闻发布厅为圣泉集团颁奖。

2017年，圣泉集团的生物质石墨烯涤纶内暖纤维、腈纶内暖纤维、锦纶长丝通过世界上最权威的、影响最广的纺织品生态标签"Oeko-Tex标准认证"，并通过有害物质检测，安全性级别达到婴儿使用级别最高标准Ⅰ级标准。这是继2016年圣泉集团生物质石墨烯黏胶内暖纤维、莫代尔内暖纤维通过"Oeko-Tex标准认证"后又一次重大突破。同年，中国纺织工业联合会组织专家对圣泉集团、东华大学、青岛大学、黑龙江大学共同承担的"生物基石墨烯宏量制备及石墨烯在功能纤维中的应用"项目进行鉴定，形成意见如下：该项目整体技术达到国际先进水平。

圣泉集团在石墨烯+纺织的路上步履不停，越发自信与稳健。

饱受争议　用实力回应质疑

然而，前进的路上总是充满坎坷。对于圣泉集团世界首创且独创的生物质石墨烯一直以来都饱受争议：有的声音说"生物质石墨烯不是真正意义上的石墨烯"；有的声音说"石墨烯用在芯片才有意义，用在纺织品里属于低端应用"……

针对生物质石墨烯究竟是不是石墨烯的反复质疑，圣泉集团没有做过多的解释。而在2017年，工业和信息化部批准支持济南圣泉集团股份有限公司牵头，联合产业链上相关单位筹建中国石墨烯改性纤维及应用开发产业发展联盟。联盟的成立无疑是圣泉集团在石墨烯应用路上的一个重要的里程碑，也是对其产品究竟是不是石墨烯的最好回应。

2017年，中国化学纤维工业协会团体标准发布，由圣泉集团牵头制定的

"石墨烯改性涤纶短纤维""石墨烯改性黏胶短纤维""石墨烯改性腈纶短纤维和丝束"和"石墨烯改性锦纶6弹力丝"4项标准位列其中。

2018年6月27日,山东省新旧动能转换重大工程推进办公室印发了《关于公布新旧动能转换重大项目库第一批优选项目名单的通知》。圣泉集团"年产1千吨石墨烯及3万吨石墨烯功能纤维"列入"新材料"领域。同年,山东省经信委和山东省财政厅联合批准由济南圣泉集团、青岛华高墨烯科技股份有限公司牵头建设山东省石墨烯材料创新中心。

应该说从2014年走到今天,圣泉集团一直在生物质石墨烯发展之路上默默坚持,当遭遇嘲笑、侵权甚至抹黑时,圣泉集团也只是一笑而过,他们始终坚信没有什么力量能挡住创新。

终于,在一次次的坚持和努力中,圣泉集团的生物质石墨烯完成了生根发芽,迎来了开花结果,并持续受到认可,被市场接纳。创新,很多时候要遭受嘲笑和质疑。在唐地源看来:"一个全新的材料要快速发展需要行业共同推动,一个科技创新成果对人类是否有价值、有意义,最终还要通过消费者的检验。所以圣泉要做的就是做好自己,圣泉开发了'康烯圣养'品牌系列纺织产品,就是要做行业的示范者和推动者,让客户和消费者体验到生物质石墨烯改性纤维的优越性能,共同推动它的发展。"

先承后创　将石墨烯进行到底

唐地源,济南圣泉集团股份有限公司总裁,作为企业二代接班人中的优秀代表,唐地源对于生物质石墨烯的应用和创新有着自己的理解和初心:"我一直希望把石墨烯应用到和老百姓息息相关的领域中来,纺织服装行业需求很大。在一步步的探索和开发中,我们发现了生物质石墨烯更多的功能,愈加希望通过技术改变这一产业,希望技术能服务于民生,而纺织服装正符合这一期望,行业最为传统,百姓需求大,对传统产品的颠覆也最为渴望。就像应用了电池的汽车不再耗油而是变成新能源汽车,我们相信石墨烯也会给服装带来属性的改变。"

对于二代接班人这样一种身份,唐地源并不排斥,但是他有自己的认识:"我更愿意接受创二代这个称呼。有理想的二代不是一味地继承,而是先承后创。很多二代不愿继承,是不想接受被安排好的结局;其实新时代赋予社会不同元素,二代不仅是站在父辈肩膀上,更是站在时代的肩膀上,接班不是守业而是要继续创业。"唐地源从一开始就很明确身为二代的责任。承这个字,在他看来不是继承企业这么简单，更重要的是继承父辈的精神。

而在圣泉集团生物质石墨烯发展之路上最重要的精神就是——创新。"圣泉之所以能实现如此高质量发展，关键是我们对创新的坚守和对安全环保的高度投入和重视。"唐地源说，在当下知识产权保护力度不够强的环境下，创新需要企业付出巨大的代价。在圣泉的发展历程中，失败的经验可能多于成功的经验。目前圣泉对生物质的新型应用中，有30多类新产品"存活"下来，但被淘汰掉的产品数量远远超过这个数字。

通过创新，圣泉集团生产出很多革新性的新材料。从"神八""神九"等"神舟"系列飞船返回舱的保温原材料，到中国"复兴号"高铁广泛应用的圣泉轻芯钢，再到国际首创的生物质石墨烯及生物质石墨烯改性纤维，圣泉集团用破釜沉舟的创新勇气，创造了许许多多的行业第一乃至世界第一。

奉献价值　发展同时不忘责任

优秀的企业在发展的过程中总是不忘践行社会责任。尽管年轻，唐地源也明白企业对于社会的意义不仅仅是生产产品、创造利润这么单一。"现在经济形势并不是特别好，企业发展的好坏很大程度取决于企业家精神。"

那么，在他眼中企业家精神是什么？"奉献价值、规范有担当。"对此，唐地源有着明确的定义。

2017年，唐地源领导圣泉集团联合山东省扶贫开发基金会共同发起成立"圣泉帮帮忙扶贫公益基金"，首期募集资金300万元，致力于全省的扶贫攻坚工作，探索出圣泉帮帮忙"爱心之家"特色扶贫项目。该项目入围山东省民政厅颁发的2016~2017年度"最具影响力慈善项目"名单，被评为"大国攻坚决胜2020"2018精准扶贫推荐案例。

2018年，唐地源得知寿光洪水灾区人民急缺衣物棉被等生活必需品，他当即决定向寿光捐助价值千万的康烯圣养石墨烯家纺产品和30万元现金。紧急调配各项资源，连夜装车配送，4辆大货车凌晨加急装载，短短4个小时，价值数百万的康烯圣养品牌服装及床品等救灾物资已完全填满了车厢。他亲自带队把救灾物资火速送往寿光。运往灾区的物资包括枕头、床垫、袜子、内裤、保暖衣等一系列生物质石墨烯健康服饰及床品，这些产品具有的抑菌、吸湿、远红外性能，正是受灾群众在恶劣的灾后环境中所急需的。圣泉集团要做具有高度社会责任感的民族企业，这是唐地源自进公司第一天就知道的事情，也是他继承的第一件事。

此外,唐地源将生产安全、环保、纳税、员工关爱等问题都纳入企业家精神中,两年来一直在这些方面倾注了大量心血。他谈到,"圣泉是山东省安全生产先进单位,环保风暴来临我们从不担心,因为圣泉在环保方面常年累计投入3亿多元,员工福利方面我们更是尽量做到体贴周到。"

使命感和责任感是很多创一代担心二代所不具备的品质,但从唐地源身上却看到了对企业和员工深厚的感情。"接班是我的选择,我从小生长在这里,真心喜欢这家企业和这份事业,很有情结。"

目前,圣泉在纺织领域已研发成功及正在开发的产品还包括导电纤维、纳米材料及智能化服装等。尤其是潮流运动服饰和智能化服装是企业目前研究的重要课题,唐地源表示,圣泉集团和北京服装学院合作开发的"Yorro Tang"品牌生物质石墨烯运动潮流服饰,就是着重强化时尚性与科技性良好体验的产品。对于智能化服装,他认为现在的智能化服装还远远不能担当这个名称,与真正意义的智能化还相距甚远。"我们认为未来智能化服装将只是一个载体,可以自带发电机、GPS系统等,但是随着技术不断进步,未来很难规划,我们需要做的就是不断研发,将新材料供应给社会,与客户共同创造出无限的可能性。未来并不遥远,圣泉集团将坚持创新基因,预见未来趋势,创造未来材质,为大众提供更多穿衣新选择。"

圆梦路上初心不忘

——梦兰集团董事长 钱月宝

乘着改革开放的春风,她带领村民从8根绣花针起步,绣出中国家纺行业第一个中国驰名商标、第一批中国名牌产品,更把一个江南村庄绣成了"村强、民富、景美、风正、人和"的最美乡村。她是第九届、十届、十一届、十二届全国人大代表,全国劳动模范、全国道德模范、全国质量管理突出贡献者、中国纺织功勋企业家、中国"十大女杰"。

钱月宝

"每个人都应该有自己的梦想。在我看来,梦可以很高很大,但寻梦、追梦、圆梦却必须脚踏实地,从一点一滴做起。生在农村,长在贫家,我从小养成了要强要好、敢想敢干、坚韧顽强的性格,也爱做梦、敢追梦、能寻梦,坚信有想法、敢冒险、不抱怨才能成功。可以说,我的一生都在寻梦、追梦、圆梦,从未停过。"

与中华人民共和国同龄的钱月宝,看起来比实际年龄要年轻很多,谦逊随和大概是多数人对她的第一印象。带有常熟口音的普通话,说起话来不急不缓,常挂脸上的笑容里有一种经历过风雨后的从容恬淡。再多一点接触,会感受到她待人接物的热情和朴实。年近七十的女性,已到了颐养天年的年纪,而她还冲在第一线,每天日程安排得满满的。她说:我还要再干十年到二十年。我认为我的事业才刚刚开始,我要把自己的生命融入社会发展和百姓致富的伟大事业中去,圆满地实现自己的人生理想和人生价值。

矢志不渝的产业富民梦

钱月宝最初的目标很单纯,要让村民过上和城里人一样的好日子。钱月宝的祖辈都生活在常熟这片土地。过去梦兰村田多劳力少,血吸虫病严重,外出种田要摇 1 小时船，中午就在田头吃点冷饭、喝点河水。小时候，她白天上学读书，晚上在灯下绣花边，有时天没亮就挑着草头、蚕豆、螺蛳，走四五公里路到集市去卖，能给家里增加点收入。所以钱月宝从小就对贫困农村的生活深有体会，也希望能改变村民的命运。

1972 年，村党支部决定，由钱月宝负责办起村里第一家绣花厂，为国营绣品厂加工。她的梦想第一次清晰起来，那就是：带领大家一起致富，让村民过上和城里人一样的好日子。

靠着 8 根绣花针、几台绣花机、2 万元贷款，在一间简陋的房子里，钱月宝和 8 个姐妹走上了艰苦的创业道路。为了按时交货，经常加班熬夜。去交货和领料，要先坐机帆船，然后肩挑手提二三十公斤的大包到镇上，再挤公共汽车到常熟汽车站，然后到苏州。有时到晚了交不了货，为节约住宿费，就在车站窝着过夜，甚至出现过为了躲避蚊子或驱走寒意在街上来回走而被民警盘问的囧事。

从 20 世纪 70 年代到 80 年代初，钱月宝和姐妹们上千次往返苏州，行程十万余里，风雨无阻。不管如何困难，保证产品质量和按时交货始终是她们最看重的。在当时苏州绣品厂的 150 个外发绣品加工点里，钱月宝的绣花厂是唯一的产品免检单位。然而此时她也意识到，虽然产品好、质量高、任务不断，但再加工利润微薄，要让农民富裕的话根本不可能——不能老是依赖于人，必须走自产自销的经营路子。

1989 年，在历经 16 年为国营绣品厂加工外贸产品之后，钱月宝为她的企业创立了"梦兰"这个充满朦胧诗意的品牌，自产自销之路越走越宽广。梦兰集团也从创立品牌的那一刻起，钱月宝就立下一个心愿，一定要让梦兰产品如兰花般香逸四方。

如今，心愿已成现实——40 多年砥砺发展，"梦兰"被世界品牌实验室评为中国 500 最具影响力、最具价值品牌，品牌价值达 258.69 亿元。企业成为中国家纺行业"十强"龙头企业，连续十多年进入中国纺织行业销售、出口双"百强"、中国制造业 500 强行列，工信部"重点跟踪培育的自主品牌企业"，蝉联五届"全国文明单位"荣誉称号。

进入新时代，钱月宝带领企业持续推进品牌战略和创新驱动战略，建成床品行业首个国家级企业技术中心、国家级博士后科研工作站，连续两届承担了全国家纺标委会床品分技术委员会秘书处的工作，积极推进对传统家纺制造设备进行自动化智能化改造，促进家纺产业转型升级，在省内和行业内起到了良好的示范作用。

敢于挑战的产业报国、强国梦

追梦,就要有一股天不怕地不怕的闯劲。钱月宝一直认为,传统企业要发展,不仅要敢于挑战老路、超越自我、勇于创新,还要服从于国家发展战略需要,肩负起产业报国、产业强国的责任。

2004年,正当梦兰集团系列床品产销两旺、效益连年翻番时,钱月宝提出了与中科院计算所合作龙芯项目,在常熟建立梦兰龙芯产业化基地的想法。

当时的龙芯CPU还在实验室里,产业化前景并不明朗。一个做"枕芯"的企业能做高科技"龙芯"吗?20多年来创下的产业运行得这么好,为什么要把那么多资金投到一个自己不懂也无法驾驭的高风险项目上?集团内外,异议众多,包括钱月宝自己的儿女也不理解。中科院计算所的李国杰院士也对她说:"你要做好思想准备,这是一个国家级的大项目,产业链非常长,而且投入很大,你开始的时候是赚不到钱的,要靠家纺产品赚出来的钱才能养活研发人员。"

"我只是一个农村妇女,不懂IT产业,但我懂得'国家战略'意味着什么。"钱月宝的想法很简单,就是我们的国家这么大,不可能一直用国外的品牌。我们肯定也要有自己的知识产权,有自己的核心技术,只有这样,中国才能在信息化方面变得更强。一句话,我们这么大一个国家需要一颗"中国芯"来保障自己的信息安全。

钱月宝认为,一个有梦想、讲责任的企业家,应该把企业的转型梦最大限度地融入强国梦,在服务国家战略中实现"产业报国梦"。即使风险再大也要干,困难再多也要做。而且她坚信,只要有不甘落后的骨气,为国争光的志气,敢于与跨国公司竞争的勇气,我们一定能在中国信息产业的发展中闯出一片新天地。

为推动龙芯产业化进程,钱月宝四方奔走寻求支持,不断引进人才团队,搭建产业化平台,整合产业资源。常常是上午跑南京,晚上飞北京,殚精竭虑,费尽心血。2006年10月6日,第一代由中国人自主研发、自主设计、自主制造的低成本电脑在梦兰龙芯产业化基地问世。当第一台笔记本电脑放在办公桌上,钱月宝好像看到了一个金宝宝一样激动万分。因为它的诞生,结束了英特尔和AMD完全垄断中国电脑市场的历史。此时,她第一次感受到了产业报国的实效。

之后,拥有完全自主知识产权的龙芯已经驶上产业化快车道。龙芯产品在教育信息化(教育云计划以及校园数字化)、农村信息化、党政军信息安全办公、智慧城市建设等多个行业领域连续取得重要突破,成为国家多个国产化项目的主要方案供应商，在中央办公厅推动的电子公文标准化和国产化项目中，龙芯梦兰成为基于国产软硬件的电子公文系统的主要研制之一，在"自主可控"产业中占有较大份额。龙芯产品积极服务于国家宇航系统，龙芯中央处理器（CPU）还随着第 17 颗北斗卫星一起上天。

"十三五"期间，龙芯产业化基地通过与央企航天科工集团第二研究院携手合作，共同在长三角地区对国产化自主可控信息产业进行谋篇布局，新成立的航天龙梦公司定位于国家自主可控计算平台领先供应商，围绕自主龙芯 CPU 和申威 CPU，提供自主可控计算机和服务器板卡和整机、云计算 & 大数据 & 人工智能型超融合服务器一体机系统、军工和工控计算机产品和设计服务、安全可靠行业信息化集成解决方案。十几年来，从低成本电脑到行业信息化方案，再到集中精力于信息安全领域，龙芯产业化历经曲折和艰辛。现在，虽然龙芯的价值还没有完全体现出来，离梦圆还有很远距离。但毕竟，经过长久的付出坚持，终于看到了曙光。自主可控市场迎来了规模化发展机遇，接下来钱月宝会继续投身于"构建安全可控的信息技术体系"的伟大事业中去，开发出更高性能的产品，成为"国产化替代"核心技术的生力军。

当初创业，完全是为了让村民过上好日子，而不是为了个人。"我创办企业的目的，就是为了让农民真正富裕起来。"因此，当梦兰赚到几万元时，村里的泥土路变成了砂石路；赚到几十万元时，砂石路变成了水泥路；赚到几百万元时，村里的路通到了镇上；盈利过千万元时，梦兰村开始了红红火火的新农村建设……如今的梦兰村，黛瓦白墙，清溪映竹，人民生活幸福，正如梦兰村歌所唱"梦中的花香，未来的康庄……"钱月宝的产业富民梦已经实现。

这种初心，让钱月宝始终坚持不辜负别人：作为村党委书记，不辜负村民；作为企业家，不辜负客户、社会；作为党员，不辜负党和国家。这种初心，让钱月宝坚守信念、敢于承担，虽然肩负重任、举步维艰，但终究无悔、永远走在追梦路上。这种初心，到今天仍然没变，而且也永远不会变。

一生倥偬为女装

——汉帛国际集团创始人　高志伟

从一个为国外服装品牌提供加工服务的服装行业门外汉，到为世界著名女装品牌提供 OEM、ODM 的服装专家，汉帛国际集团创始人高志伟用十年的时间实现了"要做中国最好的女装企业"的梦想。从最初鲜为人知的杭州汇丽绣花制衣有限公司，到一手创办汉帛时尚产业园，高志伟用尽一生心力致力于推动中国女装行业的发展，并将这个美丽而富有挑战性的事业不断向金字塔尖推进。

高志伟

创新与勤奋是与生俱来的成功底色

没有人能随随便便成功。与多数成功企业家相同，高志伟有着坚韧不拔的意志和吃苦耐劳的底色；不同的是，善于思考和创新的天性成就了他的事业，却也曾令他吃过不少苦头。

高志伟 1956 年出身于杭州萧山，按女儿高敏的说法是"吃过苦的人"。1975 年，高志伟在浙江萧山花边总厂担任组长。在计划经济体制时期，上面怎么说，下面就得怎么做，要在规定的时间内完成固定的工作量。而重视效率的高志伟却实行了人性化的管理模式——组员在完成工作后可以提前回家。

高志伟当上车间调度后，打破了一些不合理的旧体制，在奖金的分配上采取多劳多得的分配原则，激发了大家的工作积极性。凭着出色的工作能力，他当了萧山花边总厂服帽分厂厂长，主业是加工旅游用的帽子、服装。在那个"吃大锅饭"的年代，敢于突破的高志伟为了获得更多的生产订单东奔西走，多方筹措。在他的不懈努力下，帽服分厂订单源源不断，推动了萧山花边总厂长足的发展。然而，厂子旧有的管理体制对高志伟的局限越来越大，最终他选择离开了花边总厂走向了更加广阔的创业天地。

1992年，高志伟凭借筹措来的40万美元、购置了80台缝纫机、招聘了120个工人，创建杭州汇丽绣花制衣有限公司（汉帛国际集团前身），正式开始了创业生涯。用他的话来说，从1992年创建汇丽到2003年正式更名为汉帛国际集团，正是中国社会持续稳定发展的十年，中国经济犹如一列驶上快车道的火车，汇丽则幸运地搭上了这列火车。

创业那一年，高志伟生活十分局促。夫妻俩的收入除了买些生活必需品之外留不下什么积蓄。一家三口挤在一间屋子里生活了很多年。虽然物质生活并不宽裕，高志伟的勤奋却成为女儿最大的精神财富，"我父亲几乎每天都在工作，不停地工作，而且不会给自己放假。"高敏回忆道，除夕员工都回家过年了，她跟着父亲去厂里值班。"当时厂房还不大，只有东边2栋楼，周围都是荒地，晚上值班睡在厂里，满屋子都是苍蝇。"在女儿眼中，高志伟夫妻是24小时、7天都不会停止工作的。他们喜欢做事业，喜欢不停地工作。而家庭条件的变化，从汇丽到汉帛的发展和壮大，都得益于他们的勤奋。

诚信与担当是不可或缺的治企法宝

汇丽的发展并非一帆风顺，曾经历过一段最困难的日子，也因为高志伟面对困难时的坦荡与诚信而转危为安，收获了更多的支持和信赖。

公司与多年合作伙伴John Paul Rid的合作是从一笔质量索赔开始的。那是公司刚刚成立的1992年，得到了为John Paul Rid承做一单麻制产品的机会，却因经验不足在染色上出了问题。结果John Paul Rid索赔10万美元，这在当时是一笔足以让公司伤筋动骨的资金。但是犯了错误就要付出代价，高志伟二话不说立即付了这笔钱。客户被他的诚信和责任感打动，认为高志伟是能为自己的产品和服务负责的人，决定继续把订单交给汇丽。此后，公司与John Paul Rid的合作一直很顺利，每年的生意都在1000万美元以上，建立起诚挚的友谊和长期稳定的合作关系。

1995年，高志伟由于慷慨帮助朋友而扯上官司，巨额赔款导致企业从1996年5月开始发不出工资来。当时，汇丽撤回了所有的驻外机构，而银行还有高达1400万元的逾期贷款无力偿还，公司陷入了空前的困境。上天总是眷顾有毅力、有信心的人，在高志伟的带动和影响下，公司的经营骨干一个也没有走，生产工人基本保留，员工都坚守自己的岗位，该加班的毫无怨言地加班。虽然困难重重，但队伍不散、士气不垮、信誉不倒。在团队的齐心协力下，那年中秋节以后几个月，企业开始实现盈亏平衡。1997年，企业彻底度过这次危机，销售额更是翻了一番，达到了1.2亿元。

挺过难关后，高志伟并没有就此放松，他一直在思考如何把企业进一步做大、做强。1998年初，高志伟增加了两栋厂房，800台平车，销售额达到了2.4亿元，1999年达4亿元。2000年，他又购置了380亩地，建8万平方米厂房。

在不断扩大生产规模的同时，高志伟始终坚守着品质这道生命线。为了追求更高品质，汉帛公司设计了一套完备而行之有效的品控管理系统，同时建立了一个可以和专业机构相媲美的理化试验室。

做好了产品品质，下一步就抓企业创新，特别是工厂内部管理创新和产品的研发，提升产品附加值。从2002年开始，汉帛连续多年每年销售收入增幅都在20%以上，到2004年公司的销售额已经达到了9亿元。

虽然公司销售额蒸蒸日上，但是高志伟敏锐地感觉到，劳动密集型的产业将会越来越难发展，他思考怎么把加工企业转变为工贸型企业、工商型企业。

2006年，汉帛斥资购进上市公司"中国服装"29.9%的股份，成为该公司第一大股东。2007年，汉帛与秋林集团达成收购意向。为了更好地提高加工效能，高志伟把加工业务向河南加工基地转移，腾出杭州厂房发展电商企业服务，引进了65家年销售额3000万元的电子商务企业。

在高志伟看来，汉帛的成功是时代的缩影。他说："在这个过程中，我们保持了平和的心态，因而比别人少犯错误，我们摆正位置因而找到了实现自身价值的空间，我们真诚地为客户服务，因而获得了客户的信任和信心；我们真诚地做人因而赢得了社会各界的友谊和善待；我们付出了辛勤的劳动，因而得到了丰厚的回报。"

做专做精是突围的必由之路

2002年，对汉帛而言是个重要的转折点——公司正式走上了品牌之路。此时，高志伟已经整整做了10年的贴牌加工产品。他认为，企业最关键的是要创新发展、稳健发展，而不能急于超常规的快速增长。

通过多年的OEM经验，汉帛积累了足够的经验、渠道以及网络关系，已经具备了创建品牌的基础。

为此，公司优化了整体的业务组合，分出一部分精力创建自主品牌。按照高志伟的规划，除继续服务国际客户的女装生产，继续积累经验和建设网络外，汉帛还致力于打造出 4~5 个自主品牌。2002 年，汉帛（国际）集团有限公司旗下的浙江汉帛服饰营销管理有限公司开始创立了 HAILIVES、HEMPEL 和 Nancy K 三个自有品牌，在国内多个重点城市开设自营店达 200 多家。

2005 年，高志伟在浙江服装论坛上谈起了汉帛的品牌发展之路。他说："三年前，我还是 OEM 的企业老板，而三年后，你们称我汉帛公司的老总。这三年品牌之路使我感受很深的是中国的服装企业要做好、做对。"他强调，服装产业发展要走国际化之路，但绝不是进入国际市场就万事大吉。目前，我国服装行业的产业链断裂得非常厉害，亟须建立在全球配置资源分工合作的格局。

在为世界知名服装品牌服务的过程中，汉帛积累下丰富的经验，也了解流通领域及国际知名品牌的运作路径，为自创品牌打下坚实的基础。高志伟认为，在加强与国外知名品牌合作的同时，汉帛要树立、推广自有品牌，提高产品的附加值，改进企业的反应机制、运营机制，培养企业的核心竞争力。未来服装产业的竞争就是渠道竞争，要大面积掌握整个时尚产业的阵营结构，掌控销售渠道。高志伟希望，未来汉帛以中国品牌的身份走向国际市场。

以人为本打造汉帛团魂

为了营造良好的工作氛围，早在 1994 年企业转制伊始，公司就在社会责任方面不断加大投入。汉帛从生产环节到员工生活中的每一个细节都十分注意，在劳工问题方面，公司不招收 16 岁以下的童工，对 18 岁以上的员工要进行备案，并实行全员合同制；在卫生与健康方面，该公司每 1000 个工人有一个急救药箱，每 15 个人有医务救援，常用备用药有定期补给，并为员工提供诊所，使其就近诊治；在工作安全方面，严格规定工作时要有防护用品，最大程度保护员工安全；在福利方面，汉帛严格按照国家有关法律规定，平日加班付酬 150%，双休日付酬 200%，节假日付酬 300%。

在减少员工工作时间的同时，汉帛努力提高工作效率，使员工的收入不因工作时间减少而降低。并不断提高他们的生活质量，改善居住和生活环境。

高志伟把员工看作是公司最宝贵的财富，十分注重员工综合素质和劳动技能的提高，经常邀请国内外专家对员工进行系统化、专业化的技培。他常说，一个人的能力是有限的，关键是团队，有了一个好的团队，企业才能发展壮大。

好团队的核心是人才。2002 年，被业界誉为"鬼才"的设计师张肇达出任汉帛国际集团董事局副主席，不但为"HAILIVES""ILFLPEL""JPR"扎根中国市场立下了汗马功劳，还推出了"MARK LAZENEL"女装高级成衣系列。高志伟的慧眼推动汉帛集团成为中国女装的标杆，张肇达也早已成为中国时尚界曝光率最高、影响最大的时装设计师。

为了寻找培养优秀设计人才和推动中国年轻设计师的成长，汉帛从2002年起赞助中国国际青年时装设计师作品大赛，命名为"汉帛奖"。多年来，"汉帛奖"走出了数十万国内外知名设计师，吴海燕、王玉涛、马可、武学伟、武学凯、樊其辉……"汉帛奖"为我国乃至世界时尚业界选拔、培养了一大批设计新秀，为我国服装设计创新、设计师队伍建设、服装产业的发展、时尚文化建设、设计教育事业的发展和设计人才培养质量的提高，做出了巨大贡献。

对于汉帛的发展，高志伟有很多设想，其中一句话令人记忆深刻：作企业不应该只是为了赚钱，也要有一种使命感，能为整个行业、整个社会做一些尝试和贡献，这才是汉帛的价值。为了这个信念，他用尽了一生去努力。

2011年春天，高志伟因病去世后，他的女儿继承了这份信念，带领汉帛继续前行。

以品牌成就民族梦想

——波司登国际控股有限公司董事局主席　高德康

历史学家麦克尼尔曾以"此起彼伏的大海"比喻人类的历史。在波司登品牌创始人高德康的眼中，他和波司登四十余年的成长历程，也留下了一次次跌宕起伏的印记。它不仅是民营经济发展的一个成功案例，是改革开放的一个缩影，是"苏南模式"的具体呈现，更是纺织服装行业壮大进步的生动缩影，映射着中国经济社会发展的每一次重要变革。

中国特色社会主义进入了新时代，作为搏击时代浪潮的第一批弄潮儿，高德康直面新时代经济社会、科技进步以及行业变革带来的一系列挑战，仍志在千里壮心不已。

他说，这是一个最好的时代，也是属于波司登最好的历史机遇。

高德康

大潮先声："小裁缝"的大责任

在波司登总部三楼博览馆里，一辆破旧的二八大杠自行车和一台足以称得上古董的缝纫机，骄傲地矗立在馆中，这是波司登"梦想开始的地方"。

1952年2月，高德康出生于常熟白茆山泾村一个家境清苦的农民家庭。初中毕业后，便追随父亲学习裁缝手艺，很快就成长为闻名十里八乡的"巧裁缝"。至今，当地仍流传着他创造的裁缝传奇：17分钟一条男裤，14分钟一条女裤，裁剪如画，飞针走线后，一条合身又适宜的裤子便缝制完成，立等可取。

1976年，24岁的高德康靠着从父亲那里学来的裁缝手艺，组织11个农民成立了一个小小的缝纫组，全部的身家只有8台家用缝纫机和一辆永久牌自行车，波司登的光辉历程就这样悄然起步。后来，高德康回忆那时的情形时说："我的梦想是要改变当时艰难的生活条件，养活缝纫组的员工，这么多人跟着我干，我不能让大家没饭吃！"

1978年，中共十一届三中全会如春风吹拂神州大地，改革开放的富民政策带来脱贫致富的新希望。因为高德康的不断取经，和客户的信任，缝纫组的生意越做越大。高德康顺势将缝纫组改建为"山泾服装厂"，并开始到上海找"包工活"。同时引入主办会计规范经营财务制度，主导服装厂守法依规，正道而行。

当时"上海造"盛名享誉全国，能为上海服装厂加工服装足以代表中国最高质量标准对于高德康的信任。常熟到上海的服装厂往返200多公里，每天天不亮，高德康就骑着永久自行车从常熟出发，载着百余公斤重的服装往上海"一路狂奔"。交接完成后再带上新采购的百余公斤原材料，连夜返回村里。一趟来回就要花费十五六个小时，每天如此，胎爆、轮子变形是家常便饭。"光荣的荆棘路"上车轮滚滚，换来的是来自"大上海"的宝贵信息机会以及先进技术经验。

随着生意的扩张，高德康也将原来的28大杠换成了摩托车，每天往返上海的频率也从原来的1个来回变成了两个来回，带的货也更多了。结果4年时间竟报废了6辆摩托车。高德康怀揣青春的激情与梦想，带领创业团队一步步走出农村，走进上海，走向全国。

异军突起：自主品牌"春天的故事"

在工作中，波司登员工们对于高德康日常的评价就是一个字——"潮"！确实，高德康对于时代气息的嗅觉异于常人，总是能够在纷繁复杂的市场中找到正确的那条方向。

1984年，高德康看到了服装厂来料加工利润薄、出货不稳定的弊病，决定从来料加工转型做贴牌生产，并且接到一单为上海一家品牌加工羽绒服的生意。

已经从事服装代工生产8年时间的高德康一接触到羽绒服，直觉就告诉他：这种新兴服饰将很快改变人们的冬季着装习惯，未来的市场潜力不可估量。他便将加工生意朝着羽绒服方向进行倾斜，渐渐地，高德康的加工厂开始小有名气。

直到1989年的一天，上海一家天工服装厂竟亲自找上门来，以每年15万元的酬劳要高德康为其加工"秀士登"牌羽绒服。两年后，高德康将已经逐渐壮大的工厂再次更名为：康博工艺时装厂。

20世纪80年代羽绒服面世之初,社会上仍然以皮夹克最为流行,臃肿单调的羽绒服虽然保暖,却并不被广泛看好。高德康却偏偏对羽绒服情有独钟,坚定认为这是一项值得用一生的时间去追求的伟大事业。

1990年,高德康斥资150万元在当地建立了第二处厂房和办公楼。1991年,服装厂成功盈利1100万元。羽绒服的成功给了高德康极大的信心,虽然贴牌加工给康博厂带来了可观的利润,但是在高德康心中,没有自己品牌的服装始终没有灵魂,也非企业发展的长久之道。于是,一个念头在高德康心中萌生:既然我有设备,也有技术,何必要为他人作嫁衣,为什么不开创一个自己的品牌呢?

1992年,邓小平视察南方谈话为市场经济正名,播撒春风万里。高德康敏锐地意识到,民营经济大发展的时代来了。他意气风发,大胆决策,投入2500多万元兴建了占地7万平方米的现代化厂房和办公大楼及其他配套设施,生产规模和能力一下扩大了三四倍。这个大胆的举动,在当时实属超前,如今波司登的发展拓新仍得益于当年的这场壮举,这便是高德康眼光的独到之处。

同年11月,"波司登"商标正式获批。在新品牌成立的剪彩仪式上,看着红绸随嘉宾手中的剪刀倏然一剪随风飘落,高德康再也无法抑制心中激动的心情,在他心中,一个中国品牌从此扬帆起航。

名牌战略:布局全球市场"蓝海"

从"8台缝纫机"到"羽绒服专家",从"产品经营"到"品牌经营",高德康凭借其专注精神,引领波司登在全球化市场竞争中披荆斩棘砥砺前行,走出了一条独具特色的民族品牌创新之路。

1995年,波司登羽绒服新品一经开售就被"抢光",销量达62万件,首次荣登中国羽绒服市场销量冠军的宝座。2006年,全球三分之一的羽绒服出自波司登产业链,品牌规模空前。在第20届都灵冬奥会上,中国健儿韩晓鹏身穿波司登定做的滑雪服惊鸿一跃,赢得自由式滑雪男子空中技巧冠军,实现了中国雪上运动冬奥会零的突破。2007年10月11日,身穿红色马甲的高德康满面春风,走进香港联合交易所的交易大厅,敲响了波司登成功上市的钟声,站在品牌国际化的新起点上。

这是波司登的高光时刻。与此同时,耐克、阿迪达斯等国外知名运动品牌也开始大举抢占中国市场,并开发羽绒服产品线切分市场蛋糕。高德康敏锐地意识到，与其坐等市场份额被一步步蚕食，不如甩开膀子一举攻向国外，主动去抢占他们的市场。

这源于高德康坚守实体经济42年的专注和底气。波司登凭借专业品质和良好声誉获得美国纽约博览会金奖、俄罗斯圣彼得堡博览会金奖，还作为外交礼品赠予多国领导人。对内严格品质，波司登42年专注于羽绒服研发、设计、制作，每一件羽绒服至少经过150道以上的工序，重重工艺铸就了波司登羽绒服过硬的产品实力，为波司登赢得良好的国内市场。对外积极拓展，波司登自1999年进入瑞士市场，迈开走向国际市场的一步；2014年进军时尚之都意大利，亮相米兰世博会；2012年借势伦敦奥运会的东风，"落子"英国伦敦，开设第一家海外旗舰店。2016年推出国际设计师系列羽绒服，将具备的国际优势地位与国内市场嫁接。

从以首位中国民营企业家身份登上哈佛大学讲台分享名牌之道，到造访牛津大学展现东方智慧和商业哲学；从"抢跑"伦敦奥运会在英国设立首家海外旗舰店，到持续深化与国际品牌优质资源的合作，高德康带领波司登人奔向"一带一路"康庄大道的步伐一直没有停歇。

通过一系列提升品牌形象、接轨国际营销的举措，波司登羽绒服在全球累计销售超2亿件，畅销美国、法国、意大利等72个国家，并以207亿元的品牌价值荣登鞋服品牌价值榜第一名。

品牌焕新：千亿市场见证"王者归来"

波司登拥有今天的成绩，实属不易。42年前，以8台缝纫机和1辆自行车起家的高德康不会想到，一路走来要经历多少质疑与重塑。

20世纪90年代初，高德康带队去俄罗斯考察羽绒服市场，当俄罗斯人听说中国要来销售羽绒服时都纷纷摇头，他们认为中国羽绒服是"里面塞满了鸡毛、鸭毛的地摊货"。这深深地刺痛了高德康。

外国人看不上中国货，除了一些假冒伪劣产品存在之外，中国缺乏能和国际品牌抗衡的民族品牌也是重要原因之一。回国后不久，高德康就把"创世界名牌，扬民族志气"的标语挂在波司登大楼上，全面提升产品品质、研发、设计，带动了中国羽绒服市场的数次变革，引领中国服装品牌走向世界。

近年来，伴随着互联网电商的迅速崛起及以 Canada Goose（加拿大鹅）、Moncler（盟可睐）为代表的国外品牌冲击，高德康坚定方向清晰判断，剑指千亿元羽绒服市场，大手笔操刀波司登品牌升级战略，致力于打造全球 75 亿人首选的羽绒服品牌。

2018 年，波司登全面发力羽绒服主业，聚焦渠道、产品、品牌推广三个维度，积极塑造传递品牌价值。7 月 18 日，波司登成为服装行业唯一入选"CCTV 国家品牌计划"的服装品牌。9 月 12 日，惊艳登上纽约国际时装周主会场发布时尚大秀，吸引了国际超模及一众好莱坞明星和时尚界权威助阵，被市场人士评论为引领"中国潮"走向世界的重要角色。波司登还携手国际知名设计师、一流供应商以及流量大咖，推出国际设计师联名款、迪士尼系列、极寒系列、跑男联名款等时尚新品，不断为羽绒服市场注入活力和惊喜。

10 月 20 日，由法国设计师团队操刀设计的波司登上海南京东路旗舰店盛装迎客，北京西单商场、杭州大厦、成都春熙路等全国地标性商圈百店齐开，以全新形象走入新一代主流消费者的视野中。

暖心有爱：大爱无疆勇担责任

在高德康心里，企业家要永远保持创业、创新的激情和动力，同时要勇于承担社会责任。他乐于将财富转换为爱心，将爱心内化为员工的精神力量，成为企业发展的强大动力。

波司登的主打产品，是一件件暖身的防寒服，波司登的文化核心，是一件件暖心的社会担当。波司登自觉担当行业商业价值和生态和谐的维护者，努力营建良好的品牌、产业发展环境。在全国建成六大直属工业园区，推动区域经济产业集群和品牌集聚，促进产业链和谐平衡发展。以诚信自律和公平正道带动上下游产业链健康发展，培育共创财富、持久双赢的战略合作伙伴，间接提供就业岗位超过 30 万个。

企业的终极目标一定是承担责任、回报社会。高德康致富思源，不忘桑梓，带领乡亲们聚力富民强村、推动乡村振兴，建成了全国文明村——康博村。同时，积极履行社会责任，发起成立波司登公益基金会，投身扶贫济困、抚孤助残、赈灾救援等慈善公益事业，数十年累计捐款捐物达 9 亿元。"我们波司登是做羽绒服的，是给消费者送去温暖的。做慈善，是比做羽绒服更温暖的事业，我们希望用做羽绒服创造的财富，来温暖更多的人。"

40 年风雨同舟，波司登人在高德康的带领下，秉持"波司登温暖全世界"的企业使命，坚守初心，艰苦创业。40 年风云激荡，波司登人在高德康的带领下,以奋斗者的精神风貌和昂扬姿态,永不满足,挑战自我,迈向"百年品牌、千亿梦想"的新征程!

"我们要成为世界最受尊敬的功能服饰集团。"高德康说。炽热澎湃的创业激情中,闪现着这位波司登"掌舵人"坚守了四十多年的创业理念:"一个正确的方向,一个简单的做法,不断地坚持、深化,你就会成功。"

为西装注入中国服装魂

——罗蒙集团股份有限公司总裁　盛静生

被誉为"西服王国"，年产西服 300 多万套，衬衫 500 多万件，累计西服出口 1000 万余套，西服出口量名列中国服装界第一——罗蒙，这是一个承载了太多国民美好记忆的品牌。

罗蒙从创始到建立再到一步步壮大，一路走过改革开放 40 年的时间长河。40 年中，罗蒙是第一家进入美国市场并开创了民族品牌打入国际市场的先河，第一家通过 ISO 9002 国际质量体系认证，第一家聘请影视明星作为品牌形象代言……罗蒙，从国民心中的西服王国，到成为中国服装界的典范，品牌故事里蕴藏着深厚的能量与巨大的含金量。

盛静生

于 1998 年开始出任罗蒙总裁的盛静生曾经说过，自己是"生来被推到企业发展面前的人"，对于罗蒙肩负着与生俱来的责任。从那时开始到现在，21 年间，罗蒙的发展经历了阶梯式的提升与变革，品牌形象在经典中不断革新，将中国服装人的工匠之心缝进了每一针每一线的细节之处。

罗蒙的故事不得不说。作为罗蒙现任的掌舵人，盛静生的故事更值得娓娓道来。

传奇：基石与崛起

奉化江上游剡江沿岸的江口，是我国近代最著名的服装流派——红帮裁缝的发祥地。20 世纪 80 年代初，沐浴着改革开放的阳光雨露，在这块孕育红帮裁缝的沃土上，罗蒙应运而生。

这家取名"罗蒙"的西服厂成立之初，一无所有，困难重重。当时的厂长盛军海励精图治，以身作则，不断积累资金扩大企业规模。厂房借用当时公社食堂一间200平方米的闲房；起步资金或向职工筹措，向亲戚朋友暂借，或向信用联社贷款；缝纫机、电烫斗靠职工自带；技术，就请告老还乡的老师傅"传、帮、带"；业务，利用师傅的人缘关系到上海找门路，为上海知名服装公司做加工。最终，罗蒙加工的服装以做工精细、衬头挺括、烫工到家、款式新颖、面料讲究等优点，赢得消费者的青睐，一炮打响，连续两年被上海黄浦区服装公司评为优质产品。

就这样，盛军海带领着39名职工艰苦奋斗，克服了创业之初的种种困难，为以后罗蒙的发展铺下了重要基石。经过十几年的努力奋斗，罗蒙从建立自己的品牌，拥有自己的商标，打造自己的设计款式，确立了在中国西装业中举足轻重的地位。

1998年，盛军海急流勇退，盛静生走到前台，出任罗蒙总裁。

那时的盛静生刚刚28岁，他18岁高中毕业，进罗蒙西服厂任营销员，边工作边学习，两年后获得中央党校函授学院经济学大学文凭；20岁担任经营科长，21岁独理一家服饰辅料公司；25岁创办中日合资三盛纺机公司，任董事长兼总经理。

"做第二代企业家，需要能承受巨大的压力，要有卓越的心力、智力和能力。"盛静生以自己是"红帮"传人而自豪："我要责无旁贷地把祖宗传下来的裁缝这老行当做好。"

"自古英雄出少年""青出于蓝胜于蓝"。盛静生执掌罗蒙以后，敢于创新，与时俱进，不断把罗蒙事业推向新的高峰。

变革：艺高人胆大

盛静生认为，罗蒙要有更大发展，必须不断变革。他首先将罗蒙改镇办企业为股份公司。一上任，他就将10余家核心企业紧密地联合在一起，成立集团股份有限公司，同时打破家族管理模式，采取制度化、规范化、程式化的管理方式，提升了企业形象、经济效率和经济实力。

在改制完成后，盛静生筹资8000万元改造流水线装备。引进了日本的电脑上袖机、剪切攀丁机，意大利仿手工制边机、面料预缩机、立体整烫机等国际一流的生产专用设备。2001年，又投入3600万元，从德国、法国、意大利、瑞士引进300多套国际一流智能化精品西服制作设备，红帮传统工艺与现代化高科技设备制作工艺完美结合，保证了西服300多道制作工序达到高标准，实现了罗蒙西服制作史上的一场技术革命,对罗蒙的发展壮大产生了深远的影响。

工在机,艺在人,提升产品档次关键还在于人。鉴于此,盛静生一方面加紧培养自己的设计师、制作师,另一方面出重金聘请了国内外顶级设计师加盟。在罗蒙,红帮传人与来自日本、意大利、韩国的服装设计名师同处一室,各运匠心,各展所长,开创了罗蒙西服设计与制作新天地。盛静生采纳设计师生产服装要体现人格化的建议,从意大利引进三套价值近300万元的电脑激光量体设备,率先在北京等三大城市开展定制高档绅士西服业务,并建立了客户电脑档案。这一举措为罗蒙成为中国最大的职业服装生产基地之一打下了基础。罗蒙靠此一项,便取得销售额1.5亿元的业绩。

上任不久,盛静生大刀阔斧改变过去由门市部加分公司的传统销售模式,构筑专卖店、店中店、代理商"三位一体"的市场销售体系,由点带面,扩大罗蒙产品的辐射半径。为此,他一刀砍掉了6个年销售额不到200万元的分公司,让大公司兼并,并实施每年10%淘汰率的竞争机制。如今,罗蒙拥有1565家营销网点,遍布全国31个省市自治区,200多个大中城市,成功实现了品牌战略和国际化战略。并通过ERP先进管理体系运作,建立了规模大,网络管理健全的市场运行体系。完善的市场销售网络和营销运作机制,使罗蒙服装综合市场占有率始终领先。同时,在世界各地设立分支机构,罗蒙商标已在美国、法国、德国、意大利、韩国、澳大利亚、英国、新加坡、中国香港等几十个国家和地区注册。

提升:细节中见真章

"一个成功的服装品牌,需要的是传统、文化、时尚的三位一体。因此要提升品牌,就应该紧跟时代步伐,用崭新的视角审视自我,实现新的突破和跨越。"盛静生如是说。

盛静生接任以后,采取了一系列新的措施,使罗蒙品牌的知名度上升到新的高度。一是重金聘请国内顶级服装设计师刘洋担任企业总设计师,以名师来加工名牌,打造精品服装。二是成立罗蒙服装研究中心,以先进理论指导生产实践,使理论成果转化为产品成果,开发了几百个新款时尚产品。三是广纳先进的技术和管理,与意大利著名服装设计师挂钩,成立男装设计工作室,与国家服装设计中心和服装质量总监督中心联姻,解决质量技术难题;与韩国大邱金佑仲女装公司合作,成立女装设计工作室;请美国著名品牌策划公司——科尔尼为罗蒙进行全方位战略策划,全面提升罗蒙品牌形象。四是利用明星效应,先后聘请著名影星濮存昕、歌星刘德华出任罗蒙形象大使,聘请香港影视巨星方中信出任罗冠(罗蒙二线品牌)形象大使,翩翩风度的明星和潇洒大气的罗蒙服饰,珠联璧合,相映生辉,进一步提高了罗蒙服饰知名度和吸引力,为企业带来了可观的效益。

除此之外,罗蒙西服还比较注重细节,绅士方巾袋采用法式优雅的一字口袋,可装饰花朵、徽章,尽显优雅气质。西服的口袋采用了红帮精湛的缝制工艺,平整服帖的口袋能够保证衣服轮廓顺直有型。罗蒙西服的袖口采用了质感树脂扣,故每一粒扣子都能显示出精致的纹理风貌,彰显档次品质感。

创新:心有多大舞台就有多大

盛静生这样评价当今罗蒙的竞争实力:"罗蒙的硬件装备,大大提高了品牌含量,产品质量也走上了一个新的台阶,西服制作的关键硬件可与世界上任何一家品牌企业相匹敌。"他又说:"我们的目标是力争成为中国西服第一品牌,世界一流品牌。"

西装是一种舶来品。要使外国人喜欢中国出口的西装就像使中国人喜爱外国进口的中装一样,难度很大。罗蒙西服为什么能受到西方人的青睐呢?盛静生的回答是:"罗蒙西装是包容型的,在西方工艺基础上做出了东方文化的味儿。"

1999年底,日本三轮株式会社社长三轮英雄来中国参加一位朋友婚礼,他与同行的10多位男士,一律穿着罗蒙西服。他说:"来中国参加朋友婚礼,穿罗蒙西服最时尚。我们在日本参加一些重要活动,也常常穿罗蒙西服。因为,东方人穿具有东方文化气息的西服,神气!"

2000年2月8日,20世纪中国最后一次国际性的时装盛会——中国国际时装周在北京民族文化宫隆重开幕。大幕拉开,首场服装演示就是罗蒙推出的"融2001春夏男装",赵京男、姜培林、蒋薇薇领衔的50余名中外男女名模闪亮登场,展示了罗蒙160余套系列服饰,赢得了来自国内外服装界人士的称赞。时装周评委、法国高级女装工会主席富尔德·露蒂,日本服装专家佐藤典子,联合国教科文组织服装干事威尔马·莱哥略等特意向罗蒙总裁盛静生祝贺演示成功,并高度评价罗蒙服饰。他们称赞"这是中国最好的服装展示"。

同时,以"中国职业装一枝花"著称的罗蒙集团,近年来积极参与政府采购招标竞争，以其过硬的质量，诚信守约和名牌效应屡屡中标，市场口碑极佳。目前是国家公安部、最高人民检察院、最高人民法院、海关总署等政府职业装定点生产企业，成为国内最大的职业装生产基地之一，并且还涉及电信、邮政、移动、航空、金融、电力、烟草、煤炭、港务、铁路、商检、工矿、教育、宾馆等30多个行业。

雄心：不做全球服装霸主誓不罢休

"雄关漫道真如铁，而今迈步从头越"。经过罗蒙两代人的努力，罗蒙企业已经发展成为现代化的大型股份制企业集团。在成绩面前，罗蒙人继续迈开大步，昂首前进，罗蒙的奋斗目标是：做中国服装界最强最大现代化企业集团，成为世界服饰生产王国。

对于未来，盛静生认为，提升产品的结构、档次和技术含量是发展的关键。以前的"吃饭本钱"是质量和品牌，而现在的"吃饭本钱"正在不断从提升设计、加强创新到智能制造、文化赋能等全方位立体化的提升进阶。

因此，盛静生为罗蒙定下的发展战略是：面向现代化，面向国际，以罗蒙品牌为核心竞争力，坚持以服装为龙头，同时坚持多品牌、多元化发展，在做大做强服装业的基础上，向其他产业横向发展。

对于市场空间，盛静生的战略是在国内市场，首先要调整观念，求得新突破，建立更广阔、更稳固的市场网络，全面开启罗蒙新零售，加大布局，提高罗蒙西服的全国市场综合占有率。其次，利用集团ERP信息工程，全面实施罗蒙全国市场信息化建设工程和电子商务业务，逐步实现更加规范、先进的产品设计、营销管理信息化，产品销售和售后服务信息化等。第三，不断提升品牌形象和企业形象，提高服务水平，成衣和定制并驾齐驱。

毫无疑问，对于罗蒙的未来，盛静生是满怀雄心壮志的："不做全球服装霸主誓不罢休！人总要有点梦想，有点自己的目标。"对于这样的豪言壮语，源于盛静生一直以来的"真"——讲话直率，不拐弯抹角，做事认真执着、实实在在。用盛静生自己的话来说："我是个'真'人。"

在盛静生看来，人生需要不断奋斗，更要有开阔的视野和积极进取的精神。无论是企业还是人，都应该以此为目标。

"在全球经济一体化、'一带一路'的大背景下，我们必须要具有一种时代的精神和使命感，服装行业没有这样的梦想是不行的。有梦想的同时还要有举措,具体到实践中,就是要脚踏实地、精工细做,要在传承中创新。"盛静生曾经这样说,也是这样去践行的。

西装作为一件"舶来品",在盛静生手中,在"红帮"精神的传承下,被注入了属于中国服装和民族自豪的全新内涵,这份新生再造的"灵魂"也正是罗蒙的品牌核心价值所在。这是属于罗蒙的奇迹,也是属于盛静生的骄傲。

生命因理想而升华

——浙江金鹰股份有限公司董事长　傅国定

改革开放以来，地处浙江舟山的金鹰公司，在交通、水电能源、信息、资源等诸多方面都处于劣势的困难条件下，金鹰人在傅国定的带领下卧薪尝胆、苦心独创，以超前的思路不仅成为海岛纺织工业的拓荒者，更成功开创了独具金鹰特色的"纺机成套设备研制与纺织试验基地建设"齐飞，"纺机制造与纺织工艺"结合，麻、绢纺成套设备及工艺技术培训等全方位配套服务日趋完善的新局面，在刷新中国麻、绢纺织工业发展诸多奇迹的同时，为持续推进我国麻类和绢纺机械装备技术创新与产业提档升级做出了应有的贡献。

傅国定

在五十余年艰苦创业进程中，他顾大家、舍小家，处处以身作则，带领全体员工在纺织事业的潮起潮落中，呕心沥血，可以说金鹰的纺织发展之路倾注了傅国定毕生的精力和全部的心血，他以一辈子专做一件事的坚韧在中国纺织事业发展上写下了浓墨重彩的一笔。

苦心独创　营造金鹰特色优势

1978年后，思想上的解放，激发了时任定海纺织机械厂党支部书记傅国定对商品经济的深沉思考。在当时整个社会思想准备不足的情况下，他率先冲破画地为牢的束缚，决定从夹缝中寻求企业生存空间。

傅国定带领的金鹰人在1982年成功开发了苎麻制条纺纱成套装备，随后，国内苎麻纺织厂纷纷赶至舟山订购苎麻纺机装备，当时全国每100台苎麻纺机中，就有80余台是由定海纺机厂制造的，到1989年，他们的苎麻纺机在全国的市场占有率高达80%以上。

傅国定手里抓住纺机，眼里又盯上了纺织。他知道，跨行生产经营在当时被斥之为"离经叛道",但对市场来说,恰似一座山的阳面和阴面,被他用创新的改革精神打通"隧道"。1983年,他用自制成套设备纺制的麻条、麻纱成功销往国内外市场,订货商络绎不绝,麻纺织产品质量领先于国内同类产品。于是,纺机制造和纺织工艺的紧密结合与相得益彰,使得企业优势不断显现,无疑为金鹰的快速腾飞插上了有力的翅膀。1990年7月,原中国纺织工业部部长吴文英视察金鹰,写下了"纺织制造与纺织工艺结合,稳步发展显金鹰特色"的题词。傅国定很自信地说:"也许我有较多参与市场竞争的模式,但只有这个模式最适合金鹰。"

1989年,满怀希望的傅国定筹划着到海南合作开发苎麻新设备,哪知那年夏天一过,由于西方国家对我国实行经济制裁,纺织品出口一落千丈,跌势最惨的包括以出口为主的苎麻纺织品。成也苎麻,败也苎麻。顿时,傅国定被抛入骤然而至的浪谷之中,但是这位从改革中成熟起来的企业家没有灰心丧气,他坚信企业唯一的出路还是改革创新。

海边长大的傅国定,看惯了潮起潮落。他深知经济发展有周期性规律,总是波浪式发展,螺旋式前进。于是,他潜心于市场调研,决定从当时不算景气的绢纺产业入手,以开发绢纺机械成套设备作为企业二次创业突破口。在他的组织带领下,金鹰迅速建立研发团队,排定每种机型的公关时间表,经过两年多的摸爬滚打,1992年金鹰终于完成了绢纺机械开发的系列配套,厂内绢纺生产流水线也调试到优质高产的水准。厚积薄发的金鹰迅速抢占了市场竞争的制高点,1993年公司的经营业绩和各项经济指标刷新了建厂27年以来最好的水平,跃居由当时国家统计局公布的中国五百家最大机械工业企业行列中的第183位。

1995年,针对绢纺行业积压成灾的绢纺下脚料"落绵",傅国定实施综合开发工程,经过技术攻关,他们把历年来大量滞销积压的每吨不到2万元的落绵下脚料,进行了有效、合理、高值开发,开创了将廉价落绵加工成售价20多万元的精品绢丝的先河,使产品附加值提升10倍以上,不仅为行业寻找新的经济增长点提供了成功经验,更为缓解资源紧缺矛盾做出了先进示范。

金鹰承担的国家首期双加工程"绢麻纺新技术工艺装备消化、吸收、开发项目"通过借鉴日本等国外先进技术于1999年取得成功。与传统工艺相比,绢纺新工艺装备自动化程度明显提高,劳动强度减轻,安全生产系数提高,用工比原来减少一半,粉尘大量减少,劳动环境得到显著改善。更为神奇的是,新型工艺设备用普通原材料即可纺制210N/2~300N/2优质高支的国际极品级绢丝,而原来的工艺设备必须用最好的原材料，生产成本因此大大降低，这一具有国际先进水平的跨越性技术突破，代表了国内乃至国际绢纺产业新技术发展方向。

短短几年内，傅国定用自制成套设备，以最快的速度、最少的投资，建立起全国最大规模的绢纺厂及与之配套的织造、炼染、制衣的一条龙生产线。到2003年，金鹰拥有60000锭规模的绢纺生产能力，占全国实际开台能力的18%左右，成为全国同行业中生产规模最大、市场占有率最高、经济效益最好的企业。

提档升级　攻坚克难麻纺事业

1994年，经过多方考察和调研，傅国定用自制研发设备建立了我国长江以南第一家亚麻纺织企业，一举打破亚麻产业历史沿革的传统布局，并成为金鹰公司亚麻成套技术装备和亚麻纺织技术的研发基地。而之前，以俄罗斯为首的欧洲纺机设备一直占有中国亚麻四分之三以上的市场份额，看着每一台来自欧洲的纺机装备以及令人咂舌的价格，用新型纺机国产化发展我国亚麻纺织产业成为傅国定梦寐以求的愿望。1996年10月，在国际纺机展览会上，金鹰研发的新型亚麻细纱机完胜俄罗斯亚麻细纱机，并进入了欧洲市场。

从1994年以来，金鹰开发的亚麻成套设备投入市场至今，国内90%的亚麻新建企业和进行技术改造的老企业都在使用金鹰产品，为国家节约了大量外汇支出。同时经消化、吸收、研制的国际先进水平的成套亚麻、黄麻、剑麻、大麻纺织技术装备大量出口到波兰、俄罗斯、白俄罗斯、印度、孟加拉国、巴基斯坦等国外市场。

1999年6月，由中国纺机工业协会牵头，傅国定一举买断拥有160余年历史的世界纺机制造著名企业英国麦凯公司的亚麻、大麻、黄麻、苎麻、剑麻纺机产品制造全部技术及专利、商标、冠名权等知识产权，这不仅使处于世界尖端地位的麦凯产品技术移植到金鹰生根开花，使我国相当一部分亚麻纺织的专用技术装备达到或接近国际先进水平，而且性价比高，有力地推动了我国亚麻纺织产品质量和品位的提升，加快了我国从亚麻生产大国向强国转变的步伐。

随着金鹰新型亚麻成套纺机装备的开发以及配套全面、完善的纺织生产、实验、培训基地的建立，使我国亚麻产业从原来只集中在东北地区拓展到浙江、江苏、山东、安徽、湖北、广东、新疆、四川、云南等地，亚麻企业如雨后春笋般遍布全国各地，有力地推动了我国亚麻纺织产业健康可持续发展。

不断做实做强做大纺织主导产业是傅国定四十多年来未曾动摇的创业目标，

随着公司亚麻纺织规模的不断扩大，亚麻原料大部分需要从国外进口的局面深深困扰了他，而他了解到我国的新疆地区是种植亚麻的最好地方。于是他毅然提出实施西部开发战略，从2000年开始先后在新疆的巩留、昭苏、奇台、塔城、阿克苏等地建立了亚麻原料培育种植加工基地，形成了8个亚麻原料基地和3家亚麻纺纱企业，不仅延伸了亚麻产业链，也为西部地区解决了一万余名的闲置劳动力。

2002年5月，中央政治局委员、新疆维吾尔自治区党委书记王乐泉视察金鹰在伊犁巩留原料基地企业时题词"东西联手、优势互补"。2005年6月，中国纺织总会杜钰洲会长在新疆视察了金鹰伊犁亚麻纺织厂等几家企业时题词："开发大西北，金鹰立新功"。2006年金鹰亚麻纺规模达到国内生产能力的11%，纱产量突破10000吨，2007年"金鹰"亚麻纱被评为中国名牌产品，"金鹰"商标被评为中国驰名商标。

众志成城　共创社会和谐

长期以来，傅国定求贤若渴，唯才是举，为了人才建设和培育不惜巨资，并于1985年创办了三年制机械与纺织专业的技术学校一所。几十年来，教学质量在浙江省机械系统职教检查中名列前茅，数名学生在参加历次全省、全国青工机械操作技术大赛中获得全省第一、全国第二的名次。至今已培养了3000余名纺机与纺织专业理论知识与实践融会贯通的技术人员，涌现出一批又一批"技术尖子""革新能手"，并使舟山市内其他相关机械制造企业也获得了近1000名金鹰技校培养的实用人才。多年来，金鹰已有三位同志获得"全国纺织系统劳模"、两位同志获得"全国劳动模范"称号……这些劳模在企业的发展过程中起了示范和引领的作用。

在纺织行业跌宕起伏、市场严峻的困难形势下，傅国定迎难而上，以市场的锤炼永不停息地洗练自己。多年来，他从不忘记自己身上肩负的社会责任，积极投身社会"光彩事业"，并购重组破产企业，解决下岗职工再就业，减轻政府压力，实施西部开发，推动中西部地区经济发展，为建设和谐新社会，竭尽全力，倾注了大量心血。早从1986年起傅国定先后并购了濒临倒闭的舟山柴油机厂、舟山动力机械厂、舟山机械厂、舟山服装厂等舟山六家企业和浙江嘉兴绢纺厂、四川绵阳绢纺厂、新疆伊犁毛纺厂、河北张家口棉纺织厂等省内外国有大、中型纺织企业，使这些企业起死回生，为政府和社会减轻了压力，解决了大批职工再就业，惠及四方。

"口里吐出金子，不如做出个样子"。多年来，作为传统产业的探索者、改革者和奋进者，傅国定始终以高尚情操、实干作风、正直行为、廉洁奉公来展示人格力量，以艰苦朴素、勤俭节约的高风亮节影响企业领导干部，为行业树立了"诚信为本、创新为魂、矢志奉献、追求卓越"的金鹰精神。他始终以勇于改革创新迎难而上的干劲、勇于否定自我超越自我的韧劲、勇于挑起重担不断争先的拼劲，为纺织产业由制造到创造写下了骄人的业绩。他始终牢记纺织人的使命，把国家的发展和企业做大做强紧密联系，把地方经济建设和社会进步置于首位，为国家为行业为地方的发展竭尽才智与力量。

作为"五一劳动奖章""全国优秀经营管理者""全国劳动模范""全国麻纺织行业突出贡献优秀楷模""改革开放40年纺织行业突出贡献人物"获得者，他当之无愧。

倾力支持国家改革开放的香港著名企业家

——金利来集团有限公司董事局主席 曾宪梓

捐建母校中山大学和家乡梅州800多个项目，捐献"银利来"全部利润所得给梅州，设立"曾宪梓教育基金会""载人航天基金会"，捐助"第十一届亚运会"，与人大合作创设"助残研究基金"，汶川大地震捐款1000万港元……近半个世纪以来，香港著名企业家曾宪梓的慈善事业遍布祖国大地。

从20世纪70年代开始，曾宪梓一边努力创造财富，一边积极帮助祖国建设。"吃水不忘挖井人"，他念念不忘国家的培育之恩。曾宪梓常说，"祖国养育了我，共产党供我上大学。无论我身在何处，都要想尽办法回报祖国。"一路走来，他始终坚守初心，不断用行动践行着自己的诺言。

曾宪梓

祖国培育了我，我永远也不会忘记

1934年，曾宪梓出生在广州梅县的一户农民家庭，家中经济极为拮据。曾宪梓的曾祖父、祖父和父亲都是那些不堪潦倒，而满怀希望地从梅州踏上破旧的帆船出海寻求机会的客家男子。4岁时，在泰国做生意的父亲不幸去世，曾宪梓便开始了"每天稀饭都吃不到"，"有难关，自己过"，"你瞧不起我，我做给你看"的苦成长。

从此，母亲带着曾宪梓兄弟过着半饥半饱的日子。她咬紧牙关把曾宪梓和哥哥送进了全村唯一的小学。1945年，抗日战争胜利后，年仅16岁的哥哥也走出去了——跟着叔父他们一家去了泰国。这时，曾宪梓终于读完了小学的课程。为了分担母亲的重担，不到12岁的曾宪梓只得离开学校，放牛砍柴、下地耕田。正是这段时间的经历，塑造了他不怕吃苦，迎难而上的性格。

不久，梅县解放。在工作人员的帮助下，曾宪梓再次回到学校。凭着优异的成绩，他考上了中山大学生物系。靠国家每月三元的补助金，曾宪梓顺利完成学业,被分配到广州农业科学院生物化学研究所工作。两年后,曾宪梓离开祖国,前往泰国追随叔父和哥哥发展家族事业。途经香港,他悲怆难忍,一遍遍自问,"曾宪梓啊,你就这样离开祖国了吗?"他后来回忆说,"回头望望海关楼上的五星红旗,我暗地里发誓,出去以后,一定要努力创造财富,将来有机会,在不同社会环境里,用不同的方式来回报祖国。"

叔叔和哥哥在泰国做领带生意已小有成就。曾宪梓到达泰国后向他们学习缝纫和经商的本事,但不久却因家族内讧,被逼离开。他放下大学生的身段,做过各种零工。他说,"只要不偷不抢,靠自己双手本分挣来的钱都是干净的。"安顿下来后,他认真研究香港市场,发现香港人喜欢穿西装,但香港却没有一家领带工厂,于是他创业做领带,带到唐人街去卖。

有了自己的品牌,才能把市场夺回来

1968年,曾宪梓开始创业。他建立了一个叫"金狮领带公司"的小作坊。他是厂长,手下只有两个人,一个是母亲,另一个是妻子,三口之家的吃住都在工厂解决。人手虽少,但他们却都有勤劳的品质和灵巧的双手。曾宪梓既要忙着生产,又要寻找销路,他的汗水洒遍香港的每个街巷。他放下大学生的身段,与小商小贩攀谈,请他们帮忙代销。那段艰苦的时期,全家人的每日的菜钱只有一港币。"金狮领带公司"生产的领带由于花式、款式对头,很快便打开销路,"金狮领带"逐渐在香港积累起名气。1970年,曾宪梓正式注册"金利来(远东)有限公司"。第二年,他在香港九龙买了一块地皮,建立了一个初具规模的领带生产厂。

曾宪梓是一个有远大志向的人。他的目标是创立世界名牌。当时香港的高档服装市场全被法国、意大利的品牌占据。曾宪梓决定打开国产品牌市场。他从百货商店买来当时最流行、最高档的国外名牌领带,先对内外用料、剪裁、缝合、图案、颜色、商标等做解剖式研究。然后,再将拆碎的领带缝合,恢复原貌。接着,继续重复拆开、研究、缝合的过程,直到熟练掌握。最后,便是按照这种方式自行生产。曾宪梓为自己的品牌起名"金利来"。

1974年香港经济大萧条,其他产品纷纷降价,"金利来"领带反其道而行,一面提高质量,一面提高价格。经济危机结束后,"金利来"领带身价倍增,成为香港领带行业的龙头企业。巩固了香港市场,曾宪梓又开始谋求向海外市场发展,他亲自到新加坡考察,创办分公司,寻找合作伙伴。获得成功后,又迅速将战场扩展到印尼、马来西亚、泰国等东南亚国家。迄今为止,金利来在这些国家和地区的大型客户数目已超过上千个。

我活着一天,对祖国的回报就不会中断

1978年,曾宪梓回到家乡,家乡贫穷落后的景象刺痛了他的心,他毫不犹豫地给东山中学捐赠了大量的教育设施设备,并重建了教学楼,并送给当地政府两部汽车。回到香港后,他下定决心无论如何,都要坚持省吃俭用,用节省下来的钱每年为家乡解决难题。他先后捐赠的项目超过8000项,涉及教育、科技、医疗、公共设施、社会公益等方面。

1989年,曾宪梓投入100万美元巨资,在梅州成立"中国银利来有限公司",使"银利来"成为中国的名牌领带,并将全部利润捐献给家乡梅州。2003年,他又捐资1亿港元成立"曾宪梓体育基金",2012年、2016年夏季奥运会结束后,他两度将捐赠1亿港元给体育基金。20多年来,曾宪梓已累计捐款逾11亿港元。而他每日生活费只有50港元。他说:"只要生意不破产,只要曾宪梓还活着,我对祖国的回报就一天也不会中断。"

在曾宪梓的各项捐赠中,教育占了非常重要的部分。他关心青少年的成长,不仅捐资助学,而且积极参与家乡的教育活动。他从没有忘记国家对他的培养,经常叮嘱下一代,"人这一生要做好人,做人最重要的是勤俭诚信,勤俭诚信才不会做坏事,这也是我的座右铭。学生们要读好书、做好人,走出社会才能更好地为建设祖国出力,为祖国为人民奋斗。"

20世纪80年代以后,曾宪梓主要投身社会公共服务事业。他先后担任香港事务顾问、香港基本法咨询委员会委员、香港特别行政区筹委会委员、香港特别行政区政府推选委员会委员等职位,积极推动香港回归祖国。他也积极参与大陆政务管理,曾做过10年的广东省政协委员,7年的广东省政协常委,后来又是3届全国人大代表,3届全国人大常委,也是香港回归多年后唯一一位全国人大常委。至今他仍身兼多个协会的正副会长。

过去的几十年来,曾宪梓不再只是企业家,而是一面爱国爱港的旗帜。"不论谁损害我们国家,伤害香港,我都不会允许,都会据理力争。"1997年香港回归后,香港特别行政区首任行政长官董建华为曾宪梓亲自颁发大紫荆勋章,对他为香港和祖国的贡献致以最高的荣誉表彰。

勇立潮头不止步　毛织产业再起航

——广东省东莞市大朗镇党委书记　谢锦波

40年来，改革开放的春风吹遍神州大地，也推动着大朗在中国纺织工业先进行列中争当排头兵。多年来，大朗镇荣获中国羊毛衫名镇、全国纺织模范产业集群、中国毛织文化艺术之乡等14个纺织类国家级荣誉，这离不开大朗人民的凝心聚力，更离不开大朗镇党委的坚强领导，其中不得不谈谈他们的镇党委一把手——谢锦波。

谢锦波，东莞南城人，曾在农村、镇街、园区、市政府等任职，有着丰富的基层工作经验和较强的统筹领导能力，于2008年到2012年在大朗镇任职镇长，并于2016年底重回大朗镇任职党委书记，在2018年被评为"2017年中国纺织行业年度创新人物"。在大朗工作8年时间里，谢锦波大力推动大朗毛织产业转型升级，围绕"产城人"融合的发展思路，推动毛织业续写新篇章，尤其在近两年时间里，在谢锦波的带领下，大朗以改革开放再出发的豪情壮志，主动融入粤港湾大湾区和广深科技创新走廊建设，使毛织产业成为大朗"富民强镇"的支柱产业和特色产业，大朗人民意气风发地说：毛织产业集群"舰队"已扬帆起航！

谢锦波

推动大朗打造毛织原创基地

2008~2012年，作为镇长的谢锦波敏锐地捕捉到产业升级的时机，提出了大朗毛织产业要从"加工工厂"向"创造基地"转变。他力推企业科技创新和机器换人，为毛织企业减轻成本、提高效率，促使大朗2012年荣获"中国电脑针织横机集散基地"称号。经历十年发展，大朗数控织机的数量增长超过10倍，成为全球数控织机最密集地区，5万台数控织机每天努力为大朗织造财富梦想。

在大家满足现状的时候，谢锦波却保持着清醒，他说：大朗毛织产业仍面临着研发创新不足等问题,如何带领大朗毛织产业突出重围、再创辉煌?他带队到其他先进地区考察,结合大朗实际,提出了自己的思路,即毛织产业要结合企业"倍增计划",坚持实施研发创新、电子商务、品牌创建等"三大工程",让"新型纱线""智能机械"和"原创设计"三大元素成为推动毛织产业转型升级的发动机。为此,他积极作为、锐意创新,比如动员毛织企业引进国外先进的新材料,包括秩轮95防火材料、纳米防水材料,让大朗毛织企业能生产防火、防水等神奇毛衣,2018年被CCTV-2的《整点财经》《国际财经频道》多次报道。

又比如,他积极倡导绿色制造,深入到本土品牌"印象草原"企业调研,鼓励支持其在全国率先探索应用纯天然的植物染料漂染羊绒产品,并获得了国家发明专利;他不仅推动了毛织企业在技术上实现创新突破,还把毛织产业打造成为生态产业,规划建设了大朗毛织环保专业基地,实现区域废水、废气污染物的总量消减,形成了可持续发展模式。

再比如,他积极推动与中国流行色协会、宁波慈星股份有限公司等优秀协会、企业合作,紧跟最新的毛织设计和流行趋势,使用最新、最先进的智能设备、软件,为当前纺织产业升级发展探索方向。其中,"一线成型"电脑横机颠覆了传统针织横机的编织工艺,实现了针织毛衫的一次成型编织,到大朗"织交会"参观的外国友人连竖大拇指说:"中国人太了不起了,竟然可以这样一次性自动化生产出毛衣!"

另外,他还大力推动与国内特别是珠三角10所院校开展产学研合作,抓好校企实训基地、毛织人才公寓建设,并深入推进技术人才入户、子女入学等惠民政策,帮助企业引进并留住高级人才。他的种种有力举措为大朗毛织产业的持续发展和转型升级画上了有力的一笔,如今的大朗再也不是昔日的毛织加工厂了,而是闻名海内外的毛织产品"原创基地"。

推动大朗构建亲清政商关系

谢锦波有一句口头禅:"工作要实干加巧干,不要盲干死干。"他充分利用好政府宏观调控和市场配置资源的作用,推动形成了"1+2+5+N"的毛织行业管理服务体系,"1"即一个行业管理委员会,"2"即党代表和人大代表2个示范工作室,"5"即毛织、设计、机械、电商、纱线5个行业协会,"N"即多个服务平台和市场主体,使毛织产业在新时代新征程上实现高质量发展。

过去,由毛织办牵头管理大朗毛织产业发展,无法满足新时代发展的需求,他主动作为，推动完善毛织行业的管理架构，将毛织办升级为毛织管委会，配齐配强人才，并在毛织管委会设立了党代表工作室和人大代表工作室，以达到强管理、听民声、促发展的目的，也促使了大朗成为东莞首个成立产业管理委员会的镇街。

他高效利用市场配置资源，在2013年率先推动成立东莞市首个镇级电子商务协会后，2018年他又推动成立了东莞市纺织纱线行业协会，鼓励市毛纺织行业协会真正运作起来，逐步形成了以毛织协会为龙头，电商协会、机械协会、设计师协会、纱线协会相衔接的行业协会体系，打造了配套完善的公共服务平台。

他着力构建政企"亲清"关系，他曾说"凡企业所需，政府将竭尽所能"。他的话语掷地有声，说干就干，2018年推动成立了2亿元毛织产业金融服务平台，有效解决了毛织企业"融资难、融资贵"的问题。通过整合毛织周边资源，为企业提供更优质的服务，毛织企业老板常说："谢书记帮我们解决了困难，给力！点赞！"

推动大朗建设毛织国际商贸城

谢锦波心中还有更大的"一盘棋"。他认为，40年来大朗乘着改革开放的春风，走上了"产业推动城市建设"发展之路，但目前这种模式遇到了瓶颈，大朗需要在习近平视察广东重要讲话精神的引领下，大力实施供给侧结构性改革、创新驱动发展战略，围绕"产城人"融合发展的新思路，以实施城市品质三年提升计划为契机，推动城市和产业双升级，助推大朗毛织走在世界前列。他说：有什么样的城市，才有什么样的产业，才有什么样的人才！

大朗不少主干道两侧建筑建于二三十年前，影响城市和产业升级。为谋求更高质量地发展，谢锦波曾率队到江浙一地考察调研，当机立断地提出要学习借鉴彩色村经验，对大朗沿街旧墙进行改造，打造出美景路、银朗路等10多条"彩色路"，大朗被誉为广东首个"彩色之城"，而东莞市首条"星光大道"富康路正是坐落于这座彩色之城，并实现全国文明镇"三连冠"，这种"花钱少、见效快"的方式得到了群众的点赞。大朗实现了抓精神文明建设、促经济腾飞发展，相关做法也得到了各级领导的批示和肯定，并被广东电视台进行了时长超过3分钟的专题报道。

他胸中自有丘壑，高瞻远瞩地推动10平方公里的毛织商贸城发展，大手笔投资超20多亿元建设纺织创意产业中心、环球贸易广场、巷头创新大厦等项目。

如今"星光大道"周边的临街商铺租金普遍提高了20%以上，带旺了周边3000多家毛织商户，做旺了10平方公里毛织商贸城，使大朗成为华南地区最重要的毛织纱线集散基地、价格中心和信息中心，沿街铺位业主脸上笑开了花。

在新时代发展大潮中，电商也成为重要的一环，谢锦波紧跟新时代步伐，大力支持提速电商发展，开拓全球市场，高规格建设大朗电子商务产业中心，在电子商务产业中心设立1688电商服务中心，帮助毛织商家拓展商机。截至2018年底，大朗毛织电商企业已有近4900家，毛织类电商销售额高达约50亿元，全镇毛织品市场年交易额达600亿元，占广东省销售总额的70%以上，2017年被评为"中国毛织产业采购基地""2017年中国纺织服装行业十大活力集群"。

在这华丽蝶变中，位于毛织商贸城核心地段的"中国毛织第一村"巷头社区收益颇丰，辖区内毛织行业企业已达3000多家，截至2018年底集体总收入约1.9亿元，同比增长17.3%。巷头社区的老党员感叹道："城市美了、产业好了、人民富了，我们沐浴在发展的春风中，共享着改革开放的优厚成果！"

推动大朗创建品牌毛织集聚区

为了更好地推广大朗毛织，谢锦波大力推动"引进来"和"走出去"相结合，每年举办中国（大朗）国际毛织产品交易会（简称大朗"织交会"）和毛织"国内行"等活动。

"引进来"——大朗"织交会"。自2001年起每年举办一届大朗"织交会"，目前已成功举办十七届，是大朗镇党委、政府做强做优毛织特色产业的重要举措，更成为毛织行业的品牌展会。2018年7月5日，谢锦波再次去到北京，在人民大会堂为第十七届大朗"织交会"新闻发布会举行答记者问，明确毛织产业要实现绿色生产、可持续发展。同年11月3~5日，以"魅力·新织城"为主题的第十七届大朗"织交会"胜利举行，展览面积超过20万平方米，展位数超2000个，首次设立新型纱线区和毛织纱线区，并连续7次获评"东莞市重点品牌展会"，大朗毛织的品牌效应不断提升。同时，通过举行各类设计赛事，如中国（大朗）网上设计大赛、中国（大朗）毛织服装设计大赛，提升行业在产品自主研发设计和附加值提升方面的能力和自主品牌的数量。截至2018年底，全镇有80%以上的规模以上毛织企业设立了研发设计部，年设计毛衣30万款，吸引了越来越多的设计师落户大朗，成立工作室，打造自主品牌，同年被评为"2017~2018年度纺织行业创新示范集群"。

"走出去"——外出参展。自 2014 年起,连续多年策划举办大朗毛衣"国内行"系列活动,组织镇内毛织行业类协会及企业走出去,进一步开拓毛织市场,加强了大朗毛织产业与全国各地服装批发市场的有效对接,提升了大朗毛织市场的知名度和影响力。2016 年以来已组织毛织企业到濮院、洪合、海阳、牡丹江、满洲里、黑河等 10 多个城市开展活动,并推动大朗与满洲里、黑河爱辉区等地签订合作协议。另外还组织毛织企业到俄罗斯、越南等国家抱团参展,比如有 2017 年越南工业展、2018 中国消费品(俄罗斯)品牌展等。在大朗毛衣"国内行"活动中,有时需要一天连走几个城市,同行的很多小伙子直言熬不起、跟不上、累趴了,但谢锦波从未有怨言,精力充沛、坚持不懈地走访这些城市,他坚定的步伐,充分显示了他推动大朗毛织发展的决心,也由此得到了广大织城人民的爱戴与支持。

使命呼唤担当,榜样引领时代。我们相信,在谢锦波的带领下,在大朗毛织企业和毛织人的共同努力下,大朗必将走在时尚与创新的前沿,必将塑造一个又一个毛纺织的成功案例,为中国纺织工业在新时代实现高质量发展做出新的更大贡献。

把握时代机遇　练就服装名城

——虎门服装服饰产业管委会主任　谭志强

广东省东莞市虎门镇，曾因虎门销烟而被人所熟知，如今更因"南派"服装集散基地、中国服装服饰名城的新名片而备受瞩目。沐浴着改革开放的春风，虎门镇秉持初心，大力发展服装服饰产业，以此为龙头强镇富民。如果说时代机遇是一种可遇不可求的红利，那么能够顺势而为把握机遇则是一种高瞻远瞩的视野与时不我待的姿态，从中不难了解虎门缘何能够一路高歌猛进，于不懈的开拓创新中傲然跻身"中国千强镇"前列。

谭志强

南方小镇的华丽逆袭

如果没有服装产业的巨大引擎作用，或许现在的虎门仍旧只是一个因销烟历史而留名的南方小镇。早在改革开放前，市民日常更换新衣的需求还只能靠全镇仅有的两家裁缝店来满足，通常定做一套服装需要经历4~6个月的漫长等待。

如今，虎门服装产业实现了翻天覆地的变化，形成了规模庞大的产业集群、配套完善的产业链条、成熟发达的市场体系。统计数据显示，截至2017年底，虎门有服装服饰生产加工企业2200多家，总生产面积251万平方米，从业人员超过20万人，年工业总产值约450亿元，年产服装约4亿件（套）。

全镇除2200多家生产加工企业外，另有面辅料企业、物流、绣花、印染、洗水等配套企业，以及咨询、培训、设计、策划等配套服务机构共1000余家，形成了集研发、设计、生产、销售、服务于一体的完整产业链，实现全环节生产销售及配套。有服装服饰及面辅料市场区域面积约7平方公里，总经营面积245万平方米，有40个专业市场、1.5万家经营户，年销售额超900亿元。有各类服装服饰注册品牌50000多个，中国驰名商标2个，广东省著名商标、名牌产品19

个，形成了以纯为龙头，包括三木比迪、快鱼、欧点、卡蔓、乔帛、意澳、衣讯、纽方、鸢娜尔、男眼、欧锐德、欧恰恰等数十家知名品牌（涵盖女装、童装、男装、休闲装）的方阵。

作为广东东莞虎门服装服饰产业管理委员会主任，谭志强可谓虎门服装产业不断成长，强势引领虎门经济社会发展的见证者与亲历者。对于虎门的华丽逆袭，他表示："改革开放为虎门服装产业带来了千载难逢的发展机遇，促使虎门服装产业实现了从无到有、从弱变强的华丽蜕变，不仅使虎门服装产业发展成为虎门的特色、龙头、支柱产业，为虎门的社会经济发展做出了重大贡献，还奠定了虎门服装产业在业界的重要地位，使虎门服装服饰产业集群成为全国颇有影响力的重要产业集群，使虎门成为享誉海内外的中国服装服饰名城。"

时代的机遇之外，向前的每一步亦离不开"敢为天下先"的创新精神，虎门服装数十年的产业积累历程充斥着曲折与艰辛。据谭志强介绍，市场的发展由自发成市到因势利导，从无序到有序实属不易，1993年建造大型的专业服装商场富民时装城（当时名称为"富民商业大厦"），征地、拆迁很顺利，只用了几个月时间，但是引导商户进商场经营却不那么容易，从室外的货架及地摊经营到室内商场经营，观念的转变需要过程，需要反复地做思想工作。

如今，中国（虎门）国际服装交易会是国内极具影响力的服装行业品牌活动与业界盛事，对于虎门服装产业的崛起功不可没，而首届展会却是在诸多质疑声中诞生的。谭志强表示，举办国际性服装展会首先要得到国家有关部门的批准。当初，虎门镇申请举办"96中国（虎门）国际服装交易会"的报告送到纺织工业部时，就受到了质疑，原因是镇一级的单位举办国际性服装展会尚无先例。而后，纺织工业部的领导和专家亲临虎门，经过实地考察，对虎门服装产业的规模及市场繁荣感到十分震惊，当即拍板批准虎门先办一届"试试看"。由于毫无办展经验，且当时虎门服装产业虽具相当大的规模，但因缺乏宣传，在国内尚无知名度，一切只能慢慢摸索。随之而来的招展等一系列筹备工作也面临重重困难。为了提升交易会及产业的知名度和影响力，甚至连邀请函都不会写的虎门人以拼命三郎的精神，走出去、请进来。当时书记、镇长亲自带队，去全国各个有服装产业的地区拜访，几乎跑遍了当时全国的服装商场和商户。大背包是招展员的常见行头，里面装满了宣传资料，见到服装商场就进，见到商户就发，宣传已成为招展员的一种常态。

正是凭借这种精神，最终，首届交易会克服万难，成功举办。1996年11月

15日，为期六天的首届中国（虎门）国际服装交易会即"96中国（虎门）国际服装交易会"在广东东莞市虎门镇龙泉商业广场正式开幕，吸引了来自美国、法国、意大利、日本、德国及中国香港、中国台湾等国家和地区以及北京、上海、杭州、大连等主要城市的282家参展商，租用了400多个铺位，参观人数逾40万，成交额达12.6亿元。这一成绩在当时全国展会里实属难得，甚至有些省级展会都做不到。"小镇成功举办国际性展会"这一大胆举措，让业界为之侧目，由此，虎门镇也成为全国第一个举办国际性交易会的镇级单位，"96中国（虎门）国际服装交易会"成为我国首个由镇级举办的服装展会。

中国服装名城背后的战略智慧

虎门服装产业的发展，得益于镇政府在改革开放大潮下审时度势的积极引导与战略智慧。谈及虎门的发展经验，谭志强表示，一是政府因地制宜，找准优势，确立发展服装产业的战略定位。虎门镇雄踞珠江东岸，毗邻广州、深圳、香港、珠海和澳门，南临伶仃洋，交通便利，有着得天独厚的地理优势，但如何才能在大城市的包围之中找到小镇的生存之路，是当时虎门镇政府慎重考虑的问题。20世纪90年代初期，珠三角面临着产业结构调整与转型升级，而虎门镇当时已形成产销一体化的时装城，是全国最大的镇级服装产销基地，全镇拥有上规模的制衣厂500多家，另有织布、印花、定型、漂染等配套工厂50多家，年产各类针、梭织服装6000多万件（套），经营服装的门店5000多间，年销售总额达60亿元。虎门服装业的先发优势不言而喻，且作为一个镇，地域面积小，政府比较好管理，全镇一盘棋的局面较易形成。为此，经过深入研究，虎门镇政府审时度势，决定以承接东南亚劳动密集型服装加工企业转移为基础，选择广州、深圳等周边大城市忽略的服装产业作为支柱产业。1995年，虎门镇委、镇政府明确提出"服装兴镇"的发展方针，并提出了"建立服装这一龙头产业，使服装产业形成规模经济，获得规模效益"的发展思路。自此，虎门服装开始进入大发展阶段。

二是政府始终如一的大力扶持。从当初确定"服装兴镇"的发展目标后，虎门镇政府就一直非常重视服装服饰产业，将其作为强镇富民的龙头产业予以引导、扶持、推进，提出"抓住两个龙头，打好一套组合拳"等发展战略，通过加强品牌培育、提升研发设计、引领智能制造、加强知识产权保护，不断助推产业转型升级。

三是不断创新的举措。虎门人一向"敢于吃螃蟹",在发展产业方面也是如此。1978年,全国首家"三来一补"企业太平手袋厂就诞生于此。此后,虎门建大型服装市场是全国领先,乡镇办服交会也是全国首例(当时省级交易会只有20多个),虎门办"虎门杯""微电影"等创意设计大赛,加强研发设计,建设国家级产业服务平台"虎门服装产业协同创新中心",大力发展电子商务和移动商务,举办时装周,建设创意时尚公社和互利产业链服务平台,做时尚,引潮流等等,几乎每一步都比别人快。

四是树立以品牌引领产业发展的思路。实施品牌带动战略,引导、鼓励企业注册品牌、争创名牌,使虎门服装走过了"无牌—贴牌—创牌—名牌"的过程,形成了如今5万多个品牌的规模。

五是政府努力做好系列后期服务。在每一个阶段,每一个环节,政府除了引导、扶持,还注重做好相关的服务。

自上而下的战略引导,推动虎门成长为享誉国内外的以女装、童装、休闲装为特色的"中国服装服饰名城",荣获"中国女装名镇"、"中国童装名镇""全国服装(休闲服)产业知名品牌创建示范区"、首批"全国纺织模范产业集群"、首批"中国服装产业示范集群""国家电子商务示范基地""国家火炬计划服装设计与制造产业基地""中国百佳产业集群"等多项国家级荣誉。

全新历史方位下的产业发展新征程

当前,我国经济社会发展迈进新时代,纺织服装业发展进入新时期,"科技、时尚、绿色"正成为行业的新标签、产业的新定位。站在全新的历史方位之下,虎门更是已经做足准备再出发,致力于开启产业发展的新征程。

"未来虎门还需要在多个方面进行突破。"谭志强表示,首先是研发的突破。研发是决定产品竞争力的关键因素,虎门服装要往高端发展,就需要不断提升研发水平。第二是品牌的突破。产品的升级就是品牌的升级,产业的升级就是品牌的聚集和提升。要强化品牌意识,培育更多更好的服装品牌,实现虎门服装总体品牌形象和品牌集群的突破。第三是市场的突破。要整合资源,盘活存量,巩固、提升、扩张虎门服装服饰及配套等专业市场,优化软、硬件环境,发挥富民龙头带动作用,实现市场聚集力与辐射力的突破。第四是人才的突破。人才是当前制约产业发展的一大瓶颈,要优化城市环境与营商环境、生活环境,吸引、留住、培养高端人才,为产业发展提供智力支撑。

据谭志强介绍，粤港澳大湾区、滨海湾新区的加快建设，城市、产业、公共服务"三个升级"的加速推进，为虎门新一轮发展提供了难得机遇与强大动力。虎门正着力打造产业新引擎，建设现代产业创新服务综合体。承接广州、深圳等周边地区新一波产业转移，引领和推动本地产业升级，提升产业素质和发展质量，引领虎门服装服饰业向高端化、高级化、高效化发展。目前由虎门服装服饰产业管理委员会指导，东莞市创裕实业发展有限公司投资的虎门服装时尚产业创新服务综合体建设项目可行性研究报告已经完成。同时，在这方面，万科也在发力，计划在虎门投资兴建工业地产，支持虎门服装服饰产业发展，目前相关工作已拉开序幕。

在承接产业转移方面，虎门除了筹建新型服装产业园区，还在做产业对接的准备，如与世界各地的知名服装设计研发机构积极磋商，吸引其进驻虎门，提升虎门服装服饰产业的研发水平与集聚效应。

着眼于产业的长远发展，虎门在帮助企业减轻成本、树立品牌上下功夫，如设立中国轻纺城O2O展厅·虎门站，助力企业在虎门采购来自柯桥的优质面料，促进服装企业与面料生产企业的对接，助其降低面料采购成本；促进虎门品牌企业与江西等地生产加工企业对接，助其减轻生产成本。此外，积极搭建展贸平台，继续举办第23届中国（虎门）国际服装交易会暨2018虎门时装周，并在展会期间借力欧美工商会，组织一批国外服装专业采购商亲临展会，与参展企业进行采购对接。

改革开放四十年来，虎门从未停止过创新的脚步，如今，围绕"创新驱动的科技产业、文化引领的时尚产业、责任导向的绿色产业"这一行业发展新定位，虎门正大力推进产业转型升级，以打造中国快时尚服装虎门基地为抓手，为行业增添新动能、提供新模式，加快推动服装服饰业从制造业向创意产业、时尚产业、绿色产业、文化产业转变，推进产业高质量发展，引领行业续航前行。

凤凰于飞 突破自我

——青岛凤凰印染有限公司董事长 戴守华

作为共和国的同龄人，青岛凤凰印染有限公司董事长戴守华经历了"文化大革命"的十年，经历了改革开放的激荡，也经历了新时代激励人心的变革和飞跃。丰富的人生经历和五年军旅生活的历练成就了他坚毅的个性、勇往直前的气度和富于改革探索的精神，成为他在印染行业奋斗拼搏数十年的基石和动力。

戴守华

历练与提升

把人生的每一次磨炼都当成财富。在多年国有企业的管理过程中，戴守华用一个形象的比喻总结出当时情况下国有企业所存在的问题和症结，企业经营存在问题就像贫血，贫血有失血性贫血、再生障碍性贫血和缺铁性贫血，分别对应着管理问题、创新问题和干部队伍的问题。

作为中国三大纺织工业基地之一，1975年正是青岛纺织行业开展得如火如荼的时候，从东海舰队服役回到青岛的戴守华成为青岛印染厂的一名普通员工，正式开启了他的印染生涯。从最基层的工作开始做起，他认真对待每个岗位，每天下班带着问题去图书馆、去研究所学习，凭着一股对工作的热爱和冲劲，很快成为技术骨干，十几年间从普通员工成长为青岛印染厂厂长，成为当时青岛纺织行业内最年轻的厂长。

在任期间，戴守华把青岛印染厂下设的五七工厂打造成了改革开放初期企业发展的典型。这个员工大部分是残疾人和转业军人家属、缺产品、缺思路的工厂，每个月30多元的工资都发不下来，经过他的一番大刀阔斧的整治，引进人才，加强管理，改变经营思路和销售方式，一举扭亏为盈，淘出了第一桶金。以五七工厂的成功为契机，他带领员工搞三产，做出了青岛市第一家超市，搞外贸，给日本人做家纺产品，在改革开放初期的浪潮中，戴守华带着他的员工一步一步寻求发展的新机遇。

在青岛印染厂25年，戴守华练就了扎实的专业技术功底和丰富的实践经验，形成了具有他个人特色的管理方法和理念。同时，也让他深刻地意识到在当时情况下国有企业所存在的问题和弊病，为他解决青岛第二印染厂的问题打下了基础。

戴守华回忆说，计划经济年代，企业是个小社会，分房子、办学校、建医院和幼儿园，是个大家庭。20世纪90年代国家从计划经济向市场经济转型期间，把企业推向了市场。计划经济时代纺织品是统购统销，各省市有纺织品站，印染厂是由纺织品站按月下达计划，市场经济则要把企业推向市场，要求自建营销队伍、自谋出路。在这样的大背景下，观念滞后，装备落后，效率低下的企业陷入困境，连续几个月发不出每人40多元的工资。曾经红极一时的老国企被青岛市政府列为特困企业，面临被淘汰的局面。

面对企业的困境，戴守华以解决几千名印染职工的吃饭问题为第一要务，大刀阔斧开启改革之路，成为市场经济的第一批弄潮儿。他以壮士断腕的决心和魄力关闭日益颓败的国营青岛印染厂，在平度新建分厂，在原厂区腾笼换鸟，建立青岛市最大的家居广场，打造青岛市第一家大型超市，创新使用青岛市第一张电子货币，兴建青岛装饰材料市场，首创了轰动全国的"退二进三"的成功案例，中央领导多次来到青岛视察成果。"退二进三"的方式帮助青岛印染厂顺利解决了几千名印染职工的安置问题，为青岛印染厂后续发展引进了活水和力量源泉。

涅槃与重生

最困难之时就是离成功不远之日。戴守华把在市场经济大潮中搁浅的青岛二印，变成了连续多年蝉联印染行业领先地位的凤凰印染，用他对印染的热爱和执着，绘就了一只色彩斑斓的凤凰，带着中国民族蜡染的旗帜，翱翔在非洲广袤的大地上。

2000年戴守华临危受命，被安排到"市级特困企业"青岛第二印染厂，彼时，青岛第二印染厂刚刚改制，企业经营困难，管理混乱，基本处于半停产状态，四个月没发工资，人才大量流失，职工各类欠费近3000万元。

上任之初，他就意识到根本的问题在于思想观念的落后，在了解情况后开启了大刀阔斧的改革，从转变观念开始，在公司内部大力推行"换汤、换药、换脑子"的三换工程，要求员工转变观念、重塑自我，彻底改变了市场经济下长期养成的"等、靠、要"的思想，从"要我工作"变成"我要工作"，提高工作的主动性和积极性，他还建立了接待日制度，彻底解决了一大批长期积累的问题，化解了员工对企业的积怨。

同时，号召员工唱响三首歌：国际歌——从来就没有什么救世主，国歌——到了最困难的时候，西游记主题歌——路在脚下。在企业困难时期，"三换工程"和三首歌，唱出了信心，稳定了员工队伍，凝聚了人心，为企业注入的活力。

在整顿企业的同时，戴守华全面分析了企业的现状和市场调研，抓住机械化生产蜡染印花布的机遇，果断调整经营思路，淘汰原有老产品，确立蜡染布作为主导产品，全力进入非洲市场。这一战略决策的落地，彻底改变了凤凰公司的命运，在他的带领下，自主研发设计机械蜡染产品工艺技术与设备，广大工程技术人员克服了资金和技术的短缺，开创了民族蜡染工业化批量生产的先河。

自2001年公司开始盈利，2003年筹建青岛凤凰东翔印染有限公司，2005年凤凰美昊公司转产蜡印，2007年收购青岛燕莎纺织印染有限公司全部股权，企业规模逐步扩大，实现年产蜡染布2亿多米，销售收入20多亿元，非洲市场占有率达到20%以上，成为青岛地区最大的蜡染布生产基地。凤凰产品先后荣获青岛市名牌、青岛市著名商标、山东省名牌、山东省重点培育和发展的出口名牌。多年来，凤凰公司先后荣获省纺织行业优秀管理企业、全国纺织和谐企业、中国印染行业十佳单位、中国印染行业竞争力十强企业、中国纺织十大品牌文化奖等，被中国印染行业协会授予"中国蜡染布研发生产基地"。

戴守华本人曾荣获山东省劳动模范、山东省优秀企业家、中国印染行业企业文化建设杰出人物、中国纺织行业年度十大创新人物、第七届全国优秀创业企业家、全国纺织工业劳动模范、全国纺织企业管理终身成就奖、纺织行业改革开放四十周年突出贡献人物等多项荣誉称号，由他主导的多项科技成果获省市级和国家级科技进步奖。但是他淡泊名利，在企业管理中重视过程和结果，永远把今天当作新的起点，就像他在企业内所倡导的"创新只有起点，没有终点"一样，他带领凤凰公司始终走在路上。

转型与升级

逢山开路、遇水架桥。十九大以后，我国的经济发展已经进入了新时代，经济发展方式由规模数量型向质量效益型转变，面对新变化、新机遇、新时代，戴守华带领他的团队再一次踏上转型升级的征程，开启蜡染升级新时代。

在带领凤凰公司近20年的时间里，面对这不断变化的市场和外部形势，戴守华逢山开路，遇水架桥，紧跟党和国家的各项政策要求，与时俱进，部署落实企业发展战略，开创了凤凰公司发展的新时代。

2016年，为了响应青岛市政府对老工业企业退市进园的要求，戴守华果断做出了位于青岛市区的青岛凤凰印染有限公司和青岛凤凰美昊印染有限公司搬迁的决定，将产能转移至青岛凤凰东翔印染有限公司。同时，在东翔公司提前规划布局，在没有添置新设备的基础上，实现了产能的有效转移，至2018年，东翔公司的日产量达到80万米以上，有效利用了现有的土地和资源，实现了公司高质高效、集约化发展的目的。在企业搬迁过程中，他以人为本，凤凰公司自出资金7000万元用于安置职工，最大限度地维护职工利益，在一个月的时间内顺利完成了搬迁工作。

面对凤凰公司新的调整和新的机遇，戴守华提出"环保、质量、安全三条红线不能逾越"的要求，以创新发展为动力，以节能减排为抓手，深入实施流程再造，大力开展清洁生产、循环经济，不断淘汰更新落后装备，新上自动化、智能化装备，实现了老牌印染企业旧貌换新颜，打造出了一个现代化、自动化、智能化的绿色工厂。

担任两届青岛市人大代表的戴守华，对环保的重视程度无人能及，他始终以高度的社会责任感关注环保，从国家"十一五"发展纲要开始，他就把节能减排工作上升到企业发展的战略高度，提出节能减排是生命线，通过在企业内实施清洁生产，按照源头严控、中间严管、末端严治的原则，从控制总量、循环利用、资源再用等多层面入手，建立物料消耗的自循环、内循环和外循环三大系统，综合治理废水、废气。至今，凤凰公司设计的净水宝工程，开创了印染行业带色废水治理的新模式，各项出水数据达到行业标准。

早在凤凰公司建立之初，戴守华提出的"质量兴厂、创新兴业"的管理理念，贯穿了公司发展的始终。面对近几年来日趋激烈的市场竞争，戴守华始终认为创新才是保证品牌旺盛生命力的有效动力，从凤凰制造到凤凰创造，走的是差异化创新的发展道路。凤凰公司拥有市级和省级两个技术中心，在戴守华的主持和推动下，每年用于研发的资金都在四千万元以上，仅2017年凤凰公司就有八个系列十余个品种的产品投入市场，引起了市场的强烈反响，新产品的转化率达到10%以上。新产品的技术含量高，风格特色新颖，至今没有企业可以仿制。

戴守华用他对市场的感知和对创新的执着，赋予了传统蜡染产品新的活力，多年来，他大力引进人才，重金聘请韩国专业技术团队，将行业内最新、最科技、最时尚的元素嫁接到蜡染产品中，实现了产品结构的多样化。他用近20年的时间实现了中国蜡染品牌在非洲的落地生根，并且用持续的技术创新、产品创新始终保持品牌的活力，打破了英国、荷兰在非洲市场的垄断地位。

凤凰公司自2016年起大批量淘汰落后产能，把不符合产业要求的装备逐步淘汰，引进新型高效装备，提高资产和装备的质量，轻装上阵。他亲自研发设计的蜡染生产线流程再造项目荣获第二届纺织行业管理创新成果大奖。在优化装备的同时，稳定提高产品质量。

从工艺操作入手，要求员工以工匠的精神来对待产品，不放过任何细节。他亲自参加技术例会，要求工程技术人员对照问题，"照照镜子、红红脸、出出汗"，不能放过任何造成产品质量问题的因素。同时，以绩效考核模式的创新带动基础管理工作质量的提升，实现了提品质、降成本的目标。

2018年正值我国改革开放四十周年，在"四十不惑"的节点上，中国改革开放永不停步，当前我国的改革开放正以更加深入、更加积极的姿态开展，提振我国经济持续健康发展的信心。而始终与改革同行的戴守华，正带领他的团队做好了继续深化、提升企业高质量发展的准备，踏上改革创新的新征程！

"招商能手"的纺织情怀

——江苏沭阳经济技术开发区投资促进局局长　魏伟

近年来，沭阳纺织产业发展迅猛，实现了企业从少到多、产业从弱到强、品牌从无到有、发展从跟随到引领，走出了一条具有沭阳特色的发展之路。目前，全县拥有规模以上纺织企业188家，涵盖包覆纱、家纺、智能针织三大板块。2017年全县纺织产业实现开票销售收入81亿元，2018年达到120亿元，2020年总产值将达300亿元左右，到2025年计划达到（800~1000）亿元。

在中国针织界有这样一句话，"南有诸暨，北有辽源，中有沭阳"。起初，这句话中并没有沭阳，如今的沭阳能成为苏北县域重要的纺织产业集群地，得益于沭阳县委、县政府对纺织产业的强势推进。而"中有沭阳"的地位也凝聚着一位"纺织招商迷"13年如一日付出的心血。

江苏沭阳的这位"纺织招商迷"，13年来在沭阳县委、县政府的推进与支持下，引进开发区工业项目32个，其中亿元以上项目22个，协议投资总额100多亿元。江苏邦源纺织、江苏宝娜斯针织、江苏月源纤维等一大批龙头型、旗舰型纺织项目落户沭阳。一组组数据的取得，一个个项目的落地，是这位"纺织招商迷"13年来的成绩单，他就是沭阳经济技术开发区投资促进局局长、纺织产业招商局局长、沭阳智能针织产业园管委会主任魏伟。

从不懂纺织到产业招商的行家，从包覆纱产业的单打独斗到"三大板块"共同发力，沭阳纺织在魏伟为"产业配套"的过程中不断发展壮大。同时，他还将纺织产业招商经验传授给全国众多纺织集群地，为各地政府如何更好地服务纺织产业发展贡献了沭阳经验。

魏伟

从零起步的包覆纱

40年前的沭阳，主要以农业为主，工商业并不发达、经济相对落后。而伴随着改革开放的步伐，沭阳深入实施"工业强县、产业兴县"发展战略，如今，纺织服装、装备制造和电子信息已成为沭阳县的主导产业。

2005年，刚过而立之年的魏伟被选调到沭阳开发区工作，主要从事专职招商。在新的岗位面前，魏伟不知如何下手，面临着许多迷茫与困惑。如何招？招什么？招来以后怎么办？这些问题无时无刻不萦绕在魏伟的脑海。空想不如实干，魏伟坐车南下浙江，找老乡，拼关系，一家一家企业地跑，一个月、两个月……到了2005年底，魏伟带着他招来的第一个项目江苏邦源纺织有限公司落户沭阳。在招商和帮办的过程中，魏伟与投资客商结下了深厚的友谊，也摸到了招商的门道。从邦源纺织落户沭阳开始，在随后的几年里，魏伟着重围绕包覆纱产业上下游进行招商。随着一批生产包覆纱的纺织企业逐渐壮大，包覆纱下游配套企业纷纷"闻讯赶来"，而一些海外客商也纷纷开始到沭阳投资建厂，沭阳开始形成从制纱、针织、家纺、高档提花面料、纺织机械制造等完整产业链。

"认真做事只能把事情做对，用心做事才能把事情做好。招商和其他工作不一样，光认真还不行，特别是对待企业和客商必须用心才行，做到真心、爱心、虚心、细心和恒心，特别是真心和恒心。"魏伟这样说道。

从办事员、招商分局长到省级开发区管委会副主任再到国家级开发区投资促进局局长，无论职务发生多少变化，他都没有离开过招商岗位，这一干就是13年。

截至2018年，沭阳有包覆纱生产企业30多家，设备4800台套，年产包覆纱9.8万吨，占全国总量的20%，是全国设备较多、产量较大的优质包覆纱产业基地。

让区域产业迈向全国

可以说，我国纺织产业的名企与知名集群地众多，它们有的是伴随改革开放的开始一路成长，有的是后起之秀，但都在改革开放的40年间，为纺织产业发展壮大做出巨大贡献，它们代表中国，走向世界，成为一代人的骄傲。

而当时的沭阳，虽然把企业招来了，也达到了一定规模，但沭阳在全国纺织业依然籍籍无名。这时候的魏伟想的不仅是招商，还有如何在纺织界打响沭阳知名度。2012 年，为了在全省乃至全国纺织行业抢占制高点、享有话语权，魏伟多次向县领导汇报并取得支持，他带领县内纺织企业积极与江苏省纺织工业协会、江苏省经信委、江苏省总工会、中国纺织工业联合会、中国针织工业协会等省和国家行业协会、主管经济发展部门合作，策划举办全省、全国的大型活动10 余场次，包括"走基层看纺织，中国针织万里行活动""中国（沭阳）纺织产业区域转移投洽会""江苏省跨江经济发展暨产业集群创新发展座谈会""江苏省纺织行业职工乒乓球邀请赛""沭阳智能针织产业园奠基仪式暨中纺圆桌·沭阳发展论坛""全国纺织产业转移工作会暨智能制造·生态发展研讨会""江苏省包覆纱行业质量提升动员推进会""中国针织工业协会理事会暨智能制造·转型发展研讨会""首届全国纺织产业园区发展论坛"等大型活动。与此同时，组织区内企业邦源纺织、嘉德纤维、月源纤维等与国家海关总署、中国纺织工业联合会合作，积极参与全国包覆纱进出口贸易单耗标准和行业标准制定工作。通过举办省级、国家级行业活动，充分运用省纺织工业协会、中国纺织工业联合会在行业指导、信息资源配置、技术引领等方面的优势，广泛宣传推介沭阳，全力提升沭阳纺织的知名度和美誉度。

2013 年 12 月，在魏伟的牵头下，沭阳县成立了沭阳县包覆纱协会，2014 年 9 月成立沭阳县纺织工业协会。经中国针织工业协会批准授权在沭阳创办了《中国包覆纱》杂志，并由魏伟兼任总编。此外，他还积极与东华大学、武汉纺织大学签订产学研基地和战略合作协议等。这些平台的搭建，不仅为开发区项目集聚、产业集群提供载体支撑，更为产业质态提升、高质量发展提供条件。

2018 年，在首届全国纺织产业园区发展论坛上，魏伟因为工作突出，对沭阳纺织服装产业发展起到了积极的助推作用，被授予"2018 年招商工作先进个人"荣誉称号。

走集约化发展道路

改革开放 40 年，人工智能成焦点。近年来，我国科技发展突飞猛进，其中有一个关键词就是"人工智能"，中国目前正加快进入智能时代，未来人工智能不仅将成为社会的基础设施，还将对我国制造业转型升级发挥巨大作用。

在科技革命面前"无问西东"，谁抢占了科技高地，谁就能在激烈竞争中脱颖而出。

2015年9月，面对国内国际经济形势变化，沭阳创造性地提出了"未来针织靠智能、智能针织看沭阳"的发展定位，规划建设全国首个智能针织园区——"沭阳智能针织产业园"。产业园围绕有产业规划、发展载体、龙头企业、扶持政策、帮办服务和转变开发方式、发展方式、招商方式的"五有三转模式"规划建设园区，大大节约入驻企业的生产要素成本，同时在节约土地资源方面也作了积极有益的尝试。产业园从开工建设到企业入驻，不到两年时间，目前已入驻西南智能纺织、达丽智能针织、欧博纺织、衣道科技等9家企业，有6家企业投产达效，智能针织的沭阳品牌效应已经形成。

中国纺织工业联合会党委书记兼秘书长高勇对此评价说，沭阳智能针织产业园的建设，无论是发展理念、整体规划还是运营模式，都是我国纺织产业供给侧结构性改革的缩影，是智能制造的先行者、践行者和示范者。

2018年初，为了抢抓纺织产业供给侧结构性改革的机遇，实现沭阳家纺产业提升发展，园区将方案上报县领导，与高等院校和投资客商达成合作协议，在4平方公里的纺织产业园区内规划了1233亩的家纺特色产业园，积极打造千亿级特色产业。产业园完全实行市场化运作，由浙江长兴客商投资30亿元兴建江苏恒能家纺新材料有限公司，统一规划、统一建设、统一物管、统一服务、统一要素保障，实行租售结合，机制灵活。项目5月16日签约，仅仅四个月时间，20万平方米的厂房及配套设施全面开工建设，一大批优质家纺项目——布拉芙纺织、吉源纺织、鑫辉纺织、恒鸿纺织、图宏纺织集中进驻园区。

"我们从今年5月18日开工，仅仅三个月时间，首批30亿元的项目已经全面开工，整个项目的推进，包括所有项目的开工、立项、审批过程都很快。遇到问题，魏伟主任也会进行现场会办，成立一个专门的帮办组来帮办。"高效的办事效率，让江苏恒能家纺新材料有限公司董事长卢新荣对沭阳投资环境有了新的认识。

贡献沭阳发展经验

截至2018年8月，沭阳已拥有各类纺织服装企业350多家，其纺织产业已初步形成了以包覆纱、智能针织、家纺为主的三大板块。

"江苏省包覆纱产业基地""中国包覆纱基地""全国纺织产业转移示范园区""全国纺织产业结构调整突出贡献奖""国家遮光提花面料开发基地""国家室内净化面料开发基地""国家智慧型纺织产业园区试点"等荣誉花落沭阳，沭阳包覆纱获得"2015中国品牌价值评价——知名品牌示范区"。一块块金字招牌，尽展沭阳纺织产业的非凡实力和无限活力。魏伟也先后获得全国纺织产业转移招商引资先进个人、全国纺织人才建设突出贡献人物、江苏省先进工作者、江苏省纺织产业发展先进工作者、宿迁市连续10年招商引资先进个人、沭阳县优秀共产党员、沭阳县十大杰出青年等20多项荣誉。他还多次代表宿迁市和沭阳县到山东、黑龙江、安徽等省的十几个县市就园区建设、招商引资作经验报告。

沭阳县委常委、经开区党工委副书记、管委会副主任石敬峰对他评价说：魏伟同志多年坚守在招商工作第一线，并形成自己完整的招商思路，做到了三有：首先有激情。无论是对待生活、还是对待工作，他对遇到的每一件事都非常认真和执着，感觉他浑身都有使不完的劲。第二是他对招商有研究。特别是开展产业链招商，创新了很多办法，他对纺织产业的研究应该说已经达到了专家的水平，因此，他也被武汉纺织大学聘请为研究生导师。第三是他有能力，我们领导班子每次交给他的工作他不仅能出色地完成，而且还有自己的创新，总会给人一种耳目一新的感受，所以很多事情交给他办，我们都很放心。

十三年的招商路，魏伟比谁走得都更加坚定，更加充满力量，这是一个"纺织招商迷"的梦，也是沭阳纺织的强国梦。

如今，魏伟对沭阳纺织产业的发展还有着更大的愿景："沭阳的纺织产业虽然取得了一些成绩，但距离我们打造千亿级产业的目标还很远，我们在发展纺织产业过程中仍然面临人才、用地、染整指标不足等瓶颈问题。下一步，我们将走智能制造、转型发展、差异化发展、集约化发展的模式，为到2025年纺织产值实现（800~1000）亿元这一宏伟目标脚踏实地、奋力迈进。"

如果说当初从韩信点将地的韩山来到沭阳，魏伟是在寻找个人理想，那么13年后的今天，魏伟则是在为区域产业的发展谋划更大的梦想，在中国纺织产业进程中，他更是在以一个集群地作为产业转型升级的"试验田"，以先行者的身份探索产业发展新路子，为纺织强国梦助力！

推进新野纺织走高质量发展之路

——河南新野纺织股份有限公司董事长 魏学柱

河南新野,一座拥有灿烂文化的历史名城,这里春秋时期封邑、西汉初年置县,是光武中兴的策源地和蜀汉政权的发祥地;河南新野,一座具有悠久历史的古城,这里曾留下火烧新野的千古佳话;河南新野,一座钟灵、毓秀的秀美之城,这里自古就是南北交汇、承东启西的水陆交通要冲。如今,这座历史悠久、文化灿烂、风景秀美的城市,又彰显出了现代工业的时尚气息。

魏学柱

进入新时代,河南新野纺织股份有限公司名副其实地成为当地纺织工业发展的标志。作为公司董事长的魏学柱,在新野纺织工作已经50年了,其中担任掌舵人28年,他带领新野纺织不断跨越发展,企业规模、效益更是实现了20%以上的增长,并于2006年实现了股票上市。如今,新野纺织已经发展成为国内大型知名纺织上市公司,现有折合纱锭160万枚,无梭织机1600台,年产3万吨高档针织染整生产线,生产设备由德国、日本、瑞士、意大利等国引进和国内一流的清梳联、精梳机、气流纺纱机、自动络筒机、无梭织机等设备,主要生产高档针织纱、高档气流纺纱、高档服饰面料三大类系列产品,在国内同行中拥有较高的影响力。

勇立潮头敢为先

1969年新野棉纺织厂正式成立,魏学柱作为新招收的第一批工人来厂报到。

伴随着企业发展的风风雨雨,40多年来,他先后从事过空调工、计划员等工作,担任过供应科科长、副厂长、厂长等职务,从一个普普通通的工人,成长为了河南新野纺织股份有限公司董事长、党委书记。他先后被授予"全国纺织优秀思想政治工作者""河南省劳动模范""省管优秀专家"等荣誉称号,享受国务院特殊津贴，并光荣当选为全国第十届、十一届人大代表、河南省第十二届人大代表。

1991年，全国纺织行业面临资金紧张、原料短缺、市场疲软、效益下滑严峻等困难，刚过不惑之年的魏学柱受命于危难之际，担任了原新野棉纺织厂厂长。当时，正处在计划经济向社会主义市场经济转轨的初期，传统纺织企业的经营机制显得非常滞后，已经严重不适应当时的市场需求。针对这种情况，魏学柱敢为人先，积极倡导以"市场为导向，销售为龙头"的观念，建立了以市场为中心的经营运行机制。

与此同时，魏学柱还坚持改革人事制度，率先实施竞争上岗制度，实行减员增效，打破了干部职工界限，坚持"凭政绩用干部"，按照公开条件、公开竞争、择优聘用、末位淘汰等原则，优化了干部队伍结构，提高了干部队伍的整体素质，增强了职工队伍的活力。他还坚持改革分配制度，遵循按劳分配、按效计酬的原则，把工资总额与企业效益挂钩，全面推行以岗位技能工资为主的动态工资制和以效益为中心的经济责任制，充分调动了员工的生产经营积极性。

1994年4月20日，经过大量紧张而有序的筹备工作，在上级党委、政府的正确领导和职能部门的大力支持下，河南省新野棉纺织厂成功改组为"河南新野纺织集团股份有限公司"。这也标志着全省同行业第一家整体改组而成的棉纺织股份制企业诞生了。改制在新野纺织的企业发展史上树起了一座新的丰碑，并在企业内部迅速建立了"精简、高效、灵活"的公司化管理体制，提高了企业的运营效率和适应市场经济的能力。这次机制创新使公司充满了生机和活力。从此，这个大型纺织企业进入了一个新的发展时期。

坚持走高质量发展之路

魏学柱，凭借自己的文雅睿智、稳重慎言、思维敏锐，把一个名不见经传的县属1.25万纱锭的小厂发展成为了全国著名的国有控股大型纺织骨干企业。他参加工作51年，从事大型国有控股企业生产经营管理30多年，其中担任一把手职务28年。这期间，河南新野公司固定资产和年销售收入均增长了300多倍，每年上缴税收和实现利润也增长了近300倍。同时，还解决了1万多人的就业问题，保持了企业的稳定、持续和快速发展，为企业和社会经济发展做出了突出贡献，在全体员工和全行业及社会上享有很高的威望。

作为中原地区最大的棉纺织企业的掌舵人，魏学柱始终坚持稳健经营的理念,依靠严格、科学、精细、规范管理形成了较强的核心竞争力,在纺织行业形势起伏动荡,甚至在金融危机冲击影响的大环境下,创造了连续49年赢利的良好业绩,并培育形成了一支高素质的管理团队,使企业经营管理、重大技术改造等工作得以顺利、稳定进行。目前公司已成为我国中西部地区规模最大、赢利状况最好的棉纺织企业。

要想纺出好纱线,必须要有好设备。为此,魏学柱始终坚持以高新技术改造传统纺织设备,实现了企业装备的巨大跨越,在同行中始终处于优势地位。尤其是"九五"以来,公司共实施了10多次高起点、大规模的技术改造。目前,企业拥有从德国、日本、意大利、瑞士、比利时等国引进的一流设备3000多台(套),公司产品中"三无一精"产品的比例处于同行业先进水平。

实践证明,魏学柱坚持科学发展决策,抓机遇、高起点、不间断上新技改项目,这些与当时的市场需求和纺织领域未来发展方向密切结合,取得了巨大成功,不仅促进了公司产品优化升级,企业规模得到了迅速扩大,实现了工装水平的快速提升,而且还显著增强了企业的综合竞争能力。

为了适应市场需求和应对金融危机带来的严重影响,公司始终坚持产品高端化的战略,以技术创新为先导,致力于产品结构的优化调整,把企业发展定位为建立大型高档优质纱线和高档服饰面料生产企业,先后同国家纺织产品开发中心和高端市场客户合作,并建立了新野纺织院士工作站,着力提高产品的技术含量,大力开发符合市场需求的高档产品,先后开发生产了麦饭石功能纤维、大豆纤维、天丝、多纤维混纺交织物等近百个新产品,形成了具有新纺特色的"高支精梳纱—新型纺纱—高档服饰面料"优势产品系列,建立了能够灵活适应市场要求的新产品开发体系和新疆优质棉供应基地,高支精梳纱系列、高档特种纺纱系列、高档气流纺纱系列和高档服饰面料系列产品,成为国内知名产品,享有较高的市场信誉。

近年来,纺织行业遇到了前所未有的困难,企业生产经营举步维艰,在新的严峻形势下,魏学柱清醒而深刻地认识到,企业要想走出经营低谷,就必须要改变传统企业经营模式,大力实施转型升级。为此,公司在已有的从原棉收购加工到纺纱、织布的产业链基础上,努力培育、发展了高档色织面料、针织服装和印染系列产品,形成了棉花收购加工—纺织—色织面料—印染布—针织(染整)服装全产业链,企业的综合竞争能力和产品竞争优势得到了进一步增强。

全力打造"百年新纺"

40多年来，新野纺织一直在不断培育企业的发展优势。始终坚持"质量第一、客户至上"的经营理念，不断强化现代营销管理，注重培育重点市场，努力加强与高端纱布市场和品牌服装企业的合作，取得了不俗的成效。目前新野纺织已经同国内外10余家品牌服装厂商成为合作伙伴，在"长三角"和"珠三角"形成了自己的市场优势。同时，公司还积极开拓国际市场，年出口创汇6000万美元以上。

新野纺织还充分利用新疆的棉花资源优势和扶持纺织业发展的优惠政策，积极布局发展新疆纺织项目，先后投资10多亿元在新疆阿瓦提县和阿拉尔市分别建立了10万纱锭和20万纱锭纺纱项目，在新疆呼图壁工业园建立了折合50万纱锭全资子公司新疆宇华纺织科技公司，建成了亚洲最大的气流纺生产基地，成为公司重要经济增长点，成为抢占新疆纺织新一轮大发展的桥头堡和排头兵。

新野纺织致力于资本运作，在2006年11月成功实现股票上市，首次发行A股8000万股，成为河南省棉纺织行业和南阳市第一家上市公司。近年来充分利用资本市场平台持续实施股票增发和发行债券，为企业发展注入新的活力。由此，公司实现了由单一的生产经营发展方式向生产经营与资本经营并重的经济发展方式转变，实现了由原来依靠金融部门负债的经营方式向主要依靠资本市场募集资金的经营方式转变，实现了经营发展方式的转型升级。

谈到未来发展，魏学柱讲道，公司未来将以高质量发展为目标，以转型升级为主线，进一步深化机制体制创新，培育新动能，整合优化要素资源，打造新优势，加速转型升级，奋力做强做大，努力把新野纺织建设成为具有国际竞争优势的大型现代化纺织企业集团，全力打造"百年新纺"。

新野纺织的未来发展，定位明晰。

大幕开启，蓝图绘就。

在高质量发展的时代背景下，魏学柱正着力打造科技新纺，高端新纺，品牌新纺。他和新纺人正在以更加奋进的姿态，昂扬向上的精神风貌，以创造性的思路真抓实干，求新谋变，让新野纺织这只"潜力股"迸发出更强大的发展活力。

后记

中国改革开放的40年,是社会主义市场经济不断完善的40年。在这波澜壮阔的40年间,中国纺织工业作为对外开放的排头兵、经济体制改革的先行者、国家工业化进程的母亲行业,取得了全方位、开创性的发展,发生了深层次、根本性的变化,做出了多维度、历史性的贡献。

1978年,中国纤维加工总量276万吨,占全世界的比重不足10%。2017年,纤维加工量已达到5430万吨,是1978年的19.7倍。行业形成了全球最完备的产业链,产品结构也更加多元。服装、家纺、产业用三大终端行业纤维消费比重从1980年的84∶11∶5调整至2017年的45.5∶27.6∶26.9。

行业对于增加外汇贡献突出。1978年,全国货物贸易逆差11.3亿美元,纺织行业实现顺差10.3亿美元。2017年,顺差额为2488.9亿美元,是1978年的241.6倍,占全国货物贸易顺差额的58.9%。行业不断推进全要素生产率和产品附加值提升。特别是党的十八大以来,纺织工业以供给侧结构性改革为主线,自主创新能力、技术装备水平和产品开发能力整体大幅提升。行业已进入高质量发展新时期。

在改革开放40年的探索中,中国纺织行业把科技作为第一生产力,瞄准世界前沿,深化自主创新,取得了长足进步。纺织制造技术快速进步,开始向智能化、绿色化、服务化方向转变。场景经济、平台经济、共享经济广泛渗透,行业新模式、新服务不断涌现。行业管理创新与实践成果丰硕。创新已成为行业发展的第一动力。

这40年,中国纺织工业一直保持平稳健康发展,支柱产业地位始终没有动摇;这40年,中国纺织工业一直致力于服务改善民生,民生产业地位更加突出;这40年,中国纺织工业一直坚持开放包容发展,国际竞争优势产业的地位日渐巩固。不仅为中国纺织强国建设奠定了坚实基础,更积累了丰富经验,实现了从国内市场到国际市场的延展、从计划经济到市场经济的转变,以及从规模发展到质量发展的跃升。

中国纺织工业砥砺前行的40年，离不开每一位纺织人，这个群体所体现的奉献、拼搏精神是一种磅礴的力量。40年来，广大中国纺织人依靠勤劳的双手，书写了不断向高端产业攀升、向国际一流进军的许多奇迹。

在改革开放40周年之际，本书带领我们一起重温40年间中国纺织服装先行者与开拓者砥砺前行的铿锵脚步，一起感悟纺织人不忘初心的精神力量，一起当好创新驱动发展的践行者。

站在中国改革开放40周年的历史新节点，中国纺织工业也将迈进全新的发展时期，大力发展时尚创意产业，不仅是顺应世界产业发展趋势的客观要求，也是中国纺织工业培育新经济增长点、提升改造传统产业、优化产业结构的战略路径。未来，中国纺织工业要遵循创新驱动高质量发展战略，围绕"科技、时尚、绿色"的行业新定位，集聚行业资源，提升纺织经济发展能力，传承与创新中国纺织企业家精神，弘扬新时代优秀纺织文化品质，紧扣"一带一路"经济文化合作交流，充分展现当代纺织人的责任担当与创造能力。